Lucian Samosata, Christoph Martin Wieland

Lucians von Samosata: Sämtliche Werke

Aus dem Griechischen übersetzt

Lucian Samosata, Christoph Martin Wieland

Lucians von Samosata: Sämtliche Werke
Aus dem Griechischen übersetzt

ISBN/EAN: 9783743699779

Hergestellt in Europa, USA, Kanada, Australien, Japan

Cover: Foto ©ninafisch / pixelio.de

Weitere Bücher finden Sie auf **www.hansebooks.com**

Der magische Esel.

Lucians
von Samosata
Sämtliche Werke.

Aus dem Griechischen übersetzt,
mit
Anmerkungen und Erläuterungen
versehen
von C. M. Wieland.
Vierter Theil.

Wien und Prag
bey Franz Haas 1798.

Toxaris, *)
oder
die Freunde.

Mnesippus, Toxaris.

Mnesippus.

Im Ernste, Toxaris? Ihr Scythen opfert also dem Orestes und Pylades und haltet sie wirklich für Götter?

Toxaris. Wie gesagt, Mnesippus, wir bringen ihnen Opfer, wiewohl wir sie nicht für Götter sondern bloß für gute Menschen halten.

---

*) Der Toxaris, den unser Autor in diesem Dialog aufführt, ist nicht jener berühmte Freund des Solons, von welchem in einem seiner Prologen, der Scythe betitelt, die Rede ist, (wiewohl er ihn ein paarmal mit demselben zu vermengen scheint) sondern ein moderner Toxaris, der (wofern er nicht vielmehr eine nach dem Modell seines alten Nahmensverwandten erdichtete Person ist) in Lucians Jahrhundert, oder

Mnesipp. Es ist also Sitte bey euch, auch vortrefflichen Menschen nach ihrem Tode zu opfern, als ob sie Götter wären?

Toxar. Nicht nur das, wir haben auch eigene Festtage, die ihnen zu Ehren angeordnet sind, und mit großen Feyerlichkeiten begangen werden.

Mnesipp. Und was hofft ihr dadurch zu gewinnen? Denn, da sie todt sind, so thut ihr's doch wohl nicht, um sie euch günstig zu machen?

Toxar. Es wäre vielleicht nicht desto schlimmer, wenn uns auch die Verstorbenen gewogen wären. Aber auch ohne das glauben wir den Lebenden

oder nicht lange vorher, gelebt haben müßte. Der Inhalt dieses Dialogs ist ein Streit zwischen dem Scythen und Griechen, welche von beyden Nationen die stärksten Beyspiele von Freundschaft aufzuweisen habe. Wie zuverlässig die historische Wahrheit dieser Geschichten sey, läßt sich nicht mehr ausmachen. Daß sie mehr oder weniger moralisch-wunderbar sind, ist Natur der Sache, und schadet also ihrer Glaubwürdigkeit keinesweges: aber verschiedene chronologische und geographische Knoten, womit die Erzählungen des Scythen behaftet sind, könnten ihn etwas verdächtig machen. Wie dem aber seyn mag, soviel ist klar, daß Lucian den Gedanken nicht haben konnte, den Streit durch von ihm selbst erdichtete Mährchen ausmachen zu wollen, und daß diese Erzählungen also in in seinen eigenen Augen einen gewissen Grad von Glauben verdienten, und auf Zeugnissen, die ihm unverdächtig schienen, beruheten. Uebrigens erhellet aus vielen Stellen dieses Dialogs, daß die Scythen, von welchen darin die Rede ist, ihren gewöhnlichsten Wohnsitz in Taurien, und zwischen dem Don, den Mäotischen Sümpfen und dem schwarzen Meere hatten.

Gutes zu thun, wenn wir der besten Menschen eingedenk sind, und sie auch nach ihrem Tode noch in Ehren halten. Denn wir denken dadurch vielen Lust zu machen, daß sie sich beeifern ihnen ähnlich zu werden.

Mnesipp. Ich muß gestehen, daß ihr an diesem Stücke richtig denkt. Aber womit haben sich Orestes und Pylades in so große Achtung bey euch gesetzt, da sie doch Fremdlinge, und was noch schlimmer ist, euere Feinde waren? Denn da sie (bekannter maßen) an euerer Küste Schiffbruch gelitten hatten, und von euern damaligen Vorfahrern ergriffen wurden, um Dianen geopfert zu werden, fanden sie Mittel ihren Hütern zu entwischen, warfen die Wache übern Hauffen, tödteten euern König, bemächtigten sich der Priesterin, stahlen sogar die Göttin selbst, brachten sie an Bord, und fuhren, wohlbehalten und des Scythischen Gesetzes spottend *), mit ihrer Beute davon. Wenn das die Thaten sind, um derentwillen ihr ihnen so große Ehre erweiset, so kann es nicht fehlen, daß ihr nicht Vielen Lust machen solltet, ihnen ähnlich zu werden. Ich dächte aber dieses alte Geschichtchen sollte euch belehrt haben, daß wenig dabey zu gewinnen wäre, wenn viele Oresten und Pyladen an eure Küste verschlagen würden. Ich meines Ortes kann keinen andern Vortheil dabey sehen, als auf diese Art nach und nach auch euerer übrigen Götter los zu werden, und zuletzt ohne

---

*) Desjenigen nehmlich, Kraft dessen alle die Küste von Taurien betretende Fremde Dianen geopfert wurden.

alle Religion zu seyn. — Freylich bleibt euch der Ausweg, ihre Stelle wieder durch ihre Räuber zu ersetzen, es ist immer ein Mittel wieder zu Göttern zu kommen *), wiewohl man gestehen muß, daß es ein wenig seltsam klingt. Sind aber die vorbesagten Thaten die Ursache nicht, warum ihr dem Orestes und Pylades göttliche Ehre erzeigt: so möchte ich wohl wissen, Toxaris, was für ein anderes Verdienst sie sich um euch gemacht haben können, das groß genug wäre, um sie den Göttern gleich zu halten **), und ihnen nun zu opfern, da doch so wenig daran fehlte, daß sie damals selbst die Opferthiere gewesen wären. Aufrichtig zu reden, die Sache scheint nicht recht zusammen zu hängen, und den Spöttern ziemliche Blöße zu geben.

Toxar. Gleichwohl, lieber Mnesippus, waren auch das lauter sehr edle Thaten, deren du vor-

*) Offenbar will Mnesippus hier der Scythen spotten, und dieß mußte (däucht mich) in der Uebersetzung stärker ausgedrückt werden, als im Original, welches überhaupt in dieser Rede des Griechen Mnesippus etwas zu wortreich ist.

**) Ich habe das ισοθεας ποιησασθε, das besser oben (lin. 3. S. 3. in der Reiskischen Ausgabe) vorkommt, hierher transportiert, um die Schicane in dem Vorwurfe, den der Grieche dem Scythen hier im Originale macht, in etwas zu mildern. Denn Toxaris hat sich ja gleich anfangs deutlich genug erklärt, die religiöse Ehre, die den beyden Heroen von seinen Landsleuten erwiesen werde, beruhe nicht auf den Glauben, daß sie Götter seyen. Auch ist es seltsam genug, wie Mnesippus sich nicht erinnert, daß die Athenienser dem bey ihnen verstorbenen Scythen Toxaris ebenfalls religiöse Ehre nach seinem Tod erzeigten.

hin erwähnteſt. Denn, daß ein paar einzelne Männer ſich eines ſo verwegenen Abentheuers erkühnten, und eine ſo weite Reiſe unternahmen, auf einem Meere, worauf, auſſer jenen Argonauten, die den Enfall in Kolchis thaten, noch kein Grieche ſich gewagt hatte, ohne ſich weder durch die fürchterlichen Mährchen, die von ihm erzählt wurden, noch von dem Nahmen des unwirthbaren *), den es vermuthlich wegen der wilden Völker die ſeine Küſten bewohnten, führte, abſchrecken zu laſſen; daß ſie, nachdem ſie in die Geſangenſchaft gerathen waren, ſich ſo männlich aus dem Handel zogen, und, nicht zufrieden bloß ihr Leben erhalten zu haben, noch Rache an dem Fürſten, der ſie beleidiget hatte, nahmen, und mit dem Bilde der Diana davon fuhren: ſollte das nicht bewundernswürdig, und bey allen Völker, welche die Tugend zu ſchätzen wiſſen, der höchſten Ehre würdig ſeyn? Allein das iſt es nicht was uns an Oreſtes und Pylades bewogen hat, ſie zu unſern Helden **) zu machen.

Mneſipp. Nun ſo ſage was ſie denn ſonſt noch ſo großes und göttliches haben ausgehen laſſen.

---

*) Der Pontus Euxinus (jetzt das ſchwarze Meer) hieß in alten Zeiten, weil deſſen jenſeitige Küſten den Seefahrern ſo gefährlich waren, Axenos, (unwirthbar) ein Beynahme, der in der Folge, der Euphemie wegen, in das Gegentheil (ευξεινος, den Fremden gewogen) verwandelt wurde; ſo wie die Furien aus gleichem Grunde, Eumeniden (die freundlichen) hießen.

**) Eigentlich: ſie als Heroen oder Halbgötter zu behandeln.

Denn, was ihre Seefahrt auf dem Pontus betrifft, die du ihnen zu einer so großen That anrechnest, so will ich dir eine Menge Kaufleute, besonders unter den Phöniziern zeigen, die in diesem Stücke weit größere Helden sind. Diese Leute reisen nicht etwa bloß auf dem Pontus, oder bis zu den mäotischen Sümpfen und in den Bosporus, sondern treiben sich alle Jahre im dem ganzen griechischen und barbarischen Meere herum *), lassen keine Küste, kein Ufer undurchsucht, und kommen erst in der späten Jahrszeit wieder nach Hause. Du müßtest also auch sie aus gleichem Grunde für Götter gelten lassen, wiewohl sie großen Theils nur Krämer und Pökelhändler sind.

Toxar. So höre dann, mein witziger Herr**), und lerne einsehen, um wie viel wir Barbaren richtiger von braven Männern urtheilen als ihr Griechen, bey denen weder zu Argos noch Mycenä ein Denkmal des Orestes und Pylades, das einen Nahmen hätte, zu sehen ist: da wir hingegen ihnen beyden einen gemeinschaftlichen Tempel (wie billig, da sie Freunde waren) erbaut haben, ihnen Opfer darbringen und ihnen sonst alle mögliche Ehre anthun; denn daß sie fremd waren, und keine Scythen, hinderte uns nicht sie für treffliche Menschen zu erken-

---

*) d. i. im ganzen Mitteländischen Meer und dem großen Ocean.

**) Das ω θαυμασιε muß hier, vermöge des Zusammenhangs der Rede und des Charakters der Interlocutoren nicht im Ernst, sondern in dem zweydeutigen Sinne genommen werden, worin es so oft in den Platonischen Dialogen vorkommt, und wozu man sich einen scherzenden Ton und eine etwas spöttische Mine denken muß.

ten. Bey uns wird nicht erst lange gefragt wo gute und brave Männer her sind, und es bringt ihnen keinen Nachtheil, wenn sie nicht unsre Freunde sind: genug daß sie rühmliche Dinge gethan haben; ihre Thaten machen sie zu den Unsrigen. Was wir aber am meisten an diesen beyden Männern bewundern, ist das Beyspiel einer vollkommnen Freundschaft, das sie uns gegeben haben. Wir betrachten sie, so zu sagen, als die Gesetzgeber der Freundschaft, und als Muster, von denen man lernen muß, wie man Glück und Unglück mit seinen Freunden theilen, kurz, wie man sich in diesem Stücke betragen muß, um die Hochachtung der besten unter den Scythen zu verdienen. Unsere Vorfahren haben also, das was sie mit einander und einer für den andern erduldet haben, auf eine eherne Säule graben lassen, die als ein heiliges Denkmal im Tempel des Orests aufgestellt ist, und haben durch ein Gesetz verordnet, daß diese Säule die erste Schule für unsere Kinder, und die auf derselben gegrabene Geschichte das erste was sie auswendig lernen, seyn soll. Daher kommt es, daß ein Scythe eher den Nahmen seines Vaters vergessen haben könnte, als daß ihm die Thaten des Pylades und Orestes unbekannt seyn sollten. Die nehmlichen Geschichten, die auf der Säule zu lesen sind, sieht man auch in der Galerie, die den Tempel umgiebt, auf einigen alten Schildereyen vorgestellt. Auf dem ersten erblickt man den Orest und seinen Freund am Bord ihres Schiffes; auf einem andern, wie ihr Fahrzeug zwischen Klippen zu Trümmern gegangen ist, und die beyden Freunde gebunden und bekränzt zum Altar abgeführt werden; und auf einem dritsen ist Iphigenia im Begriff das Opfer zu vollziehen. Auf der gegen über stehenden Mauer aber sieht man Oresten wieder in Freyheit gesetzt, wie er (mit Hülfe seines Freundes) den Thoas und viele andere Scythen niedermacht; und endlich, wie sie den Anker lichten, und Iphigenien mit der Göttin davon führen. Vergebens bemühen sich die Scythen das schon flott gewordne Schiff mit Gewalt zurückzuhalten; man sieht verschiedene die sich an das Steuerruder anhängen und hinauf zu klettern versuchen, aber zum Zeichen, daß sie nichts ausrichten, sieht man noch mehrere, theils verwundet, theils aus Furcht vor gleichem Schicksal, nach dem Lande zurückschwimmen. In diesem Handgemeng mit den Scythen, besonders, hat der Mahler Mittel gefunden, die große Liebe der beyden Freunde zu einander sehr deutlich auszudrücken. Unbekümmert um sich selbst, ist jeder von ihnen bloß damit beschäfftiget, die auf seinen Freund eindringenden Feinde abzutreiben, und wirft sich selbst ihren Pfeilen entgegen, als achte er für nichts zu sterben, wenn er nur seinen Geliebten retten, und den ihm zugedachten Streich mit seinem eigenen Leibe auffassen, und so zu sagen weghaschen könnte.

Diese ausserordentliche Liebe der beyden Freunde, diese Gemeinschaft aller Gefahren, dieses treue Anhangen an einander, diese Wahrheit und Festigkeit ihrer gegenseitigen Zuneigung, däuchten uns etwas mehr als menschliches und Gesinnungen schönerer Seelen zu seyn, als man bey dem großen Haufen der Menschen findet, die, so lange alles glücklich geht, es ihren Freunden sehr übel nehmen, wenn sie nicht von allen Früchten ihres Wohlstandes ihren Theil bekommen, aber bey dem widrigen Lüftchen, das sie anweht, davon gehen und sie ihrem Schicksal überlassen. Denn (damit du auch das noch wissest) die Scythen halten die Freundschaft höher als alles, und es giebt nichts worauf sich ein Scythe mehr einbildet, als wenn er etwas schweres mit einem Freunde auszuführen und gefährliche Abentheuer in Gesellschaft mit ihm zu bestehen Gelegenheit bekommt: so wie sie keine größere Schande kennen, als für einen Verräther der Freundschaft gehalten zu werden. Dieß ist also der Grund, warum wir den Orestes und Pylades in so hohen Ehren halten, als Männer, die in demjenigen was wir als das edelste und beste schätzen den Vorzug hatten: und warum wir ihnen in unsrer Sprache einen Nahmen gegeben haben, der in der eurigen durch „freundschaftliche Dämonen" oder „Schutzgeister der Freundschaft" gegeben werden könnte *).

Mnesipp. Wie, mein lieber Toxaris? die Scythen sind also nicht nur — was man ihnen immer zugestanden hat — treffliche Bogenschützen und überhaupt die besten Kriegsmänner in der Welt; du beweisest mir durch dein Beyspiel, daß sie auch die größten Meister in der Unterredungskunst sind? Mich wenigstens hast du von meiner bisherigen Meynung ganz zurückgebracht, und ich bin nun überzeugt, daß ihr wohl daran thut, den Orestes und Pylades den Göttern gleich zu halten. Aber wer hätte gedacht, daß du auch ein so guter Mahler wärest, wie du es mir durch die Beschreibung der

*) Im Griechischen: warum wir sie Korakus nennen, u. s. w.

Gemählde in euerm Oresteon bewiesen hast? Mir war als ob ich sie vor mir sehe, so lebhaft hast du alles dargestellt. Auch das wußte ich nicht, daß die Freundschaft in einem so hohen Werthe in Scythien stehe. Ich hatte mir die Scythen immer als wilde grimmige Menschen vorgestellt, die keine andere als feindselige Leidenschaften kennten, und nicht wüßten was Freundschaft, selbst unter den nächsten Anverwandten, sey: und was hätte ich aus allem, was wir von ihnen hören, besonders daraus, daß sie ihre verstorbenen Aeltern essen sollen, anders schließen können? *)

Toxar. Ob wir in allem übrigen den Naturpflichten gegen unsre Aeltern nicht getreuer sind als die Griechen, darüber will ich mich jetzt in keinen Streit mit dir einlassen: aber daß die Scythen getreuere Freunde sind als die Griechen, und daß die Freundschaft in ganz anderer Achtung bey uns steht, als bey euch, das soll mir nicht schwer zu beweisen seyn. Nur bitte ich dich, um aller griechischen Götter willen, mir ohne Verdruß zuzuhören, wenn ich sage, was ich in der langen Zeit, die ich unter euch lebe, wahrgenommen habe. Mich däucht also, über die Freundschaft zu reden und zu räsonieren, das verstehe niemand besser als ihr: in der Ausübung aber bleibt ihr weit hinter euerer Theorie zurück. Ihr seyd zufrieden, daß ihr recht meisterlich von ihr sprechen, und beweisen könnet was es für eine schöne und gute

*) Woher Mnesippus dieses alberne Mährchen hat, dessen Wahrheit Toxaris durch sein Stillschweigen zugiebt, habe ich nicht ausfindig machen können.

Sache um die Freundschaft ist: in der Noth selbst aber macht ihr euch kein Bedenken, euere eigene Theorie Lügen zu strafen, und lauft, so zu sagen, mitten in der Arbeit, davon. Stellen euch eure Tragödienschreiber solche Freundschaften auf die Bühne, so könnt ihr ihnen euern Beyfall nicht laut genug zuklatschen, weint auch wohl helle Thränen, wenn ihr sie die gefährlichsten Dinge für einander wagen seht; ihr selbst aber habt das Herz nicht etwas rühmliches für einen Freund zu thun; sondern, wenn der Fall kommt wo er in der Noth ist, auf einmal fliegen alle die schönen Tragödien, wie Träume, auf und davon, und ihr steht da wie die holen und stummen Larven der Tragödienspieler, die ihre großen Mäuler zwar angelweit aufsperren, aber nicht den kleinsten Laut von sich geben. Bey uns ists gerade umgekehrt: wir schwatzen nicht so gut von der Freundschaft wie ihr, aber wir sind desto bessere Freunde.

Wenn dieß (wie es die Natur der Sache mit sich bringt) durch Beyspiele ausgemacht werden soll, so ließen wir, dächte ich, die alten Freunde ruhen; denn da habt ihr freylich gut siegen, da ihr euch auf das ganze Heer eurer Dichter, als sehr glaubwürdige Zeugen, berufen könnt, welche die Freundschaft eines Achilles und Patroklus, eines Theseus und Pirithous, und alle andre ihres gleichens in den schönsten und sonorsten Versen besungen haben; diese also, ließen wir, wie gesagt, ruhen, und schränkten uns lediglich auf einige wenige Beyspiele aus unsern eigenen Zeiten ein: du erzähltest Griechische, ich Scythische, und wer von uns beyden die besten Freunde aufstellen kann, soll Sieger seyn, und sich rühmen dürfen, seinem Vaterlande in dem schönsten und edelsten aller Kampfspiele den Preis gewonnen zu haben. Ich, an meinem Theil, erkläre zum Voraus, lieber wollte ich in einem Zweykampf unten liegen und mir dafür, nach Scythischen Brauch, die rechte Hand abhauen laffen, als daß ich, da ich die Ehre habe ein Scythe zu seyn, in der Freundschaft hinter einem Griechen zurückbleiben wollte.

Mnesipp. Es ist zwar kein schlechtes Unternehmen, mit einem Gegner, der mit so vieler Fertigkeit und mit so scharfen Waffen zu fechten weiß, wie du, mein lieber Toxaris, sich in einen Zweykampf einzulaffen. Indeffen kann ich doch auch nicht so feig seyn, dir ohne Kampf gewonnen zu geben, und dadurch auf einmal an der Sache aller Griechen zum Verräther zu werden. Denn nach dem Beyspiele, das ich vor mir habe, da zwey einzige Griechen (laut unsrer Volksgesänge, und euerer alten Gemählde, die du mir nur eben so meisterlich vortragöbiert hast) mit einer so großen Menge Scythen fertig worden sind, wäre es eine ewige Schande, wenn alle Griechischen Völker nun auf einmal, bloß darum, weil keiner zum Kampf erschienen wäre, von dir allein sollten übermeistert worden seyn. Denn da verdiente ich wahrlich, daß mir, nicht die rechte Hand, wie bey euch, sondern die Zunge *) abgeschnitten würde. — Aber wollen wir eine gewiffe Zahl freundschaftlicher Handlungen festsetzen, (die mit einander um den Vorzug streiten) oder soll der-

---

*) Als das Instrument, das die Griechen unter allen Völkern am besten spielten.

jenige von uns, der eine größere Anzahl aufbringen kann, den Vortheil von dem andern haben?

Toxar. Keinesweges! Der Sieg soll nicht durch die Mehrheit, sondern durch das Gewicht der Streiche bey gleicher Anzahl, entschieden werden: denn desto tiefere Wunden werden mir die deinigen schlagen, und desto bälder werde ich mich überwunden geben müssen.

Mnesipp. Da hast du recht. Bestimmen wir also die Zahl! Fünf sollten genug seyn, dächte ich?

Toxar. Ich auch. Mache du den Anfang, aber schwöre zuvor, daß du lauter wahre Begebenheiten erzählen willst. Denn freylich wäre es eben so leicht dergleichen Dinge zu erdichten, als schwer dahinter zu kommen, was daran wahr oder unwahr sey: hast du aber geschworen, so wäre es Verletzung der Religion nicht zu glauben.

Mnesipp. So will ich denn schwören, wenn du es für so nöthig hältst. Aber bey welchem von unsern Göttern? Bist du mit dem Jupiter Philius zufrieden?

Toxar. Vollkommen! Ich meines Orts werde dir, wenn die Reyhe an mich kommt, nach meiner Landessitte schwören.

Mnesipp. So sey denn Jupiter, der Schutzgott der Freundschaft, mein Zeuge, daß ich dir nichts, als was ich entweder aus eigener Wissenschaft weiß, oder nach möglichst sorfältiger Erkundigung von andern gehört habe, vorbringen, und nicht den geringsten Umstand, in der Absicht die Sache tragischer zu machen, hinzudichten will. Ich fange also an mit der Freundschaft zwischen Agathokles und Dinias, von welcher man in ganz Jonien so viel singen und sagen hört. Dieser Agathokles war von Samos gebürtig, und es ist nicht lange, daß er noch am Leben war. Wie berühmt er sich auch durch seine Stärke in der Freundschaft gemacht hat, so hatte er doch weder an Herkunft noch Glücksgütern vor dem größten Theile der Samier das geringste voraus. Indessen fügte sich's, daß er von seiner ersten Jugend an eine besondere Anhänglichkeit an einen gewissen Dinias, Lysions Sohn, von Ephesus, zeigte. Dieser war seit kurzem zum Besitz unermeßlicher Reichthümer gelangt, und befand sich also, wie man leicht denken kann, von einer Menge anderer angeblicher Freunde umgeben, die das Talent mit ihm zu trinken und alle seine Vergnügungen zu theilen, in einem hohen Grade besaßen, zur wahren Freundschaft aber nicht die geringste Anlage hatten. Unter diese wurde nun eine Zeit lang auch Agathokles gerechnet, weil er ihn, wie die andern, öfters besuchte und mit trinken half, wiewohl diese Lebensart ganz und gar nicht nach seinem Geschmacke war. Dinias machte auch zwischen ihm und seinen Schmarotzern keinen Unterschied; im Gegentheil, er verdarb es endlich ganz mit ihm, weil er ihm öfters Vorstellungen that, ihn an seine Vorältern erinnerte, und ihn ermahnte, das große Vermögen, das sein Vater mit so vieler Arbeit für ihn erworben, besser zu Rathe zu halten. Dinias hörte also auf ihn zu seinen Lustparthien einzuladen, und suchte sich einen so beschwerlichen Erinnerer auf alle Weise vom Halse zu schaffen.

Zu seinem Unglück ließ sich dieser Unbesonnene von seinen Schmeichlern in den Kopf setzen, daß eine gewisse Chariklea, die Gemahlin eines angesehenen Mannes, Nahmens Demonax, der zu Ephesus die erste Würde in der Stadt bekleidete, sterblich in ihn verliebt sey. Bald langten auch Liebesbriefchen, halbverwelkte Blumenkränze *), angebißne Aepfel **) und andere dergleichen Zaubermittelchen an, womit unsre Buhlschwestern junge Leute nach und nach zu verstricken und in Feuer zu setzen wissen, indem sie ihrer Eitelkeit durch den Gedanken, zuerst geliebt zu seyn, schmeicheln. Vorzüglich glücken ihnen diese Kunstgriffe bey solchen, die sich viel mit ihrer Schönheit wissen; und man kann sicher darauf rechnen, daß sie schon gefangen sind, ehe sie das Garn nur gewahr werden, das für sie gestellt ist. Chariklea war in der That ein ganz hübsches Weibchen, aber so verbuhlt und ausschweifend, daß der erste, der ihr in den Wurf kam, sich darauf verlassen konnte, glücklich bey ihr zu seyn. Sie war um jeden Preis und auf jede Bedingung zu haben; man brauchte sie nur anzusehen, so winkte sie einem schon ja zu, und man durfte nie besorgen, Widerstand bey Chariklea zu finden. Uebrigens übertraf sie alle Hetären in der Kunst, jeden, auf den sie ihr Auge geworfen hatte, an sich zu lo-

*) Halbverwelkt, zum Zeichen, daß die Dame die Blumen an ihrem Kopfe oder Busen getragen habe; denn davon erhielten sie ihren Werth.

**) Eine uns auffallende Galanterie bey den Griechen, die ihrer großen Reinlichkeit Ehre macht.

cken, den Unentschlossenen gänzlich zu überwältigen, den hingegen, der schon gefangen war, fest zu halten, zu spannen, und bald durch verstellten Zorn, bald durch Schmeicheleyen, dann wieder durch Verachtung und anscheinende Neigung zu einem andern die sinkende Flamme wieder stärker anzufachen. Kurz, die Dame war auf eine unendliche Menge von solchen Stückchen abgerichtet, und eine ausgelernte Meisterin in allen Theilen der Buhlkunst.

Dieses Weib also zogen die Schmarotzer des Dinias mit in ihr Complot gegen den unglücklichen Jüngling, und diese spielten ihre Rolle als Vertraute und Mittelspersonen in dieser Komödie so gut, daß der arme Mensch in kurzem von der heftigsten Leidenschaft gegen Chariklea brannte. In schlimmere Hände hätte ein so einfältiger und solcher Künste unerfahrner Jüngling unmöglich fallen können, als in die Hände dieser Sirene, die schon so viele junge Leute abgeschlachtet, so manches reiche Haus zu Grunde gerichtet hatte, so vielerley Gestalten anzunehmen wußte, und durch tausend Liebeshändel, woran ihr Herz nicht den geringsten Antheil nahm, in ihre Rolle vollkommen eingespielt war. Auch schlug sie, sobald sie ihn einmal in ihrer Gewalt sah, ihre Klauen so fest um ihn, und hackte sich, (wenn ich so sagen kann) so tief in ihn ein, daß sie nicht nur den unglücklichen Dinias in das größte Elend stürzte, sondern über ihrem Raube selbst zu Grunde gieng. Ihr erstes war also, daß sie ihm, die besagten Liebesbriefchen an die Angel

steck-

steckte *), und eine ihrer vertrauten Sclavinnen fleißig an ihn abschickte, die ihm sagen mußte, wie sich die arme Frau aus Liebe zu ihm blind weine, was er ihr für schlaflose Nächte mache, und wie sehr zu befürchten sey, daß sie so vieler Quaal endlich mit ihrem Haarband ein Ende machen werde: bis der glückliche Dinias einem so starken Beweise, daß er ein Adonis und den Herzen der Weiber von Ephesus äusserst gefährlich sey, nicht länger widerstehen konnte, und sich endlich erbitten ließ, der leidenden Schönen mit Trost beyzuspringen.

Da sie ihn einmal so weit gebracht hatte, so kann man sich leicht einbilden, was für eine Gewalt eine schöne Frau über ihn bekommen mußte, die ihre Unterhaltungen mit allem, was die Wollust noch bezaubernder machen kann, zu würzen wußte;

*) Das Bild ist, wie man sieht, von den Fliegen, womit die Fischer ihre Angeln zu bestecken pflegen, hergenommen. Lucian thut sich überhaupt in diesem Werkchen, das ein Produkt seiner frühern Jahre zu seyn scheint, nach Art der damaligen Sophisten sehr viel auf eine Art von Witz zu gut, die sich um dergleichen Bilder herumdreht, und nicht abläßt, bis die Metapher zu einer kleinen Allegorie ausgesponnen ist. Ich habe mir ziemlich viel Freyheit mit dieser ganzen Stelle herausnehmen, und manche seiner Metaphern bald an einen andern Ort versetzen, bald mit andern vertauschen, bald ganz weglaffen müssen, und das ne quid nimis wenigstens etwas besser als er zu beobachten, und seinen Mnesippus, der als ein wahrer graeculus sich selbst gar zu gern reden hört, Lesern von Geschmack erträglicher zu machen.

die die Kunst verstand, zu rechter Zeit zu weinen, oder sich mitten im Reden durch einen zärtlichen Seufzer zu unterbrechen; ihn, wenn er weggieng, kaum aus ihren Armen lassen konnte, ihm, wenn er wiederkam, entgegenflog, sich immer auf die gefälligste und reizendste Art herausputzte, ihm mitunter auch Liedchen sang und sie auf der Cither begleitete. Was war natürlicher, als daß eine Frau, die alle diese Zauberwaffen gegen ihn gebrauchte, sich gänzlich von ihm Meister machen mußte? Ja wie sie nun merkte, daß es mit seiner Krankheit Ernst wurde, und daß ihn die Liebe schon ganz durchgeweicht und mürbe gebeitzt habe, ließ sie noch eine andere Mine springen, die ihm den Kopf vollends verrücken sollte. Sie machte ihm weiß, daß sie schwanger von ihm sey; denn auch das ist ein Mittel, einen hasenköpfigen Liebhaber noch mehr in Feuer zu setzen. Sie kam nun nicht mehr zu ihm, unter dem Vorwande, sie würde von ihrem Manne beobachtet, der von ihrem Liebesverständnisse Wind bekommen habe. Das war mehr als der arme Dinias ertragen konnte; er konnte nicht mehr ohne sie leben, weinte und schluchzte, schickte alle Augenblicke einen seiner Schmarotzer an sie ab, rief unaufhörlich ihren Nahmen aus, hatte immer ihre Bildsäule in den Armen (er hatte sich eine von weissem Marmor machen lassen) und heulte laut dabey auf; zuletzt wälzte er sich sogar, wie ein Verzweifelnder, auf dem Boden herum; mit Einem Worte, seine Liebe verwandelte sich in eigentliche Wahnsinnigkeit. Denn die Presente, die er ihr machte, waren nicht mehr in Proportion mit den Aepfeln und Blumen

Kränzen, die er von ihr erhielt, sondern er schenkte ihr gleich ganze Häuser und Landgüter auf einmal, und nebenher noch Sclavinnen, prächtige Kleider und baares Geld soviel sie nur verlangte; dergestalt, daß das Haus Lisions, einst das nahmhafteste und reichste in ganz Jonien, in kurzer Zeit rein ausgeleert und bis auf den Boden ausgeschöpft war. Sobald Chariklea merkte, daß nichts mehr an ihm auszudrücken sey, ließ sie ihn sitzen und machte auf einen reichen jungen Herrn von Kreta Jagd, der auch gar bald ins Netz eingieng und sich überreden ließ, daß sie mächtig in ihn verliebt sey. Der arme Dinias, wie er sich auf einmal sowohl von Charikleen, als von seinen ehemaligen Tischfreunden verlassen sah, (denn diese waren nun alle zu dem geliebten Kretenser übergegangen) suchte jetzt den Agathokles wieder auf, der schon lange wußte, wie übel seine Sachen standen, und erzählte ihm, nicht ohne Beschämung, alles, was sich seit ihrer Trennung mit ihm zugetragen hatte; seine Liebe, den Ruin seines Vermögens, die Verachtung, womit ihm die Dame begegnete, den Nebenbuhler, den sie begünstigte; und beschloß das Ganze mit der Erklärung, daß er entweder Charikleen wieder haben, oder sterben müsse. Agathokles, der dieß nicht für den rechten Augenblick hielt, ihm darüber, daß er aus allen seinen Freunden ihn allein so lange vernachlässiget, und den Schmarotzern, die ihn nun in der Noth stecken ließen, den Vorzug gegeben hatte, Vorwürfe zu machen, verkaufte sogleich sein väterliches Haus zu Samos, worin sein ganzes Vermögen bestand, und brachte seinem Freunde die dreytausend Thaler, die er daraus gelöset hatte. Klinias hatte diese Summe kaum empfangen, als ihm das Gerüchte, daß er wieder Geld habe, in Charikleens Augen alle seine vorige Schönheit wieder gab. Sogleich stellten sich die Magd, und die Liebesbriefchen wieder ein, mit Vorwürfen angefüllt, warum er sich in so langer Zeit nicht habe sehen lassen; auch die Schmarotzer eilten wieder herbey, um Nachlese zu halten, wie sie sahen, daß noch etwas bey ihm zu hoffen war.

Inzwischen wurde eine geheime Zusammenkunft zwischen ihm und der Dame ausgemacht, und Dinias schlich sich um die Zeit des ersten Schlafes in ihre Wohnung. Aber kaum waren sie allein beysammen, als Demonax, Charikleens Gemahl, es sey nun daß er sonst etwas gemerkt oder es mit ihr abgeredet hatte (denn man sagt beydes) wie aus einem Hinterhalt hervorbrach, die Hofthür abschliessen ließ, den Dinias mit gezogenem Degen überfiel, und, unter Androhung des ärgsten, was einem Ehemanne gegen einen ertappten Ehebrecher erlaubt war, seinen Bedienten befahl, sich seiner Person zu versichern. Diese äußerste Noth brachte den unglücklichen Dinias zur Wuth eines Verzweifelnden; er bemächtigte sich einer eisernen Stange, die ihm zufälliger Weise bey der Hand war, und traf den Demonax gleich so derb an den Schlaf, daß er auf den ersten Schlag todt zu Boden stürzte; dann fiel er mit seiner Stange über Charikleen her, versetzte ihr viele Streiche damit, und stieß ihr endlich noch den Degen ihres Mannes in die Brust. Die Bedienten, die in der ersten Bestürzung wie versteinert dagestanden und dieser schrecklichen Tragödie sprachlos zugesehen hatten, wollten jetzt Hand an den Mörder legen: wie sie ihn aber mit dem blutigen Degen auf sie losgehen sahen, liefen sie davon. Dinias schlich sich aus dem Hause, und brachte den Rest*) der Nacht beym Agathokles zu, über das Geschehene und Künftige hin und wieder zu reden, und zu überlegen, wie sie sich bey dem vermuthlichen Ausgang der Sache zu benehmen hätten. Aber mit Anbruch des Tages fanden sich schon die Stadthauptleute ein, (den der Handel war sogleich ruchtbar worden) versicherten sich der Person des Dinias, der den verübten Mord nicht zu läugnen begehrte, und führten ihn vor den damaligen Proconsul von Asien. Dieser schickte ihn sogleich dem Kaiser zu; und nicht lange darauf wurde Dinias nach Gyaros**), einer von den Cykladischen Inseln abgeführt, wohin ihn der Kaiser auf lebenslang ins Elend verwiesen hatte.

*) Das weggelassene τηλικυτον εργον εργασαμενος (nachdem er eine so große That gethan hatte) sieht einem unzeitigen Spaß ähnlich, und konnte, ohne dem Gemählde etwas an Wahrheit und Stärke zu rauben, wegbleiben.

**) Diese kleine Insel war so rauh und unbewohnbar, daß Strabo nichts auf ihr fand, als eine Anzahl armseliger Fischerhütten; und es war bey den Römern eine harte Strafe für Leute von Stande, die eines üppigen Lebens gewohnt waren, nach Gyaros, zumal auf Lebenslang, verbannt zu werden. Dahin bezieht sich der Juvenalische Vers:

Aude aliquid brevibus Gyaris et carcere dignum!

Agathokles war ihm in diesem Unglück überall zur Seite; er begleitete ihn auf der Reise nach Italien, war der einzige von seinen Freunden, der ihm vor Gericht beystand, und fehlte ihm in keiner Gelegenheit: ja, sogar als Dinias endlich an den Ort seiner Verbannung wandern mußte, konnte er sich nicht entschließen, seinen Cameraden im Stiche zu laßen, sondern verbannte sich selbst mit ihm, und wählte die nackten Felsen von Gyaros zu seinem Aufenthalt; und da es ihnen an allem nothwendigen fehlte, verdingte er sich selbst an die Purpurschnecken-Fischer, die es auf dieser Insel giebt, und ernährte seinen Freund mit dem Taglohn, den er als Taucher von ihnen verdiente. Er pflegte und wartete ihn in seiner langwierigen Krankheit; ja sogar nach seinem Tode wollte er nie wieder in sein Vaterland zurückkehren: er hätte sich zur Schande angerechnet, auch nur die Gebeine seines Freundes in dieser wüsten Insel zu verlaßen. Hier hättest du also ein Beyspiel, wie weit ein Grieche die Freundschaft treiben kann; und zwar eines, das sich vor nicht langer Zeit zugetragen hat: denn es sind kaum vier bis fünf Jahre, daß Agathokles zu Gyaros gestorben ist.

Toxar. Ich wollte, mein lieber Mnesippus, du hättest die Wahrheit dieser Geschichte nicht beschworen, damit es mir erlaubt wäre, sie für erdichtet zu halten, so ganz gleicht dein Agathokles einem Scythischen Freunde. Aber ich fürchte sehr, du werdest mir keinen andern seines gleichens nennen können.

Mnesip. So höre dann, was ich dir von

einem gewissen Euthybikus aus Chalcis *) erzählen will, so wie ich es aus dem Munde des Schiffers Simylus von Megara habe, der mir mit einem Eide betheuerte, alles mit seinen Augen gesehen zu haben. Dieser Mann segelte einsmals gegen Ende des Mayes **) aus Italien nach Athen. Unter vielen andern Passagieren, die er am Bord hatte, war auch dieser Euthybikus, und ein gewisser Damon, ein Camerad und Landsmann desselben; Beyde von gleichem Alter, mit dem Unterschiede, daß jener ein Mann von großen Kräften und bey vollkommener Gesundheit, dieser hingegen blaß und kränklich war, und die Miene einer Person hatte, die erst seit kurzem von einer langwierigen Krankheit aufgestanden ist. Bis zur Höhe von Sicilien, sagte Simylus, hatten sie eine sehr glückliche Fahrt: wie sie aber die Meerenge ***) passiert hatten, wurden sie im Jonischen Meere von einem fürchterlichen Ungewitter überfallen. Ich erlasse dir die Beschreibung der aufgethürmten Wogen, der Wirbelwinde, des Hagels, und alles andern, was zu einem vollständigen Seesturm gehört; genug, daß sie sich endlich gezwungen sahen, alle Segel einzureffen, und (nach Gewohnheit unsrer Schiffer) eine Menge schneckenförmig gewundener großer Taue ins Meer

---

*) Es gab zwey Städte dieses Nahmens, wovon die eine die Hauptstadt der Insel Eubba, und die andere eine Aetolische Stadt an der Mündung des Flusses Evenus war.

**) Im Griechischen: um die Zeit, da sich die Plejaden untertauchen, welches geschieht, wenn die Sonne in die Zwillinge tritt.

***) Welche Sicilien von Calabrien trennt.

zu laſſen, um die Gewalt der Wellen in etwas
dadurch zu brechen und das Schiff in einigem Gleichgewicht zu erhalten. Sie befanden ſich in der Nähe
der Inſel Zakynthos *), und Damon, dem die heftige Bewegung und das beſtändige Schaukeln des
Fahrzeugs die Seekrankheit in einem hohen Grade
gegeben hatte, war mitten in der Nacht aufgeſtan-
den, und hatte ſich, aus einer leicht zu errathenden
Urſache, mit halbem Leibe über Bord gelegt; als
ihn auf einmal, in einem Augenblicke, da das Schiff
ſtark auf dieſe Seite hieng, eine Welle ergriff und
ins Meer hinausſchleuderte. Zu allem Unglück war
er angekleidet, und konnte ſich alſo nicht einmal
durch ſchwimmen **) helfen: ſo daß ihm nichts
übrig blieb als zu ſchreyen, daß er, ohne zu erſticken, ſich nicht länger über den Wellen erhalten
könne. Sobald Euthydikus, der eben ganz ausge-
kleidet auf ſeinem Lager ausruhete, ſein Schreyen
hörte, ſprang er auf, ſtürzte ſich in die See, ergriff ſeinen Cameraden, der ſchon alle Hoffnung ſich
zu retten aufgegeben hatte, hielt ihn empor, und
ſchwamm glücklich mit ihm dem Schiffe zu. Da es
Mondſchein war ***), ſo konnte man vom Schiffe
aus beynahe alle ihre Bewegungen ſehen: aber uns

*) Jetzt Zante, eine den Venetianern gehörige
  Inſel des Joniſchen Meeres.
**) Eine Kunſt, die bey den Griechen zu den
  Erziehungsübungen gehörte, und worin beſon-
  ders alle Inſulaner und Einwohner der See-
  ſtädte große Meiſter waren.
***) Man muß vorausſetzen, daß der eigentliche
  Sturm damals ſchon vorüber, und das Meer
  nur noch in großer Bewegung war.

glücklicher Weise gieng der Wind so heftig, daß es
mit allem guten Willen unmöglich war, den armen
Leuten zu Hülfe zu kommen: das einzige, was
man für sie thun konnte, war, daß man ihnen viele
Stücke Kork und einige Stangen zuwarf, um sich
damit zu helfen, falls sie etwas davon habhaft werden könnten; zuletzt warf man sogar die Schiffsleiter über Bord, welche groß genug war, daß sie
beyde Platz darauf haben konnten. Nun bedenke
selbst, liebster Toxaris, ob es möglich sey, einem
Freund einen stärkern Beweis von Zuneigung zu
geben, als hier Euthydikus dem Damon gab?
Denn was konnte er, da er sich in ein so aufge-
brachtes Meer wagte, anders erwarten, als mit
seinem Freunde zu sterben? Setze dich an seinen
Platz, stelle dir die übereinander sich herwälzenden
Wogen vor Augen, denke dir das fürchterliche Getöse der an einander zerschellenden Wellen, den auf-
kochenden Schaum, die Nacht, die Unmöglichkeit,
in solchen Umständen Rettung zu hoffen: und nun
den Unglücklichen, der jeden Augenblick am Ersticken
ist, kaum noch den Kopf über den Wellen erhalten
kann, und hoffnungsvoll die Hände nach seinem
Freunde ausstreckt, während dieser, ohne sich zu besinnen, herabspringt, hinzuschwimmt, und keine andere Furcht hat, als daß Damon vor ihm zu Grunde gehen möchte. — Stelle dir das alles recht lebendig vor, und bekenne, daß ich Ursache hatte,
dir auch diesen Euthydikus für keinen Freund vom
gewöhnlichen Schlage zu geben!

Toxar. Aber haben die braven Leute dennoch

umkommen müssen, Mnesipp, oder sind sie durch irgend einen glücklichen Zufall gerettet worden? *)

Mnesip. Beruhige dich, Toxaris! Sie wurden gerettet, und leben beyde noch auf diesen Tag zu Athen, wo sie der Philosophie obliegen. Was ich dir bisher von ihnen erzählte, war bloß das, wovon der Schiffer Simylus in besagter Nacht Augenzeuge gewesen war: was nun folget, habe ich vom Euthydikus selbst. Eine Zeitlang, sagte er, hätten sie sich mit Hülfe einiger Stücke Kork, deren sie habhaft geworden, wiewohl nicht ohne große Schwierigkeit, fortgeholfen! wie sie aber bey Tages Anbruch die Schiffsleiter gewahr worden, wären sie hinzugeschwommen, hinaufgeklettert, und auf derselben zu Zante, wovon sie nicht weit entfernt waren, glücklich angelandet.

Nach diesen beyden Beyspielen, die meiner Meynung nach nicht zu verachten sind, höre nun ein drittes, das jenen nichts nachgiebt. Ein gewisser Eudamidas von Korinth, der sehr arm war, hatte zwey wohlhabende Freunde, den Aretäus von Korinth und den Charixenus von Sicyon. Als er zu sterben kam, fand man ein Testament, das vielen Leuten sehr lächerlich vorkam: ob aber ein so braver Mann wie du, der den Werth der Freundschaft zu schätzen weiß und um den ersten Preis derselben streitet, es so lächerlich finden werde, zweifle ich. Der Inhalt des Testaments war folgender: „Ich vermache meinen beyden Freunden,

---

*) Dieser Zug von Theilnehmung thut im Munde des Scythen eine sehr gute Wirkung.

27

dem Aretäus meine alte Mutter, um sie zu ernäh=
ren und in ihrem Alter zu pflegen, und dem Ari=
stoxenes meine Tochter, um sie so gut zu verheu=
rathen und auszustatten, als es seine Vermögens=
umstände nur immer zulassen werden. Sollte aber
einem von ihnen vor der Zeit etwas menschliches
zustoßen, so soll der Antheil desselben dem andern
anheimfallen." Wie dieser letzte Wille publiziert
wurde, trieben alle, die nur von der Armuth des
Eudamidas, aber nichts von der Freundschaft, die
zwischen ihm und diesen beyden Männern vorgewal=
tet hatte, wußten, ihr Gespött damit, und giengen
lachend davon. Das heißt man doch eine Erbschaft!
sagten sie: was Aretäus und Charixenus glücklich
sind! Ein feines Vermächtniß, das sie zu Schuld=
nern des Eudamidas, und den Verstorbnen zum Er=
ben der Ueberlebenden macht! Indessen kamen die
beyden Erben, denen diese Vermächtnisse hinterlas=
sen worden waren, sobald sie Nachricht davon
bekamen, unverzüglich, um sich in den Besitz der=
selben setzen zu lassen; *) und da Charixenus den
Erblasser nur um fünf Tage überlebte, so über=
nahm der edelgesinnte Aristäus beyde Antheile der
Verlassenschaft, ernährte die Mutter, und versorgte
das Mädchen, indem er von fünf Talenten, die er
hatte, zwey seiner eigenen Tochter, und zwey der
Tochter seines Freundes zur Mitgift gab, und die
Hochzeit auf Einen Tag ausrichtete. Was sagst du
Toxaris, zu diesem Freundschaftsstücke und dem

---

*) Ich lese mit Gronov ἀπαιτευτις, statt διαιτων-
τις, welches keinen schicklichen Sinn giebt.

Manne, der dessen fähig war? Sollte er nicht verdienen, einer von den Fünfen zu seyn?

Toxar. Ein braver Mann, allerdings! Aber doch finde ich den Eudamidas wegen des Vertrauens, das er in seine Freunde setzte, viel bewundernswürdiger. Denn es beweist, er hätte an ihrem Platze auch ohne Testament das nehmliche gethan, und sich eine solche Erbschaft gewiß von keinem andern wegnehmen lassen.

Mnesipp. Ich bin deiner Meynung. — Mein Vierter soll Zenothemis, des Charmoleos Sohn, von Massilien, seyn, den ich von Person kennen lernte, da ich in Geschäften meiner Vaterstadt nach Italien reisen mußte. Er war, als er mir gezeigt wurde, im Begriff, in einer zweyspännigen Kallesche aufs Land zu fahren, und sah einen ungemein wohlgemachten, schönen und reichen Mann gleich. Desto häßlicher war hingegen seine neben ihm sitzende Gemahlin. Ausserdem, daß sie überhaupt übel gebildet war, hatte sie ein ausgeloffenes Auge und war an der ganzen rechten Seite wie ausgedorrt; kurz, nie sind Kinder mit einem häßlichern Scheusal erschreckt worden, als diese Dame war. Wie ich nun mein Erstaunen darüber zeigte, daß ein so feiner und schöner Mann ein solches Ungethüm mit sich herumführen könne, erzählte mir derjenige, der ihn mir gewiesen hatte, was die Veranlassung zu dieser sonderbaren Heurath gewesen sey; eine Sache, wovon er mir einen desto zuverläßigern Bericht geben konnte, da er selbst ein Massilier war. Zenothemis, sagte er, war der Freund des Vaters dieser mißgeschaffnen Person,

eines gewissen Menekrates, der ein eben so angese=
ner und reicher Mann war, als er selbst. Nach ge=
raumer Zeit hatte Menekrates das Unglück, durch
einen Richterspruch des großen Rathes *) aller Eh=
renstellen unfähig, und aller seiner Güter verlustig
erklärt zu werden, weil er in einem öffentlichen
Amte, das er bekleidete, einen Spruch gegen das
Gesetz gethan hatte; denn so bestrafen wir in unsrer Republik die Magistratspersonen, die sich eine
gesetzwidrige Sentenz zu Schulden kommen lassen.
Wie dem Menekrates bey dieser Katastrophe, die
ihn so plötzlich aus einem angesehenen und reichen
Manne ehrlos und zum Bettler machte, zu Muthe
seyn mußte, ist leicht zu erachten. Was ihm aber
den größten Kummer machte, war diese Tochter,
die bereits achtzehn Jahre hatte, und für die in
solchen Umständen keine Hoffnung übrig war, da
selbst in seinem vorigen Glücksstande sich kaum unter
den gemeinsten und ärmsten Bürgern einer würde ha=
ben entschließen können, ihm eine Tochter von so un=
glücklicher Gestalt abzunehmen, wenn er ihr auch
sein ganzes Vermögen mitgegeben hätte; zumal da
sie, wie es hieß, bey zunehmendem Monde gewöhn=
lich das böse Wesen bekam. Wie nun Menekrates
seine Bekümmerniß in den Schoos seines Freundes
Zenothemis ausschüttete, hieß in dieser gutes Muthes seyn, mit der Versicherung, daß es weder ihm
selbst an dem Nothwendigen, noch seiner Tochter an
einem anständigen Gemahle fehlen sollte. Und mit

---

*) Im Original, der Sechshundert, als die zu
 Massilien das höchste Tribunal waren.

diesen Worten nahm er ihn bey der Hand, führte
ihn in sein Haus, theilte sein ganzes Vermögen,
welches sehr groß war, mit ihm, und ließ Anstalten zu einem großen Feste machen, wozu er alle
seine guten Freunde, und auch den Menekrates ein-
lud, dem er vorgab, er hätte einen unter seinen
Bekannten aufgetrieben, der sich zur Heurath mit
seiner Tochter entschlossen habe. Wie sie nun abgespeist und den Göttern die gewöhnlichen Libationen
gebracht hatten, reichte ihm Zenothemis eine voll
eingeschenkte Trinkschale mit diesen Worten dar:
diesen Becher der Freundschaft bringt dir dein Schwiegersohn zu! denn noch diesen Abend vermähle ich
mich mit deiner Tochter Cydimache, und erkläre hiemit, daß ich vor einiger Zeit fünf und zwanzig Talente als ihre Mitgift empfangen habe. Nimmer-
mehr! rief Menekrates, das sollst du nicht, Zenothemis! und so hoffe ich selbst den Verstand nicht
zu verlieren, daß ich einen jungen schönen Mann,
wie du, mit einem so häßlichen und presthaften
Mädchen sollte zusammengespannt sehen können!
Aber während der Vater so protestierte, führte jener seine Braut in die hochzeitliche Kammer, und
als er nach einer Weile wieder kam, brachte er sie
als sein Weib zurück. Von dieser Zeit an lebt er
in der zärtlichsten Ehe mit ihr, führt sie, wie du
gesehen hast, überall mit sich, und ist so weit entfernt, sich diese Verbindung reuen zu lassen, daß
er vielmehr stolz darauf scheint, der Welt zu zeigen,
daß Schönheit oder Häßlichkeit, so wie Reichthum
und Ansehn, bey ihm in keinen Anschlag kommen,
aber daß er einen desto größern Werth auf seinen

Freund legt, und sich versichert hält, daß Menekrates durch das Urtheil der Sechshundert nichts von den Eigenschaften, die ihn zu seinem Freunde machten, verlohren habe. Dafür hat ihn aber auch das Glück nicht unbelohnt gelassen: denn diese so häßliche Frau hat ihm den schönsten Knaben gebohren, den man mit Augen sehen kann. Auch ist es noch nicht lange, daß er dieses Kind mit einem Oehlzweig um die Stirne und in schwarzem Gewande, auf seinen Armen in den Senat trug, um die Rathsherren zum Mitleiden mit seinem Großvater zu bewegen, für welchen er seinen Enkel gleichsam zum Fürbitter machte. Das Kind lächelte die Herren an, und klatschte in seine Händchen; der ganze Senat wurde durch diesen Anblick so gerührt, daß er dem Menekrates seine Strafe erließ: und so befindet sich dieser, Dank seinem kleinen Sachwalter, wieder in seinen vorigen Ehrenstand eingesetzt. Dieß ist es was mir der Massilienser von der heroischen That des Zenothemis an seinem Freund erzählte; und es ist mehr, wie du siehest, als man von den meisten Scythen erwarten könnte, die es, sagt man, mit der Schönheit ihrer Weiber so genau nehmen, daß ihnen sogar eine bloße Beyschläferin nicht leicht schön genug sey. *)

Nun ist auf meiner Seite nur noch der fünfte übrig, und dazu wüßte ich keinen andern, wenn ich

*) Unser Grieche betrachtet, wie es scheint, eine Concubine als eine Art von Nothhelferin, impetus in quam continuo fiat (wie sich Horaz ausdrückt) und mit der man's folglich der Schönheit halben, so genau nicht nehmen kann.

den Demetrius von Sunium vorbeygehen sollte. Dieser Demetrius war mit Antiphilus von Alopöjien*), seinem Cameraden von Kindheit an, nach Aegypten gegangen, um da zusammen zu leben und ihre Studien fortzusetzen: er selbst übte sich unter Anführung des berühmten Agathobulus in den cynischen Uebungen, Antiphilus hingegen lag der Heilungskunst ob. Einsmals kam jenem die Lust an, tiefer ins Land hinein zu reisen, um die Pyramiden und die Bildsäule Memnons zu besehen; denn er hatte gehört, daß jene, ihrer Höhe ungeachtet, keinen Schatten werfen, und daß Memnon beym Aufgang der Sonn einen lauten Schall von sich gebe.**) Um sein Verlangen, diesen zu hören und jene zu sehen, zu befriedigen, war bereits im sechsten Monat den Nil hinaufgefahren; und hatte den Antiphilus zurückgelassen, den die Länge des Weges und die Hitze abgeschreckt hatten, ihn zu begleiten.

Inzwischen war diesem ein Unglück zugestoßen, worin ihm ein edelmüthiger Freund sehr nöthig gewesen wäre. Er hatte einen Sclaven, den man Syrus zu nennen pflegte, weil er von Geburt ein Sy-

*) Beyde waren also aus Attika gebürtig; denn Sunium war ein Städtchen, und Alopöke (nicht Alopex, wie Massieu schreibt) ein zum Stamme (oder, wie es andere nennen, zur Zunft) Antiochis gehöriger Flecken im Gebiete von Athen.

**) S. die Anmerkung im Lügenfrund 1. Th. S. 188. Lucian drückt hier durch βοᾶν (schreyen) aus, was er dort θαυμαστὸν ἔχειν, und Plinius (L. XXXVI. c. 7.) crepare nennt, zum Zeichen, daß man nicht recht wußte, womit man diesen Ton vergleichen sollte.

rer war. Dieſer Menſch fand in Geſellſchaft einiger
Böſewichter, mit denen er ſich eingelaſſen hatte,
Mittel, ſich heimlich in den Tempel des Anubis zu
ſchleichen, wo ſie, auſſer dem Gott ſelbſt *), zwey
goldene Opferſchalen, einen Caduceus, ebenfalls
vom Golde, ein paar ſilberne Cynokephalen **),
und verſchiedene andre Dinge dieſer Art raubten.
Alle dieſe geſtohlne Sachen wurden dem Syrer in
Verwahrung gegeben. Wie ſie aber nach einiger Zeit
etwas davon verkauften, und dadurch in Verdacht

*) Die lateiniſche Ueberſetzung iſt hier nicht ganz
richtig. Der Text ſagt nicht: ſie beraubten den
Gott; ſondern ſie raubten den Gott ſelbſt; als
deſſen Bilder die Aegyptier immer aus Gold
zu machen pflegten. S. Jablonsky Panth. Aegypt.
L. V. c. 3. §. 10. Anubis war der Merkur der
Aegyptier; oder vielmehr, die Griechen, als
ſie von Aegypten Meiſter wurden, machten aus
dem Anubis und ihrem Hermes eine und eben
dieſelbe Gottheit. Daher der Caduceus (κηρυκιον
oder κηρυκειον) den der lateiniſche Ueberſetzer,
und ſeine getreuen Anhänger, Franklin und
Maſſien, ich weiß nicht warum, in einen Scep-
ter verwandelt haben.

**) Wiewohl Anubis mit einem Hundekopfe gebil-
det wurde, und daher von unſerm Autor ſelbſt
mehrmals Κυνοκεφαλος genennt wird, ſo iſt doch
hier vermuthlich nicht von Sigillis Dei, wie der
Latein. Ueberſ. meynt, ſondern von Bildern einer in Ober-Aegypten häufigen Art von Affen
die Rede, die von den Griechen (wegen der
Aehnlichkeit ihres Kopfes mit einem Hundekopfe) Cynokephalen genennt wurden, und eben
dieſer Aehnlichkeit wegen dem Anubis heilig waren. Vermuthlich waren dieſe ſilbernen Cynokephalen Votivbilder, die von den Andächtigen
in den Tempel verehrt worden waren.

Lucian 4. Th.

kamen, wurden sie ergriffen, und auf die Tortur gebracht, wo sie sogleich alles und auch den Umstand bekannten, daß man die Sachen in der Wohnung des Antiphilus, in irgend einem dunkeln Winkel unter einer Bettstelle finden würde. Da es sich nun wirklich so befand, so wurde auch Antiphilus, der Herr des Sclaven (weil er von ihm als Mitschuldiger angegeben worden war) *) aus der Schule seines Lehrers durch Gerichtsdiener abgehohlt, und in Ketten geworfen, ohne daß ein einziger Mensch sich seiner annahm. Im Gegentheil alle seine bisherigen Cameraden, (bey denen sein Verbrechen sogleich etwas ausgemachtes war) kehrten ihm den Rücken, und rechneten sichs sogar zur Sünde an, jemals mit einem Menschen, der den Anubistempel beraubt hatte, gegessen und getrunken zu haben. Während er ins Gefängniß abgeführt wurde, packten seine zwey übrigen Sclaven alles was im Hause war zusammen, und machten sich damit aus dem Staube.

Der unglückliche Antiphilus schmachtete schon eine geraume Zeit im Gefängniß, und mußte sich, mit aller seiner Unschuld, für den verruchtesten aller seiner Mitgefangenen ansehen lassen. Der Kerkermeister, ein äusserst abergläubischer Aegyptier, glaubte sich

---

*) Ich habe nöthig gehalten, diese Worte einzuschieben, weil es sonst unbegreiflich wäre, wie man, auf eine bloße Vermuthung hin, nach römischen Gesetzen so streng mit dem Antiphilus hätte verfahren können, und wie alle seine vorigen guten Freund ihn auf einmal mit solchen Abscheu angesehen und seinem Schicksal überlassen haben sollten.

um den Gott Anubis verdient zu machen, wenn er
ihn an seinem Räuber durch die härteste Begegnung
rächte: und wenn sich Antiphilus zuweilen verthei-
digen wollte, und versicherte, daß ihm so eine That
gar nicht in den Sinn gekommen sey, wurde es ihm
für gewissenlose Unverschämtheit ausgerechnet, und
vermehrte nur den Abscheu, womit man ihn ansah.
Man kann sich leicht vorstellen, wie sehr seine Gesundheit unter diesen Umständen leiden mußte, zumal
da er keine andere Schlafstelle hatte, als den harten
Boden, und auch da nicht einmal die Füße ausstrecken konnte: denn unter Tages ließ man es zwar
bey einem eisernen Bande um den Hals und um die
eine Hand bewenden, des Nachts aber mußten auch
noch die Füße in den Stock gelegt werden. Zu allem
dem kam noch der abscheuliche Kerkergeruch, und
die Hitze von so vielen in einen engen Raum zusam-
mengepreßten Gefangenen, die kaum noch Athem
holen konnten, und das immerwährende Klirren der
Ketten, und der wenige Schlaf; lauter Dinge die
einem Menschen, der zu keiner harten Lebensart gewohnt war, und dergleichen nie erfahren hatte,
doppelt schwer fallen und ganz unausstehlich seyn
mußten.

Der arme Mann hatte nun alle Hoffnung aufgegeben, und war schon entschlossen keine Nahrung
mehr zu sich zu nehmen, als endlich Demetrius, ohne ein Wort von dem was vorgegangen war zu wissen, von seiner Wanderung zurückkam. Sobald er
es erfuhr, lief er geradweges dem Gefängniß zu,
wurde aber, weil es schon Abend war, nicht eingelassen; denn der Kerkermeister hatte die Thür schon

seit einer guten Weile verschloffen, und ſich zur Ruhe begeben, indeſſen er die Wache von auſſen ſeinen Knechten überließ. Aber des folgenden Morgens wurde ihm auf vieles Bitten die Kerkerthür geöffnet. Da er hinein kam, mußte er den Antiphilus lange ſuchen, ſo unkenntlich hatte ihn ſein Unglück und das ausgeſtandene Elend gemacht; er gieng von einem Gefangenen zum andern, und beſchaute ſie um und um, wie diejenigen zu thun pflegen, die ihre ſchon verweſenden Todten auf einem Schlachtfelde ſuchen; und auch ſo würde er ihn lange nicht erkannt haben, wenn er ihn nicht endlich bey ſeinem Nahmen aufgerufen hätte. Bey dieſer ihm ſo bekannten Stimme ſchrie der Unglückliche laut auf, ſtrich ſeine Haare, die ihm in größter Unordnung über das Geſicht herabhiengen, zurück, und gab ſich ſeinem auf ihn zu eilenden Freunde zu erkennen. Aber das Gefühl dieſes erſten Anblicks war für beyde zu ſtark, ſie ſanken taumelnd und ohne Beſinnung zu Boden. Nach einer Weile erholt ſich Demetrius wieder, und bringt auch den Antiphilus wieder zu ſich ſelbſt; und nachdem er ihn über alle Umſtände der Sache aufs genaueſte ausgefragt, heißt er ihn Muth faſſen, und reißt auf der Stelle ſeinen cyniſchen Mantel entzwey, um ihn, ſtatt der elenden Lumpen, die er um ſich hangen hatte, damit zu bedecken. Von dieſer Stunde an beſuchte er ihn ſo oft, und pflegte und wartete ſeiner ſo gut, als es ihm nur immer möglich war. Denn er verdingte ſich den Kaufleuten im Hafen von Morgen früh bis Mittag als Laſtträger, und da er ein ziemliches damit verdiente, gab er nach vollbrachter Arbeit einen Theil ſeines

Taglohnes dem Kerkermeister, um ihn etwas zahmer und gefälliger dadurch zu machen, und den Rest wandte er auf, seinem Freund einige Erquickung zu verschaffen. Gewöhnlich blieb er den übrigen Tag bey ihm, um ihm die Zeit zu kürzen und Trost einzusprechen, und die Nacht brachte er vor der Thür des Gefängnisses auf einem Lager zu, das er sich aus dürren Blättern bereitet hatte. So lebten sie eine geraume Zeit lang; Demetrius gieng ungehindert ab und zu, und Antiphilus trug sein Unglück viel leichter als zuvor. Aber da es sich begab, daß ein Straßenräuber im Gefängniß starb, und, wie man vermuthete, an Gift, das ihm jemand heimlich zugetragen hatte, so wurden die Gefangenen von dieser Zeit an viel schärfer bewacht, und es wurde kein Besuch mehr zu ihnen gelassen. Dieß setzte den guten Demetrius in die äusserste Bekümmerniß und Verlegenheit, und da ihm nun kein anderes Mittel seinen Freund zu sehen übrig war, als sich zu ihm einschließen zu lassen, gieng er zum Vice=Gouverneur und gab sich selbst als einen Mitschuldigen an der Unternehmung gegen den Anubis an. Auf dieses wurde er sogleich ins Gefängniß und zu seinem Antiphilus abgeführt: denn dieß hatte er, wiewohl mit Mühe und erst nach langem inständigen Flehen, von dem Kerkermeister erhalten, daß er neben dem Antiphilus und an eben dasselbe Halseisen angeschlossen würde. Einen stärkern Beweis der herzlichen Liebe, die er zu seinem Freunde trug, hätte er schwerlich ablegen können als diesen, daß er nicht nur freywillig sein Elend mit ihm theilte, sondern, da er endlich selbst krank wurde, sein eigenes Leiden vor ihm verbarg, und nur immer dafür sorgte, daß jener mehr Ruhe haben und sich weniger betrüben möchte.

Wiewohl sie nun durch ihr Beysammenseyn ihr gemeinschaftliches Elend desto leichter ertrugen, so war es doch hohe Zeit, daß bald darauf etwas begegnete, das ihrem unglücklichen Zustand ein Ende machte. Einer von den Gefangenen hatte sich, ich weiß nicht wie, eine Feile verschafft, und mit Hülfe einer Anzahl seiner Mitgefangenen, die mit ihm einverstanden waren, die gemeinschaftliche Kette, an welche jeder von ihnen mit seinem eisernen Halseisen angehaakt war, durchschnitten, und sodann alle übrigen loß gemacht. Sie fielen hierauf über die wenigen Wächter her, schlugen sie mit leichter Mühe todt, und brachen hauffenweise aus dem Gefängniß, jeder suchte sich für den Augenblick zu retten wie er konnte, wiewohl die meisten in der Folge wieder eingebracht wurden. Demetrius und Antiphilus waren die einzigen, welche ruhig an ihrem Orte blieben; sie hielten sogar noch den Syrischen Sclaven zurück, der auch schon im Begriff war, davon zu laufen. Sobald der Gouverneur mit angebrochnem Tage Nachricht von diesem Vorfall bekam, machte er Anstalten jenen nachzusetzen, den Demetrius und seinen Freund aber ließ er aus dem Gefängniß zu sich holen, lobte ihr Betragen bey dieser Gelegenheit, und befahl, ihnen die Fesseln abzunehmen. Aber ihnen war mit einer solchen Entlassung nicht gedient, sondern Demetrius erhob seine Stimme, und behauptete mit großer Stärke, man handle sehr ungerecht an ihnen, wenn sie bey dem Verdacht, daß sie Uebelthäter seyen, ihre Loßlassung als eine bloße Gnade oder als Belohnung dafür, daß sie nicht davongelaufen, erhalten sollten. Kurz, sie brachten den Richter *) endlich dahin, daß er den Handel genauer untersuchen mußte. Wie er nun dadurch von ihrer Unschuld völlig überzeugt wurde, entließ er sie auf eine sehr ehrenvolle Art, und besonders den Demetrius mit Zeichen der größten Bewunderung; und um sie wegen alles dessen was sie unschuldiger Weise ausgestanden in etwas zu trösten, ließ er aus seiner eigenen Casse den Antiphilus zehentausend Drachmen und dem Demetrius doppelt so viel auszahlen! Der erstere befindet sich noch immer in Aegypten; Demetrius hingegen überließ ihm auch seine zwanzigtausend, und zog zu den Brachmanen nach Indien. Du wirst mir, sagte er zum Antiphilus, verzeihen, hoffe ich, daß ich dich itzt verlasse: ich für meine Person, brauche das viele Geld nicht, da ich nur sehr wenig Bedürfnisse habe, und meine gewohnte Lebensart, wenn ich es auch behielte, darum nicht ändern würde: du hingegen kannst dich in den guten Umständen, worin ich dich lasse, ohne einen Freund behelfen.

Solche Leute sind die Griechischen Freunde, mein lieber Toxaris! Hättest du uns nicht vorhin Schuld gegeben, daß wir uns so viel auf unsre Redseligkeit einbildeten, so würde ich dir auch die vielen vortrefflichen Reden mitgetheilt haben, welche Demetrius vor Gerichte hielt, wo er nicht ein Wort zu seiner eigenen Rechtfertigung sagte, für den An-

---

*) Nehmlich den Gouverneur oder Kayserlichen Statthalter von Aegypten selbst.

tiphilus hingegen alle seine Beredsamkeit aufbot, sich bis zu Thränen und fußfälligen Bitten herabließ, und alles auf sich allein nahm, bis endlich der Syrische Sclave unter der Geisel sein Verbrechen gestand und beyde für schuldlos erklärte.

Und so hätte ich dir dann aus einer großen Menge anderer diese wenigen Beyspiele wahrer und getreuer Freunde, so wie sie sich meinem Gedächtniß zuerst darboten, aufgestellt. Ich trete nun ab, und überlasse dir die Redekanzel. Es ist nun deine Sache, dafür zu sorgen, daß du uns nicht nur keine schlechtern, sondern noch weit bessere Scythen zeigest, wenn dir anders was an deiner rechten Hand gelegen ist. Doch auch ohne das liegt dir ob; dich tapfer zu halten: denn es würde gar zu lächerlich seyn, wenn derjenige, der dem Orestes und Pylades eine so meisterhafte Lobrede hielt, nun in der Sache seines eigenen Vaterlandes als ein schlechter Redner bestünde.

Toxar. Bravo, Mnesippus! Das nenne ich Zuversicht zu seiner Sache! du bist also des Sieges so gewiß, und fürchtest so wenig deine Zunge zu verlieren, daß du mich sogar anspornest, dir den Sieg aus der Hand zu reissen? Gut! ich fange also an, unbekümmert so schön zu reden und den Belesprit zu machen, wie du; denn das ist keine Sache für einen Scythen, am allerwenigsten wo die That selbst spricht und nicht nöthig hat durch Worte herausgeputzt zu werden. Erwarte also keine solchen Geschichtchen von mir wie die, von denen du so großes Aufheben gemacht hast; als ob es ein so großes Wunder wäre, wenn einer seinem Freund ein häßliches

Mädchen ohne Heurathsgut abnimmt, oder die Tochter eines Freundes mit zweytausend Thalern ausstattet, oder auch, in einem Falle, wo er sicher seyn kann, bald wieder los zu kommen, sich freywillig in Ketten legen läßt. Das sind lauter Kleinigkeiten, und ich finde nichts darin, wozu eine ungewöhnliche Stärke und Größe der Seele gehörte. Ich hingegen will dir Männer aufstellen, die für ihre Freunde Kriege unternommen, Könige ermordet, und sogar ihr Leben hingegeben haben, damit du sehest, daß euere Freundschaftsproben in Vergleichung mit den Scythischen nur Kinderspiel sind. Indessen will ich auch so billig seyn zu gestehen, daß es ganz natürlich ist, wenn ihr aus solchen Kleinigkeiten so viel Wesens macht: denn da ihr in einem immerwährenden tiefen Frieden lebt, woher sollten euch die ausserordentlichen Gelegenheiten, Freundschaftsproben abzulegen, kommen? Einen guten Steuermann lernt man nicht bey gutem Wetter, sondern bey widrigen Winden und Stürmen kennen. Wir hingegen leben in einem ewigen Kriege, entweder greifen wir andere an, oder wehren uns gegen den, der uns angreift, oder gerathen unsrer Weiden halben, oder über Theilung der gemeinschaftlich gemachten Beute einander selber in die Haare. *) Unter solchen Umständen sind zuverläßige Freunde eine

---

*) Ich vermuthe, daß Toxaris dieß mit den Worten συμπίπτοντες ὑπὲρ νομῆς καὶ λείας μαχόμεθα, habe sagen wollen, wiewohl sie allenfalls auch den Sinn haben könnten, den ihnen Massieu giebt: nous sommes en guerre perpetuelle, soit etc. — soit pour nous procurer des paturages, ou tout autre butin.

sehr nothwendige Sache; und daher kommt es, daß wir so enge und dauerhafte Freundschaften knüpfen; denn nach unsern Begriffen ist dieß unter allen Waffen das einzige, das jede Probe aushält, und womit es kaum möglich ist, überwunden zu werden.

Vor allen Dingen will ich dir sagen, wie die Freundschaften bey uns entstehen. Wir suchen uns unsre Freunde nicht aus unsern Zechbrüdern, wie ihr, oder aus unsern Schulcameraden und Nachbarn aus: sondern wo wir einen vorzüglich braven Mann sehen, von dem sich große Dinge erwarten lassen, da drängen wir uns alle hinzu, buhlen eifriger um seine Gunst; als ihr um die Hand eines reichen und schönen Mädchens, und wenden alles mögliche an, um unsers Wunsches gewährt zu werden und uns nicht vorwerfen lassen zu müssen, daß wir abgewiesen worden seyen. Hat nun endlich einer den Vorzug erhalten und ist zum Freunde angenommen worden, so beschwören sie mit dem heiligsten der Schwüre den Bund der Freundschaft, schwören, nicht nur mit einander zu leben, sondern, sobald es nöthig wäre, auch für einander zu sterben. Und dabey bleibt es denn auch. Von dem Augenblick an, da sich bey uns ihrer zwey in den Finger geschnitten, etliche Tropfen von ihrem Blute in einen Becher laufen lassen, die Spitzen ihrer Dolche darein getaucht, zum Munde gebracht und abgeschlürft haben, von diesem Augenblick an ist nichts in der Welt, das sie wieder trennen könnte. Aber mehr als höchstens drey auf einmal dürfen diesen Bund nicht mit einander beschwören. Denn wer vieler Leute Freund ist, wird bey uns mit den gemeinen Weibsstücken, die sich etnem jeden Preis geben, in Eine Linie gestellt; wir sind der Meynung, eine unter viele getheilte Freundschaft könne unmöglich die gehörige Innigkeit und Stärke haben.

Ich will nun den Anfang mit einer Geschichte machen, die sich vor nicht langer Zeit mit einem der unsrigen, Nahmens Dandamis, zugetragen hat. Dieser Dandamis, wie er in einem Treffen mit den Sarmaten seinen Freund Amizok gefangen davon führen sah — Aber beynahe hätte ich vergessen, dir zuvor unsern Eid zu schwören, wie ich vermöge unsrer Abrede schuldig bin. Ich schwöre dir also beym Wind und beym Säbel, daß ich dir nichts als die reine Wahrheit von den Scythischen Freunden erzählen werde.

Mnesipp. Ich hätte dir diese Cerimonie gern erlassen wollen; indessen hast du wenigstens klüglich bey keinem Gott geschworen.

Toxar. Wie? Du hältst den Wind und den Säbel für keine Götter? Weißt du denn nicht, daß die Menschen nichts größeres haben als Leben und Tod? Wenn wir beym Wind und beym Säbel schwören, so thun wir es, in so fern wir den Wind als Ursache des Lebens, und den Säbel als Ursache des Todes betrachten.

Mnesipp. Dieser Auslegung zu Folge müsset ihr noch viele andere Götter annehmen; Pfeil, Spieß, Schierling, Strick, und ihresgleichen hätten mit dem Gott Säbel gleiches Recht. Der Tod ist eine vielgestaltige Gottheit, und hält eine unendliche Menge Wege offen, die alle zu ihm führen.

Toxar. Daß du doch das disputieren und ha=

berechten nicht einen Augenblick laſſen kannſt! Wozu ſoll das, daß du mich unterbrichſt und mir die Worte im Munde verdrehſt? Ich ließ dich ruhig reden was du wollteſt.

Mneſipp. Ich will es auch nicht wieder thun, lieber Toxaris! Du haſt recht mich deßwegen zu beſchelten. Fahre immer kühnlich fort; ich will ſo ſtill ſeyn, als ob ich gar nicht zugegen wäre.

Toxar. Es war am vierten Tage, ſeit Dandamis und Amizok aus dem Freundſchaftsbecher getrunken hatten, als die Sarmaten*) mit zehen tauſend Reitern, und dreymal ſo viel Fußvolk, wie es hieß, in unſer Land einfielen. Da ſie uns nun ganz unverſehens auf den Nacken kamen, ſo jagten ſie uns alle in die Flucht, erſchlugen viele unſrer Krieger, die ſich zur Wehr ſetzten, und führten andere gefangen mit ſich fort, ſo daß nur wenige behend genug waren, an das jenſeitige Ufer des Fluſſes hinüber zu ſchwimmen, wo ſich die Hälfte unſers Kriegsvolks und ein Theil unſrer Wagen befand: denn ſo hatten uns damals unſre Anführer, ich weiß nicht aus welcher Meynung, in zwey Lager an bey-

*) Es würde eine undankbare und vergebliche Arbeit ſeyn, die geographiſchen Knoten auflöſen zu wollen, die in dieſem Geſchichtchen liegen. Der Nahme der Scythen ſowohl als der Sarmaten begreift eine Menge verſchiedener unabhängiger Nomadiſcher Völkerſchaften unter ſich, die einen großen Theil des nördlichen Europa und Aſia einnahmen, und, wiewohl ſie im weſentlichen einerley Verfaſſung, Lebensweiſe, Sitten und Sprache hatten, in faſt immerwährenden Fehden mit einander lebten, und deren Grenzen ſich daher auch oft ändern mußten.

ten Ufern des Tanais abgetheilt. Die Feinde machten große Beute und viele Gefangene, plünderten unsre Zelter, nahmen unsre Wagen, größtentheils mit allen darauf befindlichen Personen, weg, und schändeten, was das ärgste war, unsre Frauen und Kebsweiber vor unsern Augen. *) Amizok, der einer von denen war, welche gefangen davon geführt wurden, rief seinem Freunde zu, wie er ihn so schmählich gebunden sehen könne, und erinnerte ihn an den Freundschaftsbecher und das Blut das sie mit einander getrunken hatten. Dandamis hört es, springt, ohne sich einen Augenblick zu bedenken, in den Strohm, und schwimmt im Angesicht beyder Heere zu den Sarmaten hinüber. Diese waren schon im Begriff mit geschwungnen Wurfspießen auf ihn loßzugehen, als er ihnen das Wort Ziris zurief, welches das gewöhnliche Zeichen ist, daß man in der Absicht komme, einen Gefangenen loß zu kaufen. Sogleich ließen sie ihre Spieße sinken, und führten ihn zu ihrem Obersten. Dandamis verlangt seinen Freund von ihm; jener fodert ein ziemlich großes Lösegeld

*) Es ist, bey der angerühmten Tapferkeit der Scythen, etwas schwer zu begreifen, wie sie nicht lieber das äusserste wagen; als einem solchen Schauspiel zusehen wollten; und wie der ehrliche Toxaris über sich gewinnen konnte, seinem Volke so schmähliche Dinge mit einer so seltsamen Kaltblütigkeit nachzusagen. Vermuthlich war die Absicht Lucians, eben durch diesen Beweis einer so ganz unpartheyischen Wahrheitsliebe der Glaubwürdigkeit der Erzählungen dieses wackern Scythen ein desto größeres Gewicht zu geben.

mit der Versicherung, daß er ihn wohlfeiler nicht frey geben werde. Alles, was ich hatte, antwortete Dandamis, ist bereits euere Beute geworden; wenn ich aber, so nackend als ich bin, etwas habe, womit euch gedient ist, so sprich! ich bin zu allem erböthig. Willst du mich statt meines Freundes annehmen, so mache mit mir was dir beliebt. Nein, sagte der Sarmate, es wäre nicht billig, dich ganz zurückzubehalten, zumal da du in einer friedlichen Absicht *) gekommen bist; laß nur einen Theil von dem, was du hast, zurück, so kannst du mit deinem Freunde gehen wohin du willst. Was verlangst du denn, fragte Dandamis? deine Augen, antwortete jener. Sogleich reicht Dandamis seine Augen hin, um sie sich ausreissen zu lassen; und wie es geschehen war, und die Sarmaten also ihr Lösegeld empfangen hatten, nahm er den Amizok beym Arm, gieng an ihn gelehnt davon, und so kamen sie beyde wieder über den Fluß zu uns herübergeschwommen.

Mehr brauchte es nicht als diese That, um allen unsern Scythen wieder Muth zu machen. Sie hielten sich nun nicht mehr für die Ueberwundenen, da sie sahen, daß uns die Feinde das größte aller Güter nicht genommen hatten, sondern daß noch

---

*) καὶ ταῦτα Ζίριν ἥκοντα, könnte vielleicht auch übersetzt werden: da du unter dem Schutze des Ziris gekommen bist: denn aus der Art, wie er sich besser oben über die Bedeutung dieses Wortes erklärt hat, (und die im Original räthselhafter klingt als in der Uebersetzung) sollte man fast schließen, daß sie irgend ein religiöses oder deisidämonisches Gefühl mit diesen Worten verbunden hätten.

so viel Großherzigkeit und freundschaftliche Treue unter uns war. Die Sarmaten hingegen, die aus dieser Probe abnahmen, mit was für Männern sie es zu thun haben würden, wenn wir zum Schlagen gefaßt wären, wiewohl sie bey diesem unerwarteten Ueberfall die Oberhand bekommen hatten, wurden so dadurch erschreckt, daß sie gleich in der nächsten Nacht die erbeuteten Wagen in Brand steckten, und, mit Hinterlassung des größten Theils der geraubten Heerden, die Flucht ergriffen. Amizok aber, der es nicht ertragen konnte, den braven Dandamis vor seinen Augen blind herumgehen zu sehen, stach sich auch die seinigen aus; und nun sitzen sie beyde beysammen, und werden auf öffentliche Kosten ernährt und von der ganzen Nation in hohen Ehren gehalten.

Nun, mein guter Mnesipp, wo habt ihr Griechen so etwas aufzuweisen, und wenn dir auch erlaubt würde, noch zehn Geschichten zu deinen fünfen zusammenzusuchen, und sie sogar mit so viel erdichteten Umständen auszustaffieren als du Lust hättest? Und doch hab' ich dir bloß die nackte That erzählt. Hättest du so was zu erzählen gehabt, mit wieviel Schnörkeln und Auszierungen würdest du die Sache aufgestutzt, was für eine herzbrechende Rede dem Dandamis in den Mund gelegt, mit welchem Wortgepränge die Operation beschrieben haben, und was für schöne Dinge er dabey gesagt, und mit welchen Lobsprüchen und Segnungen er bey seiner Zurückkunft von den Scythen empfangen worben, und was der Kunstgriffe mehr sind, womit ihr den Beyfall euerer Zuhörer zu erschleichen sucht. *)

Höre nun die That eines andern Freundes, eines nahen Verwandten des vorbemeldten Amizok, Nahmens Belitta. Er befand sich mit seinem Freunde Basthes auf der Jagd; auf einmal sieht er ihn von einem Löwen **) angefallen, und vom Pferde herunter gerissen, sieht wie ihn der Löwe schon unter sich gebracht und bey der Kehle gepackt hat und mit seinen Klauen zerreißt. Sogleich springt er vom Pferde, fällt das grimmige Thier von hinten an, zieht es mit aller seiner Stärke zurück, zerrt es hin und her, fährt ihm sogar mit den Fingern zwischen die Zähne, um sie von seinem Freunde wegzureissen, und diesem Luft zu machen, indem er den Grimm des Löwen gegen sich selbst zu reitzen sucht; bis dieser endlich von dem Halbtodten abläßt, über den Belitta herfällt, und ihm ebenfalls den Garaus macht: aber ehe er die Seele ausblies, raffte er noch seine letzten Kräfte zusammen, und stieß dem Löwen seinen Säbel mit so guter Wirkung ins Herz,

daß

---

*) Auch aus diesem Spotte des Scythen über die Redseligkeit seines Griechischen Freundes ist klar, daß Lucian seinen Mnesippus mit gutem Vorbedachte so schwatzhaft und wortreich machte. Er charakterisierte ihn dadurch, im Gegensatz mit der kunstlosen Trockenheit des Scythen, als einen ächten graeculus.

**) Wie sich dieser Löwe wohl bis zu den Scythen verirret haben mag? — Oder wie kann ein Mann, der so viel wußte, wie Lucian, nicht gewußt haben, daß es in den nördlichen Erdstrichen keine Löwen giebt?

daß alle drey das Leben in diesem Kampfe verloren.*) Wir aber begruben sie und richteten ihnen

*) Sollte man nicht beym ersten Anblick dieser Beschreibung denken, der Scythe habe auf einmal seinen Charakter vergessen, und mit seinem Antagonisten, der so gern mahlen mag, wetteifern wollen, sey aber gleich beym ersten Versuche verunglückt? Muß man nicht aus der Art, wie er den Belitta mit dem Löwen zu Werke gehen läßt, schließen, er sey unbewaffnet gewesen? welches sich doch von einem Scythen, zumal wenn er auf die Jagd geht, gar nicht denken läßt. Erst da es um sein und seines Freundes Leben geschehen ist, fällt ihm plötzlich ein, daß er einen Säbel in der Hand hat, um ihn dem Löwen ins Herz zu stoßen. Warum gieng er ihm nicht gleich anfangs mit seinem Säbel zu Leibe? Er würde doch immer mehr damit ausgerichtet haben, als indem er ihm die Finger zwischen die Zähne steckte." — Ich antworte: Mnesippus, wenn er diese Geschichte zu erzählen gehabt hätte, würde vermuthlich in diese anscheinende Ungereimtheit nicht gefallen seyn. Aber Lucian dünkt mich, hat alles mit gutem Bedachte so gemacht, wie es ist, und den Scythischen Charakter, in welchem Naturwildheit, Verwegenheit, Nichtsachtung seiner eigenen Gefahr, und Wuth beym Anblick der Gefahr seines Freundes, wesentliche Züge sind, sehr gut beobachtet. Ausser sich beym Anblick seines von dem Löwen überwältigten Freundes, vergißt der rohe Sohn der Natur in diesem schrecklichen Augenblick, daß er andere als natürliche Waffen hat, kämpft mit instinctmäßiger Behendigkeit und verzweifelter Wuth mit denen, womit ihn die Natur selbst ausrüstete, und erinnert sich erst, da ihn seine Kräfte verlassen, seines Säbels, als des letzten Mittels, seinen Freund und sich an ihrem Mörder zu

zwey Grabhügel auf, einen den beyden Freunden, und den andern, gegenüber, dem Löwen. *)

Mein drittes Beyspiel, Mnesipp, soll die Freundschaft zwischen Makentes, Londyores und Arsakomas seyn. Dieser Arsakomas war von uns an den Fürsten der Bosporaner Leukanor abgesandt worden, um den Tribut einzufodern, den uns die Bosporaner sonst immer bezahlt hatten **), jetzt aber schon drey Monate über die Zeit schuldig geblieben waren. Als dieses Geschäffte zu Ende gebracht war, gab ihm der Fürst einen Abschiedsschmaus, wo er die Tochter desselben, Mazäa, eine junge Dame von prächtigem Wuchs und großer Schönheit, zu sehen bekam, und sich so heftig in sie verliebte, daß es von diesem Augenblick an um seine Ruhe geschehen war. Es ist im Bosporus der Gebrauch, daß die Freyer, die um ein Mädchen anhalten, ihr Gesuch bey Tafel anbringen, und zugleich den Titel

rächen. Mich dünkt, dieß ist wahre Scythische Natur, und Lucian wußte sehr gut, was er seinen Toxaris sagen ließ.

*) Der Löwe verdiente dieses Monument wenigstens wegen der ausserordentlichen Seltenheit eines Löwens in diesen nordischen Gegenden.

**) Von K. Augustus Zeiten her standen die kleinen Fürsten oder sogenannte Könige des Cimmerischen Bosporus unter Römischer Oberherrlichkeit. Die hier erzählte Geschichte müßte sich also lange vorher, und noch vor der Zeit, da Mithridates Herr von allen ringsum an den Pontus Euxinus angrenzenden Ländern war, zugetragen haben. Und doch erklärt sich Toxaris besser unten für einen Zeitgenossen dieser Begebenheit, wie hängt dieß zusammen?

anzeigen, der sie berechtigen kann, an eine solche Verbindung Anspruch zu machen. Nun fügte sichs gerade, daß damals verschiedene Fürsten und Fürstensöhne, unter andern Tigrapates, Herr der Lazier, und Abymarchus, Fürst von Machlyane *), zugegen waren, die sich alle um die Prinzessin bewarben. In einem solchen Falle ist es Sitte, daß ein jeder, der sich als Freyer angegeben hat, sich die Mahlzeit über ganz ruhig verhalte, und nichts von seiner Absicht merken lasse: aber sobald man abgespeist hat, verlangt er eine Trinkschale, gießt seine Libation auf den Tisch aus, erklärt sich öffentlich als einen Mitbewerber um das Mädchen, wovon die Rede ist, und hat nun volle Freyheit, sich selbst anzupreisen, und seinen Adel, oder seinen Reichthum, oder seine Macht geltend zu machen, so gut er kann und will. Als nun die anwesenden Freyer alle, diesem Gebrauch zufolge, ihre Libation gemacht, um die Prinzessin angehalten und ihre Fürstenthümer und Schätze vorgerechnet hatten, verlangte zuletzt auch Arsakomas die Trinkschale; aber anstatt sie als Libation auf den Tisch zu gießen,

D 2

*) Die Lazier (Lacae) waren damals eine kleine Völkerschaft, die einen Theil der Küsten von Kolchis inne hatten. Ob die Machlyer Lucians von den Machelonen, welche Arrianus in seiner Reise um den Pontus unter den Kolchischen Völkerschaften nennt, zu unterscheiden sind, kann ich nicht sagen. Lucian setzt sie zwar an die Mäotischen Sümpfe; aber dieß ist nicht der einzige geographische Einwurf, den man den Erzählungen seines Toxaris machen kann. Die Griechen nahmen es damit nicht so genau.

trank er sie auf Einen Zug aus, und sagte zum Fürsten: gieb mir deine Tochter zum Weibe; denn wenn es auf Reichthum und große Besitzungen ankommt, so bin ich eine viel bessere Partie als diese hier. Da nun Leukanor, der sehr wohl wußte, daß Arsakomas arm und nichts mehr als ein gemeiner Mann unter den Scythen war, seine Verwunderung über diese Rede bezeugte, und ihn fragte: nun, wie viel Weiden und wie viel Wagen hast du denn, Arsakomas? denn darin besteht doch bey euch aller Reichthum — antwortete jener: ich habe zwar weder Wagen noch Heerden, aber ich besitze zwey so brave und edle Freunde, wie sich kein andrer Scythe zu haben rühmen kann. Bey diesen Worten brach die ganze Tischgesellschaft in ein lautes Gelächter aus, man trieb sein Gespötte mit ihm, und glaubte, daß er zu viel getrunken haben müsse. Des folgenden Tages wurde die Braut dem Adymarchus zugesprochen, und er machte sogleich Anstalt, sie zu seinen Machlyern an den Mäotis hinzuführen.

Sobald Arsakomas wieder nach Hause gekommen war, erzählt er seinen Freunden, wie verächtlich ihm der Fürst begegnet, und wie er bey Tafel seiner Armuth wegen ausgelacht worden sey; da ich ihnen doch (fuhr er fort) deutlich gesagt hatte, wie reich ich bin, weil ich euch beyde zu Freunden habe, und wie viel schätzbarer und dauerhafter euere Liebe zu mir in meinen Augen ist, als alles Haab und Gut der Bosporaner zusammengenommen. Das sagte ich dem Fürsten, aber er mockierte sich über euch, und gab seine Tochter dem Machlyer Adymarchus, weil er sich rühmte, er habe zehn massiv goldne

Trinkschalen, und achtzig Wagen, jeden mit vier gepolsterten Sitzen, und eine Menge Schafe und Kühe. *) Dieses Vieh also, und etliche unnütze Trinkgefäße, und ein Haufen schwere Wagen sind mehr in seinen Augen werth als brave Männer! Nun, lieben Freunde, sind hier zwey Dinge, die mich schmerzen: ich bin in das Mädchen verliebt, und die Schmach, die ich in Gegenwart so vieler Leute habe verschlucken müssen, ist mir tief zu Gemüthe gedrungen. Ihr beyde seyd, dünkt mich, nicht weniger gekränkt; denn der dritte Theil der Beleidigung trifft einen jeden von euch, weil wir, seit dem Augenblicke, da wir uns den Freundschaftsbund geschworen haben, nur Eine Person ausmachen, und Freud und Leid mit einander gemein haben — Nicht nur das, fiel ihm Lonchates ein, sondern jeder von uns hat die Beleidigung ganz empfangen, da du sie erlitten hast. — Was ist also zu thun? sagte Makentes. — Theilen wir die Arbeit unter uns, versetzte Lonchates; ich verspreche dem Ursakomas, ihm den Kopf des Leukanors zu bringen **), und du holst ihm die Braut. Es bleibt dabey, sagte jener. Du aber, Ursakomas, bleibst indessen hier, und,

---

*) Die Machlyer waren also auch Nomaden, wie alle übrigen Völker, die um die Mäotischen Sümpfe und das schwarze Meer wohnten.

**) Auf gut Scythisch, wie man sieht; denn Leukanor war es eigentlich, der ihn beleidigt hatte, folglich mußte auch Leukanor, wiewohl er der Vater der Braut war, seinen Kopf hergeben. Abymarchus war gestraft genug, daß er seine Braut verlor; aber was diese zu dem allem sagen werden, darnach wurde nicht gefragt.

weil es doch vermuthlich, wenn wir unsern Streich ausgeführt haben, zum Krieg kommen wird, so bringst du indessen so viel Pferde und Waffen und Kriegsvolk zusammen, als du nur immer auftreiben kannst. Einem so braven Mann wie du bist, kann es nicht fehlen, ohne Mühe ihrer eine große Anzahl zu bekommen, zumal da wir eine sehr zahlreiche Verwandtschaft haben; und allenfalls darfst du dich ja nur auf die Ochsenhaut setzen.

Dieser Vorschlag wurde gut geheissen; die beyden Freunde schwangen sich unverzüglich auf ihre Rosse, und ritten davon, Leonchates nach dem Bosporus, Makentes zu den Machlyern; Arsakomas aber, der zu Hause blieb, trat indessen mit andern jungen Männern seines Alters in Unterhandlung, bewaffnete eine Menge seiner Verwandten und Bekannten, und da dieß nicht zureicht, setzt er sich zuletzt auf die Ochsenhaut. Mit dieser Gewohnheit hat es bey uns folgende Beschaffenheit. Wenn einer von einem mächtigern beleidigt worden ist und sich gern rächen möchte, aber zu schwach ist es mit ihm aufzunehmen, so opfert er einen Ochsen, schneidet das Fleisch in Stücken, kocht es, und legt es vor sich hin; er selbst aber, die Arme auf den Rücken gebunden, setzt sich auf die ausgebreitete Haut, welches bey uns die dringendste Art um Hülfe zu bitten ist. Nun gehen seine Bekannten, und wer sonst will, hinzu, nehmen ein Stück von dem Fleische, setzen den rechten Fuß auf die Haut, und versprechen ihm, jeder nach seinem Vermögen, eine Anzahl Reiter, denen er weder Sold noch Unterhalt geben darf, der eine fünf, ein anderer zehn, ein anderer noch mehr; andere versprechen eine gewisse Zahl schwer oder leichtbewaffnetes Fußvolk, so viel jeder kann; die ärmsten versprechen sich selbst. Solchergestalt wird zuweilen eine Menge Volks auf dieser Haut zusammengebracht, und ein solches Kriegsheer ist eben so zuverläßig als unüberwindlich; denn man kann sich darauf verlassen, daß sie nicht eher auseinander gehen, bis sie ihrem Beschützten die verlangte Genugthuung verschafft haben. Dazu machen sie sich anheischig, sobald sie den Fuß auf die Haut setzen, und dieß gilt so viel als der heiligste Schwur. Auf diese Weise also brachte Arsakomas fünftausend Reiter und gegen zwanzigtausend Mann zu Fuß, schwer und leichtbewaffnete, zusammen.

Inzwischen langte Lonchates unerkannt im Bosporus an, gieng gerades Weges zum Fürsten, der eben in Regierungsgeschäfften begriffen war, und gab sich für einen Abgeordneten der Scythen aus, der einen geheimen Auftrag von großer Wichtigkeit an ihn habe. Als man ihm nun sagte, daß er nur reden könne, sprach er: Was mir die Scythen aufgetragen haben, ist im Grunde nichts als die alte alltägliche Beschwerde, daß nehmlich euere Hirten nicht in unsre Trifften treiben, sondern sich innerhalb ihrer Lehden halten sollen: was aber euere Klagen über die Räuber betrifft, die in eurem Lande herumstreifen, so behaupten sie, daß die Republik daran keinen Theil habe, sondern ein jeder dieser Leute für seine eigene Rechnung Beute zu machen suche; wenn ihr also einen von ihnen beym Kopfe krieget, so seyest du Herr ihn abzustrafen. Dieß ist alles, was ich im Nahmen der Nation anzubringen habe. Für mich aber melde ich dir, daß dir von Arsakomas, Mariantens Sohn, der vor nicht gar langer Zeit Gesandter bey dir war, ein großer Ueberfall bevorsteht, weil er es, so viel ich weiß, sehr übel nimmt, daß du ihm deine Tochter abgeschlagen hast. Er sitzt schon seit sieben Tagen auf der Ochsenhaut, und hat bereits ein beträchtliches Kriegsheer gegen dich zusammengebracht. — Mir ist auch schon etwas davon zu Ohren gekommen, sagte Leukanor, aber daß es auf uns gemünzt und Arsakomas das Triebrad sey, wußte ich nicht. — Genug, fuhr Lonchates fort, die Zurüstung gilt dir, darauf kannst du dich verlassen. Aber Arsakomas ist mein Feind, weil es ihn verdrießt, daß ich bey unsern Alten in besserm Credit stehe, und ihm in allem vorgezogen werde. Willst du mir nun deine zweyte Tochter Barcetis versprechen, deren ich in keiner Betrachtung unwürdig zu seyn glaube, so will ich in kurzem wieder da seyn, und dir seinen Kopf mitbringen. Ich verspreche es dir, sagte der Fürst, dem gar nicht wohl bey der Sache zu Muthe war, weil er die Veranlassung der Erbitterung des Arsakomas gegen ihn nicht vergessen hatte; und überhaupt immer in Furcht vor den Scythen lebte. Schwöre mir also, versetzte Lonchates, daß du die Bedingung unsers Vertrags erfüllen und nicht wieder zurückspringen willst! — Der Fürst, der zu allem bereit war, wollte schon die Hand gegen Himmel ausstrecken: aber Lonchates hielt ihn zurück. Nicht hier, sprach er, wo wir gesehen werden und unser Schwören Verdacht erregen könnte! Gehen wir lieber in den Tempel des Kriegsgottes hier, schließen die Thür hinter uns zu, und schwören dort, wo uns niemand hören kann. Denn sollte Arsakomas das geringste von dem, was zwischen uns verhandelt worden, erfahren, so ist zu befürchten, daß er mich noch vor dem Krieg aus dem Wege räumen lasse, da er schon eine zahlreiche Mannschaft um sich hat. Der Fürst billigte die Vorsicht des Lonchates und befahl seinen Leuten, daß sie sich in einer weiten Entfernung halten, und keiner eher in den Tempel kommen sollte, bis er ihn rufen würde. Die Trabanten entfernten sich also; aber kaum war Leukanor in das Innere des Tempels getreten, so zieht Lonchares seinen Säbel, verschließt ihm mit der einen Hand den Mund, stoßt ihm mit der andern das Eisen in die Brust, haute ihm den Kopf ab, verbirgt ihn unter seinem Rocke, und geht heraus, indem er noch einige Worte in den Tempel hinein spricht, als ob er mit dem Fürsten rede. Ich werde gleich wieder da seyn, sagte er, (damit man glauben sollte, der Fürst schicke ihn mit einem Auftrage weg) und so kommt er unaufgehalten an den Ort, wo er sein Pferd angebunden zurückgelassen hatte, schwingt sich auf, und reitet in vollem Sprung nach Scythien zurück, ohne daß ihm jemand nachgesetzt hätte, theils weil es lange währte, bis die Bosporaner erfuhren, was vorgegangen war, theils wegen der Unruhen, die über die Thronfolge entstanden, sobald der Tod des Fürsten ruchtbar wurde. Lonchates langte also mit Leukanors Kopfe glücklich an, und entledigte sich dadurch der Zusage, die er seinem Freunde gethan hatte.

Markentes war noch unterwegs, als er von

dem, was bey den Bosporanern vorgegangen war, Nachricht erhielt; und als er bey den Machlyern ankam, war er der erste, der die Zeitung von Leukanors Tode mitbrachte. Die Bosporaner, sagte er zum Adymarchus, rufen dich, als den Schwiegersohn des Verstorbenen, zum Thron. Es ist also nöthig, daß du dich unverzüglich auf den Weg machest, um Besitz davon zu nehmen und durch deine Erscheinung Ordnung und Ruhe wieder herzustellen. Die Prinzessin aber laß sogleich mit ihrem Gefolge auf Wagen nachkommen: denn du wirst die Herzen des Volkes desto leichter gewinnen, wenn sie die Tochter ihres Fürsten sehen. Ich, fuhr er fort, bin ein Alaner *), und von der Mutter Seite mit der Prinzessin, deiner Braut, verwandt; denn Leukanors Gemahlin, Mastira, war aus unsrer Familie, und ich komme unmittelbar von ihren Brüdern in Alanien, mit dem Auftrag, dich zu ermahnen, daß du so schleunig als nur immer möglich, nach dem Bosporus abgehest, und nicht etwa durch Zögern Gelegenheit gebest, daß Eubiotus, der uneheliche Bruder Leukanors, sich der Regierung bemächtige, der sich immer zu den Scythen gehalten hat, und ein erklärter Feind der Alanen ist. Malentes, da er dieses sagte, hatte nichts in seinem Aeusserlichen, was den geringsten Zweifel erregen

---

*) Die Alanen waren ebenfalls ein Nomadisches Volk, das im Asiatischen Sarmatien am Gebürge Korax, einem Zweige des Kaukasus, seinen gewöhnlichsten Sitz hatte; wiewohl sich dieser bey solchen herumstreifenden Völkern nie genau angeben läßt.

konnte, ob er auch derjenige sey, für den er sich
ausgab: denn er hatte die Kleidung, Waffen und
die Sprache eines Alanen, weil die Scythen beydes
mit den Alanen gemein haben. Der einzige äusser=
liche Unterschied ist, daß die letztern die Haare nicht
so lang tragen als die Scythen: aber dem hatte er
dadurch abgeholfen, daß er sich seine Haare so ver=
schnitten hatte, wie es bey den Alanen gebräuchlich
ist; so daß er also völligen Glauben fand, und ohne
Anstand für einen Verwandten der Prinzessin Ma=
stira und Mazda passierte. Es kommt nun, fuhr er
fort, bloß auf dich an, ob ich mit dir in den Bos=
porus abgehen, oder hier bleiben soll, wenn du es
für nöthig hältst, um die Prinzessin zu geleiten; ich
bin zu allem bereit. Das letztere wäre mir am lieb=
sten, sagte Abymarchus, da du ein so naher Ver=
wandter von ihr bist. Denn wenn du mit uns in
den Bosporus gehst, so haben wir bloß einen Rei=
ter mehr: führst du mir hingegen meine Gemahlin
zu, so ersparst du mir dadurch ihrer viele. Dieser
Abrede zufolge, gieng also Abymarchus schleunig ab;
und Mazda, mit welcher er das Beylager noch nicht
vollzogen hatte *), wurde dem Makentes übergeben,

*) Der Text sagt noch bestimmter: die noch Jung=
frau war. Wenn die Machlyer am Mäotis
wohnten, so hatte Abymarchus, als er seine
Braut aus dem Bosporus heimführte, einen
viel längeren Weg zu machen, als Makentes,
der sich von Hause aus zu ihm begab; und man
kann also voraussetzen, daß dieser Prinz nur
erst seit wenigen Tagen an seinem Hoflager an=
gekommen, und mit den Zurüstungen zur Ver=
mählungsfeyer noch nicht fertig war, als Ma=
kentes anlangte.

um mit ihr hinten nach zu kommen; wozu denn auch sogleich Anstalt gemacht wurde. Während des ganzen ersten Tages ließ er sie die Reise im Wagen machen: aber sobald die Nacht eingebrochen war, setzte er sie vor sich auf sein Pferd, und ritt in Begleitung eines einzigen Reiters, den er hieher bestellt hatte, mit ihr davon. Aber anstatt längst dem Mäotischen See fortzureisen, drehte er sich gegen die mittelländischen Gegenden, so daß er die Berge der Miträer immer rechter Hand hatte, und ritt so scharf, daß, wiewohl er die Prinzessin einigemal ausruhen ließ, er doch die Reise aus dem Lande der Machlyer bis an den Ort, wo sich Arsakomas im Scythenlande aufhielt, binnen drey Tagen zurücklegte. Aber sein Pferd war, nach Vollendung dieses Laufs, kaum einige Augenblicke gestanden, so fiel es um und war todt.

Makentes lieferte die schöne Mazáa in die Hände seines Freundes. Hier, Arsakomas, sprach er, empfange, was ich dir versprochen habe! und da dieser, über den unverhofften Anblick ganz ausser sich, ihm seinen Dank nicht genug auszudrücken wußte, sagte er: höre auf mich zu einem andern zu machen als du selbst bist! denn wenn du mir für das, was ich gethan habe, dankest, so ist es gerade als ob meine linke Hand, wenn sie verwundet wäre, sich bey meiner rechten dafür bedanken wollte, daß sie von ihr verbunden und freundlich besorgt und in Acht genommen wurde. Es wäre ja lächerlich, wenn zwey Freunde, die schon lange, so zu sagen, in Eine Person zusammengewachsen sind, noch so viel Aufhebens davon machen wollten, wenn ein

Glied etwas zum Besten des ganzen Körpers ge=
than hat; denn er hat es ja, als ein Theil des
Ganzen, dem dadurch Gutes geschehen ist, für sich
selbst gethan. So beantwortete Makentes die Dank=
sagungen seines Freundes Arsakomas.

Adymarchus, sobald er sah, daß er hintergan=
gen worden, setzte seine Reise nach dem Bosporus
nicht fort, (denn Eubiotus, der sogleich aus Sar=
matien, wo er sich aufhielt, abgerufen worden war,
hatte vom Throne bereits Besitz genommen) sondern
kehrte geraden Weges nach Hause, wo er ein zahl=
reiches Kriegsvolk zusammenbrachte und damit durch
das Gebürge in Scythien einrückte. Bald darauf
fiel auch Eubiotus mit allen seinen Griechen, an der
Zahl zwanzigtausend, und mit zweymal so viel Ala=
nen und Sarmaten, als Hülfstruppen, ein. Beyde,
als sie sich mit einander vereinigt hatten, waren
neunzigtausend Mann stark, wovon der dritte Theil
aus berittenen Bogenschützen bestand. Wir aber,
(denn ich hatte auch Antheil an diesem Feldzuge, da
ich mich gegen Arsakomas auf der Ochsenhaut zu
hundert Reitern anheischig gemacht hatte) *) wir
hatten zwar nicht über dreyßigtausend Mann, die
Reiter mitgerechnet, zusammengebracht, waren aber
doch entschlossen, ihnen unter Anführung des Arsa=
komas die Spitze zu bieten, und da wir sie anrü=
cken sahen, giengen wir ihnen entgegen und ließen
unsre Reiterey den Angriff thun. Nach einem lan=
gen hartnäckigen Gefecht fiengen die unsrigen an zu

*) Toxaris giebt hiemit zu erkennen, daß er ein
 Mann von Bedeutung unter seinem Volke war.

weichen, unser Phalanx wurde gesprengt, und zuletzt unser ganzes Heer in zwey von einander abgeschnittene Hauffen getrennt, wovon der größere Theil sich zurückzog, ohne eigentlich geschlagen zu seyn, so daß ihre Flucht das Ansehen einer Retirade hatte und die Alanen sich nicht recht getrauten sie zu verfolgen: der andere und kleinere Hauffen der unsrigen aber war ganz von den Alanen und Machlyern umzingelt, die ein großes Blutbad unter ihnen anrichteten, und sie mit einem Hagel von Pfeilen und Wurfspießen überdeckten. Sie befanden sich also in sehr bedrängten Umständen, und die meisten streckten bereits die Waffen. Zufälliger Weise waren Lonchates und Makentes bey diesem Hauffen, beyde, da sie sich der Gefahr zuerst ausgesetzt, schon verwundet; dem ersten hatte ein brennendes Geschoß den Schenkel verbrannt *), der andere hatte mit

---

*) Wenn πυρακτωθεις το μηρον (die einzige Leseart) richtig ist, so hat der lateinische Uebersetzer recht paraphrisiert: ambusto salarica femore. Daß die Alanen oder Machlyer in einem Treffen auf flachem Felde die Maschinen, die zum Abschießen solcher brennenden Pfeile nöthig waren, bey der Hand gehabt haben sollten, da man sich sonst dieser Art von Geschoß nur bey Belagerungen zu bedienen pflegte, ist freylich nicht wahrscheinlich; da aber dieser Entwurf im Grunde doch nur daher entspringt, weil uns diese brennenden Geschoße, deren es vielleicht verschiedene Arten gab, die auf verschiedene Weise gebraucht, und deren einige vielleicht aus freyer Hand abgeschossen wurden, nicht bekannt genug sind: so sehe ich nicht, wie man mit dù Soul das Wort ταξακτωθεις, so geradezu für corrupt erklären könnte, so lange kein schicklicheres aus

einer Streitart eine Wunde am Kopf, und eine andere mit einem Spieß an der Schulter bekommen. Aber Arsakomas, der auf unserer Seite war, hatte nicht sobald Nachricht davon erhalten, als er, durchdrungen von der Schande zu fliehen und seine Freunde im Stich zu lassen, seinem Pferde die Spornen gab, und mit gezücktem Säbel und großem Geschrey in die Feinde einhieb, so daß die Machlyer die stürmende Wuth seines Anlaufs nicht aufhalten konnten, sondern sich zu beyden Seiten trennten, um ihm Platz zu machen. Kaum hatte er seine Freunde aus der dringendsten Gefahr gerissen, so rief er allen übrigen zu, ihm zu folgen, drang auf den Adyrmachus ein, und gab ihm mit seinem krummen Säbel einen so gewaltigen Hieb über den Kopf, daß er ihn bis an den Gürtel spaltete. Sobald man diesen Anführer fallen sah, geriethen die Machlyer in Unordnung und ergriffen die Flucht; nicht lange, so flohen auch die Alanen, und die Griechen folgten ihrem Beyspiel. Wir erhielten also von neuem wieder die Oberhand, und würden sie noch länger verfolgt und ihrer eine noch größere Anzahl getödtet haben, wenn uns die Nacht nicht in der Arbeit gestört hätte. Des folgenden Tages ließen die Feinde fußfällig um Friede bitten; die Bosporaner versprachen den Tribut doppelt zu bezahlen, die Machlyer erboten sich Geisel zu stellen, und die Alanen machten sich, zu unsrer Entschädigung, verbindlich,

irgend einer Handschrift beygebracht wird. In Lipsii Polyorceticis habe ich nichts finden können, das mir zu einer Auflösung dieses Knotens verholfen hätte.

die Sindianer, die schon lange mit uns in Fehde lebten, unter unsere Bothmäßigkeit zu bringen. Auf diese Bedingungen ließen wir uns überreden, da Arsakomas und Lonchates, denen das ganze Geschäfte überlassen worden war, selbst zum Frieden riethen, und so wurde die öffentliche Ruhe wieder hergestellt. Solche Dinge, Mnesipp, sind die Scythischen Freunde fähig für ihre Freunde zu wagen!

Mnesipp. Nichts kann tragischer und einem Rittermährchen ähnlicher seyn. Ich bitte den Wind und den Säbel, bey denen du geschworen hast, sehr um Verzeihung; aber ich sehe nicht wie einer sehr zu tadeln wäre, der eine solche Geschichte nicht glauben könnte.

Toxar. Siehe zu, mein edler Herr, daß dein Unglaube nicht bloßer Neid sey! Indessen soll mich das nicht abschrecken, dir noch mehr dergleichen von unsern Scythen zu erzählen.

Mnesipp. Das einzige, lieber Mann, was ich mir ausbitte, ist, daß du dich etwas kürzer fassest, und mich nicht mehr so weite Reisen Berg auf und Berg ab, aus Scythien und Machlyane in den Bosporus, und aus dem Bosporus wieder zurück nach Machlyane und Scythien, machen lassest. Wirklich hast du meine Stärke im Schweigen auf eine gar zu lange Probe gesetzt.

Toxar. Auch dieser Verordnung soll nachgelebt werden. Meine Erzählung soll den kürzesten Weg nehmen, damit deine Ohren sich nicht mehr über Müdigkeit beklagen können, wenn sie so weit mit mir herumreisen müssen. Höre also, was mein Freund Sisinnes für mich selbst gethan hat. Als ich, aus

Begierde mich mit der Griechischen Litteratur bekannt zu machen, die Reise aus meiner Heimath nach Athen unternahm, war die Stadt Amastris im Pontus meine erste Station, da sie denen, die aus Scythien über das schwarze Meer hinüberschiffen, wegen ihrer geringen Entfernung vom Vorgebirge Karambe *) den bequemsten Landungsplatz anbietet. Sisinnes, mein Camerad von Kindheit auf, begleitete mich auf dieser Reise. Nach unsrer Ankunft sahen wir uns nach einem Gasthof nahe beym Hafen um, ließen unser Gepäcke aus dem Schiffe dahin bringen, und giengen dann auf dem großen Marktplatze spazieren, ohne uns was Böses träumen zu lassen. Indessen kamen Diebe, erbrachen unser Zimmer, und trugen alles fort was wir bey uns hatten, ohne auch nur so viel übrig zu lassen, daß wir einen Tag davon hätten leben können. Bey unsrer Zurückkunft hörten wir was vorgegangen war, fanden aber nicht für rathsam, weder die Nachbarn, deren zu viele waren, noch unsern Wirth selbst deßwegen vor Gericht zu fodern; da wir billig besorgen mußten schlechten Glauben zu finden, wenn wir versicherten, daß uns jemand (den wir nicht angeben konnten) vier-

*) Das Paphlagonische Vorgebirg Karambe liegt der äussersten Spitze von Taurien, (die Widdersstirne, κριȣ μετωπον, von den Griechen genannt) gerade gegen über, und zwischen diesen beyden Vorgebirgen hat das schwarze Meer die geringste Breite. Amastris war ursprünglich eine Colonie der Milesier und hieß ehmals Sesamos. Plinius nennt sie in einem Bericht an den K. Trajanus, civitatem et elegantem et ornatam, quae inter praecipua opera pulcherrimam eandemque longissimam habeat plateam.

Lucian 4. Th.

hundert Dariken, viele Kleidungsstücke, einige Decken, und alles andere was wir hatten, gestohlen habe. Wir giengen nun mit einander zu Rathe, was wir so gänzlich von allen Mitteln entblößt in einem fremden Lande anfangen wollten, und ich an meinem Theil war gleich entschlossen, mir lieber meinen Säbel durch den Leib zu stoßen, als zu warten, bis mich Hunger und Durst zu irgend etwas niederträchtigen treiben könnte. Aber Sisinnes sprach mir Muth ein, und bat mich flehentlich keinem solchen Gedanken Raum zu geben; er wollte, sagte er, unfehlbar, etwas ausdenken, um uns vor der Hand wenigstens unsern nothdürftigen Unterhalt zu verschaffen: und stehendes Fußes lief er nach dem Hafen, verdingte sich zum Holz tragen, und kam vor Abend mit einigen Lebensmitteln wieder, die er für seinen Lohn gekauft hatte. Des folgenden Morgens, da er auf dem Markte herumgeht, wird er einen Aufzug von gar braven und hübschen jungen Leuten, wie sie ihm vorkamen *), gewahr, die aber, (wie es sich zeigte) eigentlich nichts als Gladiatoren waren, die nach zwey oder drey Tagen für Lohn gedungen öffentlich fechten sollten. Er erkundiget sich aufs genaueste nach allen Umständen der Sache,

*) Als einem Scythen nehmlich, der von den Gladiatorspielen der Römer, (an denen auch die Griechen sonderlich in Asien, immer mehr Geschmack fanden) noch gar keinen Begriff hatte. Allem Ansehen nach gab eine obrigkeitliche Person, oder die Stadt Amastris selbst aus irgend einer öffentlichen Veranlassung ein Fest, wovon die hier angekündigten Ludi Circenses einen Theil ausmachten.

und, sobald er alles weiß was er wissen will, läuft er zu mir und sein erstes Wort ist: Nun sage nicht mehr du seyst ein Bettler, Toxaris! von heute binnen drey Tagen will ich dich zu einem reichen Manne machen. — Wie er das machen wollte, sagte er mir nicht, und wir mußten uns in der Zwischenzeit ziemlich elend behelfen. Als der Tag des Festes gekommen war, führte mich Sisinnes ins Amphitheater, mit der Versicherung, daß mir dieses Griechische Schauspiel, wenigstens als etwas ausserordentliches und neues für mich, Vergnügen machen würde. Wir nahmen unter den übrigen Zuschauern Platz, und sahen zuerst verschiedene wilde Thiere, die, um sie desto grimmiger zu machen, mit Pfeilen angeschossen und alsdann theils mit Hunden gehetzt, theils auf einige gefesselte Unglückliche, die vermuthlich große Verbrechen begangen hatten, losgelassen wurden. Sodann traten die Gladiatoren auf, (und nachdem sie eine Zeit lang ihre Künste hatten sehen lassen *)) führte der Ausrufer einen Jüngling von ungewöhnlich großer Statur hervor, und machte mit lauter Stimme bekannt: wer Lust hätte mit diesem zu fechten, sollte hervortreten, wofern er es um einen Preis von zehntausend Drachmen **) wagen

---

*) Diese Worte mußten, däuchte mich, um mehrerer Deutlichkeit willen, eingeschoben werden; denn die Gladiatoren waren doch vermuthlich nicht als bloße Zuschauer da, sondern fochten vorher auf ihre gewöhnliche Weise mit einander, ehe der furchtbare Jüngling auftrat, auf dessen Bekämpfung ein so hoher Preis gesetzt war.
**) Etwas über 1600 Thaler unsers Geldes. Aus

wollte. Sogleich steht Sisinnes auf, springt in den Kampfplatz herab, nimmt die Ausfoderung an, und fordert Waffen. Man zahlt ihm die versprochne Summe aus, er eilt zu mir zurück, und übergiebt mir das Geld: siege ich, spricht er, so wird dieß für uns beyde zureichen *), falle ich aber, so begrabe mich und kehre nach Scythien zurück. Ich konnte ihm nur mit Thränen antworten. Er bewaffnete sich hierauf mit allen bey dieser Art von Zweykampfe gewöhnlichen Waffen, den Helm ausgenommen, denn er stellte sich mit bloßem Haupte zum Gefechte dar. Sein Gegner brachte ihm die erste Wunde bey, indem er ihm mit seinem krummen Schwerdt in die Kniescheibe hieb, so daß das Blut häufig hervorströmte. Es fehlte wenig, daß ich nicht vor Angst auf der Stelle gestorben wäre. Aber Sisinnes machte sich den Augenblick zu Nutz, wo ihm sein Gegner, indem er ein wenig zu trotzig auf ihn zustürmte, eine Blöße gab, und stieß ihm sein Schwerdt so tief in

diesem Preise, der nicht etwa auf die Besiegung des großen Gladiators, sondern das bloße Unternehmen, auf Leben und Tod mit ihm zu fechten, gesetzt war, ist klar, daß derjenige, der die Kosten zu diesen Amphitheater-Spielen hergab, ohne Ausbietung eines solchen Preises, niemand gefunden haben würde, der ein so halsbrechendes Wagestück auf sich genommen hätte.

*) Wenigstens war es ein hinlänglicher Ersatz für ihren Verlust; denn die 400 Dariken, die ihnen gestohlen worden waren, betrugen, den Darik zu 20 Drachmen gerechnet, gerade 8000 Drachmen; und die übrigen 2000 waren mehr, als die vollständigste Garderobe eines Scythen oder Griechen kosten konnte.

die Brust, daß er sogleich todt vor seine Füsse hinstürzte. Mein Freund, von seiner Wunde und dem vielen Blutverlust abgemattet, setzte sich auf den Leichnam, und es fehlte wenig, daß auch ihm die Seele ausgegangen wäre. Aber ich lief hinzu und that mein möglichstes ihn zu unterstützen und aufzumuntern, und, sobald er als Sieger ausgerufen war, trug ich ihn auf meinen Schultern in unsere Wohnung. Es währete ziemlich lange, bis er wieder geheilt war: aber er lebt noch auf diesen Tag in unserm Lande, wo er meine Schwester geheurathet hat. Nur ist er von dieser Wunde auf sein ganzes Leben lahm geblieben. Dieß, Mnesippus, ist eine Geschichte, die sich nicht bey den Machlyern oder Alanen zugetragen hat, und also aus Mangel an Zeugen bezweifelt werden könnte: es sind viele Amastrianer hier *), die den Kampf des Sisinnes noch nicht vergessen haben.

Jetzt nur noch die That des Abauchas, als mein fünftes Beyspiel, und ich bin fertig. Dieser Abauchas befand sich auf einer Reise in der Stadt der Borysthenlten **) und hatte seine Gattin, die er sehr liebte, bey sich, nebst zwey Kindern, wovon das eine ein Knabe noch an der Brust, das andere ein Mädchen von sieben Jahren war. Ausser diesen begleitete ihn auf dieser Reise sein Freund Gyndanes, der an

---

*) Nehmlich an dem Orte, wo dieses Gespräch zwischen Toxaris und Mnesippus vorfiel, vermuthlich zu Athen.

**) Eine Sarmatische Völkerschaft, die, nach dem Geographen Mela, zwischen dem Hypanis und Borysthenes (Bog und Dnieper) ihre Wohnsitze hatte.

einer Wunde am Schenkel krank lag, die er unterwegs empfangen hatte, indem er sich gegen einige Räuber wehrte, von welchen sie angefallen worden waren, und die ihn so heftig schmerzte, daß er weder stehen noch gehen konnte. In der Nacht während sie im ersten Schlafe liegen, kommt in dem Hause, wo sie loschieren, ein großes Feuer aus. Sie befanden sich im obersten Stocke, ringsum war alles verschlossen, und das ganze Haus stand bereits in Flammen. Abauchas springt vom Lerm erweckt auf, verläßt seine zu ihm aufweinenden Kinder, stößt sein an ihm hangendes Weib zurück, und heißt sie selbst für ihre Rettung sorgen, packt seinen kranken Freund auf seine Schultern, trägt ihn herab, und kommt glücklich durch eine Seite, wo ihm das Feuer den Weg noch nicht gänzlich versperrte, mit ihm in Sicherheit. Die Frau mit dem kleinen Kind im Arm kommt hinten drein, und befiehlt dem Mädchen ihr zu folgen; aber das Feuer hatte bereits so überhand genommen, daß sie halbverbrannt vor Angst und Schmerz das Kind aus den Armen fallen ließ, und die größte Noth hatte, sich selbst und ihr Mädchen zu retten, indem sie mit der äussersten Lebensgefahr mitten durch die Flammen springen mußten. Als nach einiger Zeit jemand dem Abauchas einen Vorwurf darüber machte, daß er Weib und Kinder im Stich gelassen habe, um den Gyndanes zu retten, antwortete er: andere Kinder kann ich leicht wieder kriegen, und es bleibt immer ungewiß, ob sie gut gerathen werden; aber einen andern Freund, wenigstens einen solchen wie Gyndanes, der mir so große

Beweise seiner Zuneigung gegeben hat, krieg' ich
in meinem ganzen Leben nicht wieder.

Und so mag es denn aus Tausenden an diesen
fünf Exempeln genug seyn, Mnesippus. Es wird
also nun darauf ankommen, wer von uns gewonnen
oder verlohren hat, und ob dir die Zunge oder mir
die rechte Hand abgehackt werden soll. Wer soll
Richter seyn? *)

Mnesipp. Niemand: denn wenn wir einen
Richter setzen wollten, so hätte es geschehen müssen,
ehe wir zu reden anfiengen. Doch, dem könnte, wenn
du meynst, allenfalls noch geholfen werden, wenn
wir, da doch diese Pfeile nun einmal umsonst ver-
schossen sind, einen Richter erwählten und ihm neue
Exempel von Freunden erzählten, bey Strafe, du
die Hand und ich die Zunge zu verlieren, wenn der
Ausspruch gegen dich oder gegen mich ausfiele. Oder
sollten wir nicht ein anderes, nicht so unmanierliches
Mittel, unsern Streit auszumachen, finden können?
Da du doch einen so hohen Werth auf die Freundschaft zu legen scheinst, und ich, an meinem Theil,
kein größeres und edleres Gut auf der Welt kenne:
was hindert uns, einander auf der Stelle anzugelo-
ben, daß wir Freunde seyn und ewig bleiben wollen?
So hätten wir beyde gesiegt, und beyde den größten Preis davon getragen, indem jeder uns zwey
Zungen und eine doppelte rechte Hand für Eine dadurch gewönne, und noch oben drein vier Augen und
vier Füße, kurz alles in Duplo. Denn in der That

---

*) In der That hätte der Verfasser an diese Frage
früher denken sollen; denn die Antwort des
Mnesipp zerschneidet den Knoten bloß ohne ihn
aufzulösen.

machen doch zwey oder drey zusammen verbundene Freunde die Fabel vom Geryon wahr, den uns die Mahler als einen Menschen mit drey Köpfen und sechs Händen darstellen. Vermuthlich waren es auch bloß drey Freunde, die, weil sie, wie es Freunden ziemt, alles was sie thaten mit einander thaten, zu dieser Fabel Anlaß gaben.

Toxar. Du hast einen guten Gedanken, es bleibt dabey!

Mnesipp. Wir werden auch zur Bestättigung unsers neuen Freundschaftsbundes weder Blut noch Säbel nöthig haben. Unsre gegenwärtige Unterredung und die Uebereinstimmung unserer Gesinnungen giebt ihm vielmehr Zuverläßigkeit als jener Blut-Becher, den ihr mit einander trinkt. In Sachen, wo es auf Gefühl und Ueberzeugung ankommt, sind Zwangsmittel überflüssig.

Toxar. Hierin hast du meinen völligen Beyfall. So laß uns denn Freunde seyn und ein gegenseitiges Gastrecht zwischen uns errichten! Hier in Griechenland bin ich dein Gast, und du der meinige, wenn du jemals nach Scythien kömmst.

Mnesipp. Sey versichert, Toxaris, ich würde mich eine weit längere Reise nicht verdrießen lassen, wenn ich solche Freunde dadurch zu erhalten wüßte, wie ich in dieser Unterredung einen an dir gefunden habe.

Wie man die Geschichte schreiben müsse. *)

An seinen Freund Philo.

Die Abderiten, mein liebster Philo, sollen in den Tagen des Königs Lysimachus, mit einer sehr wunderlichen Art von Epidemie befallen worden seyn: die ganze Stadt bekam auf einmal ein starkes an-

*) Da alle Gelehrte älterer und neuer Zeit übereinstimmen, diesen Tractat für eine der besten und lehrreichsten Schriften unsers Autors zu erklären, so würde mirs übel anstehen, ihren Werth zu mißkennen, und wo ein Mann, wie der berühmte de Thou, bewundert, den Momus zur Unzeit spielen zu wollen: wiewohl ich nicht in Abrede seyn kann, daß Ordnung und Präcision der Begriffe und des Ausdrucks eben nicht die glänzende Seite dieses Werkchens sind. In beyden, so wie in der Vollständigkeit, war es dem Abbe Mably freylich nicht schwer, in seinem Buche de la maniere d'ecrire l'histoire seinen alten Vorgänger hinter sich zu lassen. Demungeachtet wird Lucians Vorarbeit über diesen wichtigen Gegenstand immer classisch,

haltendes Entzündungsfieber; am siebenten Tage stellte sich bey dem einen ein heftiges Nasenbluten, bey dem andern nicht weniger starke Schweiße ein, das Fieber ließ nach, richtete aber einen eben so seltsamen als lächerlichen Spuck in ihrem Hirnkasten an: alle Patienten spielten in einer Art von Verrückung Tragödie, sprachen in lauter Jamben, declamirten aus vollem Halse ganze Tiraden, besonders aus der Andromeda des Euripides her, sangen den schönen langen Monolg des Perseus mit genauer Beobachtung der Melodie, kurz, alle Straßen von Abdera wimmelten von bleichen und vom siebentägigen Fieber ausgemergelten Tragödienspielern, die aus allen ihren Kräften

O du der Götter und der Menschen Herrscher,
Amor,

und so weiter, schrieen, und das so lange und viel, bis endlich der Winter und eine eingefallene große Kälte ihrer Tollheit ein Ende machte. Die Gelegenheit zu diesem wunderbaren Zufall scheint mir Arche-

und für den Geschichtschreiber ungefähr eben das bleiben, was Horazens Brief an die Pisonen für den Dichter. Auch die Kritik, oder vielmehr die witzige und meist sehr urbane Verspottung verschiedener damals berühmter elender Scribenten, welche mehr als die Hälfte dieses Tractats ausmacht, kann zu einem Muster in dieser Art dienen, und ist so reichlich mit attischem Salze gewürzt, daß sie sogar für heutige Leser, und ungeachtet die Werke der gezüchtigten Schriftsteller längst ein Raub der Käsebuben, Motten und Mäuse geworden sind, noch viel von dem Pikanten und Unterhaltenden hat, das sie für Lucians Zeitgenossen haben mußte.

laus, ein damals sehr beliebter und berühmter Tra,
gödienspieler, gegeben zu haben, der mitten im
Sommer an einem ausserordentlich heissen Tage die
Andromeda bey ihnen gespielt hatte. Die Hitze und
das Schauspiel wirkten also zu gleicher Zeit so mächtig auf die guten Leute, daß die meisten im Theater schon das Fieber kriegten, und wie sie wieder
herauskamen, hatten sie den Kopf so voll von der
holden Andromeda und der schöne Perseus mit seinem Medusenhaupt in der Hand flatterte so lebendig um ihre innern Sinnen herum, daß sie diese
Bilder nicht wieder los werden konnten, sondern in
ihrem fiebrischen Wahnsinn nun selbst Tragödie zu
spielen anfiengen.

Mich däucht, mit Erlaubniß unsrer gelehrten
Herren, das Abderitenfieber habe in diesen Tagen
auch einen großen Theil von ihnen ergriffen: nicht
daß sie etwa auch Tragödie spielten — das wäre
noch immer eine leidlichere Thorheit, denn so hätten
sie die Köpfe doch nur von fremden Jamben, und
von keinen schlechten, voll — sondern seitdem dieser noch fortdaurende Krieg mit den Parthern *) an-
gegangen ist, besonders seit der grossen Wunde, die
sie in Armenien empfiengen und den vielen Siegen
die hinter einander über sie erhalten worden, ist nie-

*) Denn diese sind unter den Barbaren im Text
gemeynt, und die Rede ist von dem Kriege,
den die Kaiser M. Aurelius und Luc. Verus
mit dem Parthischen Könige Vologeses II. in
den Jahren 163 — 66. führten, und der durch
die ungeheure Menge elender Geschichtschreiber,
die er hervorbrachte, unserm Autor zu dem gegenwärtigen Tractate Gelegenheit gab.

mand der sich nicht hinsetzt und eine Geschichte
schreibt, und keiner von ihnen allen schreibt eine
Geschichte, der sich nicht ein Herodot, Thucydides
und Xenophon zu seyn dünken läßt. Wohl möchte
man dem Philosophen Recht geben, der den Krieg
zum Vater aller Dinge macht *), da ein einziger
Feldzug so viel Geschichtschreiber gezeugt hat.

Indem ich diesen gewaltigen Bewegungen unter
unsern Schriftstellern so zusehe und zuhöre, mein
Freund, fällt mir ein drolligter Einfall des berühmten Sinopensers ein. Man hatte zu Korinth die
Nachricht erhalten, daß König Philippus gegen die
Stadt in vollem Anmarsch sey. Alles gerieth darüber in zitternde Bewegung und Verwirrung; der
eine suchte seine Waffen hervor, ein andrer trug
Steine herbey, diese flickten die Stadtmauer, jene
besserten die Zinnen aus, kurz jedermann beeiferte
sich in diesen Umständen etwas zum gemeinen Besten
beyzutragen. Wie Diogenes das sahe, wollte er seines Orts auch nicht müßig stehn, und da er sonst
nichts zu thun wußte (denn niemand ließ sich einfallen, daß er wohl auch zu irgend etwas zu gebrauchen seyn könnte) schürzte er seinen cynischen
Mantel auf, und wälzte die Tonne, worin er sich
gewöhnlich aufhielt, mit großer Aemsigkeit im Kraneion **) auf und ab; und da ihn einer von seinen

---

*) Vermuthlich ist Heraklitus gemeynt, der einen
ewigen Streit der Dinge zur Ursache der Harmonie des Ganzen machte. Arist. Ethik. VIII.
2. (S. den Jkaromenippus im I. Theil. S. 199.)

**) S. die Anmerk. im 1sten Todtengespräche im
2ten Theile dieser Uebersetzung.

Bekannten fragte: was er damit wolle; gab er zur Antwort: ich wälze meine Tonne, damit ich nicht der einzige Faullenzer unter so vielen beschäftigten Leuten sey.

Gleicher Weise also, liebster Philo, und damit ich in einer so redseligen Zeit nicht der einzige Stumme sey, und wie die Trabanten in der Komödie mit weltoffnem Munde schweigend über die Scene wackle, habe ich es für schicklich gehalten, meine Tonne ebenfalls, so viel in meinen Kräften ist, zu wälzen. Nicht als ob ich auch eine Historie zu schreiben gedächte; sey deswegen ohne Sorge! so verwegen bin ich nicht. Ich weiß wie gefährlich es wäre, eine Tonne über Steine und Felsenstücke zu wälzen, zumal so ein Tönnchen wie das meinige, das so wenig auf die Dauer gearbeitet ist *), und von dem ersten Steinchen, woran es stieße, in tausend Scherben zerfallen würde. Kurz, ich werde, indem ich an diesem Kriege Antheil nehme, zugleich auf meine Sicherheit bedacht seyn, und einen Posten nehmen, wo mich die Pfeile nicht treffen sollen. Ich werde mich vor allen den Fährlichkeiten und Sorgen, denen sich die Geschichtschreiber aussetzen **), weislich zu hüten wissen, und mich begnügen, bloß eine kleine Ermahnung an die Autoren ergehen zu lassen,

*) ὺ πανυ καρτερῶς κεκεραμευμενον. Die eigentliche Bedeutung des letzten Wortes konnte im Deutschen nicht füglich ausgedrückt werden. Es bezieht sich auf den Umstand, daß die Fässer oder Tonnen der Alten Töpferarbeit waren.

**) Im Griechischen: vor dem Dampf und den Wogen: eine Anspielung auf den 219ten Vers im 12ten Buche der Odyssee.

und einige wenige Cautelen beyfügen, um doch wenigstens einigen Antheil an dem Bau, den sie aufführen, zu haben; wiewohl ich keineswegs verlange, daß in der Ueberschrift meines Nahmens gedacht werde, da ich das Werk*) kaum mit den Fingerspitzen angerührt habe.

Die meisten glauben zwar zu diesem Geschäffte so wenig eines guten Rathes vonnöthen zu haben; als zum gehen, essen oder trinken. Sie bilden sich ein, es sey nichts leichteres als Geschichte schreiben; das könne ein jeder, und es brauche dazu weiter nichts, als daß man, was einem vorkommt, zu Papier zu bringen wisse: Aber du, mein Freund, weißt vermuthlich besser, daß die Sache eben so ungemein leicht nicht ist, und sich nicht so obenhin tractieren läßt; im Gegentheil, wo irgend ein Fach in der Litteratur große Geschicklichkeit und viele Ueberlegung erfodert, so ist es dieses; wenn man anders ein Werk aufführen will, das, nach dem Ausdruck des Thucydides, ein immerwährendes Eigenthum seines Urhebers bleibe. Ich kann mir zwar leicht vorstellen, daß ich sehr wenige von diesen Herren bekehren, sondern vielmehr bey manchen mit meinen Erinnerungen übel ankommen werde; sonderlich bey denen, die mit ihrer Historie schon fertig sind und sie bereits im Publico vorgelesen haben. Denn wenn sie (wie gewöhnlich) von den Zuhörern gelobt und beklatscht worden sind, so wäre es Unsinn, sich die mindeste Hoffnung zu machen, daß sie an einem autorisierten und gleichsam im Ar-

---

*) Im Griechischen: der Leim oder Mörtel.

chiv des Reichs niedergelegten Werke etwas verän=
dern oder umarbeiten sollten. Indessen würde es
doch so übel nicht seyn, wenn sie sichs auf ein an=
dermal gesagt seyn ließen, und falls sich künftig ein
andrer Krieg etwa der Deutschen mit den Geten,
oder der Indier mit den Baktrianern erheben sollte
(denn mit uns wird sich niemand unterstehen Hän=
del anzufangen, da wir nun mit allen fertig sind)
sich dieses Richtmaßes, wenn sie es anders brauch=
bar finden, bedienen wollten, um etwas besseres zu
machen. Wo nicht, so mögen sie denn meinetwegen
bey ihrer alten Elle bleiben; der Arzt wird sich ge=
wiß nicht kränken, wenn die Abderiten nun einmal
darauf bestehen, die Andromeda so lange zu spie=
len, bis sie es genug haben.

Ein Rathgeber hat eine doppelte Pflicht auf
sich: er soll uns nehmlich belehren, was wir zu
beobachten, und wovor wir uns zu hüten haben.

Wir wollen also, fürs erste, von den Klippen
sprechen, vor welchen der Geschichtschreiber sich in
Acht zu nehmen hat, und von den Fehlern, wovon
er ganz rein seyn soll: sodann, was er zu thun hat,
um gewiß zu seyn, daß er auch auf dem rechten Wege
ist, und sein Ziel unmöglich verfehlen kann; wo er
anfangen, wie er sein Werk ordnen und zusammen=
setzen, und was für ein Maaß er jedem Theile ge=
ben soll; was er gänzlich mit Stillschweigen über=
gehen, wobey er sich verweilen, worüber er hinge=
hen, so leicht als möglich hinlaufen muß; und end=
lich, welche Schreibart er zu gebrauchen, und wie er
aus allem diesem ein schönes Ganzes zu machen
habe.

Um also den Anfang mit den Fehlern zu ma=
chen, die den schlechten Geschichtschreibern ankleben,
so übergehe ich hier diejenigen, die ihnen mit allen
andern elenden Scribenten gemein sind; als da sind
die Fehler gegen die Sprache, gegen die Harmonie,
gegen das richtige Denken, überhaupt alles, was
einen Stümper in der Kunst verräth; theils weil
es zu weitläuftig wäre, mich in das Alles einzu=
lassen, theils weil es nicht zu meinem dermaligen
Vorhaben gehört. Unrichtig, unzierlich und ohne
Harmonie schreiben, ist in allen Arten von Schrif=
ten gleich tadelhaft. Die Fehler aber, womit man
sich an der Muse der Geschichte *) zu versündigen
pflegt, wirst du, wenn du darauf Acht geben willst,
eben so leicht finden, wie sie mir, wenn ich derglei=
chen Vorlesungen beywohnte, oft genug aufgefallen
sind; zumal wofern du dich entschließen kannst, al=
len ohne Ausnahme deine Ohren herzuleihen: indes=
sen wird es nicht überflüßig seyn, einige davon aus
bekannten Werken zum Beyspiel anzuführen.

Eine von ihren größten Sünden ist unstreitig
diese, daß unsre meisten Geschichtschreiber, anstatt
uns zu erzählen was geschehen ist, sich mit Lobprei=
sungen der Fürsten und Feldherren (ihrer Parthey)
aufhalten, als welche sie eben so unmäßig loben
und bis in den Himmel erheben, als sie hingegen
die

---

*) Ich bediene mich dieses Ausdrucks, weil die
Rede hier von der Geschichtschreiber=Kunst ist,
die also eben so gut ihre Muse hat, wie die
Dichtkunst, Singkunst, und alle andern schö=
nen Künste.

die feindlichen verkleinern und in den Staub treten; ohne zu bedenken, was für eine große Kluft zwischen der Geschichte und der Lobrede ist, und daß sie, um mich eines musikalischen Kunstworts zu bedienen, um zwey ganze Octaven von einander stehen. Denn dem Lobredner ist es um nichts zu thun, als die Sache so hoch zu treiben als möglich; sein einziger Zweck ist, dem Gelobten Vergnügen zu machen, und wenn er den auch nicht anders als auf Unkosten der Wahrheit erhalten kann, so ist dieß sein geringster Kummer: die Geschichte hingegen kann nicht die kleinste Lüge ertragen, so wenig als die Luftröhre (wie uns die Söhne Aeskulaps versichern) das geringste leiden kann, was im Schlucken in sie hineinkommen möchte.

Eben so wenig scheinen diese Leute zu wissen, daß die Geschichte einen ganz andern Zweck und also auch ganz andere Regeln hat als die Dichtkunst. Diese hat eine ungebundene Freyheit, und ihr einziges Gesetz ist, was dem Dichter gut dünkt. Von einer Gottheit getrieben und von den Musen besessen, mag er immerhin sogar geflügelte Pferde vor einen Wagen spannen, und diesen über die Wellen, jenen über die Aehrenspitzen eines Kornfeldes weglaufen lassen, niemand hat was dagegen einzuwenden; und, wenn ihr Jupiter an Einer Kette das Meer sammt der Erde emporzieht, fällt keinem Menschen ein, zu besorgen, die Kette könnte brechen und dann Alles übereinander burzeln und zu Trümmern gehen. Wollen sie einen Agamemnon loben, so wehrt ihnen niemand ihn an Haupt und Augen dem Könige der Götter, und die Brust sebnem Bruder Neptun, und dem Kriegsgott an Hüften ähnlich zu machen, kurz, den ganzen Mann aus lauter Göttern zusammenzusetzen, weil weder Jupiter, noch Neptunus, noch Ares, jeder allein, schon genug ist, die Schönheit dieses Agamemnons vollständig darzustellen, wiewohl er am Ende nichts weiter als des Atreus und der Aerope Sohn ist. Wenn aber die Historie sich dergleichen Schmeicheleyen erlaubt, was ist sie dann anders als eine Art von prosaischer Poesie, die nichts von allen Schönheiten der wahren Poesie hat und mit ihren abenteuerlichen Fictionen, da sie von der Pracht der Einkleidung entblößt und der Musik der Versification beraubt sind, nur desto kahler und widerlicher ins Auge fällt. Es ist also ein großer und in der That ein übergroßer Fehler sich zum Geschichtschreiber aufzuwerfen, wenn man nicht einmal zu unterscheiden weiß, was der Geschichte gebührt, und was der Dichtkunst, sondern die natürliche Schönheit der ersten mit der Schminke der andern, mit Fabeln und hyperbolischen Lobsprüchen, zu verschönern glaubt. Gerade als wenn jemand einen derben baumstarken Athleten in einen Purpurrock stecken, mit goldnen Ketten und Armbändern wie eine Hetäre herausschmücken, und weiß und roth anstreichen wollte, und sich nun einbildete, ihn durch einen so lächerlichen und beschimpfenden Putz recht schön gemacht zu haben!

Ich will damit nicht behaupten, als ob die Geschichte nicht auch zuweilen loben dürfe: nur muß es zu rechter Zeit, mit gehörigem Maaß, kurz, so geschehen, daß es den Lesern, die nach uns kom=

men werden, nicht anstößig sey. Diese Hinsicht auf die Nachwelt ist überhaupt die große Regel, die der Geschichtschreiber in allen solchen Dingen nie aus den Augen verlieren darf, wie wir bald hernach zeigen werden. Ich weiß wohl, daß viele der Meynung sind, das Angenehme müsse in gleicher Maße, wie das Nützliche, der Zweck der Geschichte seyn, und Lobreden foderten also um so billiger ihren Platz in derselben, da sie den Lesern Vergnügen machten: aber es ist leicht zu sehen, wie unrichtig diese Einbildung ist. Die Geschichte hat nur Einen Zweck, und dieser ist, durch die Wahrheit nützlich zu seyn. Kann man noch das Angenehme damit verbinden, desto besser! Es ist der nehmliche Fall wie bey einem Athleten, der zu aller seiner Stärke noch schön ist: desto besser für ihn; aber das würde nicht verhindert haben *), daß Herkules, wenn Nikostratus, (wiewohl einer der häßlichsten Menschen, die man sehen konnte) mit dem schönen Alcäus von Milet, der sein Liebling gewesen seyn soll, gerungen hätte, nicht dem erstern, als dem stärksten und tapfersten von beyden, den Preis zugesprochen haben würde. Immer mag die Geschichte, wenn sie uns ausser dem Nutzen noch Vergnügen als einen Nebengewinn verschafft, desto mehr Liebhaber anlocken: aber wenn sie das, worin ihre eigenthümliche Vollkommenheit

---

*) Wen er nehmlich Richter zwischen Nikostratus und Alcäus gewesen wäre. Nikostratus, einer der berühmtesten Athleten, trug in der 204ten Olympiade an Einem Tage in Pankration und und im Ringen den Sieg davon. Der schöne Alcäus von Milet ist unbekannt.

besteht, ich meyne die Offenbarung der Wahrheit, besitzt, so kann sie der Schönheit leicht entbehren. Es verdient aber auch das noch bemerkt zu werden, daß etwas durchaus fabelhaftes in der Geschichte nicht einmal angenehm, und loben immer eine sehr mißliche Sache ist, insofern die Rede nicht von den Hefen des Pöbels und dem großen Hauffen, dem alles recht ist, sondern von solchen Zuhörern ist, die mit der Strenge eines unbestechlichen Richters, ja selbst mit der Sykophantischen Neigung auf Fehler zu lauern, kommen, Leuten, deren scharfem Blick nichts entgeht, und die, wie Argus, am ganzen Leibe lauter Auge sind; kurz, von Leuten, die nach Art der Geldwechsler Alles, Stück vor Stück, genau besehen, das Unächte ohne Umstände auf die Seite werfen, und nur was von gutem Schrot und Korn und scharfem Gepräge ist, behalten. Dieß sind die Richter, die man beym Schreiben vor Augen haben muß, ohne sich um die andern zu bekümmern, und wenn sie uns gleich bis zum bersten lobten. Wolltest du, jenen strengen Kunstrichtern zu trotz, deine Geschichte gleichwohl mit Mährchen, schmeichlerischen Wendungen, Lobreden auf deine Helden, und anderm solchem schmarotzerischem Schmutz herausputzen und recht angenehm in die Augen fallen machen: was hättest du anders aus ihr gemacht, als einen Herkules am Hofe der Omphale? wie du ihn vermuthlich irgendwo gemahlt gesehen haben wirst; Sie, mit seiner Löwenhaut um die Schultern, und mit seiner Keule in der Hand, als ob sie Herkules wäre: Ihn hingegen, wie er in seinen gelb und rothem Weibergewand, das in weiten Falten um seine nervichten Glieder schwimmt, unter ihren Mägden am Spinnrocken sitzend, von ihr mit dem Pantoffel um die Ohren geschlagen wird. — Ich weiß nicht, ob es einen schändlichern und widerlichern Anblick giebt, als einen Gott, der das Ideal der höchsten Manneskraft ist, so schmählich in ein Mädchen verkleidet zu sehen. Es mag leicht geschehen, daß du eben dadurch den Beyfall des grossen Hauffens erhältst; aber desto herzlicher werden jene Wenigen, die du verachtest, über dein ungereimtes, unproportioniertes und übel zusammengeleimtes Werk sich lustig machen. Das Schöne an jeder Sache ist etwas, das ihr eigen ist; setze an die Stelle desselben etwas anders, so wird es häßlich, weil es an einem Orte steht, wo es unnütz ist, oder keine gute Wirkung thut.

Ich könnte noch hinzusetzen, daß die Lobeserhebungen (womit unsere Geschichtschreiber so freygebig sind) allenfalls einem Einzigen, dem Gelobten nehmlich, ganz angenehm seyn mögen, aber den übrigen desto widerlicher sind; zumal wenn so ganz alles Maaß dabey überschritten wird, wie von den meisten geschieht, die sich heut zu Tage mit schreiben abgeben: als die aus Begierde, sich bey ihren Patronen recht in Gunst zu setzen, nicht nachlassen, bis jedermann mit Händen greifen muß, daß ihr Lob pure platte Schmeicheley ist. Denn daran fehlt viel, daß sie Kunst genug besäßen, die Schmeicheley auf eine anständige Art zu verschleyern; im Gegentheil fallen sie mit ihrer ganzen Schwere über die Sache her, tragen ihre Farben so dick auf als möglich und loben, ohne alle Rücksicht auf Wahrscheinlichkeit oder Wohlstand, so plump und derb, daß sie nicht einmal die Absicht erreichen, woran ihnen so viel gelegen ist, sondern dem großen Herrn selbst, dem sie sich dadurch empfehlen wollten, als grobe Schmeichler verächtlich werden; zumal, wenn er ein Mann von Gefühl und solider Denkart ist. So ergieng es dem Aristobulus,*) mit seiner Beschreibung des Zweykampfs zwischen Alexander und Porus. Da er dem Könige eine Probe seines historischen Tagebuchs vorlesen sollte, wählte er absichtlich diese Stelle, in der Meynung, durch einige Großthaten, die er, um die Sache desto wunderbarer zu machen, hinzugelogen hatte, sich bey Alexandern mächtig in Gnaden zu setzen. Aber er fand sich übel betrogen: der König riß ihm die Handschrift aus der Hand und warf sie in den Hydaspes, auf dem sie eben fuhren, mit den Worten: „du hättest verdient, daß ich dich selbst hineinwürfe, zum Dank, daß du einen so gewaltigen Zweykampf in meinem Nahmen bestanden hast, und die Elephanten mit Wurfpfeilen umbringst.**) Und billig mußte sich Alexander

*) Einer von den Historiographen Alexanders des Großen, dessen Ephemeriden, oder historisches Tagebuch vom Leben dieses Königs, Plutarch öfters citiert. Ich habe diese ganze, von du Soul und andern (wie mirs scheint) nicht recht verstandne Stelle etwas umschreiben müssen, um ihr die nöthige Deutlichkeit zu geben.

**) Mir scheint aus dem ganzen Zusammenhang der Worte Alexanders im Originaltext klar zu seyn, daß nicht bloß der Umstand, „daß Aristobulus Alexandern den Elephanten, auf wel-

über eine so platte Art zu schmeicheln entrüsten, er, der nicht einmal den kühnen Gedanken seines

chem Porus ritt, mit seinem Wurfpfeil auf Einen Schuß (denn dieß will ἐνι ἀκοντιω ohne Zweifel sagen) todt machen läßt, sondern der ganze Zweykampf Alexanders mit Porus, eine pure Erdichtung war, womit Aristobulus bey seinem Könige (dessen Ehrgeiz und romantische Leidenschaft für ausserordentliche Thaten und Abenteuer er kannte) große Ehre einzulegen hoffte. Wäre an diesem Kampfe etwas Wahres gewesen, so würde Plutarch (der das Treffen mit dem Porus umständlich genug beschreibt, und sogar einen besondern Zug von der ausserordentlichen Vorsichtigkeit und Treue seines Elephanten weitläuftig erzählt) dessen zu erwähnen schwerlich vergessen haben. Die Unverschämtheit des Menschen, der ihm durch eine so grobe Erdichtung zu schmeicheln glaubte, war es also, was Alexandern eigentlich unwillig über ihn machte; den Umstand mit dem Wurfpfeil relevirt er nur seiner Ungereimtheit wegen, wiewohl der Historiograph ohne Zweifel die übermenschliche Stärke seines Helden dadurch bezeichnen wollte. Die Art zu reden, daß du die Elephanten mit einem Wurfpfeil umbringst, anstatt „daß du dichtest, ich hätte den Elephanten des Porus mit Einem Wurfpfeil todt geschossen," ist eine in allen Sprachen gewöhnliche Wendung, und es folgt ganz und gar nicht daraus, daß die Rede von zwey oder mehrern Elephanten sey, welche Alexander mit Einem Wurfspieß durchschossen haben sollte; wie Reiz mit vieler unnöthiger Mühe beweisen will. Auch gehört die vom du Soul angeführte Stelle des Lampridius (daß Commodus so stark gewesen sey, um einen Elephanten mit einem contus zu durchbohren) gar nicht hieher. Denn der contus war eine lange,

Baumeisters, der ihm versprach, dem Berg Athos eine solche Gestalt zu geben, daß er wie eine Bildsäule des Königs aussehen sollte, dulden konnte, sondern von dieser Zeit an einen Widerwillen gegen den Mann, als einen Schmeichler, faßte, und sich seiner nicht mehr wie zuvor bediente.

Und wie sollte denn auch ein Mann, der nicht ganz ohne Verstand ist, eine Freude daran haben können, sich wegen solcher Dinge gelobt zu sehen, von deren Unwahrheit jedermann sich auf der Stelle überzeugen kann? Wie es häßliche Personen, besonders Frauenzimmer zu machen pflegen, die den Mahlern zumuthen, sie so schön zu mahlen als sie nur immer können, und sich einbilden, sie würden besser aussehen, wenn ihnen der Mahler recht viel roth und weiß ins Gesicht kleckse. Solche Farbensudler sind größtentheils die Geschichtschreiber in diesen unsern Tagen; die meisten treibens bloß als

mit einem großen scharfen Eisen bewaffnete Stange, womit ein Mann von nicht gemeiner Stärke einen Elephanten noch wohl durchbohren konnte: aber mit einem kleinen Wurffspieße, wie das ἀκόντιον war, einen Elephanten auf Einen Schuß zu tödten, wäre in der That ein übermenschliches Werk und ein Beweis gewesen, daß der Sohn Jupiter Hammons seinen Halbbruder Herkules selbst an Stärke übertroffen habe; und so ein homuncio wie Aristobulus konnte sich also noch wohl einbilden, mit einer solchen Fiction seine Cour zu machen. Daß er sich so übel betrog, war nicht seine Schuld; und er mag wohl in sich selbst gewaltig über die Launen der großen Herren gestiert haben, da die Sache so sehr gegen seine Erwartung ausfiel.

eine Handthierung, ihres eigenen Vortheils und Gewinns wegen, und verdienen die Verachtung ihrer eigenen Zeit sowohl als der Nachwelt: jener, als offenbare und ungeschickte Schmeichler ihrer Zeitgenossen; dieser, weil sie durch ihre Hyperbolen die Wahrheit selbst bey ihr verdächtig machen. Meynt einer ja, die Historie könne gewisser Annehmlichkeiten nicht entbehren, so gebe er ihr diejenigen, die sich mit der Wahrheit vertragen; alle die Schönheiten des Vortrags und des Styls, die gerade das sind, was jener Autorpöbel in seinen Schriften verabsäumt, um sie dafür mit unschicklichen und unnützen Dingen zu überladen.

Ich kann nicht umhin, einige Beyspiele von Geschichtschreibern dieser Art anzuführen, die von diesem gegenwärtigen Kriege geschrieben haben, und die ich vor nicht langer Zeit in Jonien, ja (zu meiner großen Erstaunung) sogar in Achaja *) mit meinen eigenen Ohren gehört habe. Aber vor allen Dingen bitte ich euch um der Grazien willen, zu glauben, daß ich lauter Dinge sagen werde, deren Wahrheit ich beschwören könnte, wenn es anständig wäre, in einer Schrift einen förmlichen Eid abzulegen.

Einer von diesen wackern Leuten fieng geradezu

*) Wo der Sitz des guten Geschmacks seyn sollte, da Athen in gewissem Sinne die Hauptstadt desselben war. Denn ohne Zweifel ist hier unter Achaja, im Gegensatz mit Jonien, nicht Achaja im engern Verstande, sondern die ganze Hellas, welche die Römer damals Achaja zu nennen pflegten, zu verstehen.

von den Musen an, die er anrief, ihm in seinem vorhabenden Werke beyzustehen. Eine feine und überaus schickliche Manier, wie du siehest, ein historisches Werk anzufangen! Bald darauf vergleicht er unsern Fürsten *) mit dem Achilles, den Persischen König hingegen mit dem Thersites, ohne zu bedenken, wie viel größer sein Achilles in unsern Augen wäre, wenn er, anstatt eines Thersites, einen Hektor überwältiget hätte, und derjenige selbst ein Held wäre, den er vor sich her treibt. Nun kam der Herr Autor auf sich selbst zu sprechen, und verständigte seine Zuhörer, daß so glänzende Thaten schwerlich einen würdigern Geschichtschreiber hätten finden können als ihn. Bey Erwähnung der Stadt Milet berichtete er uns, daß sie seine Vaterstadt sey, hielt ihr eine Lobrede, und setzte bescheiden hinzu: er mache es in diesem Stücke besser als Homer, der seines Vaterlandes nirgendwo Meldung gethan habe. Endlich versprach er am Schluß seiner Vorrede mit dürren Worten, daß er sein Bestes thun wolle, unsere Vorzüge herauszustreichen, den Barbaren hingegen, auch von seiner Seite, so viel in seinen Kräften stehe, den Garaus zu machen; und, um sogleich Wort zu halten, begann er die Geschichte selbst und die Veranlassung zum Kriege mit diesen Worten: „Der verruchte Vologeses (den alles Unglück treffen möge!) fieng den Krieg um folgender Ursache willen an," u. s. w.

Ein anderer, der sich kein geringeres Muster, als den Thucydides zur Nachahmung vorgestellt hat-

*) Den Luc. Verus vermuthlich.

te, um gleich im Anfang zu zeigen, wie nahe er
seinem großen Vorbilde komme, sieng, wie jener,
gleich mit seinem eigenen Nahmen an, vermuthlich
in der Meynung, uns dadurch einen gar süßen Vor=
geschmack von der attischen Grazie zu geben, womit
sein Werk gewürzt seyn würde. — „Creperius Cal=
purnianus von Pompejopolis ist der Verfasser die=
ser Geschichte des Krieges der Parther und der Rö=
mer, worin alles, was beyde Theile gegen einan=
der unternommen haben, vom Ursprung der Feind=
seligkeiten an umständlich erzählt werden soll." *) —
Nach einem solchen Anfang kannst du leicht erachten,
wo er die Rede hergenommen haben werde, die er
den Armenischen Gesandten halten läßt, und daß sie
von Wort zu Wort die nehmliche ist, die der Ab=
geordnete der Corcyräer beym Thucydides **) an

*) Die puerile Nachahmung kann nur durch den
Text selbst augenscheinlich gemacht werden.
Thucydides fängt seine Geschichte des Pelopon=
nesischen Krieges so an: Θουκυδιδης Αθηναιος
ξυνεγραψε τον πολεμον των Πελοποννησίων και
Αθηναιων, ὡς επολεμησαν προς αλληλους, αρ=
ξαμενος ευδυς καδιςαμενη Diesen Anfang (wo=
von eine wörtliche Uebersetzung in unsrer Spra=
che unerträglich platt seyn würde) copierte Cre=
perius von Wort zu Wort, indem er bloß die
nomina propria änderte.

**) Die Republik von Corcyra (heut zu Ta=
ge Corfu) hielt bey den Athenienserm um
Hülfe gegen die Korinthier an, mit wel=
chen sie, aus einer Veranlassung, die hier zu
weitläuftig zu erzählen wäre, in einen Krieg
verwickelt worden war, den sie ohne einen mäch=
tigen Beystand nicht aushalten konnte. Die Ar=
menier befanden sich in der nehmlichen Lage
gegen Vologeses; Creperius ließ also diese Ge=

die Athenienser hält. Eben so, da er den Einwohnern von Nisibis *) zur verdienten Strafe, daß sie es nicht mit den Römern gehalten, die Pest auf den Hals schickte, kannst du dir leicht vorstellen, daß er die ganze Beschreibung derselben, mit allen Umständen, (die Pelasgische und die lange Mauer, wo die Verpesteten damals wohnten, ausgenommen) **) dem Thucydides damals abgeborgt haben

legenheit nicht aus den Händen, die Rede des Corcyräischen Abgesandten im ersten Buche des Thucydides abzuschreiben, und seinem Armenischen Gesandten in den Mund zu legen.

*) Nisibis, oder Nesibis (wie sie auf Münzen heißt) eine ansehnliche und uralte Stadt in Mesopotamien, die unter den Macedonischen Königen den Nahmen Antiochia Mygdonica bekam, wurde unter den Römern immer als eine Vormauer des Reichs gegen die Parther betrachtet, hatte aber, wie es scheint, in diesem Kriege mit Vologeses II. die Parthey des letztern ergriffen.

**) D. i. die Scene oder das Locale ausgenommen, in Rücksicht dessen Crepertus natürlicher Weise von seinem Urbilde abgehen mußte, weil Nisibi nicht Athen war. Die Pelasgische Mauer, deren schon in den Fischern erwähnt worden ist, war die Mauer, womit in uralten Zeiten eine Pelasgische oder nach andern eine Tyrrhenische Colonie, die alte Stadt Athen (nachmals Akropolis genannt) umgeben hatte. Μακρον τειχος oder μακρα τειχη hießen die zwey großen Mauern, mit welchen die Stadt in der Folge, nachdem sie sich rings um die Akropolis sehr erweitert hatte, auf der nördlichen und südlichen Seite umgeben worden war. Als die große Pest, (von welcher uns Lucrez, nach der Zeichnung des Thucydides, ein so gräßlich schö-

werde. In allem übrigen blieb er seinem Urbilde so
getreu, daß er seine Pest, eben so wie jener aus
Aethiopien, herholte, sie von da in Aegypten herab-
steigen ließ, und dann über einen großen Theil der
Länder des Parthischen Königs verbreitete. Glücklicher Weise blieb er hier stehen; wenigstens so viel
ich weiß; denn, eben wie er mit dem Begräbniß der
armen — Athenienser — zu Nisibi beschäftiget war,
stand ich auf und gieng davon, *) weil mir alles,

nes Gemählde hinterlassen hat) im zweyten
Jahre des Peloponnesischen Krieges zu Athen
wüthete, war die Stadt mit Menschen angefüllt, die sich vor dem in Attika eingefallenen
Feinde mit ihren Habseligkeiten in dieselbe ge-
flüchtet hatten; und da fand man sich aus
Mangel an Raum genöthiget, ihnen zu erlauben, sich an den besagten Mauern, besonders
an der Pelasgischen (wo sonst niemand wohnen
durfte) in eilfertig aufgeschlagenen Hütten auf-
zuhalten. Dieß wird hinlänglich seyn, diese
Stelle verständlich zu machen, die zu Lucians
Zeiten, wo Athen und Thucydides einem jeden
bekannt waren, keiner Erklärung bedurfte.

*) Glücklicher oder unglücklicher Weise für den
armen Creperius hatte der Parthische Krieg,
dessen Geschichte er nach Anleitung des Thucydides schrieb, mit dem Peloponnesischen unter
andern auch den Umstand gemein, daß damals
die schreckliche Pest, deren schon im Alexander
Meldung geschehen ist, im Orient ausbrach,
wo sie aber keinesweges stehen blieb, sondern sich
nach und nach auch über die westlichen Provin-
zen des R. Reichs, und bis über Italien aus-
breitete. Creperius machte sich, aus Gelegenheit derselben doppelt lächerlich: einmal, weil
er, um seine Zuhörer mit einer schönen Beschreibung zu tractieren, den Thucydides aus-

was er nach meinem Weggehen sagen würde, aus meinem Thucydides schon genau bekannt war. Uebrigens wird es jetzt unter seinesgleichen auch sehr Mode, sich einzubilden, das heiße wie Thucydides schreiben, wenn sie gewisse öfters bey ihm vorkommende kleine Redensarten mit einer kleinen Veränderung recht fleißig anbringen: als z. B. „wie ihr mir selbst gestehen werdet,“ — oder, „nicht aus der nehmlichen Ursache, beym Jupiter!“ — oder, beynahe hätte ich vergessen zu sagen“ — und dergleichen mehr. Auch nannte der eben belobte Schriftsteller verschiedene Waffen, Kriegsbedürfnisse, Maschinen und dergleichen, mit den Nahmen, den ihnen die Römer in ihrer Sprache gaben, und sagte z. B. fossa für ταφρος (Graben) pons für γεφυρα (Brücke) welches dann, wie du leicht denken kannst, der Geschichte mächtig viel Würde giebt und einen modernen Thucydides ungemein kleidet. Denn was kann edler und geschmackvoller seyn, als sein attisches Gewand mit italienischen Purpurläppchen zu besetzen? Noch ein andrer aus dieser Zunft hat uns mit einer Art von trocknem kahlen Tagebuch der

schrieb; und dann, weil er eine Landplage, welche die Römer nicht minder traf als ihre Feinde, zu einer besondern Strafe für die Nisibiten machte. Auf das feine Persiflage in der Wendung — „wie er eben mit dem Begraben der armen Athenienser — von Nisibi beschäftigt“ (d. i. wie er den Thucydides bey dieser Gelegenheit ausschrieb, um ein herzbrechendes Gemählde von dem Jammer, den die Pest zu Nisibi anrichtete, zu machen) brauche ich Leser von Geschmack nicht erst aufmerksam zu machen.

Begebenheiten dieses Krieges beschenkt, in einem
Styl, wie etwa ein gemeiner Soldat oder ein Zim-
mermann oder Marketenter vom Troß der Armee
schreiben würde, wenn er alles was von einem Tag
zum andern passiert, aufzeichnen wollte. Indessen
war doch dieser Jdiot noch eher zu gebrauchen, da
er sich sogleich für das, was er ist, ankündig=
te, und wenigstens einem Mann von Talent, der
eine Geschichte zu schreiben verstünde, vorgear=
beitet hatte. Nur das tadelte ich an ihm, daß er
seinen Heften eine für ihr vermuthliches Schicksal
gar zu vornehme Ueberschrift gab; den er betitelte
sie: „Des Kallimorphus, Feldarztes beym sechsten
Regiment der Lanzenträger, Parthischer Geschichte
erstes, zweytes, drittes Buch," und so weiter. Auch
überfiel mich gleich bey der Vorrede ein gewaltiger
Frost, da er sein Vorhaben durch folgendes Argu=
ment rechtfertigte: Das Geschichteschreiben stehe
vorzüglich den Aerzten zu, weil Aeskulap, ein Sohn
des Apollo, Apollo aber der Vorsteher der Musen
und der ganzen Litteratur sey. Nicht minder war
mir anstößig, daß er den Jonischen Dialekt *), wo=
rin er zu schreiben angefangen hatte, auf einmal
verließ, und, einige Wörter ausgenommen, sich
übrigens so gemein und pöbelhaft ausdrückte, wie
man es in allen Gassen hört.

*) Aus Affectation, den Großmeister seiner Kunst
 Hippokrates, der im Jonischen Dialekt schrieb,
 nachzuahmen, sagte der Herr Feldmedicus
 ιητρειν statt ιατρειν, νουσος statt νοσος, u. s. w.
 drückte sich aber übrigens in der gemeinsten
 Volkssprache aus, welches einem feinen griechi=
 schen Ohre freylich sehr widerlich klingen mußte.

Ist es erlaubt, bey dieser Gelegenheit auch noch eines unsrer Weisen Erwähnung zu thun, der sich in eben diese Laufbahn eingelassen, und vor nicht langer Zeit seine Geschichte zu Korinth publicierte, so will ich, mit Verschweigung seines Nahmens, nur ein paar Worte vom dem Geiste sagen, worin sein wirklich alle Erwartung übertreffendes Werk geschrieben ist. Gleich-Anfangs, in der ersten Periode der Vorrede, unterrichtete er seine Leser durch eine Argumentation von der subtilsten Art, daß es dem Weisen allein zukomme Geschichte zu schreiben. Wenige Zeilen darauf folgte wieder ein anderer Syllogismus, diesem wieder ein anderer, kurz die ganze Vorrede war aus lauter spitzfündigen Fragen und Schlußreden zusammengewebt. Uebrigens wimmelte es darin von ekelhaften Schmeicheleyen und übertriebenen Lobeserhebungen *) wiewohl er nicht unterlassen konnte, auch diese mit Syllogismen zu spicken und sogar seinen Schmarotzereyen eine dialektische Form zu geben. Was mir aber besonders auffiel, und einem Philosophen und seinem langen grauen Barte sehr übel anstand, war, daß er in der

---

*) Des Imperators Luc. Verus nehmlich; nicht vom Selbstlob, wie Massieu, ohne einigen Grund im Original dazu zu finden, übersetzt hat. Die Schmeicheley war um so unverschämter, da dieser des Nahmens eines Antonius unwürdige Fürst, während seine Generale ihm die die Ehre des Triumphs und die Beynahmen Armenicus, Parthicus und Medicus erwarben, müßig zu Antiochia saß, und sich in allen Arten von Wollüsten und Ausschweifungen wälzte.

der Vorrede sagte: Dieß werde unser Regent vor andern Fürsten voraus haben, daß sogar Philosophen seine Thaten zu schreiben würdigten. So etwas, wenn es auch wahr wäre, mußte er uns zu denken überlassen, nicht selbst sagen.

Ich kann nicht umhin, auch desjenigen zu erwähnen, der vermuthlich recht im Herodotischen Geschmack zu schreiben glaubte, indem er so anfieng: „ich komme von den Römern und Persern zu reden,"— und bald darauf: „denn es mußte den Persern übel ergehen"— und wieder: „Osroes, den die Griechen Oxyroes nennen, und eine Menge Phrasen dieser Art, woraus du siehest, daß er dem Herodot gerade so ähnlich war, wie jener dem Thucydides.

Noch ein andrer, der seiner Wohlredenheit wegen in großem Ruf steht, und ebenfalls ein zwepter Thucydides, wo nicht noch mehr, seyn soll, beschrieb alle Städte, alle Berge und alle Ebnen mit der umständlichsten Genauigkeit, und glaubte eine mächtige Probe der Energie seines Geistes abgelegt zu haben, da er sagte: „aber dieß wolle der Nothhelfer Apollo auf die Häupter unsrer Feinde zurücktreiben!"— Wiewohl aller Schnee der Caspischen Berge und alles Celtische Eis nicht frostiger ist. Auf die Beschreibung des Schildes, den der Kaiser trug, verwandte er beynahe ein ganzes Buch; mitten auf demselben ragt die Gorgone hervor, mit ihren aus blau weiß und schwarz gemischten Augen, mit ihrem regenbogenähnlichen Brustgürtel, und ihren geringelten und in dicken Locken gewundenen Schlangen. Sogar die Beinkleider des Vologeses

Lucian. 4. Th. G

und der Zaum seines Pferdes, guter Herkules! wie viel tausend Zeilen nimmt ihre Beschreibung weg! Und dann noch vollends, wie die Haarlocken des Osroes aussahen, da er über den Tigris schwamm, und wie er sich in eine Höle rettete, wo Epheu, Myrten und Lorbern so dicht durch einander gewachsen und geschlungen waren, als ob sie diesen Ort recht in die Wette beschatten und verbergen wollten! Du siehst, wie unentbehrlich das alles der Geschichte ist, und wie wir ohne diese Umstände von dem Verlauf der Sachen nichts begriffen hätten! Das Wahre von der Sache ist, daß die Herren, aus Armuth des Geistes und aus Unwissenheit, was sie sagen und was sie nicht sagen sollen, auf solche Gemählde von Landschaften und Hölen verfallen, und mitten unter der Menge von wichtigen Dingen, die sich ihnen darbieten, es gerade so machen, wie ein Sclave, der vor kurzem durch Beerbung seines Herrn reich geworden, und sich so wenig in seine neue Lage finden kann, daß er weder weiß wie er Kleider anziehen noch wie er essen soll, sondern öfters, da er unter vielerley köstlichen Gerichten nur zu wählen brauchte, über eine Schüssel voll Linsen und Speck oder Pökelfische herfällt, und sich damit anfüllt bis er zerplatzen möchte. Der besagte Ehrenmann brachte auch Wunden und Todesarten auf die Bahn, die über allen Glauben waren; z. B. daß einer an einer Wunde am großen Zehen auf der Stelle des Todes gewesen; ingleichen, daß sieben und zwanzig Feinde aus bloßem Schrecken vor der Stimme des Feldherrn Priscus*), der sie angeschrieen, todt zu Boden ge-

---

*) Statius Priscus, einer von den Lieutenants

stürzt seyen. Auch bey Aufzählung der Erschlagenen trägt er kein Bedenken, gegen die eigene Angabe der Feldherren in ihren Berichten, zu versichern, daß in der Schlacht bey Europus siebzig tausend, zweyhundert und sechs und dreissig Feinde gefallen, von den Römern hingegen nur zwey geblieben und sieben verwundet worden seyen. Das heißt doch, dächte ich, die Geduld vernünftiger Leser auf die äusserste Probe stellen!

Aber noch etwas kann ich nicht unbemerkt lassen, wiewohl es nur eine Kleinigkeit ist. Vor lauter Begierde im höchsten Grade attisch zu seyn und seine Sprache in der ängstlichsten Reinigkeit zu schreiben, hat eben dieser Autor sich beygehen lassen, die Römischen Familiennahmen dergestalt in Grichische umzuschaffen, daß er z. B. den Saturninus Kronios, den Fronto Phrontis, den Titianus Titanios nennt, andere noch viel lächerlichere Beyspiele zu geschweigen. Eben dieser, da er vom Tode des Severianus spricht *), alle andere, welche glaubten er sey durchs Schwerdt umgekommen, hätten sich betrogen: er habe sich zu Tode gehungert, weil er dieß für die leichteste aller Todesarten gehalten habe. Dieser Autor wußte also nicht, daß Severianus, bis er den Geist aufgab, nur drey Tage (wenn ich nicht irre) leiden mußte, da hingegen diejenige, welche Hun-

des K. Luc. Verus, machte im J. 164. durch Eroberung der Hauptstadt Armeniens, Artaxata, dem Armenischen Krieg ein Ende.

*) S. die Anmerk. zum Alexander im 3ten Theile dieses Werkes, S. 185.

gers sterben, meistens sieben Tage ausdauern: man müßte denn nur sagen wollen, Osroes habe vor ihm gestanden, und gewartet bis Severianus verhungert seyn würde; und dieser, um ihn nicht so lange warten zu lassen, sey aus Höflichkeit um vier Tage früher Hungers gestorben als sonst gewöhnlich ist.

Was sollen wir aber von denen sagen, liebster Philo, die sich in historischen Werken poetischer Phrasen bedienen, wie z. B. „die Maschine erkrachte, und die umstürzende Mauer erdonnerte weit umher. *) — Und wieder einem andern Capitel der vortrefflichen Geschichte (woraus jenes Beyspiel genommen ist) — „Ganz Edessa ertönete vom Zusammenstoß der Waffen umher **), und alles war Ein Getöse und Ein Getümmel." — Und: „Der Feldherr wälzt sich in kummervollen Gedanken, wie er es anfangen wolle, um an die Stadtmauer zu kommen." — Mitten zwischen diese hochtönende Wörter waren dann wieder andere aus der Sprache des gemeinsten Pöbels und Bettelpacks, eingestopft, als: „Der General schickte dem Herren ***) einen Brief"

---

*) Ελελιξε, ιδουπησι, sind Wörter, die im Homer häufig vorkommen, und in Prosa nicht gebraucht werden.

**) Der Ungenannte, über den sich Lucian hier lustig macht, gebraucht ein unübersetzliches und in der That Hyperpoetisches Wort περισμαραγιτο. Homer und Hesiodus langen schon mit dem einfachen σμαραγειν aus.

***) Dem Kaiser nehmlich. Vermuthlich liegt das Bettlermäßige, das unsern Autor in dieser Phrase so anstößig ist, mehr in dem Worte κυριος (statt Αυτοκρατωρ oder Σεβαςος) als in επις-

— ingleichen: „Die Soldaten kauften sich nun allerley Mundproviant, und machten sich, sobald sie sich gebadet hatten, drüber her" *) — und was dergleichen me.r ist. Mit einem solchen Styl macht ein Autor ungefähr die nehmliche Figur, wie ein Komödiant, der mit einem Fuß in einem Kothurn einherstiege, und dem andern eine bloße Sohle untergebunden hätte.

Es fehlt auch nicht an andern, die ihren Werken so schimmernde, vielversprechende und unmäßig lange Vorreden vorsetzen, daß man voll Erwartung ist, was für wundervolle Dinge nun wohl kommen werden: aber der Körper der Historie selbst, der eher einem Anhang zu ihrer Vorrede gleich sieht, ist ein so kleines armseliges Ding, daß man einen solchen Verfasser mit einem Amor vergleichen möchte, der aus Kinderey, seinen kleinen Kopf aus einer ungeheuren Herkuls= oder Titanslarve herausgucken läßt: und was ist natürlicher, als daß die Zuhörer dem Autor das Liedchen: „Es kreißt' ein Berg" (und ward von einer Maus entbunden) entgegen singen. Denn so sollte es freylich nicht seyn; sondern alles sollte in einem solchen Werke gleichartig und von einerley Farbe seyn, und der Leib mit dem Kopfe zusammenstimmen; nicht der Helm von Golde seyn, der Brustharnisch hingegen aus Lumpen oder

τελλω. Griechische Ohren konnten sich nie recht an das Wort Herr gewöhnen.

*) Ich lese nach der sehr schicklichen Grävischen Verbesserung, αυτα statt αυτης. Das pöbelhafte liegt in ιγχρηζουτα, und in περι αυτα εγιγνετο.

halbvermoderten Häuten zusammengestoppelt, der Schild von Wieden, und die Stiefel von Schweinsleder.

So wie es nun nicht an solchen Scribenten fehlt, die den Kopf des Koloß von Rhodus auf ein zwergmäßiges Körperchen setzen: so wirst du dagegen auch wieder andere sehen, die mit Körpern ohne Kopf aufgezogen kommen, und indem sie ohne allen Eingang auf die Sache selbst los gehen, sich, ausser andern Alten, auf den Xenophon berufen, der seine Anabasis so angefangen: „Dem Darius wurden von (seiner Gemahlin) Parisatis zwey Söhne gebohren." Die Herren wissen nehmlich nicht, daß es, wie ich weiter unten zeigen werde, Fälle giebt, wo die Erzählung selbst die Stelle des Eingangs vertritt, wiewohl das gemeine Leservolk nichts davon gewahr wird.

Doch alle diese Fehler des Styls, des Vortrags und der Composition möchten immer hingehen: aber, wenn man uns sogar über die Lage der Oerter, wo die Begebenheiten vorgegangen, nicht etwa nur um etliche Parasangen, sondern um mehrere Tagreisen betrügt, was sollen wir dazu sagen? Einer von ihnen geht so nachlässig zu Werke, daß man wohl sieht, er habe nicht nur in seinem Leben mit keinem Syrer Umgang gehabt, sondern nicht einmal in Barbierstuben, wie man zu sagen pflegt, von Syrien plaudern gehört: Europus, (sagt, er, da von dieser Stadt die Rede ist) liegt in Mesopotamien, zwey Tagreisen vom Euphrates *), und ist

---

*) Europus lag am diesseitigen Ufer des Euphra-

von den Edeſſenern erbaut worden. Aber das iſt ihm
noch nicht genug: auch meine Vaterſtadt Samoſata
verſetzt der tapfre Mann in ebendemſelben Buche
ſamt ihrem Schloß und ihren Feſtungswerken in Me‑
ſopotamien mitten zwiſchen die beyden Flüſſe *) die,
wie er ſagt, ſo nahe vorbeyfließen, daß ſie beynahe
die Mauern anſpülen. Es würde alſo wohl lächer‑
lich ſeyn, wenn ich dir, mein lieber Philo, ge‑
richtlich beweiſen wollte, daß ich weder ein Parther
noch Meſopotamier bin, nachdem mich ein ſo be‑
wundernswürdiger Schriftſteller mit dem Bürger‑
rechte dieſer Nationen beſchenkt hat.

Eben ſo glaubwürdig, beym Jupiter, iſt auch
die Anekdote, die eben dieſer Geſchichtſchreiber von
dem vorbemeldten Severianus erzählt, mit eidlicher
Betheurung, ſie aus dem Munde eines Soldaten zu
haben, der nach jener unglücklichen Schlacht mit der
Flucht entkommen ſey. „Dieſer Feldherr, ſagt er,
habe ſich weder erſtochen, noch vergiften, noch erhän‑
gen wollen, ſondern eine viel tragiſchere und in der
That ganz neue Todesart ausfindig gemacht. Er habe

    tes, und wird von einigen zu Komagene, vom
    Ptolomäus aber zu einer beſonderen Landſchaft
    gerechnet, die er Cyrrheſtika nennt. Iſidorus
    von Charax (der unter dem Tiberius lebte) ſagt
    in ſeinen Σταϑμοις Παρϑικοις, die Stadt Dura
    in Meſopotamien wäre, nachdem das Land un‑
·   ter Griechiſche Bothmäßigkeit gekommen, von
    den Griechen Europus genennt worden. Mit
    dieſem Meſopotamiſchen Europus verwechſelte
    alſo der hier gezüchtigte Scribent das Syriſche,
    wiewohl ſie mehrere Tagreiſen von einander ent‑
    fernt lagen.

  *) Den Euphrates und Tyger.

zufälliger Weise einige gläserne Becher von ausserordentlicher Größe und Schönheit gehabt! wie er nun zum festen Entschluß zu sterben gekommen sey, habe er den größten dieser Becher zerbrochen, und sich mit einem Stück Glas die Kehle abgeschnitten."
— Seltsam genug, daß er, (wie verzweifelt auch seine Umstände waren,) nicht wenigstens noch einen Dolch oder eine zerbrochne Lanze sollte gefunden haben, um wenigstens eines männlichen und heroischen Todes zu sterben!

Sintemal nun Thucydides, bekanntermaßen, den ersten, die im Peloponesischen Kriege umgekommen waren, eine Art von Leichenrede *) halten läßt; so glaubte auch unser Geschichtschreiber, er könne sich nicht wohl entbrechen dem Severian ein ähnliche Ehre anzuthun. Denn alle diese Herren liegen mit dem Thucydides im Streit, so unschuldig der gute Mann an dem Armenischen Kriege ist. Nachdem er ihn aufs stattlichste begraben hat, stellt er einen gewissen Hauptmann Afronius Silo auf den Grabhügel, und läßt diesen würdigen Nebenbuhler des Perikles so erstaunliches Zeug daher declamieren, daß ich, so wahr mir die Grazien hold seyn mögen! Thränen genug vor Lachen vergießen mußte; zumal wie der Redner Afranius, am Schlusse seiner Parentation, mit allen Zeichen der äussersten Wehmuth der prächtigen Gastmähler und Trinksgelage, die ihnen der Verstorbene gegeben, Erwähnung thut, und zuletzt gar in der Manier des Sophokleischen Ajax endigt. Denn er zieht mit allem Anstand

―――――――――

*) Vom Perikles.

und Heldenmuth, der einem Afranius gebührt, seinen Degen, und würgt sich selbst, vor allen Augen, auf dem Grabe ab; was er lieber lange vorher hätte thun mögen, da er doch nichts gescheidters zu reden wußte. *) Indessen versichert er uns, die anwesenden Zuschauer alle wären in große Bewunderung und Lobeserhebungen dieses Afranius ausgebrochen. Ich, meines Orts, gestehe, daß ich sehr schlecht von ihm erbaut war, wie ich ihn nur nicht gar alle die guten Schüsseln und Ragouts, die er bey seinem Helden gegessen, aufzählen, und sich der vortrefflichen Kuchen mit thränenden Augen erinnern hörte; aber was ich ihm am wenigsten verzeihen konnte, war, daß er, eh er sich selbst expedierte, nicht vorher den Verfasser dieser feinen Tragödie abgeschlachtet hatte.

Ich könnte dir, lieber Freund, noch eine Menge andrer Exempel dieser Art citieren; aber es mag an diesen wenigen immerhin genug seyn, um zu dem zweyten Theil meines Versprechens überzugehen, und meine Gedanken darüber zu sagen, wie es einer angreifen müßte um besser zu schreiben als diese Herren. Es giebt deren, die gerade das größte und denkwürdigste was gethan worden ist, vorbeygehen, oder

---

*) Ich gebe den Worten Lucians hier eine etwas andere Wendung, weil ich ihn in einer getreuern Uebersetzung etwas sagen lassen müßte, das unsre Leser platt finden würden. Ich hoffe wegen dieser Art von Freyheit, wobey Lucian eher gewinnt als verliert (und die ich mir vielleicht eher noch öfter herausnehmen sollte) bey Lesern von Geschmack keiner Schutzrede nöthig zu haben.

doch nur schnell darüber weglaufen, hingegen aus Unverstand, Mangel an Geschmack, und Unwissenheit was gesagt oder nicht gesagt werden soll, bey den größten Kleinigkeiten sich aufhalten, und alles daran mit der ausführlichsten und mühsamsten Genauigkeit auseinander setzen. *) Solche Geschichtschreiber gleichen einem Reisenden, der von dem Jupiter zu Olympia mit Personen, die ihn nie gesehen hätten, zu reden käme, und ohne ein Wort von der Schönheit des Ganzen, die so groß und ungemein ist, zu sagen, als für welche er selbst keine Augen gehabt hätte, mit der größten Bewunderung von dem scharfen Ebenmaß und der schönen Politur seines Fußschemels, und von der zierlichen Form seiner Schuhe spräche, und sich in die genaueste Beschreibung derselben einließe. **) So kenne ich, z. B, einen, der mit der

---

*) Methode ist nicht die schimmernde Seite dieses Tractats, wie man sieht. Kaum verspricht Lucian den didaktischen Theil anzufangen, so vergißt er sein Wort im nehmlichen Athemzug wieder, und fährt noch eine gute Weile fort, sich über die elenden Scribenten lustig zu machen, die der Parthische Krieg in so großer Menge erzeugt hatte.

**) Jacob Gronov, der das hier gebrauchte τρκ-πιδα durch crepido oder basis, nicht durch crepida übersetzt wissen will, scheint seine ganze Note im Schlaf gemacht zu haben. Ich sehe keinen Grund von der Uebersetzung des Benedictus, crepidae concinnitatem, abzugehen, des Nummus ungeachtet, auf welchem Jupiter Olympius baarfuß erscheint. Denn daß der Jupiter des Phidias nicht baarfuß sondern mit goldenen Schuhen bekleidet gewesen, kann, nach dem Augenzeugniß des Pausanias, keine Frage seyn.

Schlacht bey Europus in sieben Zeilen fertig war, hingegen zwanzig und mehr Klepsydern *) auf eine frostige und keinen Menschen interessierende Erzählung verwandte, „welcher gestalt ein gewisser Maurischer Reiter, Nahmens Mausakas, indem er vor Durst auf dem Gebirge nach einer Quelle umher geirret, unter einige Syrische Bauersleute gerathen sey, die ihm zu essen gegeben; und wie sie sich zwar anfangs vor ihm gefürchtet, hernach aber, da sie erfahren, daß er ein guter Freund

Auch hätte die Absurdität des Strohkopf, von dem die Rede ist, schwerlich auffallender dargestellt werden können, als indem man ihn an einem Kunstwerke, wie der Jupiter des Phidias, von nichts mit größrer Bewunderung sprechen läßt, als von dem Fußschemel und den Schuh; denn was kann zur Vergleichung, um die es hier zu thun ist, passender seyn? Mir ist beynahe glaublich, daß Lucian bey diesem Gleichniß den eben besagten Pausanias selbst im Auge gehabt habe, der in seiner Beschreibung des Olympischen Jupiters sich in das genaueste Detail aller einzelnen Theile, Nebenwerke und Verzierungen dieses Wunders der Kunst einläßt, vom Ganzen desselben aber kein Wort zu sagen hat. Mir ist dieß um so wahrscheinlicher, da man Grund hat anzunehmen, daß das Werk des Pausanias kurze Zeit vorher, ehe Lucian diesen Tractat schrieb, publiciert worden sey.

*) Wie es scheint, wurde die Klepsydra (S. I. Th. 417.) auch bey den Vorlesungen gebraucht, welche die Schriftsteller dieser Zeiten von ihren Werken zu machen pflegten; aber, wie groß dieses Zeitmaß gewesen, oder wie oft das abgelaufne Wasser wieder aufgegossen worden, weiß ich nicht zu sagen.

sey, ihn ohne Bedenken in ihre Hütte aufgenommen und bewirthet hätten: denn es hätte sich just so gefügt, daß einer von ihnen, dessen Bruder in Mauritanien Soldat war, selbst eine Reise dahin gemacht — Und nun begann eine weitläuftige Historie und Erzählung wie er in Mauritanien auf einer Jagd gewesen, und eine ganze Heerde Elephanten beysammen weiden gesehen habe, und wie einmal wenig gefehlt hätte, daß er von einem Löwen gefressen worden wäre, und was für erschrecklich große Fische er zu Cäsarea*) gekauft habe. Kurz, dieser bewundernswürdige Geschichtschreiber, der sich um den Detail einer so blutigen Schlacht wie die bey Europus, so wenig bekümmerte, und es für überflüßig hielt von angegriffnen und vertheidigten Posten, von dem großen Verlust auf beyden Seiten, von dem bey solchen Gelegenheiten nöthigen Waffenstillstand, und dergleichen zu reden, blieb bis an den späten Abend stehen, um dem ehrlichen Syrischen Bauer Malchion zuzusehen, wie er zu Cäsarea so wundergroße Meerbrassen um ein Spottgeld einkaufte; und hätte ihn die Nacht nicht überfallen, so würde er sie ihm ohne Zweifel haben verzehren helfen, da

---

*) Das Cäsarea, wovon hier die Rede ist, war die Hauptstadt von Mauritania Cäsarensis. Sie hieß unter ihren ehmaligen Königen Jol, erhielt den Nahmen Cäsarea, da Juba II. Mauritanien nebst einer Tochter Kleopatrens und Antons vom August zum Geschenk empfieng, und wurde unter dem Claudius durch eine römische Colonie erweitert. Ihre Lage am mittelländischen Meer machte sie zu einer der ansehnlichsten Seestädte des römischen Africa.

die Fische indessen Zeit genug gehabt hatten, gar zu werden. Du siehest, wie viel wir verlohren hätten, wenn uns so große Begebenheiten verborgen geblieben wären, und was für einen unersetzlichen Stoß die Römer erlitten hätten, wenn der dürstende Maure Mausakas nicht zu trinken bekommen, und ungegessen ins Lager hätte zurückkehren müssen. Und doch übergehe ich eine Menge noch weit lächerlichere Dinge, — wie eine Flötenspielerin aus dem nächsten Dorfe gekommen, um den tapfern Mausakas während der Mahlzeit zu amüsieren, und wie der Maure dem Malchion eine Lanze, und dieser dem Mauren einen Schildriemen verehrt, und viel anderes dergleichen, das eine eben so wesentliche Beziehung auf die Schlacht bey Europus hat. Sind solche Leute nicht wie einer, der an einem Rosenstocke sich bloß mit Betrachtung der Dornen beschäftigte, und darüber die Rose selbst nicht gewahr würde?

Ein andrer *), der nie einen Fuß aus Korinth gesetzt hat, und nicht einmal bis Kenchrea **) gekommen ist, geschweige daß er jemals Syrien oder Armenien gesehen haben sollte, fieng, wie ich mich noch genau erinnere, so an: „Die Ohren sind nicht

---

*) Lucian setzt hinzu: der sich ebenfalls sehr lächerlich macht. Wozu das? Das muß Er uns nicht voraussagen: wir werden das Lächerliche schon finden, wenn es da ist.

**) Ein zur Stadt Korinth gehöriger Ort, mit einem Seehafen am Saronischen Meerbusen, 70 Stadien, oder drey bis vier Stunden von Korinth entfernt.

so glaubwürdig als die Augen. *) Ich schreibe also was ich gesehen, nicht was ich gehört habe." Wie genau er alles gesehen habe, kannst du daraus abnehmen, daß er sagt: die Drachen der Parther (die nichts anders als eine Art von Fahne **) sind, zu deren jeder, wenn ich nicht irre, tausend Mann gehören) seyen Schlangen von ungeheuer Größe, die in Persien etwas über Iberien hinaus gefunden würden. Die Parther trügen diese Schlangen anfangs, an große Stangen gebunden, hoch in die Höhe, um die Feinde schon von Ferne damit zu schrecken; in der Schlacht aber selbst bänden sie dieselbe loß, und schleuderten sie mitten unter die Feinde. Viele der unsrigen seyen von ihnen aufgefressen, andere umschlungen und entweder erdrosselt oder erstickt worden. Dieß alles habe er, von einem sehr hohen Baume, wo er dem Treffen ohne Gefahr habe zusehen können, ganz nahe mit seinen Augen gesehen. Es war ein guter Einfall von ihm, seine Person auf den hohen Baum in Sicherheit zu bringen: denn wenn ihn sein Muth angetrieben hätte, sich mit diesen grausamen Bestien auf ebnem Boden einzulassen, was für einen bewundernswürdigen Schriftsteller würden wir jetzt weniger haben! Und wie leicht

*) Ein Spruch, den Herodot, in seinem 1sten B. dem König Kandaules in den Mund legt, um seinen Günstling Gyges zu überzeugen, daß er die Königin, seine Gemahlin, nackend sehen müsse, um sich von ihrer ausserordentlichen Schönheit einen Begriff machen zu können.

**) Oder vielmehr das Bild eines Drachen auf einer Stange, was der Adler bey den alten Persern und bey den Römern war.

hätte das geschehen können, da er so viele große und glänzende Thaten mit eigner Hand in diesem nehmlichen Kriege verrichtet hat. Denn er befand sich bey vielen gefährlichen Gelegenheiten, und wurde bey Sura verwundet, — vermuthlich als er aus dem Kraneion *) nach Lerna spazieren gieng. Und das alles hatte der Mensch das Herz den Korinthiern vorzulesen, die sehr gut wußten, daß er den Krieg nicht einmal an die Wand gemahlt gesehen hatte. Er kennt nicht einmal die Waffen und die Maschinen, wovon er spricht, und weiß nichts, was zur Taktik und zur Eintheilung eines Kriegsheeres gehört, mit seinem rechten Nahmen zu nennen. Denn er nennt schiefe Schlachtordnung eines Phalanx was Schlachtordnung in Colonnen ist, und umgekehrt, in einer Colonne marschieren, wenn der Phalanx in schräger Linie anrückt.

Ein andrer Ehrenmann hat alles vom Anfang bis zum Ende, was in Armenien, was in Syrien, was am Tiger und was in Medien vorgegangen, in nicht gar fünfhundert Zeilen gebracht, und das nennt er nun eine Geschichte geschrieben haben. Indessen hat er ihr doch einen Titel vorgesetzt, der beynahe größer als das ganze Buch ist; denn so lautet er: „Des Antiochianus, Siegers in den heiligen Kampfspielen des Apollo, (er hatte, wo mir recht

---

*) Zu Korinth. S. Anmerk. im 1sten Todtengespräche, (2. Theil. S. 195.) Lerna war eine Quelle nicht weit von Korinth, mit Säulen und Ruhebänken für die Spaziergänger versehen, die im Sommer diesen Ort der Kühle wegen zu besuchen pflegten. Pausan.

ist, in seinen Knabenjahren einen Preis im Laufen gewonnen) Erzählung alles dessen, was die Römer vor kurzem in Armenien, Mesopotamien und Medien verrichtet haben." Doch das alles ist noch Kleinigkeit: ich habe einen gehört, der sogar die Geschichte der Dinge, die erst noch geschehen sollten, geschrieben hatte, die Gefangennehmung des Vologeses, den jämmerlichen Tod seines Generals Osroes, der den Löwen im Amphitheater vorgeworfen werden sollte, und vor allen zu unserm großen Trost einen ganz allerliebsten Triumph. *) In dieser prophetischen Begeisterung eilte der Mann dem Schlusse seiner Schrift entgegen. Aber vorher baute er noch in der Geschwindigkeit in Mesopotamien eine Stadt, an Größe die größte und an Schönheit die schönste, (wie er sich ausdrückt) nur ist er noch nicht mit sich selbst einig, ob er sie Nicäa, dem Siege, oder Homonda oder Irenia, dem wiederhergestellten Frieden zu Ehren, nennen soll. Dieser Punct ist bis diese Stunde noch unentschieden, und die schönste aller schönen Städte, dieses prächtige Denkmal der Weisheit **) ihres Erbauers, noch immer nahmenlos. Was aber dereinst in Indien gethan werden soll, und

*) τον τριποθητον ἡμιν θριαμβον ist hier, däucht mich, offenbar in einem spottenden Ton und mit einem ironischen Seitenblick auf den römischen Pöbel gesagt; vielleicht selbst auf den K. Luc. Verus, dem sein Triumph über die Parther so wenig Schweiß gekostet hatte.

**) Vermuthlich weiß es mir Lucians Geist noch Dank, anstatt es übel zu nehmen, daß ich ληρον τοῦ ἡ κακοτεχνης συγγραφικης γεμεσα, nicht getreuer verdeutscht habe.

und eine Reise um alle Küsten des großen Welt-
Meeres, hat er uns noch zu schreiben versprochen;
und daß du nicht etwa fürchtest, es möchte bloß
beym Versprechen bleiben, so ist die Vorrede zu
seiner Indischen Geschichte bereits fertig: auch ist
die dritte Legion, mit den Galliern und einigen Mau-
rischen Reitern, unter Anführung des Cassius bereits über den Indus gegangen. Was sie aber thun,
und wie sie sich beym Anrennen der Elephanten benehmen werden, davon wird uns dieser wundervolle
Autor nächstens aus Muziris *) oder aus dem Lande
der Oxydraken **) Bericht erstatten.

Auf solche Thorheiten verfallen Leute, die sich
ohne Talent und Kenntnisse an die Geschichte wagen, und, da sie weder gesehen haben, was sehens-
würdig war, noch, wenn sie was gesehen hätten,
gehörig davon zu sprechen wüßten, genöthigt sind,
sich mit ihrer Imagination zu behelfen, um uns
das erste beste, was ihnen einfällt mit Dreistigkeit
für Wahrheit zu verkaufen. Auch suchen sie etwas
darin, ihre Werke in viele Bücher abzutheilen, und
ihnen sonderbare Titel zu geben, die oft lächerlich
genug herauskommen. So haben wir von einem gewissen Guldam, Parthischer Siege; so und so viel
Bücher; von einem andern, weil es eine Urthis

---

*) Eine in diesen Zeiten von Griechischen Seefah-
rern besuchte Handelsstadt auf der westlichen
Küste der Halbinsel dießseits des Ganges.
**) Ein wenig bekanntes Volk des alten Indiens,
dessen schon in den Entlaufnen Th. 3. S. 116.
erwähnt wurde.

Lucian 4. Th.   H

giebt *), der Parthis erstes und zweytes Buch. Noch eleganter betitelt ein gewisser Demetrius von Sagalassus **) seine Geschichte Parthonikika. Ich citire diese Werke nicht in der Absicht, so schöne Geschichten lächerlich zu machen, sondern des gemeinen Bestens halben; in der Ueberzeugung, daß wer diese und andere dergleichen Fehler vermeidet, schon einen großen Schritt zum Gutschreiben gethan, oder vielmehr nicht viel anderes dazu nöthig hat, wenn anders das Axiom der Dialektiker richtig ist: daß man von zwey Dingen, zwischen denen es kein drittes giebt, nur das eine zu haben braucht, um das andere zu setzen. ***)

*) So betitelte ein gewisser Philochorus ein historisches Werk, dessen Gegenstand, wie es scheint, die älteste Geschichte von Athen und Attika war, und welches Athenäus im 1. Buch seiner Deipnosophisten zweymal citirt. Vermuthlich gab er seinem Buche diesen Nahmen, weil Atthys eine Tochter des Kranaus (der dem Cekrops in der Regierung folgte) den ihrigen der Landschaft Attica gegeben haben soll. Pausan. in Attic.

**) Sagalassus (auch Selgessus) war ehmals eine nicht unbeträchtliche Stadt in Pisidien, einer Landschaft des mittäglichen Kleinasiens.

***) Man sieht leicht, daß dieß, der höflichen Wendung ungeachtet, ein beissender Spott über die sämtlichen citirten Herren ist. Zwischen schlecht schreiben und gut schreiben ist nichts in der Mitte, oder, in der Sprache der Dialektiker, sie sind $\alpha\mu\epsilon\sigma\alpha$: Die citirten Herren lehren durch ihr Beyspiel wie man die Geschichte nicht schreiben soll, denn sie schreiben schlecht: Man darf also nur nicht schreiben wie sie, so schreibt man schon gut.

Gut, wird man sagen, du hättest also den Platz tüchtig gereinigt, und alle Disteln und Dornen, so viel ihrer waren, ausgereutet; der Schutt ist weggeschafft, und der Boden geebnet: es fehlt nun nichts, als daß du zu bauen anfangest, und uns zeigest, daß du nicht nur, was andere gebaut haben, herzhaft einreissen könnest, sondern auch dafür aus deinem eigenen Kopfe etwas aufzuführen wissest, woran Momus selbst nichts zu tadeln finde.

Wohlan, so sage ich denn; wer Geschichte gut schreiben will, muß diese zwey Haupterfodernisse von Haus aus mitbringen. — Scharfsinn, politische Dinge richtig ins Aug zu fassen und zu beurtheilen, — und das Talent des Vortrags. Jenes ist ein Geschenk der Natur, dessen Mangel kein Unterricht ersetzen kann: dieses kann durch viele Uebung, anhaltenden Fleiß und wetteiferndes Studium der Alten erworben werden. *) Es kommt also hier nicht bloß auf kunstmäßige Erlernung gewisser Re-

H 2

*) Massieu referiert in den Worten des Textes, ταυτα μεν ουν ἄ εχνα, das ταυτα bloß auf συνεσιν, und überhaupt also: il n'est point d'art pour le premier. Aber nach der Grammatik, denke ich, geht ταυτα συνεσιν und δυναμιν ερμηνευτικην zugleich, und Lucian will mit dem Wort ἀτεχνα vermuthlich nichts anders sagen, als, es gehöre zu beyden mehr als nur Regeln geben oder lernen; denn so wie es keine Kunst gäbe, die einem Menschen Genie beybringen könnte, der es nicht auf die Welt mitgebracht: so helfen auch, zum Talent des Vortrags, alle Regeln von der Welt nichts ohne Anlage, Uebung, Fleiß und Wetteifer mit guten Mustern.

geln an, und mein Rath kann dazu wenig oder nichts beytragen. Dieses kleine Buch verspricht keinem, ihn verständig und scharfsinnig zu machen, wenn ihn die Natur nicht schon dazu gemacht hat: wahrlich, es wäre viel werth, ja um jeden Preis noch zu wohlfeil, wenn es solche Wunder thun, wenn es die Natur selbst umschaffen, und aus Bley Gold, oder Silber aus Zinn, aus einem Konon *) einen Titormus **), oder aus einem Leotrophides einen Milo machen könnte.

*) Konon und Leotrophides werden hier den ihrer Stärke wegen berühmtesten Athleten entgegengestellt. Der letztere wird in den Vögeln des Aristophanes wegen seiner ungemeinen Leichtigkeit v. 1406 im Vorbeygehen verspottet. Ohne Zweifel muß also auch der hier gemeynte Konon, wer er auch war, (schwerlich der berühmte Athenensische General dieses Nahmens) ein sehr schmächtiger Homunculus, und zugleich eine damals bekannte Person gewesen seyn.

**) Titormus war ein Aetolischer Kühhirt, von einer so viel versprechenden Statur, daß Milo von Krotona, der an Stärke nicht seinesgleichen zu haben glaubte, ihm antrug, ihre Kräfte gegen einander zu messen. Titormus meynte, er wäre eben keiner von den stärksten; indessen ließ er sich doch gefallen, dem fremden Herrn zu Willen zu seyn. Er stieg also nackend in den Fluß Evenus, packte einen ungeheuern Stein auf, warf ihn etlichemal hin und her, hob ihn dann auf seine Knie, zuletzt auf seine Schultern, trug ihn ungefähr sechs Klaftern weit, und warf ihn wieder fort. Milo von Krotona war kaum im Stande, diesen Stein zu wälzen. Titormus gieng hierauf mit ihm zu seiner Heerde, ergriff den größten und wildesten Stier beym Beine und hielt ihn, alles seines Sträubens

Wozu, fragst du, kann denn also Theorie und
Anleitung eines Kunstverständigen helfen? Ich antworte; nicht in einem Subject, die Eigenschaften
zu erschaffen, die schon in ihm vorhanden seyn müssen, sondern bloß zu zeigen, wie er sie recht anwenden soll. Gerade so, wie ein Ikkus, Herodikus,
Theon, *) und jeder andere Meister in der Gymnastik, wenn man ihm einen Perdikkas **) in die

ungeachtet, mit einer Hand fest. Das nehmliche that er einem andern Stier mit der andern
Hand. Beym Anblick dieser Proben einer fast unglaublichen Stärke, rief Milo mit aufgehobenen
Händen aus: O Jupiter, hast du uns denn einen zweyten Herkules herabgeschickt? Aelian.
Vermischte Gesch. B. 12. Kap. 22. Und doch
erzählt Athenäus vom Milo selbst ein noch gröf-
seres Wunder von Stärke. (S. die Weltbe-
schauer im 2ten Theile d. W. s. 173.)

*) Drey berühmte alte Meister in der Ring- und
Fechtkunst, deren in Platons Werken mehrmals
Erwähnung geschieht. Vermuthlich kannte sie
unser Autor auch bloß aus seinem Plato, und
nennt sie hier nur per antonomasiam, wie man
z. B. Apelles, Phidias, Demosthenes statt eines großen Mahlers, Bildhauers oder Redners
sagt.

**) Es ist vergeblich, sich darüber zu ängstigen,
wer dieser Perdikkas gewesen sey; ohne Zweifel
(wie Grävius weislich vermuthet) ein damals
allen Lesern bekannter Weichling oder Schwäch-
ling. Daß die Parenthese, ἢ ὅν ὗτος ἐςι u. s.
w. bis zu Σατο ικης ἐκεινης, nicht von Lucian
herrühre, sondern eine inepte Note irgend eines
male feriati sey, die sich durch Schuld eines
Abschreibers in den Text geschlichen, ist die
allgemeine Meynung aller Ausleger und Uebersetzer; ich habe sie also auch um so mehr weggelas-

Lehre gäbe; sich nicht anheischig machen würde, einen Mann aus ihm zu machen, der in den Olympischen Spielen siegen, und es mit einem Theagenes oder Polydamas *) werde aufnehmen können: alles was er versprechen könnte, wäre ein Subject, das die natürliche Anlage zu einem tüchtigen Athleten hätte, durch seine Kunst, um sehr viel vollkommner zu machen, als er ohne sie seyn würde. Weit entfernt also von der Prahlerey, als ob wir ein Geheimniß besäßen, ein so großes und seltnes Talent durch mechanische Regeln einzurichtern, und aus dem ersten besten, der uns in die Hände liefe, einen Geschichtschreiber zu machen, können wir nichts versprechen, als dem, der die natürlichen Geistesfähigkeiten dazu schon besitzt und sich bereits durch die gehörige Uebung von seiner Sprache und der Kunst des Vortrags Meister gemacht hat, den Weg zu zeigen, auf welchem er bälder und leichter zum Ziele gelangen könne. Denn, daß die bloße Naturanlage, oder was man Genie, für eine Sache haben, nennt, alle Kunst und Unterweisung unnöthig mache, wird wohl niemand behaupten wollen: oder er müßte auch sagen: wer Genie habe, könne ohne Lehrmeister auf der Cither schlagen, die Flöte blasen, kurz, alle Instrumente spielen: da doch die Erfahrung lehrt, daß einer, mit allem möglichen

sen, da sie den Zusammenhang auf eine höchst widrige Art unterbricht, und ich finde unnöthig ein Wort weiter darüber zu verlieren.
*) Zwey große Athleten, die unsern Lesern noch aus der Götterversammlung erinnerlich seyn können.

Geschicke, ohne Unterricht nicht wissen würde, wie er's angreifen und wohin er die Finger setzen müßte; sobald es ihm aber gewiesen wird, es gleich begreift, und sich in kurzer Zeit selbst zu helfen weiß.

Man gebe also auch mir einen Schüler, der denken und schreiben *) könne; der einen scharfen Blick für Geschäfte habe, und selbst dazu zu gebrauchen wäre; der militärische Kenntnisse mit politischen verbinde, wisse, was zu einem tüchtigen Feldherrn gehört; selbst einmal bey einer Armee gewesen sey, und sich von allen Arten von Manövern, von Taktik, von Waffen und Kriegsmaschinen, anschauende Begriffe gemacht habe; folglich wisse was es heisse, ein Corps in Colonnen anrücken lassen, wo und wie die Infanterie, wie die Cavallerie stehen oder agieren müsse, was angreifen, was überflügeln und tournieren sey? Mit Einem Worte, man gebe mir keinen Stubenhüter, und der alles, was man ihm erzählt, aufs Wort glauben muß.

Vor allen Dingen aber sey er ein Mann von freyer Seele, der sich vor niemand fürchte und nichts hoffe: widrigenfalls wird er den ungerechten Richtern gleichen, die für baare Bezahlung nach Gunst oder Ungunst entscheiden. Es muß ihn nichts kümmern, daß Philippus bey Olynth **) durch den

---

*) Sapere et fari quae sentiat — das Beste, sagt Juvenal, was eine Amme ihrem geliebten Säugling geben kann.

**) Eigentlich nicht bey Olynth, sondern bey Methone, von einem Olynthier, Nahmens Aster, wie Palmer umständlich beweiset. Warum soll-

Bogenschützen Aſter um ein Auge kam, noch ſoll er
in Unwillen über Alexandern gerathen, der den Kli=
tus grauſamer Weiſe über der Tafel ermordete:
ſeine Sache iſt nicht Parthey zu nehmen, ſondern
die Sachen unbefangen zu erzählen wie ſie geſchehen
ſind. Ein Kleon ſey immerhin allvermögend beym
Volk und herrſche über die Rednerbühne *), das
muß ihn nicht abſchrecken, ihn als den verderblichen
und tollen Menſchen, der er war, darzuſtellen; ja
die ganze Stadt Athen möchte es noch ſo übel neh=
men, das muß ihn nicht abhalten, wenn er die Ge=
ſchichte ihrer unglücklichen Unternehmung gegen Si=
cilien zu erzählen hat, von der Gefangenſchaft des
Demoſthenes **) und dem Tode des Nicias, zu

te Lucian nicht in ſolchen Kleinigkeiten ſich ha=
ben irren können.
*) κατεχειν το βημα will hier, meines Erachtens,
nicht nur ſagen, daß Kleon ſelbſt ein ſehr be=
liebter Volksredner (Demagog) geweſen, ſon=
dern, daß er auch andere ſolche Redner auf
ſeiner Seite gehabt, und durch ſie ſich gleich=
ſam der Alleinherrſchaft über die Redekanzel in
den Volksverſammlungen verſchafft habe.
**) Es bedarf wohl nicht der Erinnerung, daß
hier nicht von dem berühmten Redner Demo=
ſthenes (der erſt 36 Jahre nach dem Tode die=
ſes Demoſthenes zur Welt kam) ſondern von
einem Atheniensiſchen General dieſes Nahmens,
der dem Nicias in dem Commando der Trup=
pen, womit die Athenienſer Sicilien zu erobern
hofften, zugegeben wurde. Er fiel mit dem
ganzen Corps, das unter ſeinen Befehlen ſtand,
in die Hände des Feindes, und wurde in der
Folge nebſt dem eben ſo braven als unglückli=
chen Nicias von den Syrakuſanern getödtet.

reden, und den Umstand nicht zu vergessen, daß ein
großer Theil seiner Truppen überfallen und erschlagen wurden, während sie den unerträglichen Durst,
der sie peinigte, am Flusse Asinarus zu löschen begriffen waren. *) Denn er wird, mit größtem
Rechte, glauben, es werde ihm von keinem Vernünftigen zum Verbrechen gemacht werden, wenn
er Unglücksfälle oder begangene Fehler gerade so erzählt, wie sie geschehen sind; denn er ist ja nicht
der Urheber derselben, sondern nur der Angeber.
Wenn seine Mitbürger in einem Seetreffen überwunden werden, so ist Er es ja nicht, der ihre
Schiffe in den Grund bohrt; und wenn sie die Flucht
ergreifen, so ist er's ja nicht, der ihnen nachsetzt;
alles, was ihm in solchem Falle zur Last gelegt
werden könnte, wäre, wenn er, vor dem Ausgang,
Gelübde für sie zu thun vergessen hätte. Wenn es
nur darauf ankäme, einen Unfall zu verschweigen,
oder das Gegentheil vorzugeben, um alles wieder
gut zu machen, so hätte Thucydides mit einem einzigen Federzuge die Festung auf dem Felsen bey
Syrakus einreißen, das Admiralschiff des Hermokrates **) versenken, den verwünschten Gylippus ***)

    Thucyd. im 7ten Buche seiner Geschichte Plutarch im Niclas.
*) Ich bin hier, wie öfters, genöthiget gewesen,
den Text Lucians zu umschreiben, um den Lesern nicht unverständlich zu seyn.
**) So hieß der Syracusanische General, der am
meisten dazu beytrug, die ehrgeizigen Entwürfe
der Athenienser zu vereiteln, und ihrer Unternehmung gegen seine Vaterstadt einen so unglücklichen Ausschlag zu geben.
***) Die Spartaner nahmen in diesem Kriege (wie

der den armen Athenienſern durch ſeine Verſchanzungen und Graben alle Zugänge zu der Stadt verſperrte, ins Gras legen, die Syracuſaner (ſtatt der Athenenſiſchen Gefangenen) in die Steinbrüche werfen, ſeine Mitbürger hingegen, nach den großen Hoffnungen, die ihnen Alcibiades zu Anfang des Krieges vorſpiegelte, von ganz Sicilien und von der Küſte Italiens Beſitz nehmen laſſen können. *) Aber, was einmal geſchehen iſt, kann, denke ich, weder Klotho ſelbſt wieder aufdrehen, noch Atropos zurückhaſpeln.

Die erſte, ja die einzige Pflicht des Geſchichtſchreibers iſt, die Sachen zu berichten, wie ſie geſchehen ſind. Das kann er aber nicht thun, wenn er, (z. B. wie Kteſias) Leibarzt des Königs Urtaxerxes iſt, und ſich alſo vor der Ungnade ſeines Fürſten fürchtet, oder einen purpurnen Kaftan, eine goldene Kette und ein ſchönes Reitpferd zur Belohnung der Schmeicheleyen, die er in ſeine Ge-

natürlich) die Parthey von Syrakus gegen Athen, und ſchickten der erſtern einen beträchtlichen Succurs unter Anführung dieſes Gylippus.

*) Ich hoffe von keinem Kunſtrichter mißbilligt zu werden, daß ich unter περιπλειν hier mehr verſtehe als umſchiffen, da der ganze Zuſammenhang deutlich genug macht, daß Lucian den Sinn, den ich ſeiner Phraſe gebe, wenigſtens habe andeuten wollen. Denn das Project der Athenienſer war nicht, um Sicilien und Italien herumzuſchiffen, ſondern Meiſter vom Mittelländiſchen Meere und folglich auch von den Seeplätzen und Häfen der Sicilianiſchen und Italieniſchen Küſten zu ſeyn.

schlichte einwebt, zu hoffen hat. So macht es weder der unpartheyische Xenophon, noch sein Vorgänger Thucydides; wenn sie gleich für ihre eigene Person diesen oder jenen hassen, so gilt bey ihnen doch immer das Publikum und die Wahrheit unendlich mehr als ihre Privatfeindschaften; und wenn sie jemanden noch so sehr lieben, so schonen sie seiner dennoch nicht, wenn er gefehlt hat. Denn dieß ist nun einmal (ich kann es nicht oft genug wiederholen) was die Historie zu dem macht, was sie seyn soll; wer Geschichte zu schreiben unternimmt, muß der Wahrheit allein opfern, und sich um alles übrige nichts bekümmern. Ueberhaupt ist hier die einzige Regel, mit der man nie fehlen kann, auf seine Zeitgenossen gar keine Rücksicht zu nehmen, sondern bloß für diejenigen zu schreiben, die uns künftig lesen werden. Wer nur immer darauf denkt, wie er dem gegenwärtigen Zeitalter den Hof machen wolle, verdient mit Recht unter die Schmeichler und Schmarotzer gezählt zu werden, deren Handwerk der Historie von jeher so zuwider gewesen ist, als die Kosmetik der Gymnastik. *)

*) Du Soul und Geßner bemerken hier eine sehr deutliche Anspielung auf eine Stelle in Platons Gorgias, in welcher Sokrates die κομμοτικην der Γυμναςικη entgegensetzt. Unter den erstern versteht er die Kunst, die Fehler der Natur am menschlichen Körper, oder diejenigen, die aus Mangel an Gesundheit entstehen, durch Schminken, Pomaden, falsche Haare und alle Arten von betrüglichen Kunstgriffen im Anzug und Putz zu verbergen, zu bekleistern, oder gar in Reize zu verwandeln; eine Kunst, worin besonders die Hetären und die Sclavenhändler

Bey dieser Gelegenheit fällt mir ein, was Alexander zu seinem Obersteuermann Onesikritus (über die von ihm geschriebene Geschichte seiner Thaten) gesagt haben soll. „Ich möchte wohl, sagte er, nach meinem Tode auf eine kurze Zeit wiederkommen können, Onesikritus, um zu hören, was die Leute dann sagen werden, wenn sie das alles lesen. Daß sie es jetzt loben und preisen, das muß dich nicht Wunder nehmen; denn da ist keiner, der es nicht für eine mächtige Lockspeise, meine Gunst wegzufischen, halten sollte." *) Sogar dem Homer, der doch gewiß viel fabelhaftes von seinem Achilles erzählt, werden manche bloß deswegen zu glauben

Meister waren. Ich habe in der Uebersetzung Kommatik in Kosmetik verwandelt, weil die Bedeutung des letztern den meisten Lesern aus dem Französischen bekannt ist, worin alle Arten von drogues, die zur Verschönerung der Haut dienen sollen, unter dem allgemeinen Nahmen cosmetiques begriffen werden.

*) Die ganze Stelle hat im Original, durch den Gebrauch der unbestimmten Worte ταυτα und αυτα, die man, nach Belieben, auf die verschönerte und vergrößerte Erzählung der Thaten Alexanders, oder auf die Thaten selbst deuten kann, einen Doppelsinn, den ich (weil ich kein Herzenskundiger bin) in der Uebersetzung beybehalten habe. Onesikratus muß Alexandern sehr arg geschmeichelt haben, weil Strabo (ein vollgültiger Richter) ihn unter den fast unzähligen Geschichtschreibern dieses Eroberers für den romanhaftesten und fabulosesten erklärt, wiewohl auch die übrigen die Hyperbel und das Wunderbare nicht gespart hätten. v. Strabon. Geogr. L. XV. cit. Fabric. Bibl. Gr. Vol. II. p. 224.

bewogen, weil sie es schon für ein großes Zeichen der Wahrheit halten, daß er erst lange nach Achills Tode geschrieben; denn sie können nicht finden, warum er hätte lügen sollen.

Ich verlange also von einem Geschichtschreiber, daß er ohne Menschenfurcht, unbestechlich, edel, ein Freund der Wahrheit, und freymüthig genug sey, um, wie der Komische Dichter sagt, eine Feige, — eine Feige, und einen Kahn — einen Kahn zu heissen; er sage nichts aus Freundschaft, nichts aus Haß, und verschweige nichts aus Mitleiden, Scham, noch Ehrerbietung; er sey gegen alle ein gleichbilliger und gleichwohlwollender Richter, und gebe keinem mehr als ihm gebührt; er sey in seinen Schriften ohne Vaterland, ohne Fürsten, keiner Nation zugethan, und lebe bloß unter seinen eigenen Gesetzen, und sage uns was geschehen ist, ohne in Anschlag zu bringen, was dieser oder jener von der Sache denkt.

Thucydides hat demnach sehr wohl gethan, sich die Wahrhaftigkeit zum Grundgesetz zu machen, und nach demselben zu bestimmen, was ein guter und schlimmer Geschichtschreiber, und dieß um so mehr, da er sah, daß die allgemeine Bewunderung des Herodot so weit gieng, daß man seinen Büchern sogar den Nahmen der Musen gab. Er betrachte, sagte er, seine Geschichte vielmehr als ein Besitzthum auf ewige Zeiten, als wie ein Preisstück, das nur für den Moment belustigen soll *), das

---

*) Der ganze Zusammenhang dieser Stelle, und die Art, wie sich sowohl Thucydides (im 21.

Fabelhafte sey seine Sache nicht, sondern er schränkte sich bloß darauf ein, der Nachkommenschaft einen zuverläßigen Bericht des Geschehenen zu hinterlassen; denn (setzt er hinzu) der wahre Nutzen der Geschichte, und also der Zweck, den ein verständiger Geschichtschreiber sich bey seiner Arbeit vorsetze, sey, *) „daß wenn sich einmal wieder ähnli-

und 22sten Capitel seines ersten Buches, als unser Autor ausdrückt, überzeugt mich, daß der erste auf eine versteckte Art habe zu verstehen geben wollen, sein bewunderter Vorgänger (von dessen Manier er sich so weit entfernt) habe mehr den Beyfall seiner Zuhörer, (denen er sein Werk zu Olympia vorlas) als das Urtheil der Nachwelt vor Augen gehabt, und dem Vergnügen der Leser zu gefallen manches geschrieben, das ein strengerer Verehrer der Wahrheit der letztern aufgeopfert hätte — und Lucian, glaube ich, hielt dieß nicht nur für den Sinn der Worte des Thucydides, sondern war auch darin völlig seiner Meynung, wiewohl beyde aus Achtung sowohl als aus Klugheit den so beliebten Vater der Geschichte nicht geradezu tadeln wollten. Wenn diese Auslegung richtig ist, so hat Massieu die Wahrheit sehr verfehlt, da er übersetzt: Thucydide a eu bien raison de se prescrire cette regle, et d'avoir sans cesse devant les yeux, ce qui distingue le bon Historien d'avec le mauvais. Il ne perdoit point de vûe Herodot, (als ob Thucydides den Herodot zum Muster genommen hätte!) qui avoit sçu inspirer une si grande idée de ses ouvrages qu'on donna etc. Die Gelehrten mögen entscheiden, wer von uns es getroffen hat.

*) Diese Paraphrase der Worte des Thucydides (L. 1. c. 22. gegen das Ende) ist auch deswegen anzuzeichnen, weil sie diese Stelle, die eine der dunkelsten jenes nicht immer überflüßig

che Fälle ereigneten, die Nachkommen aus den aufgezeichneten Beyspielen lernen könnten, wie sie sich gegenwärtig zu benehmen haben." — So also muß der Geschichtschreiber gesinnt seyn, den ich verlange.

Was die Sprache und den Vortrag betrifft, so wünschte ich, daß er (zumal im Anfang seines Werkes) aller Affectation, die Leser durch sein Feuer zu blenden, und in großen Perioden und in einander geschlungenen Argumentationen mit sich fortzureissen, überhaupt, aller oratorischen Täuschungskünste sich begebe, und dagegen in einem sanften ruhigen Tone sich vernehmen laßen möchte. *) Je gedrungener und gehäufter die Gedanken sind, desto besser; die Diction aber sey ungekünstelt, der Geschäftssprache ähnlich, und geschickt, dem Leser von der vorliegenden Sache die deutlichsten Begriffe zu machen. Denn, so wie Freymüthigkeit und Wahrheit

   hellen Autors ist, in ein feines Licht setzt; wiewohl aus beyder Schriftsteller Vergleichung erhellet, daß Lucian bloß aus dem Gedächtniß citirte.

*) Ich gestehe, daß ich diese Stelle im Original weder so unendlich schwer, noch verderbt und verstümmelt finde, wie du Soul; die größte Schwierigkeit liegt in dem unbestimmten und schwankenden, das aus dem gehäuften Gebrauch metaphorischer Wörter, und der ungewöhnlichen Verbindung des Verbums δηγομαι in (ακη κομιδη τεδηγμενος) mit dem vorhergehenden, womit es construiert ist, entsteht. Es ist wohl keine Frage, daß Lucian eine schicklichere Phrase hätte wählen können: aber jetzt ist es bloß darum zu thun, zu errathen, was er damit habe sagen wollen, wozu man eben kein Oedipus zu seyn braucht.

in Ansehung der Sachen, so muß die möglichste Klarheit des Vortrags in Ansehung des Styls das Hauptaugenmerk des Geschichtschreibers seyn. Er soll sich weder ungewöhnlicher Wörter und weit hergeholter Redensarten bedienen, noch solcher, die man nur auf dem Fischmarkt und in den Schenken hört; sondern er wähle lauter solche, die jedermann versteht und der Gelehrte gut heißt. Immerhin mag er seine Diction auch mit Figuren heben und lebhafter machen, nur müssen sie weder zu häufig seyn, noch gezwungen und unnatürlich herauskommen; denn sonst thun sie die Wirkung einer zu stark gewürzten Brühe. Es giebt sogar Fälle, wo er sich bis zum poetischen Schwung erheben, und einer gewissen Pracht im Ausdruck bedienen darf, besonders wo es um Beschreibung von großen Batraillen, Seeschlachten und dergleichen zu thun ist. Denn da hat er eines gewissen poetischen Windes vonnöthen, der seine Segel schwelle, und sein Schiff glücklich über die Spitzen der Wogen wegtrage. Gewöhnlich aber muß seine Diction auf der Erde einhergehen; sich immer nur mit der Schönheit und Größe der Gegenstände erheben und in gleicher Höhe mit ihnen zu erhalten trachten, ohne weder scheu zu werden, noch in einen unzeitigen Enthusiasmus zu gerathen; *) denn sonst ist er in größter Gefahr aus
der

---

*) Lucian deutet hier durch die Worte, μὴ ξενίτευσα δε, μηδ' ὑπὲρ τὸν καιρὸν ενϑουσιωσα zwey Fehler an, in deren einen jeder Schriftsteller zu gerathen pflegt, der sich seinem Gegenstande nicht gewachsen fühlt. Entweder er erschrickt

der Mensur zu kommen, und von einer poetischen Korybantenwuth über Stock und Stein fortgerissen zu werden. Hier ist es, wo der Geschichtschreiber mehr als jemals dem Zaum gehorchen, sich der Mäßigung befleißen, und ja nicht vergessen muß, daß zuviel Feuer und brausender Muth an einem Schriftsteller keine kleinere Untugend ist als an einem Rosse. Das Beste ist in einem solchen Falle, wo seine Imagination wie auf einem allzumuthigen Pferde dahertrabt, daß der Styl gleichsam zu Fuße neben her laufe und den Zügel halte, damit der Reiter nicht unversehens aus dem Bügel geworfen werde.

Ueberdieß ist auch in der Stellung und Verbindung der Worte (in Ansehung des Numerus) ein gewisser Mittelweg zu beobachten: sie müssen weder zu weit aus einander gereckt seyn, noch gleichsam jedes für sich einzeln dastehen; denn dieß macht einen unangenehmen und holprichten Styl: aber eben so wenig müssen sie, (wie bey den meisten Schriftstellern unsrer Zeit,) in einem Rhythmus, der beynahe zum poetischen Sylbenmaße wird, zu-

gleichsam davor, kommt in Verlegenheit, und sinkt unter den Gegenstand herab: oder er lodert plötzlich in einen unächten Enthusiasmus auf, und schwärmt auf Nonsensicalischen Luftblasen über denselben hinaus. Das Wahre liegt darin, von dem Gegenstande selbst gleichsam sanft aufgehoben zu werden, und sich immer mit ihm in gleicher Höhe zu erhalten — nur giebt es keine Regeln, wodurch man einem Schriftsteller diese Kunst einrichtern könnte.

Lucian 4. Th. J

sammengestellt werden; denn dieß ist ein Verstoß gegen die Gesetze der Prose. *)

Was aber die Facta selbst betrifft, so soll er sie nicht aufs Gerathewohl zusammentragen, sondern sich keine Mühe dauern lassen, eine gute Auswahl zu treffen, und die nehmliche Sache öfters in die sorgfältigste Prüfung zu ziehen. Er berichte uns vornehmlich die Begebenheiten, wobey er selbst gegenwärtig gewesen und deren Augenzeuge er ist: bey allen übrigen halte er sich an diejenigen, die die Sachen am unbefangensten erzählen, und von denen man mit Grunde glauben kann, daß sie aus Gunst oder Ungunst nichts dazu noch davon thun. Und hier hat er vornehmlich vonnöthen scharfsinnig im muthmaßen und geschickt zu seyn, durch Vergleichung aller Umstände und Abwägung der Gründe für und wider, das Wahrscheinlichste herauszubringen.

Wenn er nun seine Materialien alle oder größtentheils beysammen hat, so sey seine erste Arbeit, sie in eine Art von Tagebuch oder Memoire zu ordnen, und dem Bilde, das er aufstellen will, durch Andeutung der Hauptumrisse seine erste, wiewohl

*) Jenes geschieht, wenn zum Beyspiel das Zeitwort in einem Satze gar zu weit vom Subject entfernt wird: dieses wenn die Worte, in Rücksicht auf das Zeitmaß (die Länge oder Kürze der Sylben) zu selten in einander greifen, um dadurch das, was man den Fluß der Rede heißt, zu befördern. So verstehe ich wenigstens die Worte Lucians, s. m. Die Sache durch Beyspiele deutlicher zu machen, ist nicht dieses Ortes.

noch unförmliche Gestalt zu geben. Diesen Entwurf bilde er dann nach und nach zu einem wohlgestalteten Körper aus, gebe allen Theilen ihr gehöriges Ebenmaß, coloriere sie mit den Farben der Diction, vollende, so zu sagen, alle Umrisse *), und bemühe sich, dem Ganzen Ton und Harmonie zu geben. Hier ist es dann vornehmlich, wo er gänzlich dem Homerischen Jupiter gleichen muß, der (mit gleich ruhigem Blicke) jetzt auf die Rossenährenden Thrazier, dann auf die Bewohner Mysiens herabschaut. **) Eben so soll der Geschichtschreiber bald auf die Angelegenheiten der Römer herabschauen, und uns erzählen, wie sie ihm aus der Höhe, woraus er sie sieht, erscheinen; bald auf die der Perser; und auf beyde zugleich, wenn es zwischen ihnen zum Treffen kommt. Denn da muß er nicht bloß auf Eine Seite hinsehen, oder auf Einen gewissen Reiter oder Fußsoldaten (den er besonders begünstiget) — es wäre denn, daß einer, von welcher Parthey es sey, sich durch irgend eine ungewöhnlich brave That auszeichnete ***) — sondern von

---

*) Ich lese mit du Soul σχημάτιζω statt des ungereimten χρηματίζω, welches alle Ausgaben haben, die erste Florentinische ausgenommen, wo es gar weggelassen ist.

**) Ilias XIII. 4. 5.

***) Lucian, der für Leser schrieb, die ihren Thucydides gelesen hatten, drückt dieß gefälliger durch ein Beyspiel aus, das aus dessen Beschreibung der Belagerung von Syrakus genommen ist. Es wäre denn, (sagt er) daß ein Brasidas die Mauer zu ersteigen versuchte, und ein Demosthenes ihn zurücktriebe. S. Thucyd.

allen auf die Befehlshaber, und nicht nur hören
was sie befehlen, sondern auch bemerken, warum,
wie und in welcher Absicht sie diese oder jene Dispo-
sition machen. Sind aber beyde Heere einmal handgemein worden, dann sehe er dem Schauspiel mit
allgemeiner Aufmerksamkeit zu, wäge alles was geschieht, auf eben derselben Wage gegen einander,
und folge mit gleicher Theilnehmung den Fliehenden
und den Nachsetzenden.

In allem diesem wisse er immer das rechte
Maß zu haben, und hüte sich, dem Leser durch un-
nöthige Weitläufigkeit und unzeitiges Gewäsche Lang-
weile zu machen; sondern gehe mit Leichtigkeit von
einem Gegenstande zu einem andern über, der seine
Gegenwart erfodert, um, sobald er denselben abge-
fertigt hat, eben so ungezwungen wieder zu jenem
zurückzukommen; und so sey er, so viel möglich,
überall immer gleichgültig zugegen, und fliege rast-
los aus Armenien nach Medien, aus Medien nach
Iberien, aus Iberien nach Italien, ohne sich irgendwo ohne Noth zu verweilen, und anderswo
auf sich warten zu lassen.

Vornehmlich aber sey seine Seele immer einem
reinen, hellpolierten, und getreuen Spiegel ähnlich,
der die Bilder der Gegenstände so zurückgiebt, wie
er sie aufgefaßt hat, ohne das geringste an ihrer
Gestalt und Farbe zu verändern. Denn der Geschichtschreiber schreibt nicht, als ob er ein Specimen seiner Compositionskunst für seinen Lehrmeister in den

---

IV. 12. oder auch Rollin. Hist. Anc. Vol. III.
p. 576.

schönen Wissenschaften ausarbeiten *) wolle: die Sachen, die er sagen soll, hangen nicht von seinem Belieben ab; sie sind schon da, und müssen gesagt werden, denn sie sind bereits geschehen. Es kommt bloß darauf an, sie in Ordnung zu stellen und zu schreiben, kurz, nicht was, sondern wie er schreiben soll, ist die Frage. Ueberhaupt muß man sich vorstellen, es habe, in dieser Rücksicht, mit dem Geschichtschreiber eben dieselbe Bewandtniß, wie mit einem Phidias, Praxiteles, Alkamenes, und jedem andern ihresgleichen. Sie alle machten weder Gold und Silber, noch Elfenbein, oder Marmor; diese Materialien waren schon da, und wurden ihnen von den Eliensern, Athenienfern oder Argivern geliefert; sie bildeten sie bloß, sägten das Elfenbein und polierten es, und leimten die Stücke gehörig zusammen, und vergoldeten was zu vergolden war; kurz, ihre ganze Kunst bestand darin, der Materie die Form zu geben, die sie haben sollte. Eben so ist das Geschäffte des Geschichtschreibers, die geschehenen Dinge in einer schönen Ordnung und so lebendig als ihm nur immer möglich ist, darzustellen; und nur dann, wenn sein Zuhörer hinten nach von den erzählten Sachen eine so deutliche und lebhafte Vorstellung hat, als ob sie ihm vor den Augen stünden, und sich nicht entbrechen kann, den

---

*) Dieß halte ich mit Geßnern für den Sinn der Worte, ὡ ὥσπερ τοις ῥήτορσι γ αφυσιν. Es ist unbegreiflich, wie du Soul sich so lange, wie er sagt, an einer so klaren Stelle, zerquälen, und sie am Ende gleichwohl noch falsch verstehen konnte.

Meister deßwegen zu loben „ dann darf dieser gewiß seyn, daß er ein ächtes Kunstwerk geliefert hat, und des Nahmens eines historischen Phidias würdig ist.

Es giebt Fälle, wo es erlaubt seyn kann, wenn alles übrige gehörig angeordnet ist, ohne Eingang anzufangen, wenn die Sache selbst nicht schlechterdings erfodert, dem Hauptgebäude, so zu sagen, ein Vorhaus zu geben; die bloße Anzeige der Sachen, die man vorzutragen gesonnen ist, kann solchenfalls schon die Stelle des Proömions vertreten. Findet aber der Geschichtschreiber für gut, einen Eingang zu machen, so hat er nur zwey von den drey Gemeinörtern der Redner nöthig, nehmlich, ohne sich um das Wohlwollen seiner Zuhörer zu bewerben, ist es für ihn genug, sich ihrer Aufmerksamkeit zu versichern, und ihrem Gedächtniß das Fassen und Behalten dessen, was er vortragen will, zu erleichtern. *) Die erstere wird ihm nicht

---

*) Dieses zweyte Object des Proömions drückt Lucian durch zwey Worte, ευμαδειαν ευποριαει, aus; und erklärt, was er unter ευμαδεια verstehe, bald darauf deutlich genug (dünkt mich) durch den Zusatz: ευμαδη και σαφη τα υςερα ποιειν etc. Offenbar heißt ευμαδης hier nicht gelehrig, sondern was leicht zu lernen oder zu fassen ist; folglich, und da diese Worte eine Erläuterung der vorigen sind, heißt auch ευμαδεια nicht Gelehrigkeit des Zuhörers, sondern diejenige Leichtigkeit etwas zu fassen und im Gedächtniß zu behalten, die aus der Ordnung und Deutlichkeit des Unterrichts entsteht. Gleichwohl hängt der lateinische Uebersetzer so fest an docilis, daß er den eben angeführten Satz

fehlen, wenn er ihnen zeigt, daß er von großen, oder unentbehrlichen, oder unser Vaterland betreffenden oder nützlichen Dingen reden werde; Das andre aber wird er erhalten, wenn er, durch vorläufige Entwicklung der Ursachen und Bestimmung der Hauptpuncte der Begebenheiten, die Zuhörer orientiert, und in den Stand setzt, sich vom Ganzen einen desto deutlichern Begriff zu machen.

Von dieser Art sind die Proömien unsrer besten Geschichtschreiber. Herodot sagt uns, er habe seine Geschichte geschrieben, „um zu verhindern, daß die erzählten Begebenheiten nicht durch die Zeit nach und nach erlöschen, da sie doch sowohl wegen ihrer Größe und Schönheit, als weil sie die Siege der Griechen und die Niederlagen der Barbaren beträfen, in immer frischem Andenken erhalten zu wer-

lieber zu Non-sense macht (docilem autem et ea quae sequuntur dilucida reddet.) als sich dadurch auf Lucians wirklichen Sinn leiten läßt. Massieu der ευμαθεια (ich weiß nicht aus welchem Grunde) durch interét giebt, hat es nicht besser getroffen. Interessant wird eine Sache entweder durch ihre Größe und Schönheit, oder durch ihre nähere Beziehung auf uns, und dieß ist es eben, was die Aufmerksamkeit der Zuhörer erregt, als welche mit dem Interesse, das die Sache für sie hat, steigt oder fällt. So erklärt sich Lucian selbst über diesen Punct, und Massieu's Verstoß wird um so schwerer zu begreifen, da er gewiß der erste ist, der das Interesse von der Klarheit des Vortrags abhangen macht, indem er so übersetzt: l'interét naitra de lui-même, si les causes des evenements, etc. sont developpeés avec clarté. Ich habe alles dieß nicht gesagt, um andre zu tadeln, sondern nur um mich selbst zu rechtfertigen.

den verdienten." — Und Thucydides: „er sey versichert, daß der Peloponnesische Krieg (dessen Geschichte er schreibt) auch in den Augen der Nachkommen noch groß und denkwürdig, und größer als alle vorhergehenden bleiben werde, zumal da während desselben sich noch andere große und ungewöhnliche Calamitäten ereignet hätten."

Die Größe des Eingangs muß sich nach der Größe der Sachen selbst richten, und der Uebergang zur Erzählung leicht und ungezwungen seyn. Da der ganze übrige Körper der Geschichte eine lange ununterbrochne Erzählung ist, so versteht sich, daß sie auch mit allen Tugenden einer guten Erzählung ausgeziert seyn muß. Sie laufe (gleich dem Stamm eines schönen Baumes) sanft und gerade aus, immer sich selbst ähnlich, ohne Auswüchse und ohne Krümmungen; und überall blühe aus der Diction die Klarheit hervor, die (wie gesagt) eine Wirkung der richtigen Verbindung und Entwicklung der Sachen ist. Alles sey durchaus mit gleichem Fleiß ausgearbeitet und vollendet, so daß, wenn er mit dem ersten Stücke fertig ist, das andere haarscharf in daßelbe passe, und so alle Theile wie eine Kette in einander greifen, ohne daß die Erzählung jemals abbreche, oder das Ganze aus vielen zusammengestellten Erzählungen bestehe, sondern das Vorhergehende immer mit dem folgenden so genau und unmerklich verbunden sey, daß alles aus Einem Stücke gearbeitet zu seyn scheine.

Ein rascher Gang der Erzählung ist vornehmlich zu empfehlen, wenn man Ueberfluß an Materie hat; und dieser muß nicht sowohl dadurch bewirkt werden, daß man die Wörter spare, und sich mit möglichster Kürze ausdrücke, als durch die Sachen selbst; ich will sagen, daß man über unbedeutende Dinge schnell weggehe, auch bey den wichtigen sich nicht länger als nöthig ist verweile, und vornehmlich daß man vieles ganz übergehe. Wenn du deinen Freunden ein großes Gastmahl giebst, wo die Tafel mit feinem Backwerk, Geflügel, Wildbret, kurz, einer Menge guter und niedlicher Schüsseln besetzt ist, wirst du ihnen keinen Böckelfisch oder Bohnenbrey anbieten, gesetzt auch daß sie da wären, sondern solche schlechte und gemeine Speisen unbemerkt vorbeygehen.

Besonders rathe ich auch, bey Beschreibung der Berge, befestigter Plätze, Flüsse und dergleichen, sehr auf der Huth zu seyn, um sich nicht den Vorwurf zuzuziehen, daß man seine Kunst in solchen Schilderungen zur Unzeit auskramen wolle und die Hauptsache liegen lasse, um die Leser mit sich selbst zu unterhalten. Ist es der Deutlichkeit oder einer andern Ursache wegen nöthig, solche Dinge zu berühren, so gehe man so schnell als möglich darüber weg, und lasse sich ja nicht von dergleichen Lockungen in Versuchung führen. Sehen wir nicht, daß selbst Homer, den sein großer Sinn nie verläßt, bey solchen Gelegenheiten so verfährt. So sehr er Dichter ist, so eilt er doch (in seiner Beschreibung der Höllenfahrt des Ulysses) bey einem Tantalus, Ixion, Tityus, und andere schnell genug vorbey: hätte hingegen ein Parthenius oder Euphorion oder Kallimachus diese Gelegenheit gehabt *), wie viel

---

*) Der hier erwähnte Parthenius ist vermuthlich

Verse meynst du, daß sie gebraucht hätten, um das Wasser bis an die Lippen des Tantalus zu erheben, und wie viele andere, um den Ixion auf seinem Rade herum zu drehen? Thucydides hingegen, wie selten läßt er sich in Beschreibungen ein, und wie schnell zieht er die Hand zurück, wenn er etwa einen Begriff von einer Kriegsmaschine geben, oder von den Operationen einer Belagerung, (welche zu wissen doch nöthig und nützlich ist) oder von den benachbarten Anhöhen und dem Hafen von Syrakus sprechen muß! Denn, wofern er dir in Beschreibung der Pest weitläuftig vorkommt, so bedenke, wie groß und reich der Gegenstand ist, und du wirst dich sogar an diesem Beyspiel von dem raschen Lauf seiner Erzählung überzeugen können, und daß es nicht anders ist, als ob er im Fliehen von der Menge der Sachen ergriffen und wider Willen aufgehalten werde.

eben derjenige, von welchem noch ein kleines Buch mit 36 meistens nur sehr kurz skizzierten Liebesgeschichten (unter dem Titel Ἐρωτικὰ παθήματα) vorhanden sind, die er dem römischen Dichter, Cornelius Gallus, zugeschrieben, damit dieser in seinen epischen Gedichten und Elegien Gebrauch davon machen könnte. Parthenius war selbst ein fruchtbarer Dichter, von dessen Producten aber sich sonst nichts als das bemeldte prosaische Werkchen erhalten hat. Euphorion scheint der nehmliche zu seyn, der, unter andern, ein episches Gedicht von fünf Büchern voll mythologischer und andrer Mährchen aller Arten geschrieben haben soll. Unter dem Kallimachus kann schwerlich der berühmte Verfasser der Hymnen gemeynt seyn.

Wenn es die Gelegenheit mit sich bringt, je=
manden in deinem Werke öffentlich reden zu laffen,
so siehe vornehmlich dahin, daß er nichts sage, als
was die Person, die er spielt, und die Sache selbst
mit sich bringt; auch befleißige dich, wie überall,
der äussersten Deutlichkeit. Im übrigen ist dir er=
laubt, bey solchen Gelegenheiten deine Stärke in
der Rednerkunst zu zeigen.

Lob und Tadel müssen in deiner Geschichte im=
mer mit Mäßigung und Vorsicht, ohne Schmeiche=
ley und Tadelsucht ausgetheilt, und immer mit
Thatsachen belegt seyn; überdieß kurz und am rech=
ten Orte: denn da die Geschichte keine Gerichts=
stelle ist, wo rechtlich untersucht und entschieden
würde, wer Lob oder Tadel verdiene: so würdest
du dir, durch eine zu große Neigung zum Tadeln,
den Vorwurf zuziehen, der dem Theopompus ge=
macht wird *), weil er beynahe jedermann mit Groll
und Bitterkeit tadelt, und sich so sehr ein Geschäfte
daraus macht, daß er nicht sowohl eine Geschichte
dessen, was geschehen, als Anklagen der Personen,
die darin auftreten, geschrieben zu haben scheint.

Findest du dich etwa genöthiget, irgend etwas
unglaubliches und Mährchenhaftes zu erzählen, so
muß es zwar gesagt werden, aber nicht als ob du

---

*) Die Alten urtheilen nicht alle so ungünstig von
diesem Theopompus, der ein Schriftsteller von
nicht gemeinem Schlage war, und eine Ge=
schichte der Griechischen und Ausländischen Be=
gebenheiten, (von der Zeit an, wo Thucydides
aufhört) in 58 Büchern schrieb, deren Verlust
nicht wenig zu beklagen ist.

verlangest daß man es glauben solle, sondern so daß du den Lesern überlassest, davon zu denken was sie wollen, ohne dich selbst weder für noch wider die Sache zu erklären.

Ueberhaupt vergiß nie, denn ich kann dieß nicht zu oft wiederholen, daß du nicht schreibst nur von den Menschen deiner Zeit gelobt und geehrt zu werden, sondern habe beständig die ganze Nachwelt im Auge, und arbeite für die, welche nach dir kommen werden, und verlange keine andere Belohnung für dein Werk, als daß man dereinst von dir sage: das war ein Mann von freyer Seele, der den Muth hatte zu schreiben wie er dachte; ein Mann, der nie schmeichelt, nie kriecht, sondern der Wahrheit immer treu ist. Diese Belohnung wird jeder gutdenkende Mann weit über alle die Vortheile setzen, die er von seiner Zeit hoffen könnte, und die von so kurzer Dauer sind. Erinnere dich, wie es jener Knidische Baumeister machte, der den berühmten Leucht=Thurm auf Pharos *), eines der größten und schönsten Werke in der Welt, baute, um aus dessen Spitze den Seefahrern bey Nacht ein Zeichen zu geben, um sich vor den Klippen von Parätonium hüten zu können, zwischen welche man ohne die äusserste Gefahr nicht gerathen kann. Wie er dieses große Werk vollendet hatte, grub er seinen eigenen Nahmen in den Stein, woraus es erbaut ist; den Nahmen des damaligen Königs hingegen **) bloß

---

*) Alexandria in Aegypten gegenüber. Bekanntermaßen wurde dieser Thurm von den Alten unter die Wunder der Welt gerechnet.

**) Des Ptolemäus Philadelphus vermuthlich.

auf den Kalk, womit er den Stein überzog; wohl wissend, daß diese Aufschrift in ziemlich kurzer Zeit mit der Tünche abfallen und alsdann jedermann die Worte lesen würde: „Sostratus, des Dexiphanes Sohn, von Knidos, den erhaltenden Göttern, für die Seefahrer." — Dieser Sostratus sah also über die kurze Zeit seines eigenen Lebens hinaus, in die jetzige, und in alle die künftigen Zeiten, hinaus, so lange der Leucht=Thurm von Pharos, als Denk= mal seiner Kunst, dauern wird. *) Eben so gebührt es sich auch, die Geschichte vielmehr mit Wahrheit, für künftige Hoffnung, als mit Schmeicheley, zum Vergnügen derer, die jetzt gelobt werden, zu schreiben.

Dieß ist denn also, mein Freund, die versproch= ne Regel uud Richtschnur einer ächten Geschichte.

> Daß dieses Geschichtchen einem griechischen Mährchen ähnlich sehe, fällt zu sehr in die Au= gen, als daß ich mit Monsfaucon, der es in Schutz nimmt, darüber hadern möchte.

*) Lucians Meynung ist: Sostratus wollte die Nachwelt nicht belügen, indem er ihr weiß machte, Ptolemäus hätte den Pharus gebaut: in den Stein also, der so lange als der ganze Pharus dauerte, schrieb er die Wahrheit, die Lüge hingegen, womit er dem Könige zu schmei= cheln genöthiget war, bloß auf den Kalk, den die Zeit bald wegnahm. Wäre ihm die Nach= welt gleichgültig gewesen, so würde er ohne Bedenken die Lüge, wodurch er seinem Fürsten die Cour machte, in den Stein gehauen haben. Lucian ist hier, seiner Vergleichung zu lieb, ungewöhnlich gütig. Denn wer sieht nicht, daß es dem Sostratus mit seiner Aufschrift weder um die Wahrheit, noch um die Nachwelt, son= dern um seinen eigenen Ruhm zu thun war.

Sollten einige sich derselben bey ihren künftigen Werken bedienen, desto besser! so hat meine Schrift ihren Zweck erreicht: wo nicht, so bleibt mir doch der Trost, mein Faß im Kranejon gewälzt zu haben.

Der
Wahren Geschichte *)
Erstes Buch.

So wie diejenigen, die von der athletischen Kunst Profession machen, und überhaupt alle, die ihrem Körper die möglichste Gesundheit und Stärke zu verschaffen suchen, neben den gymnastischen Uebungen

---

*) Der Verfasser selbst hat sich in seiner Vorrede über den Geist und Zweck dieses kleinen Romans, des Urbildes aller Voyages imaginaires, so bestimmt erklärt, daß ich nichts hinzuzusetzen habe. Ich bin nicht der Meynung, daß dieses Spiel der Imagination und Laune Lucians viel dadurch verlohren habe, daß wir die Autoren entweder gar nicht oder nur sehr unvollkommen kennen, auf die er hie und da anspielt, um sie ihrer Aufschneidereyen und Lügen wegen lächerlich zu machen. Die Satyre in dieser Schrift hat, keines besondern Schlüssels vonnöthen, sondern ist überall verständlich, weil sie überall anwendbar ist. Vermuthlich war Lucians Absicht eben so wohl, sich über die Neigung der meisten

auch für gehörige Erhohlungsstunden besorgt sind, und dieses Ausruhen nach der Anstrengung für einen wesentlichen Theil der zu ihrem Zweck erfoderlichen Lebensordnung halten: eben so, glaube ich, ist es den Studierenden zuträglich, ihren Geist, nachdem sie ihn mit ernsthaften und anstrengenden Studien anhaltend beschäftigt haben, ausruhen zu lassen, und durch eine schickliche Erhohlung zu künftigen Arbeiten desto kräftiger und munterer zu machen.

Zu dieser Absicht ist wohl nichts tauglicher, als eine Lectüre, die unter dem Schein, die Seele bloß mit freyen Ergießungen der Laune und des Witzes belustigen zu wollen, irgend einen nützlichen Unterricht verbirgt, und, die Musen gleichsam mit den Grazien spielen läßt. Etwas von dieser Art, hoffe ich, wird man in den gegenwärtigen Aufsätzen finden. Das anziehende, das sie (wie ich mir schmeichle) für die Leser haben werden, liegt nicht bloß in der Abentheuerlichkeit des Inhalts, oder in den drolligten Einfällen und in dem traulichen Ton der Wahrheit, womit ich eine so große Mannichfal-

Menschen, Wundergeschichten zu glauben, als über die Schellenkappe der Reisebeschreiber, so gern Wunderdinge zu erzählen, lustig zu machen. So viel ist gewiß, daß er in dem Talent abenteuerliche und lächerlich ungereimte Dinge zu erfinden, auch der fruchtbarsten und ausschweiffendsten Imagination keine Hoffnung übrig gelassen hat, ihn nur erreichen, geschweige in dem Sublimen dieser Gattung, d. i. in der witzigen Ungereimtheit der Combinationen übertreffen zu können.

tigkeit von Lügen vorbringe: sondern auch darin, daß jede der unglaublichen Begebenheiten, die ich als Thatsachen erzähle, eine komische Anspielung auf diesen oder jenen unserer alten Dichter, Geschichtschreiber und Philosophen enthält, die uns eine Menge ähnlicher Mährchen und Wunderdinge vorgelogen haben; und die ich bloß deßwegen zu nennen unterlasse, weil sie dir, unterm Lesen von selbst einfallen werden.

Um aber doch wenigstens ein paar von ihnen zu nennen, so schrieb Ktesias, des Ktesiochus Sohn, von Knidos, in seinem Werke über Indien, Dinge, die er weder selbst gesehen, noch von irgend einem Menschen auf der Welt gehört hatte. Eben so hat ein gewisser Jambulus viel unglaubliches von dem großen Ocean geschrieben, das zu handgreiflich nicht wahr ist, um nicht von jedermann für seine eigene Erfindung erkannt zu werden, wiewohl es sich ganz angenehm lesen läßt. Viele andere haben, in eben diesem Geiste, ihre angeblichen Reisen und zufälligen Verirrungen in unbekannte Länder geschrieben, worin sie von ungeheuer großen Thieren, wilden Menschen, und seltsamen Sitten und Lebensweisen unglaubliche Dinge erzählen. Ihr Obermeister und Anführer in dieser kurzweiligen Art die Leute zum Besten zu haben, ist der berühmte Homerische Ulysses, der dem Alcinous und seinen einfältigen Phäaziern eine lange Erzählung vom König Aeolus und den Winden, die seine Sclaven sind, von einäugigen Menschenfressern und andern dergleichen Wilden, von vielköpfigen Thieren, von Verwandlung seiner Gefährten in Thiergestalten,

und

und eine Menge andrer Albernheiten dieses Schlages aufheftet. Ich meines Ortes habe allen diesen wackern Leuten, so viele ihrer mir vorgekommen sind, das lügen um so weniger übel genommen, da ich sahe, daß sogar Männer, welche bloß philosophieren zu wollen vorgeben, es um kein Haar besser machen: *) aber das hat mich immer Wunder genommen, wie sie sich einbilden konnten, ihre Leser würden nicht merken, daß kein wahres Wort an ihren Erzählungen sey. Da ich nun der Eitelkeit nicht widerstehen kann, der Nachwelt auch ein Werkchen von meiner Faßon zu hinterlassen, und wiewohl ich nichts wahres zu erzählen habe, (denn mir ist in meinem Leben nichts denkwürdiges begegnet) nicht sehe warum ich nicht eben so viel Recht zum Fabeln haben sollte als ein andrer: so habe ich mich wenigstens zu einer ehrenfestern Art zu lügen entschlossen als die meiner Herren Mitbrüder ist; denn ich sage doch wenigstens Eine Wahrheit, indem ich sage, daß ich lüge; und hoffe also um so getroster, wegen alles übrigen unangefochten zu bleiben, da mein eignes freywilliges Geständniß ein hinlänglicher Beweis ist, daß ich niemanden zu hintergehen verlange. Ich urkunde also hiemit, daß ich mich hinsetze um Dinge zu erzählen, die mir nicht begegnet sind; Dinge, die ich weder selbst gesehen noch von andern gehört habe, ja, was noch mehr ist, die nicht nur nicht sind, sondern auch nie seyn werden, weil sie — mit Ei-

---

*) Wovon wir im Lügenfreunde auffallende Beyspiele gesehen haben.

nem Worte — gar nicht möglich sind, und denen also meine Leser (wenn ich anders welche bekommen sollte) nicht den geringsten Glauben beyzumessen haben.

Ich schiffte mich also einsmals zu Cadix ein, und steuerte bey gutem Winde in den hesperischen Ocean. Die Veranlassung und der Zweck meiner Reise war (aufrichtig zu reden) daß ich nichts gescheideres zu denken noch zu thun hatte, und gerne was Neues hätte sehen und dahinter kommen mögen, wo der abendländische Ocean aufhöre, und was wohl für Menschen jenseits desselben wohnten. Zu dieser Absicht hatte ich dann die zu einer so großen Seefahrt erfoderliche Vorräthe an Lebensmitteln und süßem Wasser an Bord genommen, hatte mir funfzig Cameraden, die gleicher Gesinnung mit mir waren, beygesellt, mich überdieß mit einer großen Menge Waffen versehen, und einen der geschicktesten Piloten unter einem ansehnlichen Gehalt in meine Dienste genommen. Mein Schiff, war eine Art von Jacht, aber doch so groß und stark gebaut als zu einer langen und gefahrvollen Seereise vonnöthen war.

Wir segelten einen Tag und eine Nacht mit günstigem Winde, und wurden, so lange wir noch Land im Gesichte hatten, nicht sehr heftig fortgetrieben: am folgenden Tag aber, mit Sonnenaufgang, wurde der Wind stärker, die See gieng hoch, die Luft verfinsterte sich, und es war uns nicht einmal möglich das Segel einzuziehen. Wir mußten uns also dem Winde überlassen, und wurden neun und siebzig Tage lang vom Sturm herumgetrieben: am achtzigsten aber erblickten wir, mit Anbruch des Morgens, nicht ferne von uns eine hohe und waldichte Insel, an welcher, da der Sturm sich meistens schon gelegt hatte, die Brandung nicht sonderlich heftig war. Wir ländeten also an, stiegen aus, und legten uns, als Leute, die nach so viel ausgestandenem Ungemach froh waren wieder festen Boden unter sich zu fühlen, der Länge nach auf der Erde herum. Endlich, nachdem wir eine ziemliche Zeit ausgerastet hatten, standen wir auf, und wählten dreyßig aus unserm Mittel, die beym Schiffe bleiben mußten; die andern zwanzig aber sollten mich tiefer ins Land hinein begleiten, um die Beschaffenheit der Insel zu erkundigen.

Wie wir nun ungefähr zweytausend Schritte vom Ufer durch den Wald fortgegangen waren, wurden wir eine eherne Säule gewahr, auf welcher in halberloschnen und vom Rost ausgefreßnen griechischen Buchstaben diese Aufschrift zu lesen war: Bis hieher sind Bacchus und Herkules gekommen. Auch entdeckten wir nicht weit davon zwey Fußstapfen in dem Felsen, wovon mir der eine einen ganzen Morgen Landes groß, der andere aber etwas kleiner zu seyn schien. Ich vermuthete, daß der kleinere vom Bacchus, und der andere vom Herkules sey. Wir beugten unsre Knie und giengen weiter, waren aber noch nicht lange gegangen, als wir an einen Fluß kamen, der statt Wassers einen Wein führte, den wir an Farbe und Geschmack unserm Chier=Wein sehr ähnlich fanden. Der Fluß war so breit und tief, daß er an manchen Orten sogar schiffbar war. Ein so augenscheinliches Zeichen, daß Bacchus einst hier gewesen, diente nicht wenig, unsern Glauben an die vorbesagte Aufschrift zu befestigen. Weil ich aber begierig war zu wissen, wo dieser Fluß entspringe, giengen wir an ihm hinauf, fanden aber keine Quelle, sondern bloß eine Menge großer Weinstöcke, die voller Trauben hiengen, und unten an jedem Stocke rann der Wein in hellen durchsichtigen Tropfen herab, aus deren Zusammenfluß der Strohm entstand. Wir sahen auch eine Menge Fische in demselben, deren Fleisch die Farbe und den Geschmack des Weins, worin sie lebten, hatte. Wir fiengen einige, und schlangen sie so gierig hinunter, daß wir uns einen derben Rausch daran aßen; auch fand sich, wie wir sie aufschnitten, daß sie voller Hefen waren. Doch kamen wir in der Folge auf den Einfall, diese Weinfische mit Wasserfischen zu vermischen: wodurch sie dann den allzustarken Weingeschmack verlohren und ein ganz gutes Gerichte abgaben.

Nachdem wir hierauf den Fluß, an einer Stelle wo er sehr seicht war, durchwadet hatten, stießen wir auf eine wunderbare Art von Reben; von unten auf nehmlich war jeder Stock grünes und knotiges Rebholz; von oben hingegen waren es Frauenzimmer, die bis zum Gürtel herab, alles was sich gebührt in der größten Vollkommenheit hatten; ungefähr so, wie man bey uns die Daphne mahlt, wenn sie in Apollo's Umarmung zum Baume wird. Ihre Finger liefen in Schößlinge aus, die voller Trauben hiengen; auch waren ihre Köpfe statt der Haare mit Ranken, Blättern und Trauben bewachsen.

Diese Damen kamen auf uns zu, gaben uns freundlich die Hände, und grüßten uns, einige in Lydischer, andere in Indianischer, die meisten aber in Griechischer Sprache; sie küßten uns auch auf den Mund; aber wer geküßt wurde, war auf der Stelle berauscht und taumelte. Nur ihre Früchte zu lesen wollten sie uns nicht gestatten, und schrien vor Schmerz laut auf, wenn wir ihnen etwa eine Traube abbrachen. Einigen von ihnen kam sogar die Lust an, sich mit uns zu begatten; aber ein Paar von meinen Gefährten, die ihnen zu Willen waren, mußten ihre Lüsternheit theuer bezahlen. Denn sie konnten sich nicht wieder losmachen, sondern wuchsen dergestalt mit ihnen zusammen, daß sie zu einem einzigen Stocke mit gemeinschaftlichen Wurzeln wurden; ihre Finger verwandelten sich in Rebschoße, voll durch einander geschlungner Ranken, und fiengen bereits an Augen zu gewinnen und Früchte zu versprechen.

Wir überließen sie ihrem Schicksal, und eilten was wir konnten unserm Schiffe zu, wo wir unsern zurückgelaßnen Cameraden alles erzählten, was wir gesehen hatten, besonders auch das Abentheuer der beyden, denen die Umarmung der Reb = Weiber so übel bekommen war. Hierauf füllten wir unsre leeren Fässer theils mit gemeinem Wasser, theils aus dem Weinflusse; und nachdem wir die Nacht nicht weit von dem letztern zugebracht, stachen wir am folgenden Morgen mit einem mäßig frischen Landwinde wieder in die See. Aber um die Mittagszeit, da wir die Insel schon aus den Augen verlohren hatten, faßte ein plötzlicher Wirbelwind unser Schiff, drehte es etlichemal mit entsetzlicher Geschwindigkeit

im Kreis herum, und führte es wohl dreytausend
Stadien hoch in die Lüfte, setzte es aber nicht wieder auf dem Meere ab, sondern es blieb in der Höhe
schweben, und segelte mit vollem Winde über den
Wolken daher.

Wir waren bereits sieben Tage und eben so
viel Nächte in dieser Luftfahrt begriffen gewesen,
als wir am achten Tage eine Art von Erde in der
Luft erblickten, gleich einer großen, glänzenden,
kugelförmigen Insel, die ein sehr helles Licht um sich
her verbreitete. Wir fuhren auf sie zu, legten unser
Schiff an, und stiegen ans Land; und als wir uns
darin umsahen, fanden wir, daß es bewohnt und
angebaut sey. Zwar bey Tage konnten wir nichts
unterscheiden: aber sobald die Nacht einbrach, zeigten sich uns noch andere Inseln in der Nähe, einige
größer, andere kleiner, und alle feuerfarb; auch
wurden wir tief unter uns eine andere Erde gewahr, welche Städte und Flüsse und Meere und
Wälder und Berge in sich hatte; woraus wir denn
schlossen, daß es vermuthlich die unsrige sey.

Da wir nun weiter fortgehen wollten, stießen
wir auf eine Anzahl Pferdegeyer, Hippogypen, wie
sie hier zu Lande heissen, die sich sogleich unsrer Personen bemächtigten. Diese Hippogypen sind Männer, die auf großen Geyern reiten, und sie so gut,
wie wir die Pferde, zu regieren wissen: die Geyer
aber sind meistens dreyköpfig, und wie groß sie seyn
müssen, kann man daraus abnehmen, daß jede ihrer
Schwingfedern länger und dicker ist als der Mast eines großen Kornschiffes. Die Hippogypen haben den
Auftrag, überall auf der ganzen Insel herumzurei-

ten, und wofern sie einen Fremden antreffen, ihn vor den König zu führen; welches dann auch wir uns gefallen lassen mußten. Sobald uns der König erblickte, schloß er, vermuthlich aus unsrer Kleidung, was für Landesleute wir wären; denn das erste Wort, das er uns sagte, war: die Herren sind also Griechen? Da wir dieß nicht in Abrede waren, fuhr er fort: Wie habt ihr es denn gemacht, um die große Strecke Luft zurückzulegen, die zwischen euerer und dieser Erde liegt? Wir erzählten ihm wie es damit zugegangen war, und dieß setzte ihn in die Laune, uns auch von seiner Geschichte etwas mitzutheilen. Er sagte uns: er sey ebenfalls ein Mensch, und der nehmliche Endymion, der einst im Schlafe aus unsrer Erde entführt und in diese hier versetzt worden, wo er nun den König vorstelle, und welche eben die sey, die uns da unten als Mond erscheine. Uebrigens hieß er uns gutes Muthes seyn und keine Gefahr besorgen; wir sollten mit allem, was wir nöthig hätten, versehen werden: und wenn ich, setzte er hinzu, den Krieg, womit ich die Einwohner der Sonne zu überziehen im Begriff bin, glücklich geendigt haben werde, sollt ihr das glücklichste Leben, das sich nur immer denken läßt, bey mir haben. Auf unsere Frage, wer denn eigentlich seine Feinde wären und was die Ursache ihrer Mißhelligkeit sey? erwiederte er: es ist schon eine geraume Zeit, daß Phaeton, der König der Sonnenbewohner (denn die Sonne ist nicht weniger bewohnt als der Mond) Krieg mit uns führt, und die Veranlassung dazu war diese. Ich hatte den Entschluß gefaßt, die ärmsten Leute in meinem Reiche als eine

Colonie in den Morgenstern zu schicken, der damals noch öde und unbewohnt war. Dieses wollte nun Phaeton aus Mißgunst nicht zugeben, und stellte sich meinen Colonisten mit einem Hauffen Pferdameisen in den Weg. Da wir uns dieses Angriffs nicht versehen hatten, und also zur Gegenwehr nicht gefaßt waren, so zogen wir damals den kürzern. Nun aber bin ich entschlossen, noch einen Gang mit ihnen zu thun und die Colonie an Ort und Stelle zu bringen, es koste was es wolle. Wofern ihr also Lust habt an dieser Unternehmung Theil zu nehmen, so will ich euch mit Geyern aus meinen Marställen und mit den benöthigten Waffen versehen lassen; und morgen treten wir den Marsch an. Ich bin dabey, versetzte ich, weil du es für gut befindest.

Der König behielt uns diesen Abend bey der Tafel; am folgenden Morgen aber machten wir uns in aller Frühe auf, und zogen in Schlachtordnung aus, weil unsre Vorposten berichtet hatten, daß der Feind schon nahe sey. Unser Kriegsheer bestand (ohne das leichte Fußvolk, die fremden Hülfstruppen, die Artilleristen und den Troß) aus hundert tausend Mann: nehmlich achtzigtausend Pferdegeyer, und zwanzigtausend, die auf Kohlvögeln ritten. Dieß ist eine überaus große Gattung von Vögeln, die statt der Federn dicht mit Kohl bewachsen sind, und eine Art von großen Salatblättern statt der Flügel haben. Unsre Flanken waren mit Hirsenschießern und Knoblauchwerfern besetzt. Ueberdieß waren aus dem großen Bären dreissigtausend Flohschützen und funfzigtausend Windlaufer zu uns gestoßen. Die erstern sind Bogenschützen, die auf einer Art von Flöhen reiten, die zwölfmal so groß sind als ein Elephant: die Windlaufer hingegen fechten zwar zu Fuß, laufen aber ohne Flügel in der Luft. Dieß bewerkstelligen sie folgendermaßen. Sie tragen weite Röcke, die bis auf die Knöchel reichen; diese schürzen sie so auf, daß sie den Wind gleich einem Segel auffassen, und so fahren sie wie Schiffe in der Luft daher. Im Treffen werden sie meistens wie unsre Peltasten *) gebraucht. Die Rede gieng auch, es würden aus den Sternen über Kappadozien siebzigtausend Sperlingseicheln und fünftausend Pferdekraniche kommen: ich muß aber gestehen, daß ich sie nicht gesehen habe, und zwar aus der ganz simpeln Ursache weil sie nicht kamen. Ich habe mich also auch nicht erkühnen wollen sie zu beschreiben; denn man sagte ganz abentheuerliche und unglaubliche Dinge von ihnen.

So war die Kriegsmacht Endymions beschaffen. Rüstung und Waffen waren übrigens bey allen gleich. Statt der Helme trugen sie ausgehöhlte Bohnen, die bey ihnen aufserordentlich groß und dickhäutig sind; ihre Harnische waren aus Häuten von Wickbohnen schuppenförmig zusammengenäht; denn in diesem Lande ist die Hülse der Wickbohne so hart und undurchdringlich wie Horn. Ihre Schilde und Schwerdter waren wie die Griechischen.

Als es nun Zeit war, wurden sie folgendermaßen in Schlachtordnung gestellt. Die Pferdegeyer machten den rechten Flügel aus, und wurden von

---

*) Eine Art leichtbewaffneter Fußsoldaten, die dem Feinde hauptsächlich durch ihre Behendigkeit Abbruch thaten.

dem Könige selbst angeführt, der von einer Anzahl der auserlesensten umgeben war, unter welchen auch wir uns befanden: auf dem linken Flügel standen die Kohlvögel, und im Centrum die Hülfstruppen, jede Gattung besonders. Das Fußvolk betrug gegen sechzig Millionen. *) — Es giebt eine Gattung Spinnen im Monde, von denen die kleinste größer ist als eine der Cykladischen Inseln. Diese bekamen Befehl, den ganzen Luftraum zwischen dem Mond und dem Morgensterne mit einem Gewebe auszufüllen. Das Werk war in wenig Augenblicken fertig und diente zum Boden, worauf sich die Fußvölker in Schlachtordnung stellten, die von Nachtvogel, Schönwetters Sohn **), und noch zwey andern Feldherren commandiert wurden.

Auf dem linken Flügel der Feinde standen die Pferdameisen, vom Phaeton angeführt. Diese Thiere sind eine Art geflügelter Ameisen, die sich von den unsrigen bloß durch die Größe unterscheiden; den die größten unter ihnen nahmen nicht weniger als zwey Morgen Landes ein. Auch haben sie das Besondere, daß sie ihren Reitern fechten helfen, hauptsächlich mit ihren Hörnern. Ihre Anzahl wurde auf ungefähr funfzigtausend angegeben. Auf den rechten Flügel wurden im ersten Treffen ungefähr funfzigtausend Mückenritter ***) gestellt, lauter Bogenschützen, die

—————
*) Immer eine hübsche runde Zahl! und doch setzt Massieu noch eine Nulle dazu und macht sechzigtausend Myriaden, oder 600,000,000 daraus.
**) Im Griechischen; Nykterion und Eudianax.
***) Im Text heissen sie αεροχοραχες, Lufträben

auf ungeheuren Mücken reiten. Hinter ihnen standen die Rettichschleuderer, eine Art leichter Fußsoldaten, die aber dem Feinde großen Schaden zufügten. Denn sie waren mit Schleudern bewaffnet, aus welchen sie von weitem Rettiche von entsetzlicher Größe warfen; wer davon getroffen wurde, starb auf der Stelle, und die Wunde gab sogleich einen unleidlichen Gestank von sich; denn man sagte, sie tauchten die Rettiche in Malvengift. Hinter diesen waren die Stengelschwämme gestellt, schwerbewaffnete Infanteristen, zehentausend an der Zahl, die ihren Nahmen daher haben, daß sie sich einer Art Pilzen statt der Schilde, und großer Spargeln statt der Spieße bedienen. Nicht weit von ihnen standen die Hundeichler, die dem Phaeton von den Bewohnern des Sirius zu Hülfe geschickt worden waren,

(einige lesen κορδακες, welches gar keinen Sinn giebt.) Aber auch die erste Benennung paßt nicht im geringsten zu dem, was Lucian von ihnen sagt, und ich sehe kein ander Mittel als entweder anzunehmen, daß zwischen αεροκο ακες und ψιλοι eine ziemlich große Lücke in den Handschriften sey (nehmlich daß die Abschreiber alles, was diese Lufträben charakterisierte, und den Nahmen derjenigen die er Rettiche statt der Steine schleudern läßt, ausgelassen hätten) welches mir nicht wahrscheinlich vorkommt: oder daß das Wort αεροκορακες, welches schon an sich selbst gar zu platt ist (denn alle Raben sind ja Lufträben) verdorben sey. Ich habe mir (in re tam levi) die Freyheit genommen, das letztere vorauszusetzen, und dem zu Folge den Nahmen im Deutschen so zu verändern, daß er das bezeichnet, wodurch sie sich von den andern Truppen des Königs Phaeton unterschieden.

an der Zahl fünftausend; es waren Menschen mit Hundsköpfen, die auf geflügelten Eicheln, (wie auf Wagen) stritten. Uebrigens gieng die Rede, es fehlten noch verschiedene Hülfsvölker, auf welche Phaeton gerechnet hätte, besonders die Schleuderer, die aus der Milchstraße erwartet wurden, und die Wolken-Centauren. Die letztern langten gleichwohl noch an, da das Treffen schon entschieden war, und hätten unsertwegen wohl wegbleiben mögen; die Schleuderer aber kamen gar nicht: worüber Phaeton so aufgebracht worden seyn soll, daß er in der Folge ihr Land mit Feuer verwüstete. Dieß war also die Macht, womit er gegen uns anrückte.

Das Zeichen zum Angriff wurde nun, auf beyden Theilen, durch Esel gegeben, deren man sich hier zu Lande statt der Trompeter bedient, und das Treffen hatte kaum angefangen, als der linke Flügel der Helioten *), ohne das Einhauen der Pferdegeyer zu erwarten, die Flucht ergriff: wir setzten ihnen also nach und richteten ein großes Blutbad unter ihnen an. Hingegen gewann ihr rechter Flügel anfangs den Vortheil über unsern linken, und die Mückenreiter warfen unsre Kohlvögel mit solcher Gewalt übern Hauffen, und verfolgten sie so hitzig, daß sie bis zu unserm Fußvolk vordrangen: dieses aber that eine so tapfre Gegenwehre, daß die Feinde hinwieder in Unordnung und zum Weichen gebracht wurden, zumal, wie sie merkten, daß ihr linker Flügel geschlagen sey. Ihre Niederlage war nun entschieden; wir machten eine große Menge Gefangener,

---

*) Oder Sonnenbewohner.

und der Erschlagenen waren so viele, daß die Wolken von ihrem Blute so roth gefärbt wurden, wie sie uns bey Sonnen-Untergang zu erscheinen pflegen: ja es träufelte sogar häufig auf die Erde herab; so daß ich auf die Vermuthung kam, eine ehemals in den obern Gegenden vorgefallene ähnliche Begebenheit möchte wohl den Blutregen veranlaßt haben, den Homer seinen Jupiter wegen Sarpedons Tod auf die Erde regnen läßt. *)

Als wir endlich vom Nachsetzen der Feinde abließen, richteten wir zwey Trophäen auf, eines für die Infanterie auf der Spinnenwebe, das andere auf den Wolken für diejenige die in der Luft gestritten hatten: aber während wir damit beschäftiget waren, benachrichtigten uns unsre Vorposten, die Wolken-Centauren seyen im Anzuge, die schon vor der Schlacht zum Phaeton hätten stoßen sollen. Ich muß gestehen, der Aufmarsch einer Armee von Reitern, die halb Menschen und halb geflügelte Pferde waren, und wovon die menschliche Hälfte so groß als das obere halbe Theil des Koloß von Rhodus, die Pferdehälfte aber wie ein großes Lastschiff war, machte ein ganz ausserordentliches Schauspiel. Ihre Anzahl habe ich lieber nicht beysetzen wollen, denn sie war so ungeheuer groß, daß man mir nicht glauben würde. Sie wurden vom Schützen im Thierkreise angeführt. Wie sie nun sahen, daß ihre Freunde geschlagen waren, schickten sie sogleich einen Eilbothen an den Phaeton ab, um ihn ins Treffen zurückzurufen; sie selbst aber drangen in guter Ordnung auf

*) Ilias XVI. 458. 59.

die erschrocknen Seleniten ein, (die, über Verfolgung der Feinde und Theilung der Beute, in größte Unordnung gekommen waren) jagten sie alle in die Flucht, verfolgten den König selbst bis vor die Mauern seiner Hauptstadt, machten den größten Theil seiner Vögel nieder, rissen die Trophäen um, bemächtigten sich des ganzen Schlachtfeldes der Spinnenweben, und machten (unter andern) auch mich und zwey meiner Gefährten zu Kriegsgefangnen. Jetzt erschien auch Phaeton wieder, und nachdem sie andere Trophäen errichtet hatten, wurden wir noch an eben demselben Tage, die Hände mit Stricken von der Spinnewebe auf den Rücken gebunden, nach der Sonne abgeführt.

Da die Feinde nicht für gut befanden, die Hauptstadt Endymions zu belagern, so begnügten sie sich, eine doppelte Mauer von Wolken zwischen dem Mond und der Sonne aufzuführen, wodurch alle Communication zwischen beyden abgeschnitten, und der Mond alles Sonnenlichts beraubt wurde. Der arme Mond erlitt also von diesem Augenblick an eine totale Finsterniß, und war gänzlich in eine ununterbrochne Nacht eingehüllt. In dieser Noth wußte sich Endymion nicht anders zu retten, als daß er Deputirte nach der Sonne abschickte, welche fußfällig bitten mußten, daß man die Mauer wieder einreissen, und sie nicht so unbarmherzig in der Finsterniß zu leben nöthigen möchte: er machte sich dagegen anheischig, der Sonne Tribut zu entrichten, ihr, wenn sie Krieg hätte, mit Hülfstruppen zuzuziehen, nichts feindliches mehr gegen sie zu unternehmen, und zur Sicherheit dieser Versprechungen Geiſeln zu geben. Phaeton hielt dieſes Antrags halben zwey Rathsverſammlungen: in der erſten war die Erbitterung noch zu groß, um Vorſchlägen zur Güte Gehör zu geben: in der zweyten aber kamen ſie auf andere Gedanken, und der Friede wurde vermittelſt eines Tractats geſchloſſen, der alſo lautete:

„Zwiſchen den Helioten und ihren Bundesgenoſſen am Einen, und den Seleniten *) und ihren Verbündeten am andern Theile, iſt folgender Vergleich errichtet worden: Die Helioten machen ſich anheiſchig, die aufgeführte Mauer niederzureiſſen, nicht wieder feindlich in den Mond einzufallen, und die Gefangenen gegen ein zwiſchen beyden Theilen ausgemachtes Löſegeld frey zu geben. Die Seleniten hingegen verſprechen, die übrigen Sterne bey ihrer Unabhängigkeit zu belaſſen, die Helioten nie wieder mit Kriege zu überziehen, ſondern einander, wofern ſie von jemand angegriffen würden, wechſelſeitige Hülfe zu leiſten; nicht weniger macht ſich der König der Seleniten verbindlich, dem Könige der Helioten, als einen Tribut jährlich zehntauſend Eimer Thau zu entrichten, und zur Sicherheit deſſelben zehntauſend Geiſeln zu geben. Die Colonie in den Morgenſtern aber betreffend, ſoll ſolche von beyden Theilen gemeinſchaftlich bewerkſtelliget werden, und auch aus andern Völkerſchaften, wer dazu Luſt haben mag, Theil daran nehmen dürfen. Dieſes Bündniß ſoll auf eine Denkſäule von Bernſtein gegraben, und zwiſchen der Grenze beyder Reiche in

---

*) Mondsbewohnern.

freyer Luft aufgestellt werden: und haben dasselbe beschworen *)

Von Seiten der Helioten.   Von Seiten der Seleniten.
    Feuermann.   Nachtlieb.
    Sommergluth.   Monder.
    Flammstädt.   Wechselschein.

Sobald dieser Friedensschluß unterzeichnet war, wurde die Mauer eingerissen und wir Gefangenen ausgeliefert. Bey unserer Zurückkunft in den Mond kamen uns unsere Cameraden und Endymion selbst entgegen, und uarmten uns mit thränenden Augen. Dieser Fürst hätte uns überaus gerne bey sich behalten; er schlug uns vor, an der neuen Colonie Theil zu nehmen, und erbot sich mir seinen Sohn zur Ehe zu geben (denn es giebt bey ihnen keine Weiber) aber ich ließ mich auf keine Weise überreden, sondern bestand darauf, daß er uns wieder ins Meer herabschicken sollte. Wie er nun sahe, daß es unmöglich war uns auf andere Gedanken zu bringen, so willigte er in unsre Entlassung ein, nachdem er uns eine ganze Woche durch aufs herrlichste bewirthet hatte.

Aber ehe ich den Mond wieder verlasse, muß ich euch doch auch erzählen, was ich während meines

---

*) Da Lucian es für schicklich hielt, den Herren Bevollmächtigten Sonnen = und Mondmäßige Nahmen zu geben, so schien es aus gleichem Grunde nöthig, sie so gut es gehen wollte, zu verdeutschen. Im Original heissen jene, Pyronides, Therites, Philogius: diese, Nyktor: Menius, Polylampus.

nes dortigen Aufenthaltes neues und ausserordent=
liches bemerkt habe. Das erste ist, daß die Seleniten
nicht von Weibern, sondern von Männern gebohren
werden; denn hier heurathen die Männer einander,
und das weibliche Geschlecht ist ihnen etwas so un=
bekanntes, daß sie nicht einmal einen Nahmen in
ihrer Sprache dafür haben. Ihre Einrichtung ist
diese: jeder Selenit wird geheurathet, bis er fünf
und zwanzig Jahre alt ist, von dieser Zeit an aber
heurathet er selbst. Ihre Leibesfrucht tragen sie nicht
wie die Weiber bey uns, sondern in der Wade.
Sobald ein junger Selenit empfangen hat, fängt
ihm die Wade an dicker zu werden; einige Zeit
darauf wird die Geschwulst aufgeschnitten, und man
zieht die Kinder todt heraus: sobald sie aber mit
offnem Munde an die freye Luft gebracht werden,
fangen sie an zu leben. Ich vermuthe, daß das
Griechische Wort γαςροκνημια (Beinbauch) sich von
diesem Volke herschreibt, und sich auf diese sonder=
bare Eigenschaft bezieht, ihre Kinder, anstatt im
Leibe, in der Wade zu tragen.

Was aber noch viel sonderbarer ist, es giebt
eine Art Menschen bey ihnen, Dendriten genannt,
die auf folgende Weise entstehen. Man schneidet ei=
nem Manne den rechten Hoden aus und pflanzt ihn
in die Erde; nach und nach wächst hieraus ein sehr
großer fleischerner Baum, der die Gestalt eines
Phallus, aber dabey Zweige und Blätter hat, und
eine ellenlange Eichelförmige Frucht trägt. Diese
werden, wenn sie zeitig sind, abgebrochen, und die
Menschen herausgeknackt. Diese Dendriten aber sind
von Natur ohne Geschlechtstheile, und also genv=

thigt, sich künstliche anzusetzen, die ihnen eben die
Dienste thun, als ob sie natürlich wären. *) Die
Reichern lassen sich solche von Elfenbein machen,
die Armen aber begnügen sich mit hölzernen.

Wenn ein Selenit alt worden ist, so stirbt er
nicht wie wir, sondern zerfließt, wie Rauch, in der
Luft.

Die ganze Nation hat nur einerley Art sich zu
nähren: sie braten nehmlich Frösche (die bey ihnen
haufenweis in der Luft herumfliegen) auf Kohlen,
setzen sich um den Herd, wie sie gebraten werden,
wie um einen Tisch her, schlürfen den aufsteigenden
Dampf ein, und darin besteht ihre ganze Mahlzeit.
Wenn sie trinken wollen, so drücken sie Luft in einen
Becher aus, der auf diese Weise mit einer dem
Thau ähnlichen Feuchtigkeit angefüllt wird.

Bey einer so feinen Nahrung wissen sie nichts
von den Excretionen, denen die Erdbewohner un‒
terworfen sind; sie sind auch nicht an eben dem
Orte geboren wie wir, sondern haben bloß (zu dem
oben angedeuteten Gebrauch) eine Oeffnung in der
Kniekehle.

Wer bey ihnen für schön gelten will, muß kahl

---

*) Im Griechischen: δια τουτων οχευουσι etc. Ich
weiß nicht, wie sich Massieu durch das Wort
προσθετα hat verleiten lassen können, zu über‒
setzen: on trouve à ses côtés, dans la même en‒
veloppe des parties genitales, etc. Προσθετος
hat hier wohl schwerlich eine andere Bedeutung
als es in προσθετοι κομαι (falsches angesetztes
Haar) hat; wenigstens ist keine Spur im Text,
daß Lucian an die gedacht habe, die ihm der
französ. Uebers. andichtet.

und ohne Haare seyn; lockichte und starkbehaarte Köpfe sind ihnen ein Greuel. In den Kometen hingegen ist's just umgekehrt: denn da gelten nur die lockigten für schön, wie uns einige Reisende, die in diesen Sternen zu Hause waren, erzählten. Jedoch haben sie über den Knien etwas Bart. An den Füßen haben sie weder Nägel noch Zehen, sondern der ganze Fuß ist aus Einem Stücke: aber über dem Hintern ist jedem ein großer Kopfkohl, statt eines Schwanzes, gewachsen, der immer grün bleibt und nie abbricht, wenn man auch darauf fällt.

Sie schneutzen eine sehr saure Art von Honig aus, und wenn sie sich, es sey durch Arbeit oder gymnastische Uebungen, eine starke Bewegung machen, schwitzen sie am ganzen Leibe Milch, so daß sie, um Käse daraus zu machen, nur ein wenig von dem besagten Honig hineinzuträufeln brauchen.

Sie wissen aus Zwiebeln ein Oel zu machen, das sehr weiß und von so angenehmen Geruch ist, daß sie es zum parfumieren brauchen. Ueberdieß bringt ihr Land eine große Menge Reben hervor, die, statt Wein, Wassertrauben tragen, deren Beere Kerne von der Größe unsrer Schloßen haben. Ich weiß mir daher den Hagel bey uns nicht besser zu erklären, als daß es auf der Erde hagelt, so oft ein Sturmwind im Mond diese Reben so stark schüttelt, daß die Wassertrauben davon zerplatzen.

Die Seleniten tragen keine Taschen, sondern stecken alles, was sie bey sich tragen wollen, in ihrem Bauch, den sie, nach Gefallen, auf- und zuschließen können. Denn von Natur ist er ganz leer, und bloß ringsum mit langen und dichten Zotteln bewachsen, so daß auch ihre neugebohrnen Kinder, wenn sie frieren, ihnen in den Bauch hineinkriechen. *)

Was ihre Kleidung betrifft, so tragen die Reichen weiche Kleider aus Glas, der Armen ihre hingegen sind aus Erzt gewebt; denn diese Gegenden sind sehr erzthaltig, und sie verarbeiten es, wenn sie etwas Wasser dazu gießen, wie wir die Wolle.

Aber was sie für Augen haben, getraue ich mir kaum zu sagen, es ist so unglaublich, daß ich besorgen muß, man werde denken, ich gebe die Unwahrheit vor. Doch, da ich schon so viel wunderbares erzählt habe, mag das immer auch noch hingehen. Sie haben nehmlich Augen, die sich herausnehmen lassen; wer also die seinigen schonen will, nimmt sie heraus und hebt sie auf; kommt ihm dann etwas vor, das er sehen will, so setzt er sein Auge wieder ein, und sieht. Viele, die die ihrigen verlohren haben, sehen mit geborgten; denn was reiche Leute sind, haben deren immer viele vorräthig.

Ihre Ohren sind aus Platanenblättern gemacht, und nur die Dendriten allein haben hölzerne.

Auch sah ich im Pallaste des Königs noch ein anderes Wunder, und das ist ein Spiegel von ungeheurer Größe, der auf einem nicht allzutiefen Brunnen liegt. Wer in diesen Brunnen hinabsteigt,

---

*) Lucian ließ sich, als er diesen seltsamen Einfall hatte, wohl wenig davon träumen, daß ihm die Natur schon darin zuvorgekommen war, und daß es eine Beutelratze giebt, die mit dieser Bequemlichkeit ihre Jungen in ihrem Leibe zu beherbergen, versehen ist.

hört alles, was auf unsrer Erde gesprochen wird; und wer in den Spiegel schaut, sieht darin alle Städte und Völker der Erde so genau, als ob sie vor ihm stünden. Ich sah bey dieser Gelegenheit meine Familie und mein ganzes Vaterland: ob sie aber auch mich gesehen haben, kann ich nicht für gewiß sagen. Wer mir nicht glauben sollte, was ich von der Tugend dieses Spiegels gemeldet habe, wird sich, wenn er einmal selbst hieher kommen wird, mit eigenen Augen überzeugen können, daß ich die Wahrheit sage.

Wir beurlaubten uns nunmehr von dem Könige und seinem Hofe, begaben uns wieder an Bord unsers Schiffes und stießen ab. Endymion beschenkte mich beym Abschied mit zwey gläsernen und fünf ehernen Kleidungen, nebst einer ganzen Rüstung von Wickbohnen: ich mußte aber alles im Wallfisch zurücklassen. Er gab uns auch tausend Hippogypen mit, die uns fünfhundert Stadien weit begleiten mußten.

Nachdem wir bey verschiedenen andern Ländern vorbeygefahren, landeten wir am Morgenstern, der seit kurzem angebaut worden war, an, um frisches Wasser einzunehmen. Von da fuhren wir in den Thierkreis ein, indem wir linker Hand hart an der Sonne vorbey segelten: aber wir stiegen nicht aus, wiewohl meine Gefährten es sehr gewünscht hätten, weil uns der Wind entgegen war. Doch kamen wir ihr nahe genug, um zu sehen, daß die Landschaft mit dem schönsten Grün bedeckt, wohl bewässert, und mit allen Arten von Naturgütern reichlich gesegnet war. Wie uns die Nephelocentauren, die in

Phaetons Solde stehen, gewahr wurden, flogen sie auf unsre Barke zu, zogen sich aber wieder zurück, sobald sie vernahmen, daß wir in den Friedenstractat mit eingeschlossen wären.

Nunmehr hatten auch die Hippogypen Abschied von uns genommen, und wir hatten die nächste Nacht und den folgenden Tag unsern Lauf fortgesetzt und immer niederwärts gesteuert, als wir gegen Abend bey der sogenannten Lampenstadt *) anlangten. Diese Stadt liegt zwischen den Plejaden und Hyaden, aber etwas niedriger als der Zodiakus. Hier stiegen wir ans Land, erblickten aber keinen Menschen; hingegen sahen wir eine große Menge Lampen, die auf den Straßen hin und wieder liefen, und auf dem Markt und am Hafen beschäftigt waren; die meisten waren klein und hatten ein ärmliches Ansehen; einigen wenigen hingegen sahe man's gleich an ihrem Glanz und lebhaften Lichte an, daß sie hier die Großen und Vielvermögenden vorstellten. Jede hatte ihren eigenen Lampenstock, der ihr zur Wohnung diente, und ihren eigenen Nahmen, wie die Menschen. Wir hörten auch, daß sie eine Art von Sprache hatten. Ungeachtet sie uns nun nichts zu Leide thaten, und uns vielmehr nach ihrer Weise gastfreundlich zu empfangen schienen, so war uns doch nicht wohl bey ihnen zu Muthe, und keiner von uns getraute sich weder zu essen noch zu schlafen. Mitten in der Stadt haben sie eine Art von Rathhaus, wo ihr Stadtschultheiß die ganze Nacht durch sitzt, und einen nach dem andern bey seinem

*) Lychnopolis.

Nahmen zu sich ruft: wer nicht gehorcht, wird als ein Deserteur behandelt, und mit der Todesstrafe belegt, das heißt, er wird ausgelöscht. Wir hörten auch, während wir herumstanden und sahen, was paffierte, verschiedene von ihnen, die allerley Ursachen, warum sie so späte gekommen, zur Entschuldigung anführten. Bey dieser Gelegenheit erkannte ich unsre eigne Hauslampe; ich erkundigte mich bey ihr, wie es zu Hause stünde, und sie sagte mir alles, was sie wußte.

Da wir nicht länger als diese einzige Nacht zu Lychnopolis bleiben wollten, lichteten wir des folgenden Tages den Anker, und fuhren neben den Wolken vorbey, wo wir, unter andern, mit großer Verwunderung, auch die berühmte Stadt Nephelokokkygia *) sahen, aber wegen widrigen Windes nicht in ihren Hafen einlaufen konnten. Doch erfuhren wir, daß Koronos, Kottyphions Sohn, dermalen daselbst regiere; und ich, meines Orts, bestärkte mich in der Meynung, die ich immer von der Weisheit und Wahrhaftigkeit des Dichters Aristophanes gehegt hatte, dessen Nachrichten von dieser Seite man mit Unrecht den gebührenden Glauben versagt. Drey Tage darauf bekamen wir den Ocean wieder zu Gesichte; aber die Erde zeigte sich nirgends, die in der Luft schwebenden ausgenommen, die uns überaus feurig und funkelnd vorkamen. Am vierten gegen Mittag setzte uns ein sanft nachgebender Wind allmählig wieder auf dem Meere ab.

*) Die aus den Vögeln des Aristophanes bekannt ist.

Es ist unmöglich, das Entzücken zu beschreiben, das uns ergriff, als wir uns wieder auf dem Wasser fühlten. Wir gaben der ganzen Schiffsmannschaft einen Schmaus, so gut als es unser Vorrath erlauben wollte, und sprangen dann ins Wasser und badeten uns, nach Herzenslust; denn es herrschte eben eine große Windstille, und das Meer war so glatt wie ein Spiegel.

Aber in kurzem erfuhren wir, daß eine plötzliche glückliche Veränderung nicht selten der Anfang größerer Unglücksfälle ist. Denn kaum waren wir zwey Tage auf dem Meere gefahren, als sich gegen Sonnenaufgang eine Menge Wallfische und andere Seeungeheuer sehen ließen. Unter den erstern zeichnete sich besonders einer durch seine Größe aus, denn er war nicht weniger als funfzehnhundert Stadien *) lang. Dieser kam mit offnem Rachen, und mit einem Ungestüm, der das Meer auf allen Seiten aufbrausen und schäumen machte, auf uns los, und zeigte uns Zähne, die noch viel größer als unsere kolossalischen Phallusbilder **), spitzig wie

---

*) Ungefähr fünf und vierzig deutsche Meilen.
**) Lucian sagt nur: viel größer als die Phalli bey uns; aber wenn die Zähne dieses Ungeheuers nur in einiger Proportion mit seinem ganzen körperlichen Umfang standen, so kann man hier keine kleinere Phallusbilder annehmen, als die kolossalischen, deren in dem Tractat von der Syrischen Göttin Erwähnung gethan wird, welche (nach der billigsten Leseart) dreyßig Klafter oder 180 Fuß hoch waren, und mit allem dem gegen die Zähne eines Caschelotten, der 930,000 Fuß lang war, in keine Vergleichung kommen konnten.

Zaunpfähle, und so weiß wie Elfenbein waren. Wir nahmen also den letzten Abschied von einander, und indem wir ihn einer in des andern Armen erwarteten, war er da und schlang uns zusammt unserm Schiffe auf einem Athemzug hinunter; denn er fand nicht für nöthig, uns erst mit seinen Zähnen zu zermalmen, sondern das Schiff glitschte auf Einen Druck durch die Zwischenräume in seinen Schlund hinab.

Wie wir nun drin waren, war es anfangs so dunkel, daß wir nicht einen Stich sehen konnten: als er aber, nach einer Weile, den Rachen wieder aufsperrte, sahen wir uns in einer Höhle von so ungeheurer Höhe und Weite, daß sie uns für eine Stadt von zehntausend Einwohnern Raum genug zu haben schien. Ueberall lagen eine Menge kleiner Fische, zermalter Thiere, Segel, Anker, Menschengebeine und ganze Schiffsladungen umher. Weiterhin war, vermuthlich aus dem vielen Schlamm, den dieser Wallfisch schon verschluckt hatte, eine Erde mit Bergen und Thälern entstanden, wovon jene mit allen Arten von Bäumen, diese mit allerley Kräutern und Gemüsen dergestalt bepflanzt waren, daß man es für angebautes Land halten mußte. Diese Insel, wenn ich es so nennen kann, mochte wohl zweyhundert und vierzig Stadien *) im Umkreise haben. Wir sahen auch verschiedene Arten von Seevögeln, Meerschwalben und Eisvögel, die auf den Bäumen umher ihre Nester hatten.

Unser erstes war, daß wir uns hinsetzten und

---

*) Beynahe acht Meilen.

uns recht satt weinten; endlich aber, nachdem ich meinen Reisegefährten Muth zugesprochen hatte, machten wir vor allen Dingen unser Schiff fest, schlugen sodann Feuer, und machten uns, aus den Fischen, die in großer Menge und Mannichfaltigkeit umher lagen, eine Mahlzeit zu recht; Wasser hatten wir noch aus dem Morgenstern am Bord.

Wie wir des folgenden Morgens aufstanden, sahen wir, so oft der Wallfisch Athem holte, bald Berge, bald nichts als Himmel, bald auch Inseln, woraus wir denn schlossen, daß er sich mit großer Geschwindigkeit in allen Theilen des Oceans herum bewege.

Als wir nun dieses neuen Aufenthaltes in etwas gewohnt waren, nahm ich sieben meiner Gefährten mit mir, und gieng in den Wald auf weitere Entdeckungen aus. Ich hatte noch nicht fünf volle Stadien zurück gelegt, als ich auf einen Tempel stieß, der laut der Inschrift dem Neptun gewidmet war; bald darauf fanden wir eine große Anzahl Gräber mit Säulen, und nicht weit davon eine Quelle klares Wasser. Ueberdieß hörten wir Hunde bellen, und sahen in einiger Entfernung Rauch aufsteigen; so daß wir, allem Vermuthen nach, nicht weit von einer Wohnung seyn konnten. Wir verdoppelten nun unsere Aufmerksamkeit, und waren nicht weit fortgegangen, als wir einen alten Mann und einen Jüngling antrafen, die sehr emsig in einem Küchengarten arbeiteten, und eben beschäftigt waren, Wasser aus der Quelle in denselben zu leiten. Erfreut und erschrocken zugleich blieben wir stehen, und man kann sich leicht einbilden, daß ihnen eben so wie uns zu Muthe war. Sie hielten mitten in ihrer Arbeit ein, und betrachteten uns ohne einen Laut von sich zu geben. Endlich ermannte sich doch der Alte nach einer kleinen Weile, und redete uns an. — „Wer seyd ihr, sagte er, Dämonen des Meeres? Oder verunglückte Menschen unsers gleichens? Denn was uns betrifft, wir sind Menschen und aus Erdesöhnen, die wir waren, zu Meerbewohnern worden, und treiben mit diesem Ungeheuer, in welchem wir eingeschlossen sind, herum, ohne recht zu wissen wie es mit uns steht; denn wir haben alle Ursache zu denken, daß wir gestorben seyen, wiewohl wir noch zu leben glauben." — Auch wir, alter Vater, (antwortete ich ihm) sind Menschen, die sich seit kurzem hier befinden; denn es ist heute erst der dritte Tag, daß wir sammt unserm Schiffe verschlungen worden sind; und bloß das Verlangen, zu wissen, wie es in diesem Walde aussehe, der uns sehr groß und dicht vorkam, hat uns hieher gebracht. Aber ohne Zweifel leitete uns irgend ein guter Genius, daß wir dich fanden, und nun wissen, daß wir nicht allein in diesen Wallfisch eingeschlossen sind. Sage uns doch, wenn ich bitten darf, wer du bist, und wie du hieher gekommen? Aber der gute Alte versicherte uns, daß er unsre Neugierde nicht eher befriedigen würde, bis er uns, so gut er's vermöchte, bewirthet hätte; und hiemit führte er uns in seine Wohnung, die er sich gemacht hatte. Sie war für seine Bedürfnisse bequem genug, und mit Sitzen und andern Nothwendigkeiten versehen. Nachdem er uns hier Gemüse, Früchte, Fische und Wein vorgesetzt hatte, und wir satt waren, erkundigte er sich nach den Zufällen, die uns begegnet wären, und da erzählte ich ihm alles der Ordnung nach, den Sturm und was uns auf der Insel begegnet, und unsre Reise in der Luft, und den Krieg, und alles übrige, bis zu dem Augenblick unsrer Untertauchung in den Wallfisch.

Nachdem er mir sein Erstaunen über so wunderbolle Begebenheiten aufs lebhafteste ausgedrückt hatte, erzählte er uns nun auch die seinigen. Meine Freunde, sagte er, ich bin ein Kaufmann aus Cypern. Meine Geschäfte bewogen mich mein Vaterland zu verlassen, und mit meinem Sohne, den ihr hier sehet, und einer großen Anzahl Bedienten, auf einem mit vielerley Waaren befrachteten Schiffe, dessen Trümmer ihr vielleicht im Schlunde des Wallfisches gesehen habt, eine Reise nach Italien zu unternehmen. Bis auf die Höhe von Sicilien gieng unsere Fahrt glücklich von statten: aber hier bekamen wir einen widrigen Wind, der uns am dritten Tage in den Ocean trieb, wo wir das Unglück hatten, diesem Wallfische zu begegnen, und mit Mann und Schiff verschlungen zu werden. Alle meine Leute kamen dabey ums Leben, und wir beyde blieben allein übrig. Nachdem wir sie nun zur Erde bestattet, und dem Neptun einen Tempel errichtet hatten, bringen wir seitdem unser Leben hin, Gemüse in unserm Garten zu bauen, die nebst Fischen und Baumfrüchten unsere Nahrung ausmachen. Der Wald, der von großem Umfang ist, wie ihr sehet, hat auch eine große Menge Weinstöcke, die einen vortrefflichen Wein geben; auch werdet ihr vermuthlich gesehen haben, daß wir eine Quelle des schönsten und frischesten Wassers besitzen. Unser Lager bereiten wir aus Baumblättern; Holz zum Feuer anmachen haben wir in Ueberfluß; wir fangen Vögel in Netzen, und sogar lebendige Fische, wenn wir auf die Kiemen *) des Ungeheuers hinausgehen, wo wir uns auch baden so oft wir Lust dazu haben. Ueberdieß befindet sich nicht sehr weit von hier ein See mit salzichtem Wasser, der zwanzig Stadien im Umkreis hat, und einen Ueberfluß an Fischen aller Arten enthält: in diesem See vergnügen wir uns zuweilen mit schwimmen, oder fahren auf ihm in einem kleinen Nachen, den ich gezimmert habe. Auf diese Weise haben wir, seit uns der Wallfisch verschlungen hat, bereits sieben und zwanzig Jahre zugebracht. Wir würden uns auch in dieser Lage ganz leiblich befinden, wenn nur unsre Nachbarn, die sehr ungesellige und wilde Leute sind, uns nicht gar zu überlästig fielen —

Wie? rief ich, hat denn dieser Wallfisch noch mehr Einwohner?

Sehr viele, erwiederte der alte Mann, aber wie gesagt, unverträgliche Geschöpfe und von sehr abenteuerlichen Gestalten. Den westlichen Theil des Waldes, gegen den Schwanz des Wallfisches zu, bewohnen die Tarichanen, welche Aalaugen und ein Krebsgesicht haben, ein streitbares, trotziges und rohes Fleischfressendes Volk. Auf der andern Seite,

---

*) Dieß ist der rechte Nahme des Organs, wodurch die Fische Athem holen, welches im gemeinen Leben unschicklich mit dem Nahmen der Fischohren belegt wird.

rechter Hand, halten sich die Tritonomendeten auf *),
die von oben bis an den Gürtel wie Menschen, und
von unten wie Wiesel gestaltet, jedoch ihrer Sinnesart nach nicht so boshaft und gewaltthätig sind,
wie die übrigen. Linker Hand wohnen die Karkinocheiren und Thynnokephalen, wovon jene statt
der Hände Krebsscheeren, diese einen Thunfischkopf
haben; diese beyden Völkerschaften stehen im Bun-
de mit einander und machen im Kriege gemeinschaftliche Sache. Die Mitte haben die Paguraden
und Pfettapoden **), ein paar streitbare Rassen,
die besonders schnell im Laufen sind. Die Morgen-
ländische, dem Rachen zunächst liegende Gegend,
ist, weil sie vom Meer angespült wird, größtentheils
unbewohnt: ich habe mich also mit ihr behelfen
müssen, und bezahle den Pfettapoden einen jährlichen Tribut von fünfhundert Stück Austern dafür.
So ist das Innere dieses Landes beschaffen, und du
kannst dir leicht vorstellen, daß es für uns keine
kleine Sorge ist, wie wir uns gegen so viele Völker
wehren und wenigstens das Leben davon bringen

*) Der Bedeutung dieses Nahmens nach sollte
man eher Menschen-Böcke als Menschen-Wiesel
erwarten; indessen ist nicht zu begreifen, wie
die Abschreiber aus Tritonopaleoten Tritonomendeten gemacht haben könnten. Der Vermuthung, daß hier eine Lücke sey, scheint die folgende Erzählung entgegen zu seyn. Massieu
mag es also am besten getroffen haben, wenn
er meynt, daß man es in einer Composition,
wie diese, so genau nicht nehmen dürfe.

*) Der letztere Nahme bedeutet so viel als Schol-
lenfüße; der erste deutet auf eine Aehnlichkeit
mit Meerkrebsen.

wollen. Wie viele mögen ihrer wohl in allem seyn, fragte ich.

„Ueber tausend."

Was führen sie für Waffen?

Keine als Fischgräthen.

Das Beste ist also, sagte ich, wir nehmen es mit ihnen auf, da wir bewaffnet sind und sie nicht. Haben wir sie ein für allemal überwunden, so können wir dann ohne Sorgen leben.

Dieser Antrag gefiel unserm Wirthe. Wir begaben uns also zu unserm Schiffe zurück, und machten Anstalten. Eine Veranlassung zum Kriege konnte uns nicht fehlen; unser Wirth durfte sich nur weigern den Tribut zu bezahlen, dessen Verfallzeit ganz nahe war: und so erfolgte es auch. Jene schickten und ließen den Tribut einfodern: Er wies sie mit einer stolzen Antwort ab. Hierüber wurden dann die Psettapoden und Paguraden so aufgebracht, daß sie mit großem Geschrey in die Pflanzung des Skintharus (so hieß unser neuer Freund) einfielen. Da wir uns dessen versehen hatten, so fanden sie uns in guter Verfassung. Ich hatte die Hälfte meiner Mannschaft, fünf und zwanzig an der Zahl, vorausgeschickt, mit dem Befehl, sich in einen Hinterhalt zu legen, und den Feinden, wenn sie vorbeygezogen seyn würden, in den Rücken zu fallen; welches sie denn auch mit gutem Erfolge bewerkstelligten. Ich aber mit den übrigen, ebenfalls fünf und zwanzig Mann stark, (denn Skintharus und sein Sohn fochten mit) gieng ihnen entgegen, und da wir sie solchergestalt in die Mitte bekamen, wurden sie, nach einem hartnäckigen Gefecht, das nicht ohne Gefahr auf unsrer Seite war, endlich aus dem Felde geschlagen und bis in ihre Höhlen verfolgt. Von den Feinden fielen ihrer hundert und siebenzig, von den unsrigen nur ein einziger, mein Steuermann, der mit der Rippe einer Meerbarbe durch die Schulter geschossen wurde.

Wir brachten die Nacht auf dem Wahlfelde zu, nachdem wir den getrockneten Rückgrath eines Delphins als ein Siegeszeichen aufgerichtet hatten. Da sich aber das Gerücht dieses Vorgangs inzwischen verbreitet hatte, fanden wir am folgenden Morgen andere Feinde vor uns: und zwar nahmen die Larichanen unter Anführung eines gewissen Pelamus den linken Flügel ein, die Thynnokephalen den rechten, die Karkinocheiren das Centrum. Denn die Tritonomendeten, die es mit keinem Theile verderben wollten, hielten sich ruhig. Wir unsrer Seits giengen dem Feinde bis zum Tempel Neptuns entgegen, wo wir unter einem so großen Feldgeschrey, daß der ganze Wallfisch wie ein unermeßliches Gewölbe davon widerhallte, auf einander stießen. Wir wurden aber, da unsre Gegner nicht viel besser als nackend und unbewaffnet waren, bald mit ihnen fertig, verfolgten sie bis in den Wald hinein, und behaupteten das Schlachtfeld.

Nicht lange darauf schickten sie Herolde an uns ab, um ihre Todten abzuholen und Friedensvorschläge zu thun: aber wir fanden nicht für gut, uns darauf einzulassen, sondern zogen des folgenden Tages abermals gegen sie aus, und vertilgten sie alle insgesammt, nur die Tritonomendeten ausgenommen, die, wie sie merkten, worauf es abgesehen war, so eilfertig sie konnten, zu den Riemen hinauswischten und ins Meer sprangen.

Wir aber durchsuchten das ganze Land, und da wir es von Feinden gänzlich gereinigt fanden, wohnten wir nun ganz angenehm beysammen, brachten unsre Zeit mit Leibesübungen und Jagen zu, bauten unsern Wein, sammelten die Früchte von den Bäumen, und lebten, mit Einem Wort wie Leute, die sich in einem grossen Kerker, aus dem sie nicht heraus könnten, recht wohl seyn liessen. Auf diese Art brachten wir ein Jahr und acht Monate hin.

Aber am funfzehnten Tage des neunten Monats beym zweyten Maulaufreissen des Wallfisches (denn dieß that er alle Stunden einmal, so daß wir nach diesen periodischen Eröffnungen die Tagsstunden zählten) hörten wir ein grosses Geschrey und ein Getöse, wie von Schiffsleuten und Rudern. Da wir darüber in Unruhe geriethen, so krochen wir bis in den Rachen des Ungeheuers hervor, wo wir, zwischen den Zähnen stehend, alles sehen konnten — und in der That, ein Schauspiel zu sehen bekamen, das über alles gieng, was mir in meinem ganzen Leben ausserordentliches vorgekommen ist — Menschen nehmlich, die ein halbes Stadium hoch waren, und auf Inseln, wie auf Galeeren angefahren kamen. — Ich weiß, man wird meine Erzählung unglaublich finden, aber ich kann mir nicht helfen — es muß nun schon heraus. Diese Inseln waren zwar von einer ansehnlichen Länge, eine in die andere ungefähr hundert Stadien im Umfang, aber verhältnißmäßig nicht sehr hoch. Auf einer jeden befanden sich gegen acht und zwanzig Bootsleute, die in zwey Reyhen zu beyden Seiten sitzend, mit großen Cypressen, die noch alle Aeste und alles Laub hatten, ruderten. Im Hintertheil des Schiffes (wenn ich es so nennen kann) stand der Steuermann auf einem hohen Hügel, an einem ehernen Steuerruder, das wohl sechshundert Fuß lang war. Auf dem Vordertheil aber standen ihrer ungefähr vierzig, die zum Streit bewaffnet waren, und in allem wie Menschen aussahen, ausser daß sie statt des Haupthaars Feuerflammen auf den Köpfen hatten und also keine Helme brauchten. Die Stelle der Segel vertrat auf jeder dieser Inseln ein dichter Wald, in welchen der Wind einfiel, und die Insel trieb und drehte, wie und wohin der Steuermann wollte. Neben den Ruderern stand einer, der die Aufsicht über sie hatte, und so bewegten sich diese Inseln, mit Hülfe der Ruder, wie eben so viele Galeeren, mit großer Geschwindigkeit daher.

Anfangs sahen wir nur zwey bis drey; nach und nach aber kamen ihrer wohl gegen sechshundert zum Vorschein; und nachdem sie sich in Ordnung gestellt, fiengen sie an, einander eine ordentliche Seeschlacht zu liefern. Viele stießen mit den Hintertheilen so gewaltig auf einander, daß nicht wenige von der Heftigkeit des Stoßes umgeworfen wurden und versanken. Andere verwickelten sich in einander, und dann wurde hitzig und tapfer gefochten, und sie ließen nicht leicht wieder von einander ab. Die Krieger auf dem Vordertheile bewiesen allen nur möglichen Muth, sprangen in die feindlichen Schiffe, und machten alles nieder, was ihnen in den Wurf kam; denn es wurde kein Quartier gegeben. Statt der eisernen Hacken warfen sie einander an großen Tauen ungeheure Polypen zu, die den Wald mit ihren vielen Armen umschlangen und so die Insel fest hielten. Die Geschosse, deren sie sich bedienten, und womit sie einander schwer verwundeten, waren Austern, und Meerschwämme *), wovon einer einen Morgen Landes bedeckte.

Soviel wir aus dem, was sie einander zuriefen, abnehmen konnten, hieß der Anführer der einen Flotte Aeolocentaurus, und der andern Thalassopotes, und den Anlaß zu ihrem Kriege hatte, wie es schien, Thalassopotes gegeben, der dem Aelocentaur viele Heerden Delphine geraubt zu haben beschuldigt wurde. Gewiß ist, daß die Aelocentaurische Parthey zuletzt Meister blieb, und ihren Feinden gegen hundert und funfzig Inseln versenkte, drey andere aber mit aller ihrer Mannschaft eroberte: die übrigen drückten sich auf die Seite und entflohen. Die Sieger, nachdem sie ihnen eine Zeitlang nachgesetzt, kehrten gegen Abend wieder zu den versunkenen Schiffen zurück, bekamen die meisten davon in ihre Gewalt, und kriegten auch die ihrigen

M 2

*) Dü Soul meynt, das Wort σπογγοις könne hier nicht richtig seyn, wiewohl er nichts besseres vorzuschlagen hat; und auf diesen Zweifel hin hat Massieu diese Schwämme eigenmächtig in Muscheln verwandelt. Aber vermuthlich liegt eben das possierlich=wunderbare der Sache darin, daß unser Abenteurer Schwämme gesehen hat, womit man einander Löcher in den Kopf werfen kann. Sie gehören in die Kategorie der Malven, womit die Schleuderer im Monde ihre Rettiche vergifteten.

wieder; denn es waren ihrer im Gefechte nicht weniger als achtzig untergegangen. Sie nagelten hierauf eine der eroberten Inseln zum Siegesdenkmal an den Kopf des Wallfisches an, und brachten die Nacht auf der Rhede des Ungeheuers zu, nachdem sie ihre Schiffe mit Tauen und Haaken daran befestigt und hart dabey vor Anker gelegt hatten; denn sie führten auch sehr große und starke gläserne Anker bey sich. Des folgenden Tages stiegen sie auf dem Rücken des Wallfisches aus, opferten ihren Göttern, begruben ihre Todten auf demselben, und fuhren hierauf mit großem Jubel wieder ab. Dieß ist alles, was ich von der Inselschlacht zu berichten habe.

Der
Wahren Geschichte
Zweytes Buch.

Da ich von dieser Zeit an des langen Aufenthalts im Wallfisch, und des Lebens, so wir darin führten, äusserst überdrüßig wurde, fieng ich an auf Mittel und Wege zu denken, wie wir wieder herauskommen könnten. Das erste, worauf wir verfielen, war, uns durch die rechte Seite des Ungeheuers durchzuhauen, und wir legten unverzüglich die Hand ans Werk. Wie wir aber gegen fünfhundert Klafter tief gearbeitet hatten, ohne zu merken, daß wir dem Ende viel näher gekommen wären, ließen wir von diesem Vorhaben ab, und beschlossen, den Wald anzuzünden: denn daran, (dachten wir), müßte die Bestie unfehlbar crepieren, und dann würde es uns ein leichtes seyn, einen Ausgang zu finden. Wir fiengen also bey dem Theile an, der dem Schwanz am nächsten lag, und steckten ihn in Brand. Der Wald brannte sieben Tage und eben so viel Nächte, ohne daß das Unthier die Hitze zu spüren schien: aber am achten und neunten Tage merkten wir, daß es krank zu werden anfieng: denn es bsjuete den Rachen seltner als gewöhnlich, und wenn es ihn aufthat, so klappte er gleich wieder zu. Am zehnten und eilften gieng es immer näher mit ihm zu Ende, und es roch schon sehr übel. Am zwölften fiel uns endlich zu allem Glück ein, wenn wir ihm nicht, sobald es den Rachen wieder aufthäte, die Kinnbacken aus einander keilten, würden wir Gefahr laufen, in seinem Körper eingeschlossen zu werden und mit ihm zu Grunde zu gehen. Wir sperrten ihm also den Rachen mit großen Balken auseinander, rüsteten hierauf unser Schiff aus, befrachteten es mit einem so großen Vorrath an Wasser und andern Nothwendigkeiten, als es nur immer fassen konnte, und Skintharus übernahm das Amt des Steuermanns.

Am zwölften Tag hörte der Wallfisch auf, ein Lebenszeichen von sich zu geben. Wir zogen also unser Fahrzeug herauf, schoben es zwischen seinen Zähnen durch, befestigten es mit Tauen daran, und ließen es so ganz sachte ins Wasser herab. Hierauf bestiegen wir den Rücken des Ungeheuers, brachten dem Neptun ein Opfer, und nachdem wir, einer Windstille wegen, drey Tage *) darauf hatten zubringen müssen, segelten wir endlich am vierten ab. Wir stießen auf eine Menge im Meere herumtreibender Leichname, von denen, die in dem Seetreffen umgekommen waren; wir maßen einige davon und erstaunten über ihre entsetzliche Größe.

*) Im Text steht noch, neben dem Siegesdenkmal; welches ich, um das schleppende eines gar zu langen Komma's zu vermeiden, weggelassen habe.

Wir hatten nun einige Tage das günstigste Wetter: hernach aber blies der Wind sehr heftig aus Norden, und wir bekamen eine solche Kälte, daß die See auf einmal zugefror, und nicht etwa nur auf der Oberfläche, sondern bis auf eine Tiefe von vierhundert Klaftern; so daß wir auf dem Eise wie auf festem Lande herumlaufen konnten.*) Da aber der kalte Wind anhielt und uns ganz unerträglich wurde, kam der alte Skintharus auf den Einfall, daß wir uns eine große Höhle in das gefrorne Wasser graben, und uns da so lange aufhalten sollten, bis sich der Wind umsetzte. Dieß wurde unverzüglich ins Werk gestellt. Wir brachten bey einem guten Feuer, das wir unterhielten, dreyßig Tage in dieser Eishöhle zu **), und nährten uns

---

*) Die Worte ὡϛε και αποβαντας διαϑεειν επι τε κρυϛαλλυ, scheinen entweder diesen Sinn zu enthalten oder gar keinen. Aber auch so bleibt es immer absurd genug, daß Lucian damit zu sagen scheint, das Eis habe 400 Klafter dick seyn müssen, um ihn und seine Reisegefährten tragen zu können. Vermuthlich hat sich Massieu (der in diesem Aufsatz den Autor öfters ohne Noth etwas ganz anders sagen läßt, als er wirklich sagt) verbunden gehalten, dem Autor zu Hülfe zu kommen, und diese Stelle, um etwas mehr Sinn hineinzubringen, so zu übersetzen: notre vaisseau, qu'il nous falloit debarasser, voguoit ensuite sur la glace. Das wäre so übel nicht, nur sagt der Text kein Wort davon.

**) Der griechische Scholiast ärgert sich gewaltig über die Unglaublichkeit dieser Erfindung — als ob irgend eine andere in dieser ganzen Wahren Geschichte glaublicher wäre, und Lucian es nicht ausdrücklich darauf angelegt hät-

während dieser Zeit von den Fischen, die wir unterm Graben gefunden hatten. Da es uns aber endlich an Lebensmitteln gebrach, machten wir unser eingefrornes Schiff wieder flott, und glitschten mit vollen Segeln, als ob wir auf dem Wasser daherführen, sanft und unmerklich auf dem glatten Eise dahin. Am fünften Tage fällt ein Thauwetter ein, das Eis schmilzt, und alles wird wieder zu Wasser.

Wir hatten ungefähr dreyhundert Stadien zurückgelegt, als wir an eine kleine unbewohnte Insel kamen, wo wir frisches Wasser einnahmen, woran es uns bereits zu gebrechen anfieng. Ehe wir uns wieder einschifften, schossen wir ein paar wilde Ochsen, die ihre Hörner nicht, wie andre Ochsen, vor der Stirne, sondern unter den Augen trugen, wie es Momus haben wollte. Bald darauf kamen wir in eine neue See, die nicht mehr von Wasser, sondern von Milch war. In dieser Milchsee erhob sich eine mit Weinreben bewachsene Insel, die nichts anders als ein großer Käse war, (wie wir in der Folge befanden, da wir davon aßen) der nicht weniger als fünf und zwanzig Stadien im Umkreis hatte. Die Reben hiengen voller Trauben; wie wir sie aber ausdruckten, gaben sie uns keinen Wein,

te, das Wunderbare darin bis auf den höchsten Grad der Absurdität zu treiben, der (nach Schach Baham, einem großen Kenner in diesem Fache) das Sublime eines wunderbaren Mährchens ist. Uebrigens, wie absurd auch dieses dreyßigtägige Feuer in einer Eishöhle seyn mag, sind nicht immer (selbst unter Nationen, die sich für keine Strohköpfe hielten) eben so absurde Dinge geglaubt worden?

sondern Milch. Mitten auf der Insel stand ein Tempel, der, laut der Inschrift, der Nereide Galatea *) gewidmet war. So lange wir uns also auf dieser Insel aufhielten, gab uns die Erde die Mahlzeit und den Nachtisch **), und die Traubenmilch war unser Trank. Dem Vernehmen nach soll die Tochter des Salmoneus Tyro ***), seitdem sie die Welt verlassen, vom Neptun zur Königin dieser Insel gemacht worden seyn. †)

Nachdem wir uns fünf Tage hier aufgehalten, giengen wir am sechsten wieder mit einem mäßig frischen Winde unter Segel. Am achten Tage, da wir aus dem Milchmeer wieder heraus und wieder in eines von gesalznem blaugrünem Wasser gekommen waren, sahen wir eine große Menge Menschen auf dem Meere herumlaufen, die uns andern an Bildung und Größe völlig ähnlich waren, ausgenommen, daß ihre Füße von Kork sind, daher sie auch (wie ich glaube) den Nahmen Korkfüßler, den sie führen, bekommen haben. Wir unsers Ortes machten große Augen, wie wir sie so ebnen Fußes und ohne alle Furcht vorm untersinken, auf den Wellen daher spazieren sahen. Sie kamen gerade auf uns

---

*) Da diese Nereide ihren Nahmen von γαλα (Milch) hat, so wird sie hier zur regierenden Göttin des Milchmeeres gemacht.

**) Ein Aequivalent, so gut ich es geben konnte, für das griechische οψον τε ημιν και σιτιον η γη παρειχε.

***) Ein Wortspiel, mit dem Nahmen dieser Mythologischen Prinzeßin und dem Wort τυρος, Käse, das seinem Platze Ehre macht.

†) S. das 13te Meergöttergespräch im 2ten Theile.

zu, grüßten uns in Griechischer Sprache, und sagten uns: sie wären im Begriff, nach der Insel Phello (Korkland) wo sie zu Hause seyen, zurückzukehren. Sie liefen eine Zeitlang neben unserm Schiffe her: hernach aber wünschten sie uns eine glückliche Reise und nahmen einen andern Weg. Einige Zeit darauf erblickten wir verschiedene Inseln, unter welchen die erste linker Hand die Phello war, wohin jene eilten, eine Stadt die auf einem großen runden Korke gebaut ist. In der Ferne, mehr rechter Hand, sahen wir fünf sehr große und hohe Inseln, wo viele Feuer brannten.

Uns gerade gegen über lag eine breite und niedrige, die wenigstens noch fünfhundert Stadien von uns entfernt war. Wie wir ihr endlich nahe kamen, wehte uns eine wunderliebliche und mit Wohlgerüchen durchwürzte Luft entgegen, gleich jener, die nach Herodots Versicherung, den Reisenden aus dem glücklichen Arabien entgegen duftet. Es war uns als ob wir den Geruch der Rose und Narcisse, der Hyacinthe, Lilie und Viole, der Myrte, des Lorbers und der Weinblühte auf einmal einschlürften. Unter dem Entzücken, worein uns dieser liebliche Geruch versetzte, und unter den frohesten Ahnungen, die Belohnung für so viel ausgestandenes Ungemach in dieser Insel zu finden, waren wir ihr nun so nahe gekommen, daß wir ringsum eine Menge sichrer und geräumiger Buchten, und verschiedene crystallhelle Flüsse unterscheiden konnten, die sich sanft in die See verlohren, und Auen und Wälder, und unzählige Singvögel, die sich theils am Ufer, theils aus den Zweigen hören ließen. Eine weiche süßathmende Luft war über dieses schöne Land ausgegossen, wollüstige Zefyretten schienen umher zu flattern und den Hayn zu durchsäuseln, und aus den sanftbewegten Zweigen tönte ein immerwährendes melodisches Flüstern, gleich dem Getöne, das an einem einsamen Orte aufgehangene Rohrpfeiffen von sich geben. *) Mit unter hörte man auch ein lauteres Getön vermischter Stimmen, aber nicht lermend, sondern demjenigen ähnlich, das fernher von einem Gastmahle kommt, wenn die einen Musik machen, und die andern den Flöten und Citherspielern, theils mit Worten theils mit Händeklatschen, ihren Beyfall bezeugen.

Von diesem allem wie bezaubert, landeten wir am Ufer an, und stiegen aus, nachdem wir unser Schiff vor Anker gelegt, und den alten Skintharus nebst zwey andern aus unserm Mittel darin zurückgelassen hatten. Wir waren noch nicht weit durch eine blumenvolle Wiese fortgegangen, als wir der Wache, die das Ufer zu hüten bestellt ist, in die Hände liefen, die uns sogleich mit Rosenketten (den stärksten Banden, die bey ihnen im Gebrauch sind) fesselten, und zu ihrem Oberbefehlshaber abführten. Unterwegs erfuhren wir von ihnen, wir befänden

---

*) Wie es scheint, war es eine Gewohnheit der Hirten, die auf der siebenröhrigen Pfeife etwa einen Preis gewonnen hatten, sie dem Pan zu Ehren an einem einsamen freyen Orte der Gegend, wo sie weideten, so aufzuhängen, daß der Wind (ungefähr eben so wie er bey der Aeolsharfe thut) ein melodisches Geflüster aus ihr hervorbrachte.

uns in der sogenannten Insel der Seligen, und Rhadamanthus der Kretenser sey ihr Regent. *)

Als wir ihm vorgestellt wurden, waren wir, der Ordnung nach, die vierte Parthey, die er damals zu verhören hatte. Die erste Sache, welche abzuthun war, betraf den Ajax, Telamons Sohn, nehmlich die Frage, ob er in die Classe der Heroen **) gehört oder nicht? Die Haupteinwendung, die man gegen ihn machte, war, daß er rasend geworden sey und sich selbst umgebracht habe. Nachdem auf beyden Seiten vieles für und wider ihn vorgebracht worden, that Rhadamanth den Ausspruch: Würde Beklagter vor allen Dingen dem Arzt Hippokrates zu übergeben und von demselben mit Niesewurz tüchtig auszureinigen, sodann aber, wenn er seinen Verstand wieder erhalten hätte, von den Heroen zu ihren Festen zuzulassen seyn.

Der zweyte Handel war eine erotische Frage; Theseus nehmlich und Menelaus stritten sich um die

---

*) S. in Pindars zweyten Olympischen Gesange das Gemählde der Insel der Seligen, worauf unser Autor angespielt zu haben scheint.

**) Die Einwohner Elysiums oder der Insel der Seligen (die von den Alten gewöhnlich mit einander vermengt werden) bestehen aus zwey Classen, den Heroen oder Halbgöttern (S. Hesiodi Op. et Dies v. 156-73. der aber den Saturnus zu ihrem Könige in den Inseln der Seligen macht) und den weisen und guten Menschen der Zeiten, die auf das heroische Alter folgten. S. die Beschreibung des Zustandes der Seligen im Axiochus, einem dem Sokratischen Aeschines zugeschriebenen Dialog vom Tode und Zustande nach dem Tode.

schöne! Helena, welchem von beyden sie beywohnen
sollte? und Rhadamanth entschied zu Gunsten des
Menelaus, als der so viel Arbeiten und Gefahren
um dieser seiner Gemahlin willen ausgestanden; The=
seus habe schon andere Frauen, die Amazone Hip=
polyta und die Töchter des Minos *) an denen ihm
genügen könne.

Die dritte Sache betraf den Vorsitz, der zwi=
schen Alexandern, Philipps Sohn, und dem Kar=
thaginenser Hanuibal streitig war. Das Urtheil er=
gieng dahin, der Rang gebühre Alexandern **),
und diesem zufolge wurde ihm ein Lehnstuhl neben
dem ältern Cyrus gesetzt. Nun kam die Reihe an
uns. Rhadamanth fragte uns: durch was für einen
Zufall wir diesen heiligen Boden bey lebendigem
Leibe betreten hätten? Wir erzählten ihm alles von
Anfang an. Er hieß uns hierauf abtreten, und gieng
eine geraume Zeit mit seinen Beysitzern, unter wel=
chen auch Aristides war, zu Rathe, was mit uns
anzufangen wäre. Endlich fiel das Urtheil dahin
aus: Die verdiente Bestrafung unsrer Reise und
unseres Vorwitzes sollte, wenn wir gestorben seyn
würden, erfolgen: dermalen sollten wir uns läng=
stens sieben Monate auf der Insel aufhalten und
mit den Heroen Umgang pflegen dürfen, nach Ver=
fluß dieser Zeit aber wieder abzuziehen gehalten
seyn.

So wie dieses Urtheil ausgesprochen war, fie=
len unsre Rosenketten von selbst ab, und wir wur=

*) Phädra und Ariadne.
**) S. das 12te Todtengespräche im zweyten
Theile.

den in die Stadt geführt, und zur Tafel der Seligen gezogen. Diese ganze Stadt ist von gediegenem Golde, und ihre Ringmauren von Smaragden. Jede ihrer sieben Thore ist aus einem einzigen Zimmtbaum gearbeitet; der ganze Boden der Stadt, und das Pflaster aller Plätze und Gassen in derselben, ist von Elfenbein; die Tempel aller Götter sind aus Quaderstücken von Beryll erbaut, und die Hochaltäre, worauf die Hekatomben geopfert werden, aus einem einzigen Amethyst. Rings um die Stadt fließt ein Strom des schönsten Rosenöhls *) hundert königliche Ellen **) breit, und tief genug um bequem darin schwimmen zu können. Ihre Bäder sind herr-

*) Das Wort μυρον, das die wohlriechenden und zum Theil sehr kostbaren flüßigen Compositionen oder Essenzen, womit sich die Alten, (wie die Morgenländer noch jetzt) zu parfümieren pflegten, kann auf keine Weise durch das deutsche Wort Salbe ausgedrückt werden, bey welchem uns natürlicher Weise immer Augensalben, Brandsalben, Wundsalben, Wagensalbe, und dergl. garstiges Zeug zuerst einfällt. Auch die fremden Wörter Essenz und Parfum sind keine schickliche Nothwörter; weil dieses eigentlich wohlriechendes Räuchwerk, und jenes einen gar zu generellen Begriff bezeichnet. Wie ist da zu helfen? Im Nothfall hilft man sich wie man kann. Lucian sagt nichts von Rosenöhl; aber vermuthlich hätte er es hier gebraucht, wenn er deutsch geschrieben hätte.

**) Die königliche Elle war nach Herodots Angabe um drey Daumen länger, als die gemeine Elle. Da diese letztere 6 Palmen, oder Paläste, die Paläste aber 4 Daumen enthielt, so hätte die königliche Elle also 27 Daumen ausgetragen.

liche Gebäude von Crystallglase: sie werden mit Zimmt geheitzt, und statt gemeinen Wassers werden die Badewannen mit warmem Thau gefüllt.

Ihre gewöhnliche Kleider sind sehr feine purpurfarbe Spinneweben. Sie selbst aber haben keine eigentliche Körper, (denn sie sind untastbar und ohne Fleisch und Bein) sondern nur die Gestalt und Idee davon; und demungeachtet gehen und stehen sie, haben alle ihre Sinnen *), und reden wie andre Menschen. Kurz, ihre Seele scheint eigentlich nackend einherzugehen, und bloß den Schein eines Leibes um sich geworfen zu haben **); man könnte sie mit aufgerichteten Schatten vergleichen, die, anstatt schwarz zu seyn, die natürliche Farbe ihres Körpers hätten; und man muß sie betasten wollen, um sich zu überzeugen, daß das, was man sieht, kein Körper sey.

Niemand wird hier älter, sondern er bleibt unveränderlich wie er hieher gekommen. Ueberdieß giebt es hier weder was wir Nacht, noch was wir eigentlich Tag nennen; sondern es wird nie heller noch dunkler als unsre Dämmerung vor Sonnenaufgang ist. Auch kennen sie nur Eine Jahreszeit; denn es

---

*) Wenn Lucian anders φρονεσι geschrieben hat, so muß er dieß gemeynt haben: denn daß Seeken oder Geister denken, kann ihm doch so seltsam nicht vorgekommen seyn.

**) Wer so leicht bekleidet gieng, daß er nur ein einziges Gewand von sich zu werfen brauchte, um in puris naturalibus dazustehen, gieng, nach einer gewöhnlichen Redensart der Griechen, nackend. Dieß muß vorausgesetzt werden, wenn Sinn in dieser Periode seyn soll.

ist bey ihnen immer Frühling, und Zephyr der einzige Wind, der hier weht.

Das Land ist daher immer grün, und mit allen Arten von Blumen sowohl, als von zahmen und schattichten Bäumen besetzt. Ihre Weinreben tragen zwölfmal des Jahres; ja die Pfersich- und Aepfelbäume und alle Obstbäume überhaupt sollen sogar dreyzehnmal, nehmlich in dem Monat den sie nach dem Minos benennen, zweymal, Früchte bringen. Anstatt des Weizens treiben ihre Aehren kleine Brödtchen, wie Schwämme, aus ihren Spitzen hervor. Ringsum die Stadt sind dreyhundert und fünf und sechzig Quellen mit Wasser, eben so viele mit Honig, funfzig etwas kleinere mit wohlriechenden Essenzen und Oehlen; und überdieß sieben Flüsse mit Milch und achte mit Wein.

Der Ort, wo sie beysammen speisen, liegt ausserhalb der Stadt in dem sogenannten Elysischen Gefilde: es ist eine wunderschöne Wiese, ringsum mit einem dichten Wald von allerley hohen Bäumen umgeben, die ihren Schatten auf die zu Tische liegenden werfen. Sie liegen statt der Decken auf Blumen, und werden von Zephyren bedient, die ihnen alles bringen was sie verlangen, ausser daß sie ihnen keinen Wein einschenken. Die Ursache hievon ist, weil, dicht an dem Platze wo sie speisen, große gläserne Bäume vom reinsten durchsichtigsten Glase stehen, die, statt der Früchte, Trinkgefäße von allen Formen und Größen tragen. Wenn nun einer zum essen kommt, so bricht er sich ein oder zwey Trinkgläser ab, und stellt sie vor sich hin; sogleich füllen sie sich mit Wein, und er trinkt nach Belieben. Sie

tragen keine Kränze, sondern ganze Schaaren von
Nachtigallen und andern Singvögeln holen Blumen
aus den benachbarten Wiesen, und lassen sie auf sie
herab schneyen, indem sie singend über ihren Häup-
tern herumfliegen. Sie haben auch eine ganz eigene
Art sich zu parfümieren: gewisse schwammartige
Wolken nehmlich saugen die wohlriechenden Essenzen
aus den Flüssen ein; wenn sie voll sind, treibt sie
ein leichter Wind dem offnen Speisesaal zu, und
drückt sie sanft zusammen, da sie dann ihren Bal-
sam wie einen zarten Thau oder Staubregen herab-
träufeln. Während der Tafel erlustigen sie sich mit
Musik und Gesang. Am liebsten singen sie Homers
Gedichte, und er ist selbst da und hat seinen Platz
über dem Ulysses. Sie haben Chöre von Knaben
und Mädchen, denen Eunomus von Lokri *), Arion
von Lesbos, Anakreon und Stesichorus vorsingen;
denn auch den letztern fand ich hier, weil er sich mit
Helenen wieder ausgesöhnt hatte **). Wenn diese
zu singen aufhören, folgt ein zweyter Chor von
Schwänen, Schwalben und Nachtigallen; und, wenn
auch diese fertig sind, fängt der ganze Hayn, von
Abendlüften angeblasen, zu flöten an. Aber was am
meisten zu der Fröhlichkeit, die an ihrer Tafel herr-
schet, beyträgt, sind die zwey Quellen der Wollust
und des Lachens, die neben derselben springen. Jeder trinkt zu Anfang der Mahlzeit aus einer von
beyden, und so bringen sie dann die ganze Zeit derselben fröhlich und lachend hin.

*) Ein berühmter Citharödus des Alterthums.
**) S. die Anmerk. zu der Vertheid. der Bilder
Th. III. S. 314.

Lucian 4. Th.

Nun will ich auch sagen, welche von den berühmtesten Männern ich hier gesehen habe. Fürs erste die Halbgötter alle, und die sämtlichen Helden die vor Troja fochten, den Lokrischen Ajax allein ausgenommen, der, wie man sagte (sein an Cassandra verübtes Verbrechen) am Orte der Gottlosen büßen mußte. Von den Barbaren, den ältern und jüngern Cyrus, den Scythen Anacharsis, den Thrazier Zamolxis, und den Italiener Numa. Ferner den Lykurg von Sparta, die Athenienser Tellos*) und Phocion und die sieben Weisen, den Periander ausgenommen**). Auch sahe ich den Sokrates Sophroniskus Sohn, da er eben mit Nestor und Palamedes im Gespräche begriffen war. Er hatte den Hyacinthus, den Narcissus und Hylas, und verschiedene andere wegen ihrer Schönheit berühmte Jünglinge um sich; auch schien er mir in den ersten verliebt zu seyn: wenigstens machten ihn verschiedene Zeichen verdächtig. Es hieß auch, Rhadamanth sey nicht wohl auf ihn zu sprechen, und habe ihm schon öfters gedroht, ihn aus der Insel hinaus zu jagen, wofern er das schäckern und seine liebe Jronie bey Tafel nicht aufgebe. Von den übrigen Philosophen war Plato allein nicht da: er wohne, sagte man, in seiner von ihm selbst erfundenen Republik, und lebe unter der Verfassung und den Gesetzen, die er ihr selbst gegeben.

---

*) S. den Charon im 2ten Theile S. 170.
**) Vermuthlich, weil ihm die Korinthier, die er (so wie sie es bedurften) mit ziemlicher Strenge regierte, so viel böses nach seinem Tode nachsagten, daß er bey der Nachwelt in den Ruf kam, ein grausamer Tyrann gewesen zu seyn.

Diejenigen aus ihnen, die hier am meisten galten, waren Aristipp und Epikur, ein paar angenehme aufgeweckte Männer, und die besten Tischgesellschafter von der Welt. Auch Aesop, der Phrygier, ist da, und macht den Pickelhäring unter ihnen. Aber Diogenes von Sinope hat seine Sitten so sehr geändert, daß er die Hetäre Lais zur Frau genommen hat, auch sich nicht selten im Trunk übernimmt, und dann zu tanzen anfängt und andere Unfüglichkeiten in der Trunkenheit begeht. Von den Stoikern war keiner da; es hieß, sie stiegen noch immer ihren steilen Tugendhügel herauf: vom Chrysippus aber hörten wir sagen, er dürfe die Insel nicht eher betreten, bis er eine vierfache Nieswurz-Kur ausgehalten habe. Die Akademiker, sagte man mir, wollten zwar kommen, hielten aber noch an sich und untersuchten: denn sie könnten sich noch nicht davon überzeugen, daß überall so eine Insel wie diese in der Welt sey. Vermuthlich mag ihnen auch vor Rhadamanths Urtheile bang seyn, der es schwerlich wohl aufnehmen würde, daß sie ihm so gar das Werkzeug, ohne welches kein Urtheil möglich ist, aus den Händen winden wollen *). Auch hieß es, viele Anhänger von denen, die in die Insel gekommen, näh-

---

*) Lucian spielt mit den Worten κρισις und κριτη-
ριον. Die Akademiker läugneten, daß es ein gewisses Kennzeichen gebe, wodurch man sich überzeugen könne, ob man wahr oder falsch urtheile. Offenbar hieß dieß, dem Rhadamanth seine Profession verleiden wollen, und sein ganzes Amt unnütz machen: er konnte also nicht wohl gleichgültig dabey seyn.

vor der Ilias geschrieben habe, wie viele behaupten? Er sagte nein. Daß er nicht blind gewesen sey, wie sie ebenfalls von ihm sagen, wußte ich auf den ersten Blick; denn er sah so gut als einer, und ich brauchte also nicht erst zu fragen. Ich nahm mir die Freyheit noch öfters, wenn ich sahe, daß er eben Muße hatte, zu ihm hinzugehen, und ihn bald dieß bald jenes zu fragen, und er antwortete mir immer mit der größten Gefälligkeit, zumal nachdem er seinen Proceß gewonnen hatte. Thersites hatte nehmlich, wegen der spöttlichen Figur, die er ihn in seinem Gedichte machen lasse, eine Injurienklage gegen ihn angebracht: aber Homer, der in seiner Vertheidigung vom Ulysses unterstützt wurde, erhielt den Sieg, und Kläger wurde zur Ruhe verwiesen.

Um diese Zeit langte auch Pythagoras in der Insel an, nachdem seine Seele ihre vielen Wanderungen endlich vollendet hatte: denn sie hatte siebenmal, immer in Gestalt eines andern Thieres, ins Leben zurückkehren müssen. Er war an der ganzen

Vermuthlich gilt sie den Mikrologen, die aus kindischer Verehrung Homers beynahe hinter jedem Worte seiner Gedichte ein Geheimniß suchten. Denn daß Lucian durch diese Frage und Antwort habe zu verstehen geben wollen, Homer habe seine Iliade ohne Plan und absichtliche Verbindung gemacht, und sie sey erst lange nach ihm von Leuten ohne Kopf, wie ein Bettlersmantel, zusammengeflickt worden — daß ein Mann wie Lucian sich so etwas auch nur (wie Dûsoul meynt) als einen platten Spaß sollte haben entgehen lassen können, ist nicht zu glauben.

rechten Seite von Golde. Gegen seine Aufnahme war keine Einwendung; nur wußte man nicht, ob man ihn Pythagoras oder Euphorbus nennen müsse. Bald darauf erschien auch Empedokles, am ganzen Leibe gebraten und mit Brandblasen bedeckt: er wurde aber, alles seines Bittens ungeachtet, abgewiesen.

Nach einiger Zeit fielen die öffentlichen Spiele ein, die bey ihnen Thanatusia genennt werden. Die Kampfrichter waren Achilles, und Theseus zum siebentenmale. Alles was dabey vorgieng zu beschreiben, würde zu weitläufig seyn: ich will also nur die Hauptumstände berühren. Den Preis im Ringen gewann Karus, ein Abkömmling vom Herkules *), dem Ulysses ab, der dazu die größte Hoffnung hatte. Im Faustkampfe blieb der Sieg zwischen dem Aegyptier Areius, der zu Korinth begraben liegt und dem Epeius **) unentschieden, indem sich beyde gleich gut gehalten hatten. Für die Pankratiasten wird hier gar kein Preis ausgesetzt. Wer im Laufen obgesiegt, erinnere ich mich nicht mehr. Unter den Dichtern behauptete Homer, in der That, den Vorzug, bey weitem, und doch erhielt Hesiodus den Preis ***).

---

*) Von dem aber niemand nichts wissen will. Sollte ihn Lucian nicht mit allem Fleiß erdichtet haben, in der leichtfertigen Absicht, den Palmern und Gronoven, die sich einst die Köpfe darüber zerbrechen würden, wo dieser Karus herkomme, und ob er nicht Caranus oder Kaprus geheissen habe, eine böse Stunde zu machen?
**) S. Ilias XXIII. v. 664.
***) Ohnezweifel bezieht sich dieß auf das Mähr-

Dieser war für alle Sieger eine aus Pfauenfedern geflochtene Krone.

Die Kampfspiele waren kaum geendigt, als die Nachricht kam, die Verdammten die in der Hölle bestraft werden, hätten sich loßgebrochen, ihre Wache über den Hauffen geworfen, und wären, unter Anführung des Phalaris von Agrigent, des Königs Busiris, des Diomedes aus Thrazien, und der berüchtigten Räuber, Sciron und Pityokamptes, in vollem Anzug gegen die Insel. Auf diese Nachricht schickte Rhadamanth sogleich die Heroen, unter den Befehlen des Theseus, des Achilles, und des Ajax Telamonius, der indessen seinen Verstand wieder gefunden hatte, an die Küste ab. Hier kam es zu einem Treffen, wo die Heroen einen vollständigen Sieg erhielten, den man großen Theils den herrlichen Thaten des Achilles zu danken hatte. Auch Sokrates, der auf dem rechten Flügel focht, hielt sich jetzt viel besser als bey seinen Lebzeiten in dem Treffen bey Delium. Denn dießmal zeigte er den Feinden den Rücken nicht. Auch wurde ihm zur Belohnung seiner bewiesenen vorzüglichen Tapferkeit ein schöner und großer Lustgarten in der Vorstadt zuerkannt.

chen aus der Homerischen Legende, welches Plutarch in seinem Gastmahl der sieben Weisen erzählt, von einem Wettstreit, der zwischen den beyden Dichtern (welche die Legende zu Zeitgenossen macht) zu Chalcis bey den Gedächtnißspielen, die dem Könige Amphidamas von Euböa zu Ehren jährlich von seinem Sohne begangen wurden, vorgefallen, und wo der Preis dem Hesiodus aus einem sehr ungültigen Grunde, zugesprochen worden seyn soll.

Hier pflegte er in der Folge gelehrte Zusammenkünfte mit seinen Freunden zu halten, und nennte diesen Garten die Nekrakademie *). Die überwundenen wurden alle ergriffen, und gebunden an ihrem Ort zurückgeschickt, um noch härter bestraft zu werden. Homer besang auch diese Schlacht, und gab mir bey meiner Abreise ein Exemplar davon für die Leute in unsrer Welt mit: aber unglücklicher Weise bin ich in der Folge darum gekommen, wie um so viele andere Dinge, die ich mitzubringen gedachte. Es fieng sich mit diesem Verse an:

Singe mir, Muse, nun auch den Streit der tobten Heroen.

Sobald die Ruhe glücklich wieder hergestellt war, wurden Anstalten zum allgemeinen Siegesmahl gemacht, wobey, nach einem bey ihnen eingeführten Gebrauch, nichts als gekochte Bohnen aufgetragen werden. Es war ein großes Fest, woran jedermann Theil nahm, den einzigen Pythagoras ausgenommen, der, aus Abscheu vor den Bohnen, sich, so weit er konnte, von den übrigen wegsetzte und lieber fasten wollte.

Sechs Monate von dem mir vergönnten Aufenthalt auf dieser Insel waren nun bereits verflossen, als gegen die Mitte des siebenten sich etwas Neues zutrug. Ein gewisser Cinyrus, Scintharis Sohn, ein großer schöner junger Bursche, hatte sich seit geraumer Zeit in die Helena verliebt, und es fiel nur zu sehr in die Augen, daß sie den jungen Menschen nicht weniger rasend lieb hatte; denn über der

———
*) Todtenakademie.

Tafel war ein ewiges Winken und Zunicken und Zutrinken zwischen ihnen, und, wenn alles noch sitzen blieb, standen sie auf, und schlenderten Arm in Arm im Walde herum. Endlich stieg die Leidenschaft beym Cinyrus auf einen so hohen Grad, daß er sich nicht anders mehr zu helfen wußte, als indem er auf den Einfall kam, seine Schöne zu entführen, und mit ihr in einer der nahe gelegenen Inseln, nach Phello oder Tyroeffa, zu entfliehen. Die Dame war hierüber mit ihm einverstanden, und sie hatten schon seit geraumer Zeit drey von meinen Gefährten, Leute die alles zu unternehmen fähig waren, in ihr Complot gezogen. Nur seinem Vater hatte Cinyrus nichts davon merken lassen, weil er wohl wußte, daß er ihn von seinem Vorhaben abhalten würde. Endlich glaubten sie den günstigen Augenblick zur Ausführung ihres Anschlags gefunden zu haben, und in einer schönen Nacht, da ich nicht um den Weg war, (denn ich war nach der gewöhnlichen Abendmahlzeit eingeschlafen) fuhren sie, ohne daß es jemand gewahr wurde, mit der Dame auf und davon.

Um Mitternacht wachte Menelaus auf, und wie er den Platz seiner Gemahlin in seinem Bette ledig fand, erhub er ein großes Geschrey, und lief in Begleitung seines Bruders Agamemnon wie brennend nach dem Pallast des Rhadamanthus *). Mit An=

*) Massen scheint mir hier unsern Autor ohne hinlänglichen Grund zu beschuldigen, er habe vergessen, daß er uns kurz zuvor versichert habe, die Weiber seyen unter den Bewohnern der glückseligen Insel gemein, und man wisse

bruch des Tages berichteten die Kundschafter, sie sähen ein Schiff das schon ziemlich weit entfernt sey. Sogleich bemannte Rhadamanth eine Barke, die aus einem einzigen Stück Asphodil gezimmert war, mit funfzig Heroen, die den Flüchtlingen nachsetzen mußten; und diese ruderten so scharf, daß sie ihnen gegen Mittag auf den Leib kamen, da sie eben im Begriff waren, unweit der Käseinsel in die Milchsee einzulaufen, so wenig fehlte, daß sie ihnen entwischt wären. Sie machten also das Schiff der Flüchtlinge mit einer Rosenkette an dem ihrigen fest, und kehrten nach dem Hafen zurück. Die arme Helena weinte, und schämte sich, und versteckte ihr Gesicht in ihrem Schleyer: aber Cinyrus und seine Helfershelfer, nachdem sie von Rhadamant gefragt worden, ob noch sonst jemand um ihr Vorhaben gewußt habe (welches sie mit nein beantworteten) wurden erst mit Malven gegeiselt, und sodann, an den Schaamgliedern gebunden, nach dem Ort der Gottlosen abgeschickt.

da nichts von Eifersucht. Mich dünkt hingegen, Lucian mache seine Seligen in diesem Punkt zu ächten und consequenten Platonikern. Das Verbrechen des Cynirus und der schönen Helena bestand nicht darin, daß sie sich zuweilen Arm in Arm im Hayn verirten, u. s. w. sondern in der Heftigkeit ihrer Leidenschaft, und darin, daß Cynirus die Gemahlin des Menelaus allein und ausschließlich besitzen wollte, welches nicht nur gegen das eheliche Recht des Menelaus, sondern auch gegen das oben erwähnte Gesetz dieser Insel lief, und eine desto härtere Strafe verdiente, je größer die Freyheit war, die das Gesetz und die Denkart der Einwohner den beyden Geschlechtern gestattete.

Zu gleicher Zeit wurde beschlossen, daß wir die Insel unverzüglich verlassen sollten, wiewohl die bestimmte Zeit noch nicht verstrichen war, und es wurde uns nur noch der nächste Tag (zu den nöthigsten Zurüstungen) bewilligt. Dieß schmerzte mich nicht wenig, und ich konnte mich nicht enthalten, bitterlich zu weinen, wenn ich an das gute Leben dachte, das ich hier gehabt hatte, und an die Gefahren und widrigen Zufälle, denen ich mich nun wieder aussetzen sollte. Indessen thaten sie ihr möglichstes mich zu trösten und versicherten mich, es würde nicht sehr viele Jahre anstehen, so würde ich wieder zu ihnen kommen; ja sie zeigten mir sogar den Lehnstuhl und den Platz an der Tafel, der mir dann neben den Besten unter ihnen würde eingeräumt werden. Ich verfügte mich hierauf zum Rhadamanth, und bat ihn fußfällig, mir zu sagen, was mir begegnen würde, und wie ich meine Fahrt anzuordnen hätte. Seine Antwort war: ich würde, nach langem Herumirren und nach mancherley überstandenen Gefahren, mein Vaterland endlich wiedersehen: die Zeit aber meiner Heimkunft wollte er mir nicht entdecken, sondern zeigte mir nur die nächsten Inseln (es waren ihrer fünf, ganz nahe beysammen, und in einer ziemlichen Entfernung weiter hinaus eine sechste) und sagte: diese fünf, in denen du die großen Feuermassen brennen siehst, sind der Aufenthalt der Gottlosen. Die sechste ist das Land der Träume; und zunächst an dieser liegt die Insel der Kalypso, die du aber von hier aus nicht mehr sehen kannst. Wenn du bey diesen Inseln vorbeygefahren seyn wirst, dann wirst du ein großes festes Land antref-

fen, das dem eurigen gegen über liegt; und erst
nachdem du in demselben viel Ungemach erlitten,
vielerley Völker durchwandert, und unter wilden
Menschen dich aufgehalten, wirst du endlich wieder
in den andern Continent zurückkommen.

Mit diesen Worten zog er eine Malvenwurzel
aus der Erde, reichte sie mir hin, und befahl mir,
in den größten Gefahren, in die ich gerathen könnte, mein Gebet an sie zu richten: auch ermahnte er
mich, wenn ich bereinst in das besagte Land kommen würde, weder mit einem Degen in Feuer zu
stechen, noch Wolfsbohnen zu essen, noch mit einem Knaben, der über achtzehn Jahre alt sey, Umgang zu pflegen. *) Würde ich dieser Regeln immer eingedenk bleiben, so könne ich mir Hoffnung
machen, bereinst in diese Insel zurückzukommen.

Ich beschäftigte mich nun den Rest des Tages
mit den Zurüstungen zu meiner vorhabenden Reise
und zur gewöhnlichen Zeit schmausete ich noch mit
den Heroen. Am folgenden Morgen bat ich Home-
ren, mir ein paar Verse zu machen, um sie als

---

*) Es braucht kaum der Erinnerung, daß Lucian
hier der Pythagoräer spottet, unter deren, vom
Jamblichus gesammelten, sogenanneten Symbo-
lis, auch diese beyden waren: Stich mit keinem Degen in Feuer! und, Enthalte dich der
Wolfsbohnen. Aber dieß mag den Liebhabern
der Philosophia occulta zu weiterem Nachdenken
anheimgestellt seyn, ob er nicht die dritte Bedingung, unter welcher ihm Rhadamanth zur
Wiederkunft in die Insel der Seligen Hoffnung
macht, für den Schlüssel zu den beyden Pythagorischen Räthselsprüchen gehalten wissen wolle?

Aufschrift auf eine kleine Denksäule zu graben, die ich zum Andenken am Hafen aufrichten wollte. Die Verse lauteten wie folget:

> Lucian kehrt, ein Liebling der seligen Götter, nachdem er
> Alles, was hier ist, sah, in sein liebes Vaterland wieder.

Nachdem ich noch diesen Tag hier zugebracht, fuhr ich, am folgenden, von allen Heroen begleitet, aus ihrer Insel ab. Beym Abschied nahm mich Ulysses auf die Seite, und steckte mir, ohne daß es Penelope gewahr wurde, einen Brief an die Kalypso zu, den ich bestellen sollte, wenn ich nach Ogygia käme. Rhadamanth hatte die Vorsicht gebraucht, mir den Fährmann Nauplius mitzugeben, damit er, wenn wir etwa an eine der benachbarten Inseln getrieben würden, verhinderte, daß wir nicht in Verhaft genommen würden, und uns Zeugniß geben könnte, daß wir in andern Geschäften dieses Weges reiseten.

Sobald wir aus der wohlriechenden Luft der glückseligen Insel heraus waren, kam uns ein stinkender Dunst, wie von zusammenbrennendem Asphalt, Schwefel und Pech, und ein noch schlimmerer, ganz unleidlicher Geruch, wie von gebratnen Menschen, entgegen; die Luft war finster und dumpficht, und ließ beständig einen pechartigen Thau herabfallen; auch hörten wir das Klatschen der Geißeln, und das Geheul einer Menge Menschen, die hier gepeinigt wurden.

Wir stiegen nun auf einer dieser Inseln aus, und ich kann also auch nur von dieser einige Nachricht geben. Die ganze Insel ist ringsum ein einziger schrofer, ausgewitterter, von Steinen und Klippen starrender Felsen, auf dem kein Baum und keine Quelle zu sehen ist. Mit äusserster Mühe krochen wir an dem steilen Ufer hinauf, und kamen, nachdem wir eine Zeitlang auf einem mit Wegdornen und Stacheln übersäten schmalen Fußweg fortgegangen, durch eine Gegend, die mit jedem Schritte scheußlicher wurde, endlich zu den Gefängnissen, und dem Plaße, wo die Verdammten gepeinigt wurden. Hier fiengen wir erst an, die Natur dieses Ortes zu bewundern; denn wir sahen überall statt der Blumen Schwerdter und Dolche aus dem Boden hervorwachsen. Ringsum ist er von drey Flüssen umgeben, wovon der äusserste Koth, der zweyte Blut, und der dritte Feuer führt. Dieser letzte ist sehr breit, und das Feuer strömt darin wie Wasser, und strudelt und treibt so große Wellen wie ein Meer; er hat auch eine Menge Fische, wovon einige wie große Feuerbrände, andere kleine aber wie glühende Kohlen aussehen. *)

Es geht nur ein einziger sehr schmaler Weg über alle diese Flüsse, an dessen Eingang Timon der Thürhüter ist. Da wir aber den Nauplius zum Führer hatten, so durften wir uns schon weiter wagen, und sahen eine große Menge Könige und gemeine Leute, die hier ihre Strafe empfiengen, und von denen wir verschiedene erkannten. Unter andern sahen wir auch den armen Cyniras, der, am Geschlechtsgliede über einem Feuer aufgehangen, ge-

*) Der Text hat hier noch den Beysaß: εκαλαν δε αυτας λυχνισκυς, man nennt sie hier Lämpchen.

räuchert wurde. Diejenigen, die uns herumführten, erzählten uns die Geschichte dieser Unglückseligen, und die Verbrechen, um derentwillen sie gestraft wurden. Am schärfsten unter allen werden die Lügner gezüchtiget, besonders die Geschichtschreiber, die nicht die Wahrheit geschrieben haben, unter denen ich den Ktesias und Herodot, und noch viele andere bemerkte. Der Anblick dieser Leute machte mir gute Hoffnung für mein eigenes künftiges Schicksal, da ich mir, Gottlob! nicht bewußt bin, eine einzige Lüge gesagt zu haben. *)

Weil ich dieses jammervolle Schauspiel nicht länger aushalten konnte, eilte ich nach meinem Schiffe zurück, nachdem ich vom Nauplius Abschied genommen hatte. Wir waren noch nicht lange weiter gefahren, als wir die Insel der Träume erblickten, die aber so dunkel war, daß wir sie kaum unterscheiden konnten, ungeachtet sie uns schon ganz nahe lag. Diese Insel hatte eine Eigenschaft, wodurch sie selbst beynahe zum Traum wurde; sie wich nehmlich immer von uns zurück, und schien immer weiter von uns entfernt zu werden, je näher wir ihr kamen. Endlich aber waren wir doch so glücklich sie zu erreichen, und liefen in den Hafen, Hypnos genannt, ein. Es war bereits um die letzte Abenddämmerung, als wir nicht weit vom Tempel Alektryons

*) In der That sind die strafbaren Lügen nur die, die man andern treuherzigen Leuten für Wahrheit aufhängt: und von dieser Sünde ist schwerlich je ein Lügner reiner gewesen als der Verfasser dieser wahren Geschichte.

tryons ausstiegen. Als wir zum Thor hinein giengen, sahen wir eine Menge Träume aller Arten in den Strassen herumschwärmen. — Doch vor allen Dingen muß ich etwas von der Stadt sagen, da sie noch von keinem andern beschrieben worden ist, und Homer, der einzige, der ihrer Meldung thut *), nur sehr obenhin von ihr spricht.

Rings um die ganze Insel zieht sich ein Wald, dessen Bäume Mohnblumen und Alraunen von ausserordentlicher Höhe sind, unter welchen sich eine ungeheure Menge Fledermäuse aufhalten, als der einzige Vogel, der hier zu sehen ist. Nahe an der Stadt fließt ein Fluß, den sie Nykriporos **) nennen, und nicht weit von den Thoren zwey Brunnen, wovon der eine Negretos ***) und der andere Pannychia †) heißt. Die Stadt ist mit einem hohen Wall umgeben, der mit allen Farben des Regenbogens prangt. Sie hat nicht, wie Homer sagt, zwey, sondern vier Thore, wovon zwey die Aussicht gegen das Gefilde der Fühllosigkeit haben, das eine von Eisen, das andere von Ziegeln; aus diesen, sagt man, gehen alle schrecklichen, blutigen und grausamen Träume: die anderen beyden sehen gegen den Hafen und das Meer, und zwar ist das eine von Horn, und das andere, durch welches wir hereinkamen, von Elfenbein. Dem, der in die Stadt hinein geht, rechter Hand, steht der Tempel der

---

*) Odyss. XIX. 560. u. f.
**) Nachtwandler.
***) Der Unerweckliche.
†) Die ganze Nacht durch.

Nacht; denn unter allen Göttern wird hier der
Nacht und dem Alektryon die meiste Ehre erwiesen.
Der letztere hat seinen Tempel nahe am Hafen.
Linker Hand steht der Pallast des Schlafs, der hier
König ist, und zwey Satrapen oder Statthalter
unter sich hat, den Taraxion, Matäogenes Sohn,
und den Plutokles Phantasions *). Mitten auf dem
Markt ist ein Brunnen, den sie Schlaftrunk nennen, und nahe dabey zwey Tempel, wovon der
eine der Täuschung und der andere der Wahrheit
gewidmet ist. Auch haben sie hier ein Orakel, dessen Vorsteher und Prophet, Nahmens Antiphon,
bestellt ist, die Träume zu deuten; eine Würde, die
er unmittelbar vom Schlaf erhalten hat **).

Was die Träume selbst betrifft, so sind sie von
sehr verschiedener Natur und Gestalt; einige groß,
schön und lieblich anzusehen, andere klein und un-
gestalt; einige, dem Anschein nach, lauter Gold,
andre von geringem oder gar keinem Werthe. Verschiedene unter ihnen hatten Flügel und allerley aben-

*) Diese sprechenden Nahmen hätte ein Mitglied
der fruchtbringenden Gesellschaft allenfalls durch
Schrecker, Eitelwolfs, und Reichstolz, Faslers
Sohn, verdollmetschen können. Man muß gestehen, daß uns heutigen Lesern dieser seyn sol-
lender Witz, diese müßigen Personificationen,
dieß Spielen mit redenden Nahmen u. s. w.
unsäglich frostig vorkommt. Vermuthlich würde
man es zu Athen zwischen der 80sten und 116ten
Olympiade eben so gefunden haben, wiewohl
man gestehen muß, daß Aristophanes selbst nicht
ganz frey von dergleichen Spielerey ist.

**) Ob dieß vielleicht einem damaligen, uns nicht
mehr bekannten, Traumdeuter gilt?

teuerliche Formen; andere waren, wie zu einem festlichen Aufzug, als Götter, Könige und dergleichen angezogen und herausgeputzt. Viele von ihnen erinnerten wir uns ehemals zu Hause schon gesehen zu haben. Diese kamen auf uns zu, grüßten uns als alte Bekannte, bewirtheten uns, nachdem sie sich unsrer bemächtigt hatten, aufs prächtigste, und versprachen uns sogar Könige und große Herren aus uns zu machen. Einige führten uns jeden in sein eigenes Vaterland, zeigten uns unsre Angehörigen und guten Freunde, und brachten uns am nehmlichen Tage wieder zurück. So verschliefen wir in geträumtem Wohlleben dreyßig Tage und Nächte auf dieser Insel. Endlich weckte uns plötzlich ein starker Donnerschlag, wir sprangen auf, versahen unser Schiff mit Lebensmitteln *), und segelten davon.

Am dritten Tage stiegen wir an der Insel Ogygia aus. Aber ehe ich den Brief, den ich für die Calypso bey mir hatte, übergab, wollte ich doch wissen, was darin stünde, und brach ihn auf. Er lautete folgendermaßen:

„Ulysses an Calypso. Meinen Gruß zuvor! Ich bediene mich dieser guten Gelegenheit, dir zu melden, daß ich mit dem von mir zusammengeflickten Schiffchen, worin ich von dir abfuhr, gar bald verunglückte, und nur durch Leukotheas Beystand mit dem Leben davon kam, und an die Küste der Phäazier gerettet wurde. Diese beför-

*) Aus der Insel der Träume.

derten mich in meine Heimath, wo ich meine Hausfrau von einer Menge Freyern belagert fand, die in meinen Gütern schwelgten. Ich tödtete sie alle, wurde aber in der Folge selbst vom Telegonus, einem Sohne, den ich von der Circe hatte, ums Leben gebracht, und halte mich nun in der Insel der Seligen auf, wo ich gute Muße habe, mich gereuen zu lassen, das angenehme Leben, das ich bey dir hatte, verlassen, und die Unsterblichkeit, die du mir anbotest, ausgeschlagen zu haben. Sobald ich also Gelegenheit finden kann, werde ich von hier zu entwischen suchen, und zu dir zurückkehren."

Dieß war der Inhalt des Briefes, und zum Schlusse kam noch eine Bitte, daß sie uns freundlich aufnehmen möchte.

Ich hatte vom Ufer aus nicht weit zu gehen, so fand ich die Grotte, gerade so wie sie Homer beschreibt, und die Göttin darin mit ihrer Wolleweberey beschäftigt. Sie nahm den Brief an, steckte ihn in ihren Busen, und ließ ihren Thränen freyen Lauf: als sie sich aber wieder gefaßt hatte, lud sie uns zur Tafel ein, wo sie uns prächtig bewirthete, und viel von Ulysses mit uns sprach, auch über seine Penelope allerley Fragen an uns that, z. E. wie sie aussähe, und ob sie denn wirklich ein solches Tugendbild sey, wie Ulysses von ihr gerühmt habe. Wir antworteten ihr, was wir vermutheten daß sie am liebsten hören würde; und kehrten dann nach unserm Schiffe zurück, wo wir nah am Strande die Nacht zubrachten.

Des folgenden Morgens fuhren wir mit einem

ziemlich frischen Winde ab, wurden ein paar Tage von Stürmen herumgeworfen, und geriethen am dritten unter die Kolokynthopiraten, eine Art von Wilden, die, von den benachbarten Inseln aus, auf Beute ausgehen, und die vorüberfahrenden berauben. Ihre Schiffe sind große ausgehöhlte Kürbisse, gegen sechs Ellen lang; ihre Mastbäume von Rohr, und ihre Segel von Kürbisblättern. Diese Seeräuber fielen uns mit zwey wohlbemannten Schiffen an, und überdeckten uns statt der Steine mit einem Hagel von Kürbiskernen, wodurch viele von uns verwundet wurden. Wir hatten uns indessen doch eine gute Weile gewehrt, ohne daß sich der Sieg auf die eine oder andere Seite entscheiden wollte, als wir gegen Mittag einige Karyonauten *) den Kolokynthopiraten in den Rücken kommen sahen, die, wie sichs bald zeigte, ihre Feinde waren. Denn sobald die letztern ihre Ankunft gewahr wurden, ließen sie von uns ab, drehten sich gegen die Karyonauten, und fiengen ein hitziges Gefecht mit ihnen aus den Schiffen an. Wir zogen indeß unser Segel wieder auf, und machten uns davon, ohne uns weiter um den Erfolg zu bekümmern; indessen sahe man doch wohl, daß die Karyonauten, welche ihnen an Zahl der Schiffe überlegen waren, Sieger werden würden; zumal da ihre Fahrzeuge auch von stärkerem Bau waren; denn es waren lauter halbe Nußschalen, deren jede funfzehn Schritte in die Länge maß. Sobald wir ihnen aus den Augen gekommen waren, verbanden wir unsre Verwundeten,

*) Nußschiffer.

und blieben von dieser Zeit an immer bewaffnet, weil wir uns nie vor diesen oder jenen Nachstellungen sicher hielten; und es zeigte sich bald, daß wir wohl daran thaten. Denn die Sonne war noch nicht völlig untergegangen, als aus einer wüsten Insel, bey der wir vorbeyfuhren, ungefähr zwanzig Mann auf großen Delphinen gegen uns angeritten kamen. Auch diese waren Räuber. Ihre Delphine trugen sie so sicher als sie es verlangen konnten, und wieherten und bäumten sich wie die muthigsten Pferde. Wie diese Wilden nahe genug an uns gekommen waren, stellten sie sich zu beyden Seiten um unser Schiff, und warfen mit trocknen Tintenfischen und Krabbenaugen nach uns. Da wir ihnen aber mit Pfeilen und Wurfspießen unser Gegencompliment machten, hielten sie nicht lange Stand, und flohen, größtentheils verwundet, ihrer Insel zu.

Um Mitternacht und bey sehr ruhiger See fuhren wir unwissender Weise gegen ein ungeheures Eisvogelnest an, das ungefähr sechzig Stadien im Umkreis haben möchte. *) Der Eisvogel, der eben über den Eyern saß und brütete, gab seinem Nest an Größe nicht viel nach; und da er aufflog, fehlte wenig, daß er unser Schiff mit dem Winde, den seine Flügel machten, nicht umgeworfen hätte. Indem er davon flog, ließ er eine sonderbare klägliche Stimme von sich hören. Als es Tag wurde, stie-

*) Herr Massieu macht hier wieder aus sechzig, sechs hundert; als ob sechzig Stadien (ungefähr vierthalb Stunden) im Umkreis nicht schon eine ganz artige Größe für ein Eisvogelnest wäre.

gen wir aus, um das Nest zu besehen, das aus lauter Bäumen zusammengefügt war, und einem ungeheuern Floße ähnlich sah. Es lagen funfzig Eyer darin, jedes größer als eine Chiische Tonne, und die Jungen darin waren bereits sichtbar und piepten. Wir hieben eines von diesen Eyern mit einer Zimmeraxt auf, und zogen ein unbefiedertes Küchelchen heraus, das stärker war als zwanzig Geyer.

Kaum hatten wir uns wieder auf zweyhundert Stadien vom Nest entfernt, als uns verschiedene höchst erstaunliche Wunderdinge begegneten. Die Gans auf dem Vordertheile unsers Schiffes *) fieng auf einmal an mit den Flügeln zu schlagen und laut zu schnattern; unser Steuermann Skintharus, der so kahl war wie die flache Hand, bekam plötzlich seine Haare wieder; und was noch das wunderbarste war, unser Mastbaum fieng an zu sprossen, Aeste zu treiben, und oben im Wipfel Feigen und Weintrauben zu tragen, wiewohl noch nicht völlig zeitige. Man kann sich vorstellen, wie bestürzt wir über alle diese Wunderzeichen wurden, und wie eiferig wir die Götter baten, die Uebel von uns abzuwenden, die etwa dadurch bedeutet werden könnten.

Wir hatten noch nicht fünfhundert Stadien zurück gelegt, so erblickten wir einen sehr großen und dichten Wald von Fichten und Cypressen. Anfangs hielten wir es für festes Land; aber es war ein tiefes Meer, das mit Bäumen ohne Wurzeln bepflanzt war. Demungeachtet standen die Bäume gerade und

---

*) S. Eine geschnitzte nehmlich.

unbeweglich, oder schienen uns vielmehr so entgegen zu schwimmen. Wie wir ihnen nun nahe genug waren, um alles genau zu erkundigen, geriethen wir in großen Zweifel, was wir anfangen sollten. Durch die Bäume durchzukommen, war keine Möglichkeit, denn sie standen in geschloßnen Reihen dicht an einander; und wieder umzukehren, schien uns auch nicht rathsam. Ich erstieg also den größten dieser Bäume, um mich auf allen Seiten umzusehen, was es eigentlich für eine Bewandtniß mit der Sache hätte; und da sah ich, daß der Wald sich gegen funfzig Stadien und darüber erstrecke, und dann wieder ein neues Meer angehe. Ich kam also auf den Einfall, unser Schiff auf die Wipfel der Bäume, die ungemein dicht waren, zu versetzen, und es, wo möglich, über sie weg in das jenseitige Meer zu ziehen. Wie gedacht, so gethan. Wir machten unser Schiff an ein großes Tau fest, stiegen auf die Bäume, und zogen es, wiewohl mit unendlicher Mühe, zu uns herauf; setzten es dann auf die obersten Aeste, spannten alle Segel auf, und segelten, mit einem guten frischen Winde hinter uns, so leicht darüber weg, als ob wir noch auf dem Wasser wären *). Wie

---

*) Der Griechische Text hat hier noch folgenden Beysatz: dabey fiel mir denn der Vers des Dichters Antimachus ein, τοισιν δ'ὑληεντα δια πλοον ερχομενοισι. Ein solcher mitten aus einer Periode aufgehobener Vers aus einem nicht mehr vorhandenen Gedichte ist nicht gut zu übersetzen: indessen sagt er wörtlich so viel als: „ihnen, da sie so mitten die waldichte Flotte durchfuhren" (begegnete nehmlich dieß oder das) der Lateinische Uebersetzer giebt es, ich weiß

wir endlich diesen Wald zurückgelegt hatten, kamen wir wieder an die See, ließen unser Schiff wieder herab, und fuhren durch ein cryſtallhelles durchſichtiges Waſſer ſo lange fort, bis wir bey einer großen Waſſerkluft ſtill zu halten genöthigt waren, die dadurch entſtanden war, daß das Waſſer ſich von einander geſpalten, und in ſeiner Art etwas dem, was

nicht recht warum: per ſylveſtre illis navi venientibus aequor, vermuthlich um das Spiel unſers Reiſebeſchreibers mit dem ὑλήεντι πλόῳ deutlicher zu machen. Ich habe fürs beſte gehalten, dieſe Kleinigkeit, die den deutſchen Leſer nur aufhielte, und nicht ein Körnchen Salz für ihn enthält, lieber gar wegzulaſſen. Was übrigens den Dichter Antimachus betrifft, aus deſſen epiſchen Gedichte Thebais, der citierte Vers genommen ſcheint, ſo lebte er in den Zeiten des Perikles; und Plato hatte ihn in ſeiner Jugend als einen alten Mann geſehen. Dieſer dichteriſche Philoſoph ſchätzte ſeine Werke ſo hoch, daß er einen eigenen Abgeordneten nach Kolophon, oder nach Klaros (woher Antimachus gebürtig war) ſchickte, um alles daſelbſt zu ſammeln, was von ſeinen Gedichten aufzutreiben wäre. Quinctilian räumt ihm die zweyte Stelle unter den Heldendichtern ein, und der Kayſer Hadrianus (deſſen Geſchmack nicht immer der beſte war) ſetzte ihn ſogar über Homer, und gieng (ſagt man) wirklich damit um, die Werke des Göttlichen Dichters, zum Vortheil ſeines Günſtlings, gänzlich zu vertilgen — welches hoffentlich Sr. Kayſerl. Maj. nicht Ernſt war. Ungeachtet ihm die Alten vorwerfen, daß er ſchwülſtig geweſen, läßt ſich doch aus der Achtung, die ein Plato und Quinctilian für ihn hatten, vermuthen, daß der Verluſt ſeiner Thebais für die Litteratur nicht gleichgültig iſt.

man zu Lande einen Erdfall nennt, ähnliches hervorgebracht hatte. Es hätte wenig gefehlt, daß unser Schiff in diesen Abgrund hinabgezogen worden wäre, wenn wir nicht noch zu rechter Zeit alle Segel eingerafft hätten. Wie wir nun die Köpfe hervorstreckten und hinunter guckten, sahen wir eine Tiefe von tausend Stadien wenigstens, vor der uns Sinne und Verstand still stunden. Wie wir uns aber besser umsahen, wurden wir in der Ferne einer wässernen Brücke gewahr, die über diesen Abgrund geworfen war, und die Oberfläche des dieß- und jenseitigen Meeres mit einander vereinigte. Wir ruderten nun mit solcher Macht, bis wir unser Schiff auf diese Brücke brachten, und kamen solchergestalt, was wir nicht hatten hoffen dürfen, glücklich, wiewohl mit unsäglicher Arbeit, hinüber.

Nun befanden wir uns in einem stillen Meere, und kamen an eine kleine, leicht zugangbare und bewohnte Insel; aber ihre Einwohner waren Wilde mit Ochsenköpfen und Hörnern, wie man bey uns den Minotaurus zu bilden pflegt; daher sie denn auch vermuthlich den Nahmen Ochsenköpfler *) führen. Sobald wir am Lande waren, giengen wir aus, unsre Wasserfässer zu füllen, und wo möglich auch etwas zu essen zu bekommen, denn wir hatten nichts mehr. Wasser fanden wir ziemlich bald, sahen aber sonst nichts, das uns Hoffnung gemacht hätte, auch Lebensmittel zu finden, ausser daß wir nicht sehr weit von uns ein Gebrüll hörten, das von einer zahlreichen Heerde Hornvieh zu kommen schien. Wie

*) Bucephalen.

wir aber, in dieser Hoffnung, ein wenig weiter fortgiengen, fanden wir eine Art Menschen vor uns. Sobald sie uns gewahr wurden, fielen sie über uns her und ergriffen drey der unsrigen; wir übrigen flohen dem Meere zu. Weil wir aber nicht gesonnen waren, unsere Cameraden ungerochen im Stich zu lassen, griffen wir sämmtlich zu den Waffen, und giengen auf die Bucephalen los, die wir eben im Begriff fanden, das Fleisch unsrer erschlagenen Gefährten zu theilen. Wir setzten sie aber in einen so großen Schrecken, daß sie alle die Flucht ergriffen. Wir setzten ihnen nach, tödteten ihrer gegen funfzig, ergriffen zwey lebendig, und kehrten sogleich mit unsern Gefangenen zurück. Nahrungsmittel aber hatten wir nicht gefunden. Die übrigen trugen nun drauf an, daß wir die Gefangenen abschlachten sollten; ich aber war nicht dieser Meynung, sondern entschlossen, sie so lange in gefänglicher Verwahrung zu halten, bis die Aeltesten der Bucephalen kommen, und sich erbieten würden, sie loszulaufen. Es zeigte sich bald, daß ich recht hatte; denn wir wurden gewahr, daß sie uns zuwinkten, und in einem traurigen und flehenden Tone zu uns herüber brüllten. Wir traten also in eine Art von Unterhandlung mit ihnen; sie gaben uns als Lösegeld eine Menge Käse, Zwiebeln und gedörrter Fische, nebst vier dreybelnichten Hirschen, bey welchen nehmlich die zwey Hinterfüße wie bey andern, die vordern aber in Einen zusammengewachsen waren. Hiefür gaben wir ihnen die Gefangenen zurück, und nachdem wir uns noch einen einzigen Tag aufgehalten, schifften wir uns wieder ein, und fuhren ab,

Nun fiengen uns an Fische von allerley Arten zu Gesichte zu kommen, wir sahen Vögel fliegen, kurz, es stellten sich alle Zeichen ein, woraus man auf die Nähe eines festen Landes schließt. Bald darauf sahen wir Männer, die sich einer ganz neuen Art zu schiffen bedienten; denn sie waren Schiff und Schiffer zugleich. Ihre Manier ist diese. Sie legen sich auf den Rücken ins Wasser, richten dann, was ihr wißt, (womit sie ungewöhnlich stark verse- hen sind) in die Höhe, hängen ein Segel daran, dessen untere Taue sie in den Händen halten, und segeln so vor dem Winde daher. Nach ihnen kamen Andere, die auf großen Stücken Kork saßen, und sich von zwey vorgespannten Delphinen fortziehen ließen, die sie mit Zügeln und Leitseilen regierten. Diese Leute thaten uns weder Leides, noch flohen sie vor uns; sie fuhren ruhig und ohne Scheu um uns herum, bewunderten die Gestalt unseres Fahr- zeuges, und betrachteten es von allen Seiten.

Da es Abend wurde, landeten wir an einer kleinen Insel an, die von Weibern bewohnt wird, welche, wie es uns dünkte, Griechisch redeten. Auch kamen sie uns entgegen, nahmen uns bey der Hand, und hießen uns gar freundlich willkommen. Sie waren alle schön, jung, und in hetärischem Geschma- cke herausgeputzt, und trugen lange Röcke, die auf dem Boden nachschleppten. Wir vernahmen von ih- nen, daß ihre Insel Kabalusa, und ihre Stadt Hy- damardia hieße *). Diese Frauenzimmer wurden

*) Die Deutung dieser barbarisch griechischen Wör- ter quält die Ausleger umsonst. Vielleicht sind

bald so bekannt mit uns, daß jede einen von uns
mit sich in ihr Haus nahm, und verlangte, daß er
ihr Gast seyn sollte. Ich meines Orts blieb ein
wenig zurück, weil mir bey allen diesen Anscheinun-
gen nichts Gutes schwahnte; und indem ich mich
genauer umschaue, sehe ich eine Menge Menschen-
knochen und Schädel herumliegen. Darüber ein Geschrey zu erheben, meine Gefährten zusammenzuru-
fen, und zu den Waffen zu greifen, fand ich nicht
für gut: sondern ich zog meine Malve hervor, und
bat sie sehr eifrig, mir aus dieser Noth glücklich
herauszuhelfen. Wie mir nun, nicht lange hernach,
meine Wirthin aufwartete, sah ich, daß sie, anstatt Beine wie ein Weib zu haben, Eselsfüße und
Eselshufe hatte. Sogleich geh ich mit gezognem
Degen auf sie los, bemächtige mich ihrer, binde
sie, und nöthige sie, mir alle meine Fragen zu be-
antworten. Sie gesteht also, wiewohl ungern genug,
sie seyen eine Art Meerweiber, Eselsfüßlerinnen genannt *), und nährten sich von den Fremden, die
ihnen in die Hände fielen. Denn, sagte sie, wenn
wir sie nur erst trunken gemacht und in unsern Armen eingeschläfert haben, so sind wir bald mit ihnen fertig. Auf diesen Bescheid hin ließ ich sie gebunden liegen, stieg auf das Dach, rief meine Gefährten zusammen, entdeckte ihnen alles, zeigte ihnen die Menschengebeine, und führte sie zu meiner
Gefangenen hinein. Aber ehe wirs uns versahen,

sie durch die Abschreiber entstellt worden, vielleicht auch nicht. Das Beste ist wohl, wir thun,
als ob — nichts daran gelegen sey.
*) Onoskeleen.

zerfloß sie in Waſſer und ſchwand aus unſern Augen. Indeſſen ſtieß ich doch, um einen Verſuch zu machen, mit dem Degen ins Waſſer, und ſogleich wurde es zu Blut.

Wir hatten nun nichts eiligeres als unſerm Schiffe zuzulaufen und davon zu fahren. Wie der Tag wieder anbrach, erblickten wir die Küſte eines feſten Landes, und vermutheten ſogleich, es werde dasjenige ſeyn, das dem, worauf wir wohnen, gegenüber liegt. Unſer erſtes war, auf unſre Knie zu fallen, und unſer Gebet zu verrichten. Hierauf giengen wir mit einander zu Rathe, wozu wir uns nun entſchließen ſollten? da denn einige der Meynung waren, daß wir, nach einer kurzen Landung, gerades Weges wieder zurückkehren ſollten, wo wir hergekommen, andere hingegen trugen darauf an, das Schiff zu verlaſſen, uns mitten ins Land hinein zu wagen, und zu verſuchen, was mit den Einwohnern zu machen ſey. Während wir aber ſo hin und her räſonierten, überfiel uns ein entſetzlicher Sturm, und warf unſer Fahrzeug mit ſolcher Gewalt gegen die Küſte, daß es in Stücken gieng, und wir große Noth hatten, jeder mit ſeinen Waffen und dem, was er etwa ſonſt noch retten konnte, ans Land zu ſchwimmen.

Und dieß iſt es alſo, was mir, bis zu meiner Ankunft in beſagtem andern Welttheile, auf dem Ocean, und während meiner Fahrt durch die Inſeln, und in der Luft, hernach im Wallfiſche, und nachdem wir wieder herausgekommen, bey den Heroen und unter den Träumen, und endlich bey den Ochſenköpflern und Eſelsfüßlerinnen, begegnet iſt.

Was nun weiter auf dem festen Lande erfolgte, davon werde ich in den folgenden Büchern ausführlichen Bericht erstatten. *)

*) Es gebührte sich, eine Geschichte, worin alles Lüge ist, mit einem Versprechen, das der Verfasser nie zu halten dachte, zu beschließen. Unsern Lesern aber, die den zauberischen Reiz dieser seltsamen Composition nun an sich selbst erfahren haben werden, und besonders jungen Dichtern, empfehle ich genauer nachzuforschen, wo der Talisman liege, der diese wunderbare Wirkung hervorbringt. Sie werden finden, daß mehr Kunst in diesem Spiel einer (dem Anschein nach) ohne alles Gesetz ausschweifenden Imagination verborgen ist, als man bey einem flüchtigen Anblick meynen sollte. Ohne ihrem eigenen Nachdenken vorzugreifen, bemerke ich nur dieses wenige.
1. Lucian erhält seine Leser in beständiger Erwartung, durch etwas neues, das noch abentheuerlicher ist als das vorhergehende, überrascht zu werden; und verstärkt das Vergnügen, das aus dem Wunderbaren der Sache selbst entspringt, noch durch das Erstaunen über die Energie und Verwegenheit der Imagination, welche die Schöpferin so unerhörter Dinge ist.
2. Die treuherzige Unbefangenheit, womit er diese Dinge erzählt, imponiert eben dadurch, daß der Erzähler sie selbst zu glauben scheint, der Einbildungskraft des Lesers, und macht sie auch ihm für den Moment um so glaublicher, weil sie ihm, trotz ihrer Unmöglichkeit, als wirklich geschehen vorgestellt werden, und gleichsam vor seinen Augen entstehen.
3. Je unnatürlicher die Hirngeschöpfe und Traumbegebenheiten sind, die er erzählt, desto leichter geht er darüber hin; das erstaunlichste ist

immer das, worüber er selbst am wenigsten erstaunt, und wovon er in einem so gelaßnen Tone spricht, als ob es die alltäglichste Sache wäre.

4. Er hält uns nie so lange bey Einer Scene seiner Zauberlaterne auf, daß sie uns lange Weile machen könnte, und läßt auf eine erstaunliche oder widersinnige Begebenheit so schnell eine noch erstaunlichere, noch tollere folgen, daß man keine Zeit hat, die Täuschung wahrzunehmen. Rechnet man noch hinzu die große Mannichfaltigkeit der Fictionen, die angenehme Abwechslung tragischer und komischer, lieblicher und grausenhafter Bilder und Scenen, die häufigen Anspielungen und Satyrischen Züge, womit besonders das zweyte Buch gewürzt ist, und endlich die grazienvolle Lebhaftigkeit des Styls, und die fröhliche Laune und Leichtigkeit des Geistes, die das alles ohne die geringste Anstrengung hervorgebracht zu haben scheint: so ist, däucht mich, die Frage: wie ein so frivoles Werkchen verständigen Lesern so viel Vergnügen machen könne? hinlänglich aufgelöst. Tiefer in diese Materie einzudringen, ist nicht dieses Ortes.

———

L u₃

Lucius *)
oder
der magische Esel

Ich machte einmal eine Reise nach Thessalien, um ein von meinem Vater geerbtes Geldgeschäfte mit einem Manne, der in diesem Lande angesessen war, abzuthun. Ein einziges Pferd trug mich und

*) Die gemeine Meynung der Gelehrten ist, dieses Stück, das in den Handschriften den Titel: Λσχιος η ονος führt, sey ein Auszug eines größern Werkes, welches ein gewisser Lucius von Patrá (nach der Angabe des Photius no. 242. seines Myriobiblos) unter dem Titel Μεταμορφωσεως λογοι διαφοροι in zwey Büchern verfaßt, und woraus Apulejus (ein Zeitgenosse Lucians) seinen goldnen Esel, wiewohl nach einem ganz andern Plan, und mit vielen Veränderungen, Zusätzen und Episoden, in eilf Büchern verfertiget habe. Es ist sonderbar und beynahe unbegreiflich, daß ein Mann von Lucians seltnen Gaben auf den Einfall gekommen seyn sollte, einem Lucius von Patrá eine von diesem verfertigte Milesische Fabel zu stehlen, Wort für Wort abzuschreiben, und für sein eigen Werk auszugeben, ohne etwas anders dabey gethan zu haben, als den bestohlnen Autor abzukürzen. Von welcher Seite man

meinen Mantelsack, und ein einziger Bedienter folgte mir zu Fuße. Unterweges traf ich auf einige

> die Sache ansieht, wird man sie mehr als un-
> wahrscheinlich finden. Das kürzeste Mittel, aus
> der Schwierigkeit zu kommen, wäre nun frey-
> lich, mit Tanaquil Faber gerade weg zu läug-
> nen, daß Lucian diese Eselsgeschichte geschrie-
> ben habe. Dazu aber ist in dem Werkchen
> selbst nicht der geringste Grund, sondern gera-
> de das Gegentheil. Zum Glücke findet sich noch
> ein anderer Weg, unsern Autor von der Ma-
> ckel eines so unverschämten Plagiats zu be-
> freyen: da er aber für eine Note zu weitläuf-
> tig ist, so werde ich das Resultat meiner Un-
> tersuchung über diese Materie in einem eige-
> nen kleinen Aufsatze auf gegenwärtiges Stück
> folgen lassen. Ueber den Inhalt und die obscö-
> nen Stellen desselben weiß ich mich nicht bes-
> ser als mit den Worten des englischen Ueber-
> setzers, des Thom. Franklin, zu erklären: „Lu-
> cians Esel (sagt er) hat, um ihm sein Recht
> anzuthun, ein gutes Theil muntrer Laune und
> Unterhaltendes: aber, wie es die Art dieses
> Thieres ist, sich zuweilen etwas unartig auf-
> zuführen, so sah ich mich genöthiget, ihn (um
> seinen eigenen Ausdruck zu gebrauchen) ein we-
> nig zu stutzen, ehe er mit einiger Anständig-
> keit in guter Gesellschaft erscheinen konnte." —
> Vorläufig bemerke ich nur noch, daß unter al-
> len Schriften Lucians keine unter den Händen
> der Abschreiber mehr gelitten zu haben scheint
> als dieser arme Esel. Ich bin nicht gelehrt
> genug, den Text restituiren zu können: aber
> da ich wenigstens eine Nase habe (wie die La-
> teiner sagen) so habe ich kein Bedenken getra-
> gen, ihr überall zu folgen, wo sie eine Ver-
> fälschung des Textes witterte; so wie meinem
> Auge, wo ich offenbare Lücken zu sehen glaubte.
> Hanc veniam petimus damusque vicissim.

Thessalier von Hypata, die im Begriff waren, nach ihrer Vaterstadt zurückzukehren; wir wurden eins in Gesellschaft zu reisen, und so legten wir diesen beschwerlichen Weg um so leichter zurück. Wir waren schon nahe bey der Stadt, als ich meine Thessalier fragte, ob sie einen Einwohner von Hypata, der Hipparchus heisse, kennten? denn an diesen Mann hatte ich ein Empfehlungsschreiben von Hause, welches mir den Vortheil, bey ihm zu wohnen, verschaffen sollte. Ihre Antwort war: der Hipparchus, den ich meynte, und die Gegend der Stadt, wo er wohne, sey ihnen ganz wohl bekannt; er habe viel Geld, sey aber so begierig dessen immer mehr zu haben, und ein so großer Feind vom Ausgeben, daß seine ganze Haushaltung in einer Frau und einer einzigen Magd bestehe. Unter diesen Reden erreichten wir die Stadt. Meine Gefährten zeigten mir einen Garten mit einem leidlichen Häuschen, wo Hipparchus wohne, nahmen hierauf Abschied von mir, und giengen ihres Weges; ich hingegen gehe hin und klopfe an die Thür. Ich mußte ziemlich lange warten und mehr als einmal klopfen, bis die Frau endlich zum Vorschein kam. Ist Hipparchus zu Hause? fragte ich. Ja, war die Antwort: aber wer bist du, und was für eine Ursache hast du, nach ihm zu fragen? Ich bringe ihm einen Brief von dem Sophisten Dekrianus von Paträ, erwiederte ich. So warte hier einen Augenblick, versetzte sie, schloß mir die Thür vor der Nase zu, und gieng wieder hinein. Endlich kommt sie wieder und heißt mich hereinkommen. Ich gehe hinein, grüße meinen Mann und überreiche ihm den Brief. Ich fand ihn eben im Begriff seine Abendmahlzeit zu halten; er lag auf einem ziemlich schmalen Ruhebettchen; seine Frau saß neben ihm, und vor ihnen stand ein Tischgen, worauf aber noch nichts zu essen war. Er überlas den Brief und sagte darauf: das ist ja recht schön von meinem werthen und berühmten Freunde Dekrianus, daß er so viel Zutrauen zu mir hat, und wir seine guten Freunde so ohne Umstände zuschickt. Mein Häuschen ist freylich klein, wie du siehest, lieber Lucius, und nur eben für seinen Bewohner zureichend; indessen wirst du ein großes Haus daraus machen, wenn du so viel Geduld haben willst, dich darin zu behelfen. Er rief hierauf seiner Magd; Palástra, sprach er, zeige meinem Freunde sein Schlafzimmer, und trage das Gepäcke dahin, das er etwa mitbringt; hernach führe ihn ins Bad; denn er hat einen weiten Weg hieher gemacht.

Diesem Befehl zufolge nahm mich das Mädchen sogleich mit sich, und zeigte mir ein sehr schönes Gemach. Hier, sagte sie, auf diesem Bette wirst du schlafen, und für deinen Burschen will ich eine Britsche hier zu rechte machen, und auch ein Kopfküssen darauf legen. Ich gab dem Mädchen Geld, um etwas Gerste für mein Pferd zu kaufen, und verfügte mich ins Bad; inzwischen trug sie alle meine Sachen hinein und schaffte sie in mein Zimmer. Sobald ich aus dem Bade zurückkam, gieng ich gerade zum Hipparchus. Er nahm mich bey der Hand, und hieß mich neben ihm Platz nehmen. Das Nachtessen war nicht das schlechteste, und der Wein gut und alt. Nach der Mahlzeit brachten wir den übrigen Abend, wie es bey Aufnahme eines Gastes gebräuchlich ist, mit trinken und schwatzen zu, und giengen hierauf schlafen. Am folgenden Morgen fragte mich Hipparchus, wo mein Weg nun weiter hin gienge, oder wie viele Tage ich zu Hypata bleiben würde? Ich gehe nach Larissa, war meine Antwort, und gedenke etwa drey bis vier Tage hier zu bleiben.

Dieß sagte ich aber nicht im Ernste; denn in der That war ich gesonnen, so lange in Hypata zu bleiben, bis ich mein Verlangen befriediget hätte, eine von den Weibern zu finden, die sich mit magischen Künsten abgeben, und mit ihrer Hülfe einen fliegenden oder versteinerten Menschen oder irgend etwas unglaubliches dieser Art zu sehen. Ganz von der Begierde nach einem solchen Schauspiel eingenommen, lief ich in der ganzen Stadt herum, ohne zu wissen wie ichs anfangen sollte, um zu dem, was ich suchte, zu gelangen. Während ich nun so herumirre, sehe ich eine junge Frau auf mich zugehen, die, dem äusserlichen Anschein nach, unter die reichsten und angesehensten in der Stadt gehörte; denn sie gieng prächtig gekleidet, war mit vielem Golde behangen, und hatte eine Menge Bedienten hinter sich her. Wie ich ihr näher kam, grüßte sie mich, und sagte mir: sie wäre die Abroa, die ich vermuthlich als eine vertraute Freundin meiner Mutter nennen gehört hätte. Die Kinder meiner Freundin, fuhr sie fort, sind mir nicht weniger lieb als meine eignen. Wie kommt es denn, daß du nicht bey mir einkehrst, mein Sohn? — Ich bin dir sehr verbunden, antwortete ich: aber da ich mich in keinem Stücke über den Freund, der mich aufgenommen, zu beklagen habe, so trage ich Bedenken sein Haus zu verlassen. Indessen werde ich wenigstens in Gedanken bey einer so liebenswürdigen Freundin wohnen. — Und wo hältst du dich denn auf? fragte sie. — Beym Hipparch. — Wie? Bey dem Geizhalse? — Sage das nicht, meine Mutter, erwiederte ich; mich wenigstens hat er so vornehm und köstlich bewirthet, daß man ihn eher beschuldigen könnte, zu viel als zu wenig in diesem Stücke zu thun. — Sie lächelte, und sagte, indem sie mich bey der Hand auf die Seite zog: Nimm dich ja, so viel du nur immer kannst, vor seiner Frau in Acht; denn sie ist eine Erzzauberin, und dabey von einem so verliebten Temperamente, daß keine junge Mannsperson vor ihr sicher ist. Wer ihr nicht in gutem zu Willen ist, an dem rächt sie sich durch ihre Kunst; sie hat schon viele in Thiere verwandelt, ja einige gänzlich zu Grunde gerichtet. Du bist jung, mein Kind, und schön genug, um ihr in die Augen zu stechen, überdieß fremd, und also in desto größerer Gefahr, weil man sich gegen einen Fremden immer mehr erlaubt, als gegen einheimische *).

*) Der Text sagt: και ἑνος πραγμα ευκαταφρονητον, ohne die geringste Andeutung, daß es gerade in Thessalien oder zu Hypata Sitze sey, sich nicht viel aus den Fremden zu machen, wie Franklin und Maffieu diese Stelle übersetzen. Es liegt in der Natur der Sache, daß ein Fremder, als solcher, überall viele Nachtheile hat, zumal wenn er sich mit gefährlichen Personen einläßt.

Wie ich hörte, daß ich etwas, das ich schon so lange suchte, zu Hause hätte, hörte ich kein Wort mehr von allem, was mir die gute Abroa sagte. Ich machte mich, sobald als möglich, von ihr los, und, indem ich nach Hause gieng, hielt ich dieses Gespräch mit mir selbst. Wohlan also, Freund Lucius, wenn es wahr ist, daß du so begierig bist, etwas übernatürliches zu sehen, so nimm dich nun zusammen, und erfinde irgend einen klugen Ausweg zum Ziele deiner Wünsche zu gelangen! Wie wenn du deine Kunst an der jungen Paläſtra versuchteſt? — Denn der Frau deines Wirthes und Freundes bleibe mir ja so weit vom Leibe als du kannst! — Bey jener hast du desto freyern Spielraum, — kurz, in den Armen der Magd wirst du am sicherſten hinter die Geheimniſſe der Frau kommen. Denn die Bediente sind doch immer die Leute, die das Gute und Böse ihrer Herrschaften am besten kennen.

Unter diesem Selbſtgespräche langte ich in meinem Quartier wieder an, fand aber weder den Hipparchus noch seine Frau zu Hause, sondern Paläſtren allein, die in der Küche beschäftiget war, unser Abendeſſen zurecht zu machen. Ich blieb stehen, und ergriff diese gute Gelegenheit beſſer mit ihr bekannt zu werden. Da sie eben daran war, etwas in einem Topfe umzurühren, sagte ich ihr, mit einer Anspielung auf ihren Nahmen, die ihr nicht zu mißfallen schien, etwas schmeichelhaftes über ihre Gestalt, und über die reizende Art, womit sie ihre runden Hüften bey dieser Arbeit hin und her wirbelte, ohne ihr ein Geheimniß aus der sympa-

thetischen Wirkung zu machen, die ein so schlüpfri=
ger Anblick auf die meinigen hatte, oder ihr die
Wünsche zu verbergen, die er in mir rege mach=
te *). Das Mädchen, die ein überaus schnippi=
sches und buhlerisches kleines Ding war, erwieder=
te mir gleich im nehmlichen Tone: junger Herr,
wenn du klug bist und dein Leben liebst, so rathe
ich dir, meinem Feuer nicht zu nahe zu kommen;
ich will dich ehrlich und redlich gewarnt haben!
Denn, du wagst mehr als du vielleicht glaubst.
Es braucht nur einen Augenblick, so würdest du
dich so übel verbrannt haben, daß dich kein andrer
Mensch wieder heilen könnte, als ich allein; der
Gott der Aerzte selbst würde dir nicht helfen kön=
nen; und was noch das wunderbarste ist, ich wür=
de dich immer noch kränker machen, und du wür=
dest die Schmerzen der Heilung mit so vielem Ver=
gnügen aushalten, daß du dich sogar mit Steinen
von der Quelle einer so süßen Pein nicht wegjagen
ließest. — Du lachst noch? Aber du irrst dich sehr,
junger Herr, wenn du mich nur für eine gewöhn=
liche Köchin ansiehst. Ich weiß nicht bloß derglei=
chen gemeine schlechte Speisen zuzurichten, wie die=
se hier; auch in der Kunst, das vornehmste und
schönste Wildpret, den Mann, zu schlachten, ab=
zuziehen, zu zerstücken und weich zu kochen, bin
ich, wie du mich hier siehst, eine Meisterin; und
besonders mache ich mir gern mit ihren Eingewei=
den und Herzen zu schaffen. — Alles, was du da

---

*) Hier ist die erste Stelle, wo der Esel ein we=
nig gestutzt werden mußte.

sagst, ist nur gar zu wahr, versetzte ich; denn du
hast mich schon hier von weitem, und ohne daß ich
dir nahe gekommen bin, nicht nur angebrannt, zum
Jupiter! sondern über und über in Flammen gesetzt,
und ich brate und dorre bey dem unsichtbaren Feuer,
das du durch meine Augen in mein Eingeweide ge=
worfen hast, ohne zu wissen, womit ich eine solche
Grausamkeit um dich verdient habe. Also, um al=
ler Götter willen! versuche die bittersüße Kur an
mir, wovon du sagtest; und da du mich bereits ge=
schlachtet hast, so ziehe mir nun vollends die Haut
über die Ohren, und mache mit mir was du willst. —
Sie brach über diese sonderbare Liebeserklärung in
ein unmäßiges Gelächter aus: aber das Ende davon
war, daß ich sie gewonnen hatte, und daß wir eins
wurden, sobald sie ihre Herrschaft zu Bette gebracht
hätte, wollte sie auf mein Zimmer kommen, und die
Nacht bey mir zubringen.

Endlich kam Hipparchus wieder nach Hause,
wir giengen ins Bad, und von da zu Tische, und
während wir zusammen schwatzten, wurden die Be=
cher fleißig ausgeleert. Endlich stelle ich mich schläf=
rig, beurlaube mich, und gehe auf mein Zimmer.
Hier war schon alles in der schönsten Ordnung.
Meinem Burschen war sein Bette im Vorsaal ge=
macht. Vor dem meinigen stand ein Tischgen mit
einer Trinkschale, einem Krug Wein, und zwey
Gefäßen mit kaltem und warmem Wasser; kurz,
Palästra hatte für alles gesorgt. Die Bettdecken
waren mit einer Menge Rosen, ganzen, zerblätter=
ten, und in Kränze geflochtnen, überstreut; alles
war zum Schmause bereit, und nur meine Mitze=

cherin fehlte noch, und würde mit Ungeduld erwartet. Endlich, nachdem sie ihre Gebieterin zu Bette gebracht, stellte sie sich ein, und — *) wir brachten eine so angenehme Nacht zu, daß mir die Reise nach Larissa gänzlich darüber aus dem Sinne kam.

Endlich fiel mir doch wieder ein, mich nach der Sache zu erkundigen, um derentwillen ich eigentlich nach Hypata gekommen war. Ich bat also Palästren, mir dazu verhülflich zu seyn, daß ich, wenn ihre Gebieterin sich verwandelte, oder irgend ein anderes Zauberwerk vorhätte, einen unbemerk-

*) Was ich hier auszulassen gezwungen bin, ist so beschaffen, daß auſſer den (zu gutem Glücke ziemlich unverständigen) lateinischen Uebersetzern, noch kein anderer schamlos genug gewesen ist, eine Dollmetschung davon zu wagen. Bey den Griechen, die über diesen Punct viel ertragen konnten, mag diese sotadische Scene wegen der durchgängigen Anspielung auf ihre gymnastischen Uebungen, Gnade gefunden haben, wozu der Nahme des Mädchens den Vorwand geben mußte, wiewohl er augenscheinlich zu diesem Mißbrauch des Witzes aus allen möglichen Hetären-Nahmen vorsetzlich ausgewählt war. Paläſtra ist hier zu gleicher Zeit der Fechtboden und der Fechtmeister; Lucius macht den Lehrling; und beyde (oder vielmehr der Autor, in einer Stunde, wo ihn die gute Göttin Sophrosyne und ihre Grazien gänzlich verlaſſen hatten) gefallen sich in einer allegorischen Anwendung aller möglichen Kunstwörter der Griechischen Ring- und Fecht-Kunst auf die Kampfspiele der Venus-Hetäre. Dieß ist alles, was sich zu Rechtfertigung der Lücke, die man hier findet, sagen läßt, und ist, denke ich, für bescheidene Leser mehr als genug.

ten Zuschauer dabey abgeben könnte; denn, sagte ich, es ist schon lange, daß ich so etwas übernatürliches mit meinen eigenen Augen sehen möchte. Oder, wenn du selbst ein wenig hexen kannst, so thue mir den Gefallen, meine Liebe, und mache auf der Stelle, daß sich etwas vor meinen Augen in was anders zu verwandeln scheine. Denn ich bilde mir ein, auch Du müssest etwas von dieser Kunst verstehen; nicht als ob dich jemand bey mir verrathen hätte; ich schließe es bloß aus der Wirkung, die du auf meine eigne Seele gemacht hast. Denn daß du Mich, der in seinem Leben kein Frauenzimmer mit verliebten Augen ansah, mich, den sie nur den Diamantenen zu nennen pflegten, so schnell zu überwältigen, und zu fesseln, und in Einer Nacht so weich und geschmeidig zu machen gewußt hast, das kann nicht mit rechten Dingen zugehen: da muß Zauberey dahinter stecken. — Närrchen! versetzte Palästra lachend; als ob irgend eine Zauberformel kräftig genug seyn könnte, Amorn etwas anzuhaben, der selbst ein Tausendkünstler, und der größte aller Zauberer ist? Aber aufrichtig und Scherz bey Seite, mein Allerliebster, ich weiß nicht ein Wort von solchen Dingen, ich schwöre dirs bey deinem Leben, und bey diesem glücklichen Ruhebettchen! denn ich habe weder Lesen noch Schreiben gelernt, und meine Frau ist viel zu eifersüchtig auf ihre Kunst, als daß sie mir etwas davon hätte mittheilen sollen. Aber sobald ich eine Gelegenheit dazu finde, will ich versuchen, ob ich sie dir zu sehen geben kann, wenn sie sich verwandelt. — Nach diesem Gespräche schlummerten wir unvermerkt ein.

Wenige Tage darauf bringt mir Paläſtra die Nachricht, ihre Frau ſey geſonnen, ſich in einen Vogel zu verwandeln, und in dieſer Geſtalt zu ihrem Geliebten zu fliegen. Nun, liebe Paläſtra, ſagte ich, nun iſt endlich die Gelegenheit da, mir zu zeigen, ob du mir gut biſt, und deinem Sclaven zu Befriedigung eines ſchon ſo lange gehegten Wunſches zu verhelfen! — Sie hieß mich ruhig ſeyn; und ſobald die Nacht anbrach, führt ſie mich vor die Thür des Schlafzimmers ihrer Herrſchaft, und heißt mich die Augen an eine dünne Spalte in der Thür halten, und beobachten was vorgehen würde. Ich ſehe die Frau ſich auszlehen; und wie ſie ganz entkleidet iſt, geht ſie nackend zur Lampe, legt zwey Weyhrauchkörner in die Flamme, und bleibt dann eine gute Weile vor der Lampe ſtehen, indem ſie, ich weiß nicht was, zu ihr hinmurmelt. Hierauf öffnete ſie eine ziemlich große Kiſte, worin eine Menge Büchſen waren, und nahm eine davon heraus; was eigentlich darin war, davon kann ich nichts ſagen, als daß es mir, dem Anſchein nach, Oel zu ſeyn ſchien. Damit ſchmierte ſie ſich nun am ganzen Leibe ein, von den Nägeln an den Füßen bis zum Wirbel, und plötzlich brechen ihr am ganzen Leibe Federn hervor, ihre Naſe wird ein krummer Schnabel, ſie bekommt alles, was zu einem Vogel gehört, und ihn von andern Thieren unterſcheidet; mit einem Worte, ſie hört auf zu ſeyn was ſie war, und iſt in einen Nachtraben verwandelt. Kaum ſah ſie ſich befiedert, ſo gab ſie den widerlich krächzenden Ton von ſich, der dieſen Vögeln eigen iſt, erhob ſich in die Luft, und flog zum Fenſter hinaus.

Ich stand da und glaubte, das alles geträumt zu haben. Ich rieb mir die Augenlieder, wie einer der seinen eigenen Augen nicht trauet, und nicht glauben kann, daß er wacht und wirklich sieht was er sieht. Endlich, wie ich mich mit vieler Mühe überzeugt hatte, daß ich nicht schlafe, bat ich Paldstren, mich vermittelst der nehmlichen Zaubersalbe ebenfalls zu befiedern und fliegen zu lassen: denn ich wollte aus Erfahrung wissen, ob ich bey dieser Umgestaltung auch der Seele nach zum Vogel werden würde. Sie machte also die Thür sachte auf und hohlte die Büchse. Ich werfe in größter Eile meine Kleider von mir, und schmiere mich über und über mit der Salbe: aber leider! es wollen keine Federn kommen. Statt deren geht mir hinten ein langer Schwanz heraus, meine Finger und Zehen verschwinden und verwandeln sich in vier Hufe von Horn, meine Arme und Füße werden zu Vorder- und Hinterfüßen eines Lastthiers, meine Ohren und mein Gesicht verlängern sich, kurz, wie ich mich um und um betrachte, sehe ich, daß ich ein Esel bin. Ich erschrecke vor mir selbst, ich will mich gegen Paldstren beklagen; aber ich habe keine menschliche Sprache mehr; alles was ich thun kann, ist mein breites Hängemaul aufzusperren, den Kopf wie ein ächter Esel traurig zur Erde sinken zu lassen, und die Unglückliche durch diese unmittelbare Darstellung meiner Eselheit anzuklagen, daß sie statt eines Vogels ein Müllerthier aus mir gemacht hat.

Das arme Mädchen schlug sich mit beyden Händen vor die Stirne; O ich Unglückselige, rief sie, was hab ich gethan! Vor Eile hab ich mich in den

Büchsen geirrt, und statt der rechten eine andere ergriffen. Aber fasse Muth, mein Allerliebster, dem Uebel ist leicht zu helfen. Du brauchst nur Rosen zu essen, so wirst du diese Gestalt wieder ablegen, und mir meinen Liebhaber wieder geben. Gedulde dich nur diese einzige Nacht in dieser Esels=Maske, mein Bester! Morgen in aller Früh will ich nach Rosen laufen, was ich kann, und dich unverzüglich wieder herstellen. Mit diesen Worten kraut sie mir in den Ohren, und streichelt mich freundlich den Rücken herab.

Ich war nun also, dem Äusserlichen nach, so sehr Esel als man es seyn kann, hingegen der Sinnesart und Vernunft nach der vorige Lucius, die Sprache allein ausgenommen. Ich gieng also, vor Verdruß mich in die Lippen beissend, und über Palästrens Unvorsichtigkeit in mir selbst brummend, in den Stall, wo mein eigenes Pferd und ein anderer natürlicher Esel, der dem Hipparch angehörte, stand. Diese merkten nicht sobald, daß sich ein neuer Ankömmling meldete, der die Miene hatte in Gemeinschaft ihres Heues mit ihnen treten zu wollen, als sie schon die Ohren sinken ließen, und sich in Positur setzten, die Rechte ihres Magens mit ihren Hinterfüßen zu verfechten. Ich fand also für sicherer, mich so weit als möglich von der Krippe entfernt zu halten, und lachte über die neuen Verhältnisse, worein mich meine Gestalt setzte: aber mein Lachen war das Schreyen eines Esels. Unseliger Vorwitz! dachte ich jetzt bey mir selbst *), wenn

*) Der Text hat hier (wie in diesem Stücke öfters) etwas widersinnisches, das vielleicht auf

nun ein Wolf oder ein anderes reiſſendes Thier den Weg in dieſen Stall fände, ſo müßte ich mich zerreiſſen laſſen, ohne etwas verbrochen zu haben! Wie wenig ahndete mir, indem ich dieſes dachte, an den fatalen Streich, den mir mein böſes Glück noch in dieſer Nacht ſpielen würde!

Es war tief in der Nacht, alles im Hauſe war ſtill und lag in ſüßem Schlaf; auf einmal höre ich die Mauer von auſſen krachen, als ob ein Loch hineingebrochen würde. Dieß geſchah auch wirklich, und bald war die Oeffnung groß genug, daß ein Menſch durchſchlüpfen konnte. Sogleich kommt ein Kerl dadurch herein, dieſem folgt ein anderer, bald ſind ihrer eine ganze Menge, und alle mit Schwerdtern

Rechnung der Abſchreiber kommt. Er ſcheint zu ſagen, oder ſagt vielmehr wirklich, Lucius habe darüber gelacht, daß er ſich durch ſeinen Vorwitz in die Gefahr geſetzt habe von Wölfen gefreſſen zu werden. Aber über einen ſo unluſtigen Gedanken lacht weder ein Menſch noch ein Eſel. Ich habe alſo der ganzen Stelle den einzigen Sinn gelichen, deſſen ſie mir fähig ſcheint. Lucius war noch ein zu neuer Eſel, um es nicht alle Augenblicke zu vergeſſen. Er lachte, (oder würde vielmehr gelacht haben, wenn es ihm ſeine Organe nicht verſagt hätten) über die mißgünſtigen Geſinnungen ſeiner neuen vierfüßigen Cameraden: weil er in dieſem Moment nicht daran dachte, daß er nun ihresgleichen war. Aber der Ton ſeines Lachens erinnerte ihn ſogleich wieder daran; und nun folgten die Gedanken, die ihn ſeinen Vorwitz verwünſchen machten, nicht als die Urſache ſeines Lachens, ſondern als eine Folge des Gefühls ſeiner Eſelheit, welches ihm das Hören ſeiner eigenen Stimme plötzlich wieder aufgedrungen hatte.

bewaffnet. Sie binden Hipparchen, Palästren und meinen Bedienten in ihren Betten, leeren das ganze Haus, tragen Geld, Kleider und Hausrath hinaus, und wie sie nichts mehr finden das des Mitnehmens werth ist, kommen sie auch zu uns, führen mich, das Pferd und den andern Esel, hervor, legen uns Saumsättel auf, und binden uns alles, was sie aus dem Hause getragen hatten, auf den Rücken. Wie sie uns nun schwer genug beladen hatten, trieben sie uns mit Knitteln vor sich her, um sobald nur möglich auf einem rauhen wenig gangbaren Wege ins Gebürge zu entfliehen, wo sie ihre Niederlage hatten. Wie meinen lastbaren Cameraden dabey zu Muthe war, kann ich nicht sagen: aber ich, der nicht beschlagen und dieser Strappazen nicht gewohnt war, ich glaubte, daß es mein letztes sey, und hätte, auf den spitzigen Steinen, unter der Last, womit ich überladen war, alle Augenblicke zusammensinken mögen. Ich strauchelte auch oft genug; aber fallen wurde hier wie ein Verbrechen behandelt, und es war gleich einer da, der mir mit einem tüchtigen Prügel wieder auf die Beine half. Ich wollte zwar oft „O Cäsar!" ausrufen; aber ich brachte nichts als ein ungeheuer langes und lautes eselmäßiges O heraus, der Cäsar aber wollte nicht nachkommen. Auch dieß zog mir neue Schläge zu, weil ich sie durch mein Schreyen, wie sie sagten, verrathe. Da ich also sah, daß mir meine Provocation an den Kaiser so übel bekam, beschloß ich stillschweigend fortzuschleichen, und mir dadurch wenigstens die Schläge zu ersparen.

Inzwischen war es Tag geworden, wir hatten bereits einige Berge überstiegen, und mehr als einmal war ich bey Rosenhecken, die an unserm Wege standen, vorbeygegangen; aber man hatte die Vorsicht gebraucht, damit wir uns nicht unterwegs auf Abschlag unsrer Mittagsmahlzeit mit weiden aufhalten könnten, uns die Mäuler zu verbinden; so daß ich damals ein Esel hätte bleiben müssen, und wenn es Rosen geregnet hätte *).

*) Wer diesen Paragraphen in seinem Zusammenhang im Griechischen lesen will, wird ohne Zweifel so gut wie ich finden, daß etwas zu fehlen scheint. Denn der Nachsatz ὥϛε ἔϛην τοτε καὶ ἔμεινα ὄνος macht in unmittelbarer Verbindung mit dem vorhergehenden, und als eine Folge desselben (die das Verbindungswörtchen ὥϛε andeutet) offenbar einen Schluß, der nicht schließt. Lucian kann nicht so geschrieben haben. Sobald man hingegen annimmt, daß sein Lucius unterwegs Rosen gesehen habe, (die, wenn er davon hätte essen können, seine Bezauberung aufgelöset haben würden) so begreift man erstens, warum er des Maulkorbes Erwähnung thut: und dann warum er ihn als die Ursache angiebt, daß er damals ein Esel geblieben sey. Weder ein Uebersetzer noch ein Commentator scheint bisher bey dieser Stelle angestanden zu haben; Gräbius hält sich (ohne Noth, däucht mich) bloß mit dem Worte ἔϛην auf; und Massieu der gemerkt zu haben scheint, daß es mit dem Text nicht ganz richtig sey, läßt den Lucius getrost sagen: de sorte que je fus alors veritablement âne dans toute la force du terme; welches zwar ganz was anders ist, als was der Griechische Text sagt, aber der Schwierigkeit nicht abhilft. Ich schäme mich beynahe, daß ich der erste seyn soll, der hier eine Lücke ah-

Als es Mittag wurde, kehrten wir in einem abgelegenen Meyerhof ein, dessen Bewohner, soviel ich aus allen Umständen schließen konnte, gute Bekannte von unsern Räubern waren. Denn sie grüßten einander mit einem Kusse, und die Leute im Hofe luden die unsrigen ein, bey ihnen einzukehren und setzten ihnen zu essen vor; uns lastbaren Thieren aber gaben sie Gerste. Meine Cameraden ließen sichs wohl schmecken: aber ich, der in meinem Leben keine Mittagsmahlzeit von roher Gerste gehalten hatte, sah mich überall, wiewohl mich ganz erbärmlich hungerte, nach etwas um, daß ich essen könnte *) und erblicke endlich einen Garten hinter dem Hofe, der einen Ueberfluß an allerley schönem Gemüse hatte,

net, und würde lieber in meine Logik als in die Nasen so vieler gelehrter Männer Mißtrauen setzen, wenn es mir weniger in die Augen springend schiene, daß entweder meine Vermuthung richtig ist, oder Lucian diese Stelle im Schlafe geschrieben haben müßte. Ich habe also kein Bedenken getragen, den ganzen Paragraphen so zu wenden, wie ich glaube, daß er lauten muß, um einen richtigen Sinn zu geben; und wenn ich allenfalls auch darin zu viel gethan hätte, so können sich Lucians pii Manes wenigstens nicht dadurch beleidigt finden.

*) Wäre Lucius nach Seele und Leib in einen Esel verwandelt gewesen, so würde er instinctmäßig rohe Gerste gefressen haben, wie ein andrer Esel, wiewohl es das erstemal in seinem Leben gewesen wäre: aber da ihm die Vernunft geblieben war, konnte er sich auch in Sachen, die durch seine Verwandlung ein ganz anderes Verhältniß zu ihm bekommen hatten, die menschliche Vorstellungsart so bald nicht abgewöhnen.

243

und überdieß stachen mir auch Rosen in die Augen. Ich also, nicht faul, gehe, da niemand im Hause Acht auf mich gab (denn sie waren alle mit ihrem Mittageſſen beſchäfftiget) in den Garten, ſowohl um meinen Hunger mit rohem Gemüſe zu ſtillen, als von den Roſen zu eſſen, die mich, wie ich nicht zweifelte, wieder zum Menſchen herſtellen würden *). Wie ich mich nun in dem Garten ſah, machte ich mich ſogleich über alles her, was der Menſch ungekocht zu eſſen pflegt, und füllte mich mit Salat, Rettichen und Peterſillen an: die Roſen aber waren leider keine wahren Roſen, ſondern die Blüthen einer Art wilder Lorberbäume, die der gemeine Mann Lorberroſen zu nennen pflegt, und die man den Eſeln und Pferden für ſo ſchädlich hält, daß, wer davon äße, auf der Stelle ſterben müßte **).

Inzwiſchen kommt der Gärtner, der etwas gemerkt haben mochte, mit einem tüchtigen Prügel in den Garten; und wie er die Verwüſtung ſieht, die der Feind auf ſeinen Gemüſebeeten angerichtet hat, geht er mit dem ganzen Eifer eines ſtreng über Ordnung haltenden Amtmanns auf den Dieb los, und

Q 2

*) Der Hunger muß in der That ſehr dringend geweſen ſeyn, daß er den Roſen nicht zuerſt zulief.

**) Ohne Zweifel muß dieſe, von den Copiſten verunſtaltete Stelle ſo geleſen werden — ουκ ην ροδα αληθινα, αλλ' εκ της αγριας Δαφνης φυομενα (ῥοδοδαφνην αυτην καλουσιν ανθρωποι) κακον, etc. die Rede iſt von dem Baume, den wir gewöhnlich Oleander nennen.

bläut mit seinem Knittel, unbekümmert wo er hin trifft, so erbärmlich auf mich zu, als ob er mir alle Knochen zu Brey schlagen wolle. Eine so grausame Behandlung erschöpfte endlich meine Geduld, und ich versetzte ihm mit beyden Hinterhufen einen so derben Schlag, daß er der Länge nach in seinen Kohl hineinfiel. Nach dieser Heldenthat floh ich in vollem Galopp den Bergen zu: aber der Gärtner schrie, man sollte die Hunde auf mich loß lassen, deren eine gute Anzahl auf dem Hofe war, so groß und stark, daß sie es mit Bären aufnehmen konnten. Da sie mich nun, wenn sie mich ergriffen hätten, unfehlbar in Stücken zerrissen haben würden, machte ich eine kleine Seitenwendung, beschloß, dem weisen Sprichwort gemäß, lieber umzukehren, als übel zu laufen, und kam wieder in den Hof zurück. Sogleich wurden auch die Hunde, die man auf mich loßgelassen hatte, wieder zurückgerufen und an die Kette gelegt; mich aber prügelten sie tüchtig ab, und hörten nicht eher auf, bis ich vor Schmerz alles was ich gefressen hatte wieder von mir gab.

Wie es nun Zeit war, sich wieder auf den Weg zu machen, luden sie mir das meiste und schwerste von den gestohlnen Sachen auf. Die vielen Schläge, die ich bekam, und die übermäßige Last, die ich tragen mußte, wiewohl der rauhe Weg mir die Hufe beynahe abrieb, brachten mich endlich zur Verzweiflung. Ich beschloß auf dem Wege hinzufallen und nicht wieder aufzustehen, wenn sie mich auch todt schlagen sollten. Dieser kluge Einfall, hoffte ich, sollte eine glückliche Veränderung in meinem Schicksale bewirken; denn ich zweifelte nicht, meine

Tyrannen würden, durch meinen Starrsinn überwäl=
tiget, meine Ladung unter das Saumpferd und den
Maulesel theilen, mich aber den Wölfen zur Beute
auf der Erde liegen lassen. Aber irgend ein mißgün=
stiger Dämon, der in meiner Seele las, machte,
daß gerade das Gegentheil erfolgte. Der andere
Esel, der vielleicht die nehmlichen Gedanken hatte,
wie ich, fiel auf einmal zu Boden. Jene hießen den
armen Tropfen anfangs mit Prügeln aufstehen,
und wie sie sahen, daß mit Schlägen nichts auszu=
richten war, zogen ihn die einen bey den Ohren,
die andern beym Schwanze, um ihn mit Gewalt
wieder auf die Beine zu bringen. Da aber alles
nichts helfen wollte, und er wie ein Stein im We=
ge liegen blieb und alle Viere von sich streckte, be=
riethen sie sich unter einander was zu thun sey? Und
da sie fanden, sie würden doch nur die Zeit zur
Flucht unnützer Weise verlieren, wenn sie sich bey
einem in letzten Zügen liegenden Esel länger aufhal=
ten wollten, so theilten sie das sämmtliche Gepäcke,
womit er beladen war, unter mich und den Gaul;
meinen armen Unglückscameraden aber nahmen sie,
hieben ihm die Kniekehlen entzwey, und warfen ihn,
noch zappelnd, über die Felsen hinab *).

Das schreckenvolle Ende meines Reisegefährten,
wovon ich Augenzeuge war, machte einen so tiefen

---

*) Ich beklage, daß sich Lucian den elenden Spaß,
ὁ δε ἄκμει κατα τον θανατον ὀρχυμενος, (so
fiel er den Tod tanzend hinab, oder so tanzte
er sich die Felsen hinab zu tode, oder wie man
es sonst geben will) hat entgehen lassen, und
habe gethan, was Er hätte thun sollen.

Eindruck auf mich, daß ich mir vornahm, mein gegenwärtiges Schicksal männlich zu ertragen, und unverdrossen fortzuwandeln, da ich doch die tröstliche Hoffnung hatte, über kurz oder lang Rosen anzutreffen, und durch sie errettet und wiederhergestellt zu werden. Auch hörte ich von den Räubern, wir hätten nicht viel Weg mehr zu machen, und würden bald an den Ort kommen, wo wir zu bleiben hätten. Wir liefen also, so beladen wir auch waren, was wir konnten, und langten gegen Abend in der gewöhnlichen Wohnung der Räuber an, wo eine alte Frau in der Stube saß, und ein tüchtiges Feuer auf dem Heerde brannte. Uns Lastthieren wurde alles was wir getragen hatten, abgenommen, und im Hause in Verwahrung gebracht. Nun, sagten sie zu dem alten Weibe, warum sitzest du so da, und machst uns das Essen nicht zurecht? — O, sagte die Alte, es ist alles schon fertig; ihr findet Brod in Ueberfluß, und Wildpret, und etliche Fässer alten Weins. Du bist ein braves Mütterchen, sagten die Räuber, und nun zogen sie sich aus, salbten sich am Feuer, und wuschen sich, in Ermangelung eines ordentlichen Bades, mit dem warmen Wasser, daß sie im Kessel neben dem Feuer stehen fanden.

Bald darauf kamen eine Anzahl junger Bursche an, die eine Menge Hausrath, goldne und silberne Gefäße, und sowohl Manns- als Frauenzimmer Kleider und Schmuck mitbrachten; und nachdem sie das alles in das gemeinschaftliche Magazin geschafft hatten, wuschen sie sich ebenfalls. Die ganze Bande setzte sich nun zu Tische, und ließ sichs tapfer schmecken, und es gieng so laut dabey zu, als man sichs von Leuten ihres Gelichters vorstellen kann. Die Alte schüttete mir und dem Gaule Haber vor, den dieser, aus Furcht ich würde mitessen wollen, so eilfertig als er konnte, hinunterschlang: aber ich wußte mir anders zu helfen, und so oft die Alte hinausgieng, schnappte ich eines von den Brodten weg, die in einer Ecke aufgehäuft lagen. Des folgenden Tages giengen die Räuber alle wieder auf ihr Geschäffte aus, und ließen bloß die Alte und, zu meinem großen Leidwesen, einen einzigen jungen Kerl bey uns zurück. Denn bey einem solchen Wächter war für mich nun an kein entfliehen zu gedenken. Aus dem alten Weibe hätte ich mir nichts gemacht; aber der junge Bursche war ein großer starker Kerl, der eine gefährliche Mine hatte, immer seinen Hirschfänger an der Seite trug, und, so oft er ausgieng, die Thür hinter sich zuschloß.

Nach drey Tagen, gegen Mitternacht, kamen die Räuber wieder, brachten aber dießmal weder Gold noch Silber, noch sonst was anders mit als ein junges mannbares Mädchen von ungemeiner Schönheit, mit fliegendem Haar und zerrißnem Oberkleide, welche bitterlich weinte. Sie brachten sie hinein, setzten sie auf die Streu hin, hießen sie gutes Muthes seyn, und befahlen der Alten, bey ihr zu bleiben, und wohl auf sie Acht zu geben. Das Mädchen aber wollte weder etwas essen noch trinken, und that nichts als weinen und sich die Haare ausraufen; so, daß ich selbst, der nicht weit davon an der Krippe stand, mich nicht erwehren konnte, über das Schicksal einer so schönen Jungfrau mit zu weinen.

Die Räuber hielten inzwischen drauffen im Vorhause ihre Nachtmahlzeit. Gegen Tag kam einer aus ihrem Mittel, von denen welchen das Loos zugefallen ist, die Straßen zu bewachen und Kundschaft einzuziehen, was vorgeht, und zeigte an, es werde bald ein Reisender diese Gegend passieren, der große Reichthümer bey sich habe. Sogleich stehen sie vom Tische auf, waffnen sich, legen mir und dem Pferde den Saumsattel auf, und treiben uns mit sich. Da ich wußte, daß es auf ein Abentheuer gieng, wobey für mich nichts als Schläge und Lebensgefahr zu gewinnen war, so schneckte ich *) langsam genug daher: weil sie aber Eile hatten, so machte mir der Knittel gar bald Füße. Wie wir nun an die Straße kamen, wo der Reisende vorbeypassieren mußte, fielen die Räuber über seine Wagen her, ermordeten ihn und seine Bedienten, und bemächtigten sich alles dessen was er mit sich führte, wovon sie das kostbarste mir und dem Pferde aufluden, das übrige Gepäcke aber in dem angrenzenden Walde verbargen. Da sie uns nun hierauf wieder nach Hause trieben, begegnete es, daß ich, indem ich mit derben Schlägen ermahnt wurde die Beine besser zu heben, mit dem Huf gegen einen scharfen Stein stieß, und eine so schmerzliche Wunde davon bekam, daß ich den ganzen übrigen Weg hinken mußte. Die Räuber, denen dieß ungelegen war, sagten unter einander: aber sind wir

*) Schnecken für Schneckenmäßig kriechen, oder träg und verdrossen fortschleichen, ist ein im hochdeutschen veraltetes Wort, welches wieder verjüngt zu werden verdient.

nicht albern, daß wir diesen Esel füttern, der alle Minuten zu Boden fällt? Werfen wir die Bestie, die uns nur Unglück bringt, den Felsen hinunter! Ein guter Gedanke, rief einer: hinunter mit ihm! Er mag das Söhnopfer für unsre ganze Brigade seyn! — Wirklich waren sie schon im Begriff, sich über mich her zu machen: aber was ich gehört hatte machte mich so munter, daß ich auf dem ganzen übrigen Wege so frisch auf meinen verwundeten Fuß auftrat, als ob er einem andern angehörte *).

Als wir wieder hinkamen, wurden wir abgeladen; man brachte die geraubten Sachen in gute Verwahrung; die Herren lagerten sich und hielten ihre Mahlzeit: und wie es Nacht wurde, machten sie sich auf, um die übrigen Sachen die sie im Walde versteckt hatten, in Sicherheit zu bringen. Wozu, sagte einer von ihnen, wollten wir den armen Esel mitschleppen, der seines bösen Fußes wegen nicht fortkommen kann? tragen wir lieber selbst, was wir dem Pferde nicht aufladen können! — Sie gehen also mit dem Pferde ab, und lassen mich zu Hause.

Es war eine überaus helle Mondnacht. Armer Tropf, sprach ich zu mir selbst, warum bleibst du hier, wo du unfehlbar noch den Geyern und ihren Söhnen zum Schmause dienen wirst? hast du nicht

---

*) Der Text setzt hinzu: und die Todesfurcht machte mich gegen den Schmerz unempfindlich. Lucian hatte dieser Tautologie vielleicht nöthig um seinen Perioden auszurunden; da dieß im Deutschen der Fall nicht war, ließ ich sie, wie billig, weg.

gehört was sie über dich beschlossen haben? Willst du warten, bis sie dir den Hals brechen? Es ist itzt Nacht, der Mond scheint helle, und sie sind alle fort! Auf und rette dich mit der Flucht aus den Händen der mörderischen Bösewichter! Indem ich dieß bey mir selbst dachte, wurde ich gewahr, daß ich nirgends angebunden war, sondern die Halfter, woran ich gewöhnlich gezogen wurde, neben mir hieng. Dieß spornte mich nun desto mehr zur Flucht an; ich machte mich also auf die Füße, und in vollem Sprunge zum Hause hinaus. Die Alte, wie sie sah, daß ich entlaufen wollte, kriegte mich noch beym Schwanz zu packen, und hieng sich an; ich, der jede Todesart zu verdienen glaubte, wenn ich mich von einer solchen alten Vettel zum Gefangnen machen ließe, schleppte sie mit mir fort; die Alte schrie was sie schreyen konnte, und rief die gefangene Jungfrau um Hülfe. Diese eilte herbey, und wie sie die Alte gleich einem Schwanze an dem Esel herabhängen sah, wagte sie eine kühne und eines jungen Wagehalses würdige That: sie sprang auf meinen Rücken, und sobald sie fest saß, stieß sie mich in die Seiten. Ich, theils aus Liebe zur Flucht, theils aus Eifer für das Mädchen, renne davon wie ein Pferd; die Alte mußte zurückbleiben, die Jungfrau aber flehte die Götter an, ihre Flucht gelingen zu laßen, und zu mir sagte sie: o du schönes Männchen, wenn du mich zu meinem Vater zurückträgst, so sollst du von aller Arbeit befreyt werden, und alle Tage einen Scheffel Gerste zu fressen kriegen! Ich, der vor seinen Mördern floh, und sich überdieß für die Rettung des Mädchens so viel Erkenntlichkeit und so gute Tage versprach, ich lief was ich konnte, und achtete meine Wunde nicht. Wie wir aber dahin gekommen waren, wo sich der Weg theilte, begegnen wir unsern Feinden, die von ihrem Zuge zurückkamen, und beym Mondschein ihre unglücklichen Gefangenen schon von weitem erkannten. Sie laufen herzu, halten mich an, und sagen: Wohlnaus, edle und tugendsame Jungfrau? Wohin bey so später Nacht? Fürchtest du dich vor den Nachtgeistern nicht? Aber komm nur immer wieder mit uns! Wir wollen dich den Deinigen schon zurückgeben — sagten sie mit einem boßhaft grinsenden Lachen, und nöthigten mich umzuwenden. Auf einmal fiel mir mein böser Fuß wieder ein, und ich fieng an zu hinken. Wie? sagten sie, nun, da wir dich ertappt haben, bist du auf einmal wieder lahm: aber wie dir die Lust zum entlaufen ankam, warst du frisch und gesund, und liefst trotz dem schnellsten Pferde, als ob du Flügel hättest: Diese Worte begleitete eine derbe Tracht Schläge, mit so gutem Effect, daß ich von einer so nachdrücklichen Zurechtweisung zu meinem lahmen Fuße noch eine Wunde am Schenkel bekam.

Wie wir nach Hause kamen, fanden wir die Alte, die sich, allem Ansehen nach, aus Furcht vor ihren Herren, wegen der Flucht der Jungfrau, mit einem Strick um den Hals an den Felsen aufgehangen hatte. Sie lobten sie dafür, daß sie sich selbst ihr Recht angethan hätte, schnitten sie ab, und stürzten sie mit dem Strick am Halse in die Tiefe hinab. Hierauf banden sie das junge Frauenzimmer im Hause an, setzten sich zu Tische und brachten einige Stunden mit Zechen zu. Während dessen wurde über die Gefangene Gericht gehalten. Was fangen wir mit ihr an, sagte einer. Was können wir besseres thun, versetzte ein anderer, als sie der Alten nachzuschicken? An ihrem guten Willen hat es nicht gelegen, daß sie uns nicht um alles, was wir erworben haben, gebracht, und unsre ganze Werkstatt verrathen und zerstört hätte. Denn ihr wißt wohl, Cameraden, wäre sie wieder zu ihrer Familie gekommen, so wär' es um uns alle geschehen gewesen; unsre Feinde würden uns überfallen, und solche Maßregeln dabey genommen haben, daß wir alle lebendig in ihre Hände gefallen wären. Es ist also nicht mehr als billig, daß wir Rache an unsrer Feindin nehmen. Aber so leicht wollen wir ihr den Tod nicht machen, daß wir sie auf den Felsen herabstürzten; nein! wir wollen die qualenvollste und langwierigste Todesart für sie ersinnen; sie soll nicht eher sterben können, bis sie so lang als möglich das schrecklichste gelitten hat was man leiden kann! — Nun war die Frage, was für eine Todesart das seyn sollte? Endlich sagte einer: Cameraden, ich weiß ihr werdet meine Erfindung loben! Der Esel hat den Tod nicht weniger verdient, da er ein träger Taugenichts ist, sich nun noch oben drein lahm stellt, und dem Mädchen zur Flucht behülflich und dienstlich gewesen ist. Wir wollen ihn also morgen schlachten, ausweiden, und dieses wackere Fräulein in seinen Bauch hineinstecken, so daß sie bloß, um nicht zu bald zu ersticken, mit dem Kopfe hervorgucken, mit dem übrigen Leibe aber ganz in ihm begraben seyn soll. Dann wollen wir sie in den Esel tüchtig einnähen, und beyde den Geyern vorwerfen,

die von diesem neuen Gerichte einen trefflichen
Schmaus halten werden. Nun bedenkt einmal, Brü:
der, was für eine höllische Qual das seyn muß!
Fürs erste, lebendig in einem todten Esel zu woh:
nen; dann in der heissesten Jahreszeit in dem gäh:
renden Aase gekocht zu werden, überdieß am lang:
sam tödtenden Hungertod zu sterben, und kein Mit:
tel zu haben, sich selbst das Leben nehmen zu kön:
nen. Ich übergehe die Marter, die sie, zu allem
dem, noch von dem Gestanke des faulenden Esels
und von den Würmern, wovon er wimmeln wird,
zu erleiden haben, und daß sie endlich von den
Geyern, die sich an ihm weiden werden, mit ihm,
vielleicht noch lebendig, aufgefressen werden wird.

Alle übrigen Räuber klatschten dieser ungeheu:
ern Erfindung, als einem ganz vortrefflichen Gedan:
ken, mit lautem Geschrey ihren Beyfall zu. Ich
meines Orts seufzte bitterlich, daß ich nicht nur
sterben, sondern selbst nach dem Tode keine Ruhe
haben und einem unglücklichen und unschuldigen
Mädchen auf eine so grausame Weise zum Sarge
dienen sollte.

Aber wie der Tag anbrach, nahm unser Schick:
sal unvermuthet eine ganz andere Wendung. Die
Wohnung der Räuber wurde auf einmal von einem
Trupp Soldaten umringt und angegriffen, die sich
aller dieser Bösewichter bemächtigten, und sie in
Ketten und Banden zu dem Oberbefehlshaber des
Landes abführten. Mit ihnen war auch der Bräu:
tigam der Jungfrau gekommen, oder vielmehr er
war es, der den Schlupfwinkel der Räuber aus:
findig gemacht und angezeigt hatte. Er nahm also

das Mädchen, setzte sie auf meinen Rücken, und brachte sie so wieder nach Hause. Wie uns die Einwohner der Gegend von ferne kommen sahen, und ich ihnen die frohe Bothschaft aus vollem Halse entgegen schrie, schlossen sie, daß die Unternehmung glücklich von statten gegangen sey, liefen uns entgegen, bezeigten ihre Freude, und begleiteten uns bis zur Wohnung der Jungfrau.

Diese trug nun große Sorge für mich, wie billig, da ich ihr Mitgefangener, der Gefährte ihrer Flucht, und so nahe dabey gewesen war, auch im Tode auf eine so schreckliche Art mit ihr vereinigt zu werden. Ich bekam bey meiner neuen Herrschaft täglich einen Scheffel Gerste, und so viel Heu, daß ein Kamel genug daran gehabt hätte. Aber bey allem dem fluchte ich der armen Palästra mehr als jemals, daß sie mich in einen Esel und nicht in einen Hund verwandelt hatte; denn ich konnte das Glück der Hunde nicht ohne Neid ansehen, die sich in die Küche schlichen und von der Gelegenheit profitierten, eine Menge guter Bissen, deren es bey den Hochzeiten reicher Leute zu geben pflegt, wegzuschnappen.

Wenige Tage nach der Hochzeit befahl der Vater meiner jungen Gebieterin, da sie ihm von dem Danke, den sie mir schuldig sey, und gerne nach Verdienst erstatten möchte, gesprochen hatte, man sollte mich in völlige Freyheit setzen, und mit den Stuten auf die Weide gehen lassen: denn, sagte er, so wird er das angenehmste Leben führen, das sich ein Esel nur immer wünschen kann, und uns zugleich junge Maulesel von seiner Rasse schaf=

fen. In der That hätte dieß die gerechteste Vergeltung scheinen müssen, wenn ein Esel Richter in der Sache gewesen wäre. Er ließ also einen von seinen Hirten rufen, und empfahl mich ihm aufs Beste; mir, meines Orts, war das angenehmste dabey, daß ich keine Lasten mehr tragen sollte.

Wie wir nun auf dem Landgut ankamen, that mich der Hirt zu den Stuten, und trieb uns zusammen auf die Weide. So gut es mein Patron mit mir gemeynt hatte, so übel schlug der Erfolg für mich aus *). Der Aufseher über die Pferde, anstatt mich der geschenkten Freyheit genießen zu lassen, überließ mich zu Hause der Willkühr seiner Hausfrau Megapola, die mich an die Mühle binden ließ, wo ich allen ihren Weitzen und ihre Gerste mahlen mußte. Und doch wäre es für einen

*) Dieß liegt zwar im Text, aber es steht nicht mit dürren Worten darin, sondern alle Handschriften und Ausgaben lesen dafür: „Hier war mein Schicksal, daß es mir eben so ergehen sollte, wie dem Kandaules." — Die Geschichte oder das Mährchen von Kandaules und Gyges ist bekannt genug; da aber zwischen dieser Geschichte und dem, was unserm Esel im Hause der Dame Megapola begegnete, nicht die allergeringste Aehnlichkeit ist: so muß hier der Text nothwendig durch den ersten Abschreiber, dessen Exemplar den übrigen zum Original gedient hat, verdorben worden seyn. Da sich nun nicht wohl errathen läßt, was Lucian statt des Kandaulus für einen Nahmen geschrieben haben mag, so hielt ich für besser, diese Zeile, die keinen Sinn giebt, ganz wegzulassen, und des Zusammenhangs wegen die Lücke mit einem andern ungezwungenen Uebergang auszufüllen.

dankbaren Esel noch ein erträgliches Ungemach gewesen, seiner Vorgesetzten Getreide zu mahlen. Aber Frau Megapola war eine so gute Wirthin, daß sie meinen armen Hals auch einer Menge andern, die in dieser Gegend Feldgüter hatten, um den gewöhnlichen Mahllohn vermiethete. Die Gerste, die mir zu meinem täglichen Unterhalt ausgeworfen war, röstete sie, schüttelte sie mir eigenhändig zum Mahlen auf, und buck Kuchen daraus, die sie sich wohl schmecken ließ: ich hingegen mußte mich mit den Kleyen behelfen. Und wenn mich auch der Hirt zuweilen mit den Stuten austrieb, so wurde ich von den Hengsten beynahe zu Tode gebissen und geschlagen. Denn, da sie sich in den Kopf gesetzt hatten, daß ich Absichten auf ihre Weiber hätte, so verfolgten sie mich unabläßig, und schlugen mit beyden Hinterhufen so kräftig nach mir, daß mir, um den tödtlichen Wirkungen dieser pferdmäßigen Eifersucht zu entgehen, kein Mittel übrig blieb, als sogleich die Weide wieder zu verlassen. Bey so bewandten Umständen, da ich weder zu Hause bey der Mühle gute Tage hatte, noch draussen auf der Weide vor den feindseligen Anfällen meiner Weidecameraden fressen konnte, mußte ich natürlicher Weise so mager werden, daß ich in kurzem nur in Haut und Knochen hieng.

Aber das allerschlimmste für mich war, daß ich auch öfters in den Wald hinauf geschickt wurde, um Holz herab zu tragen. Fürs erste hatte ich einen hohen Berg zu steigen, auf einem steilen und steinichten Wege, der mir desto beschwerlicher fiel, da ich ohne Hufeisen war; und dann gab man mir zum

Treiber einen verruchten Jungen mit, der mir jedesmal aufs ärgste mitspielte *). Erstens, wiewohl ich lief was ich konnte, so schlug er doch immer auf mich los, und nicht etwa mit einem bloßen Stecken, sondern mit einem Knittel, der eine Menge scharfeckigter Knoten hatte, und immer auf ebendenselben Theil des Schenkels, so daß ich gar bald wund an dieser Stelle wurde, ohne daß er darum weniger darauf zuplaute. Zweytens belud er mich allemal mit einer Last, woran ein Elephant genug zu tragen gehabt hätte, und der Weg vom Berge herab war sehr steil: und dennoch trieb er mich immer mit

---

*) Die ganze folgende Beschreibung, wie übel sich der arme Esel unter der willkührlichen Regierung eines unverständigen, gefühllosen, und zu seiner Dummheit noch boshaften Jungens befindet, ist ein Meisterstück, und allein hinreichend, die Aechtheit dieses Werkchens zu beweisen. Ueberdieß hat dieses Gemählde noch einen allegorischen Sinn; es ist das natürlichste, treffendste Bild, wie nur allzuviele kleine Herren und ihre Diener ihre armen Unterthanen regieren, und könnte, von dieser Seite betrachtet, den Text zu einem sehr lehrreichen Commentar oder zu einem hübschen Specimen diligentiae eines zukünftigen fürstlichen Justiz- oder Rentbeamten abgeben. — Uebrigens sieht man aus dieser Stelle, daß das Loos der armen Esel, in Europa wenigstens, schon seit Jahrtausenden immer dasselbe gewesen ist. L'ane (sagt Büffon, ihr großmüthiger Fürsprecher) est le jouet, le plastron, le hardeau des rustres qui le conduisent le bâton à la main, qui le frappent, le surchargent, l'excedent, sans précaution, sans menagement ; s'il n'avoit pas un grand fonds de bonnes qualités, il les perdroit en effet par la manière dont on le traite.

Lucian. 4. Th.   R

Schlägen fort. Sah er, daß die Last zuweilen wackelte und zu stark auf die eine Seite hieng, so war natürlich, daß er etliche Stücken Holz von der schwerern wegnehmen, und zu Herstellung des Gleichgewichts auf die leichtere Seite legen mußte: aber das that er niemals; sondern er las große Steine von dem Berge auf, und beschwerte den leichtern in die Höhe steigenden Theil damit, so daß ich armer Tropf zu allem meinem Holz noch unnüße Steine herabtragen mußte. Unterwegs mußten wir über ein fließendes Wasser; er setzte sich also, um seine Schuhe zu schonen, allemal hinter das Holz auf meinen Rücken, und ließ sich hinübertragen. Fiel ich manchmal vor Matterkeit und Unvermögen unter meiner Bürde zu Boden, dann gieng mir's vollends am allerunerträglichsten. Denn anstatt, wie es seine Schuldigkeit gewesen wäre, abzusteigen, mir von der Erde aufzuhelfen, und die Last leichter zu machen, stieg er nicht nur nicht ab, und half mir nicht auf, sondern schlug, vom Kopf und den Ohren an bis zu den Füßen, so unbarmherzig und so lange mit seinem Knüttel auf mich zu, bis mich die Schläge wieder auf die Beine brachten. Ueberdieß spielte er mir zum Spaß noch einen andern abscheulichen Streich. Er machte nehmlich einen Bündel von den schärfsten Dornen und hieng mir ihn unter den Schwanz, so daß ich keinen Schritt thun konnte, ohne an allen meinen Hintertheilen zerstochen und übel zugerichtet zu werden, und ohne daß irgend eine Möglichkeit war, wie ich mir selbst hätte helfen können; denn das, was mich verwundete, bammelte immer hinter mir her und war so gut befestiget, daß ich es nicht abschütteln konnte. Wenn ich nun, um das Anstoßen der Dornen zu vermeiden, langsam gehen wollte, so prügelte er auf mich zu, daß mir die Seele hätte ausfahren mögen; und wollt' ich dem Knüttel entgehen, so war mein Leiden von hinten desto peinlicher. Kurz, es war nicht anders, als ob es mein Eseltreiber recht darauf angelegt hätte, mich vollends um mein Bischen Leben zu bringen.

Einsmals, da er mirs gar zu arg machte, gieng mir endlich die Geduld aus, und ich versetzte ihm einen Schlag mit dem Hufe; aber diesen Schlag vergaß er mir nie wieder. Man befahl ihm einst, Werg von unserm Gute nach einem andern zu schaffen; er treibt mich also hin, packt mir den ganzen großen Haufen Werg auf den Rücken, und schnürt mich mit einem tüchtigen Seile fest an meine Last an, in der Absicht, mir den verruchtesten Streich zu spielen. Denn wie ich mich nun damit auf den Weg machen sollte, stahl der Spitzbube einen noch brennenden Feuerbrand, und wie wir weit genug vom Hofe entfernt waren, steckte er ihn in das Werg; dieses entzündet sich, und in wenig Augenblicken steht die ganze Ladung auf meinem Rücken in voller Flamme. Ich würde ohne Rettung auf offner Straffe gebraten worden seyn, wenn ich nicht unverzüglich mitten in eine ziemlich tiefe Pfütze hineingesprungen wäre, die mir zum Glück in die Augen fiel. Ich drehte und wälzte mich und mein Werg so lange im Koth herum, bis der Brand gänzlich gelöscht war, und so legte ich den übrigen Weg ziemlich ruhig zurück, da es dem Jungen un-

möglich gewesen wäre, das mit nassem Leim durch⸗
knetete Werg wieder zum brennen zu bringen, wenn
er auch gewollt hätte: Doch beschuldigte mich der
leichtfertige Bube, wie er ankam, fälschlicher Wei⸗
se, ich hätte mich im Vorbeygehen aus eigner Be⸗
wegung am Heerde angerieben, und auf diese Art
Feuer gefaßt. Indessen war es immer glücklich ge⸗
nug, daß ich, wider Verhoffen, noch mit heiler
Haut aus diesem Abenteuer mit dem Werg da⸗
von kam.

So boshaft dieser Streich war, so dachte der
höllische Junge doch noch was weit schlimmers ge⸗
gegen mich aus. Er trieb mich in den Wald, und
lud mir eine mächtige Tracht Holz auf; diese ver⸗
kaufte er an einen benachbarten Bauern, mich aber
brachte er leer wieder nach Hause, und klagte mich
bey dem Herrn der schändlichsten Dinge an. Ich
kann gar nicht begreifen, Herr, sagte er, wofür
wir diesen Esel füttern, der die trägste faulste Be⸗
stie auf dem weiten Erdboden ist. Zudem ist ihm
seit kurzem eine ganz eigene Grille in den Kopf ge⸗
stiegen. Wo er irgends ein Weibsbild oder ein hüb⸗
sches junges Mädchen *), gleich ist er in vollem
Sprunge hinter drein, und gebehrdet sich nicht an⸗
ders dabey, als wie ein Mannsbild bey einer
Weibsperson, in die er verliebt ist; er beleckt und
beißt sie als ob er sie küssen wollte, und will mit
aller Gewalt über sie her: Kurz, niemand ist mehr
sicher vor ihm, und es kann nicht fehlen, daß er

*) Das Griechische hat noch, zum Ueberfluß,
ἡ παῖδα.

dir böse Händel durch seine Leichtfertigkeit zuziehen wird. Nur eben jetzt, da er Holz vom Berge herabtrug, sieht er eine Frau, die aufs Feld geht; im Augenblicke liegt alles Holz auf der Erde herum, die Frau auf dem Boden, und mein Esel über ihr; und wären nicht unser etliche in größter Eile herbey gelaufen und der armen Frau zu Hülfe gekommen, sie würde von diesem saubern Liebhaber entzwey gerissen worden seyn. Gut, sagte der Herr, wenn er weder zum reiten noch zum tragen taugt, und den Weibern und Mädchen so gefährlich ist, so schlagt ihn todt, werft seine Eingeweide den Hunden vor, sein Fleisch salzt für unsre Taglöhner ein, und wenn gefragt wird, was ihm widerfahren sey, so sagt, ein Wolf hätte ihn zerrissen. — Das war Wasser auf meines Treibers Mühle! Der verfluchte Bube konnte seine Freude darüber nicht verbergen, und machte schon Anstalt, den erhaltenen Befehl zu vollziehen; aber zu meinem größten Glücke kam ein Bauer aus der Nachbarschaft dazu, und rettete mir das Leben, wiewohl durch einen Rath, der mir noch schrecklicher vorkam als der Tod selbst. Wozu wolltest du, sagte er, einen Esel umbringen, der zum Mahlen und Last tragen noch lange zu gebrauchen ist? Der Sache ist ja bald geholfen: Wenn er so rasend auf die Weiber ist, so laß ihn verschneiden: das wird ihn schon kirre machen! Er wird dir in kurzem eben so sanftmüthig als fett werden, und unverdrossen die größten Lasten tragen. Falls du etwa mit der Operation nicht umgehen köuntest, so will ich in drey oder vier Tagen wieder kommen, und dir den Burschen mit einem einzigen Schnitte frömmer machen als ein Lamm." — Alle Hausgenossen gaben diesem Rath ihren Beyfall; ich aber weinte bitterlich über den Verlust, der mir angedroht war, und nahm mir vor nicht länger zu leben, wenn ich ein Kapaun werden sollte, sondern entweder nicht mehr zu fressen, oder mich vom Berge herabzustürzen, und so zwar des elendesten Todes, aber doch bey ganzem und unverstümmelten Leibe, zu sterben.

Noch in derselben Nacht, ziemlich spät, langte ein Bothe aus dem Flecken in unserm Meyerhofe an, der die Nachricht brachte, die kürzlich verheurathete junge Frau, die in den Händen der Räuber gewesen war, und ihr Neuvermählter, seyen, da sie Abends in der Dämmerung allein am Ufer mit einander spazieren gegangen, von einer plötzlich daher fahrenden Welle ergriffen worden, und nirgends mehr zu finden, so daß man nichts anders vermuthen könne, als daß sie mit einander umgekommen seyen. Die sämmtlichen Leute auf dem Hofe beschlossen auf diese Nachricht, da das Haus solchergestalt seiner jungen Herrschaft beraubt worden sey, nicht länger in der Knechtschaft zu bleiben; sie plünderten also den Hof rein aus, und ergriffen die Flucht. Der Pferdehirt raffte alles zusammen, was er habhaft werden konnte, und lud es mir und den Stutten auf. Wenn ich jemals wie ein wahrer Esel Last getragen hatte, so war es damals; indessen, so beschwerlich es mir war, so froh war ich, durch diesen Vorfall von der Castration befreyt zu bleiben.

Wir zogen diese ganze Nacht auf einem sehr schlimmen Wege fort, und nach einer Reise von drey Tagen langten wir zu Beroe, einer der schönsten und volkreichsten Städte in Macedonien, an, wo unsere Treiber sich und uns Thiere zu etablieren beschlossen. Sie stellten also eine Auction an, und ein Ausrufer, der mitten auf dem Markte stand, both uns, ein Stück nach dem andern aus. Die Kauflustigen kamen herbey, um uns zu besehen, öffneten uns die Mäuler und berechneten unser Alter nach unsern Zähnen. Der eine kaufte dieß, der andere jenes: kurz, die Pferde kamen alle an den Mann, nur zu mir allein wollte sich kein Liebhaber finden, und der Ausrufer befahl endlich mich wieder nach Hause zu führen. Du siehest, sagte er zu meinem Verkäufer, daß er allein keinen Herren finden kann. Aber die fast immer so seltsam herumschwindelnde, und so unversehens da oder dorthin fallende Nemesis *) führte in diesem Augenblick auch mir einen Herren herbey, wie ich mir am wenigsten einen gewünscht hätte. Es war ein schon ziemlich bejahrter Sünder **), einer von denen, die mit der Syrischen Göttin ***) in den Dörfern und Meyerhöfen herumziehen, und die Göttin betteln zu gehen zwingen. Diesem wurde ich, in der That theuer genug, nehmlich um dreyßig Drachmen, verkauft,

*) Dieß ist, wie man sieht, auf gut Epikuräisch von der Nemesis, der gerechtesten und billigsten aller Götter gesprochen.
**) Κιναιδος im Griechischen.
***) Von welcher in dem nächstfolgenden Stücke ausführliche Nachricht gegeben wird.

und folgte nun seufzend meinem neuen, mich vor sich her treibenden Gebieter.

Wie wir bey der Herberge des Philebus (so nannte sich mein Käufer) ankamen, rief er gleich vor der Thür mit großer Stimme: Hey da, ihr Mädchen, ich habe euch einen schönen Sclaven, einen derben Capadocier, zu eurer Bedienung gekauft. — Diese Mädchen waren ein Trupp Cinäden, die sich Philebus zu seinem Gewerbe beygesellt hatte. — In der Meynung nun, daß der gekaufte Sclave ein wirklicher Mensch sey, erhoben sie allezumal ein lautes Freudengeschrey. Wie sie aber sahen, daß es nur ein Esel war, brachen sie in ein eben so lautes Gelächter aus *), und hängten dem Philebus die losesten Reden an. Ey, ey, Mütterchen, sagten sie, meynst du, wir sollen nicht merken, daß du nicht einen Sclaven für uns, sondern einen Bräutigam für dich selbst gekauft hast, wo du ihn auch aufgegabelt haben magst? Viel Glücks zu einer so schönen Heurath, und möchtest du uns bald Füllen, die eines solchen Vaters würdig sind, gebähren.

Am folgenden Morgen schickten sie sich zur Arbeit, wie sie es nannten, an, putzten ihre Göttin heraus, und setzten sie auf meinen Rücken. So oft

---

*) Da ich mir in diesem Stücke hie und da aus guten Gründen (wiewohl ich, der Zeit und des Papiers zu schonen, nicht immer Rechenschaft davon ablege) viele kleine Freyheiten nehmen zu müssen glaubte: so wird mir auch hingehen können, daß ich das im Text hinter drein kommende, αι μεν εγελων, hieher versetzt habe, wo es mir eigentlich hin zu gehören schien.

wir nun zu einem Dorfe kamen, mußte ich, Träger der Göttin, still halten; der Flötenspieler-Chor fieng wie begeistert an zu blasen, die Diener der Göttin aber warfen ihre Mützen von sich, drehten sich mit gesenkten Köpfen im Kreise herum, schnitten sich mit ihren Schwerdten in die Arme, streckten die Zunge zwischen den Zähnen hervor, und durchbohrten sie ebenfalls, so daß in einem Augenblick alles vom Blute dieser Weichlinge voll war. Indem ich so stand und diesem seltsamen Schauspiel zum erstenmal zusah, war mir mächtig Angst, die Göttin möchte auch Eselsblut vonnöthen haben. Nachdem sie sich nun weiblich zugeschnitten hatten, giengen sie bey den umstehenden Zuschauern herum und sammelten Obolen und Drachmen ein. Andere gaben ihnen Feigen, oder einen Käse, einen Krug Wein*), eine Metze Weitzen, und Gerste für ihren Esel. Dieß waren die Einkünfte, wovon diese Gesellen sich nährten, und die Göttin, die ich trug, in gebörigem Stand und Wesen erhielten **)

*) Alle Handschriften lesen hier, οινον και τυρε καδον, Wein und einen Krug Käse. Ich bemerke diesen lächerlichen Schriftsteller nur deßwegen, weil er mir augenscheinlich zu beweisen scheint, daß alle von diesem Stücke vorhandene bekannte Manuscripte Copien einer und ebenderselben Handschrift sind.

**) So verstehe ich die Worte, οἱ δε εκ τυτοις ετρεφοντο, και την επ εμοι κομιζομενην θεον ιδρυπενον, welche letztere Massieu übersetzt: et ils adoroient le simulacre toujours exposé sur mon dos. Jeder Leser von Geschmack muß fühlen, daß Lucian nicht geschrieben haben kann: „hiervon nährten sie sich, und beteten die Göt-

Einmals, da wir in eines ihrer Dörfer einfielen *), trieben sie einen großen jungen Bauerkerl auf, den sie in die Herberge, wo sie ihre Niederlage hatten, hineinzulocken wußten — zu welchem Gebrauch, werden diejenigen leicht errathen, welche wissen, was der gewöhnlichste und liebste Zeitvertreib dieser schändlichen Cinäden ist. Die Nothwendigkeit, worin ich war, ein Augenzeuge solcher Bübereyen zu seyn, machte mir meine Verwandlung schmerzlicher als jemals, und schien mir unerträglicher als alles, was ich bisher ihrentwegen ausgestanden hatte **); ich wollte in meinem ge-

  tin an, die immer auf meinem Rücken ausgestellt war." Θεραπευειν kann hier vernünftiger Weise keine andere Bedeutung haben als seine gewöhnliche, bedienen, aufwarten, besorgen, und der natürlichste Sinn dieser zwey Zeilen ist: von diesem zusammengebettelten Almosen an Geld und Victualien nährten diese Landstreicher sich selbst, erhielten ihre Göttin in standesmäßigem Ornat, und bestritten, mit Einem Worte alle Unkosten, die dieser fanatische Götzendienst und ihre herumziehende Lebensart erfoderte.

*) D. i. in eines der Dörfer, welche sie zu besuchen pflegten, und wo sie sich zum Voraus eine gute Aufnahme versprechen konnten. Das Wort (εισβαλλειν) das unter andern eine gewaltsame Ergießung, oder einen feindlichen Ueberfall bedeutet, ist hier absichtlich gewählt, um die Aehnlichkeit zwischen diesen fanatischen Bettelpriestern und einem Trupp Marodeurs anzudeuten, und daß es bey jenen, wie bey diesen, darum zu thun war, das arme Volk in Contribution zu setzen.

**) So glaube ich die Lücke ausfüllen zu müssen,

rechten Unwillen ausrufen: o du elender Jupiter *)!
Aber die Worte blieben mir im Halse stecken, und
an ihrer statt kam nichts als ein ungeheures Esels-
geschrey heraus. Zufälliger Weise giengen eben ein
paar Bauern, die einen verlohrnen Esel suchten, vorbey, und wie sie mich so gewaltig schreyen hören,
kommen sie unangefragt hinein, in der Meynung,
es könnte wohl der ihrige seyn, und werden unvermuthet Augenzeugen der unnennbaren Dinge, die
hier vorgiengen. Sie kamen bald wieder mit großem Gelächter heraus, und liefem im ganzen Dorfe
herum, um das liederliche Leben der Priester bekannt zu machen. Diese schämten sich so sehr, daß
solche Dinge von ihnen ausgekommen waren, daß
sie sich in der nächsten Nacht in aller Stille davon
machten; aber wie sie weit genug von der Land-
straße entfernt waren, ließen sie ihren Zorn an mir
aus, daß ich ihre Mysterien verrathen hätte. So
lang es bey Schimpfwörtern und Flüchen blieb, wäre das Uebel noch wohl zu ertragen gewesen: aber
dabey ließen sie es nicht bewenden. Sie nahmen
die Göttin von mir herab, und setzten sie auf die
Erde, ziehen mir hierauf alle meine Decken ab,
binden mich nackend an einen großen Baum, und
peitschen mit der verwünschten Art von Strick-Gei-

    die hier in den Worten: ὑπεραλγησας ἐπι τῇ
ἐμαυτȣ μεταβολη — ὁτι μεχρι τȣ ανεχομαι
κακων zwischen μεταβολη und ὁτι deutlich genug in die Augen fällt.

*) Nehmlich: daß du solchen Schandthaten so ge-
lassen zusehen kannst; oder, wenn sie dir mißfallen, nicht Macht genug hast, sie zu bestrafen.

seln, die vorn mit bleyernen Würfeln bestekt sind, so grausam auf mich zu, daß sie mich beynahe todt geschlagen hätten. Da, sagten sie, lerne ein andermal schweigen, wie es dem Träger unsrer Göttin geziemt! Es gieng so weit, daß sie davon sprachen, mich nach ausgestandener Geiselung gar umzubringen, so beleidigt fanden sie sich, daß ich sie in so große Schande gestürzt und zum Dorfe hinausgetrieben, ehe sie noch was darin verdient hätten. Doch von diesem Vorhaben schreckte sie ein beschämender Blick der Göttin ab, die auf der Erde lag, und die ohne mich ihre Reise nicht wohl hätte fortsetzen können. Sie packten sie mir also, ehe ich noch meine Schläge verschmerzt hatte, wieder auf, und wir setzten unsre Reise fort.

Unser nächstes Nachtlager nahmen wir auf dem Gute eines reichen Mannes, der, zum Glücke, selbst da war, die Göttin mit vielem Vergnügen in sein Haus aufnahm, und ihr sogar Opfer schlachten ließ. Hier kam ich in eine Gefahr die ich sobald nicht vergessen werde! Einer von den guten Freunden des Herrn vom Hause hatte ihm eine Keule von einem wilden Esel zum Präsent geschickt. *). Wie sie zubereitet werden soll, kommen, durch Nachlässigkeit des Kochs, Hunde in die Küche, und laufen mit ihr davon. Der Koch, der sich der verlohrnen Keule

*) Man sieht aus dieser Stelle, daß der wilde Esel damals für ein köstliches Wildpret gehalten wurde, wie es zur Zeit des D. Olearius, und also vermuthlich auch noch jetzt, in Persien ebenfalls geschah. Bey den Griechen trug vermuthlich auch ihre Seltenheit dazu bey, daß sie einen so großen culinarischen Werth hatten.

wegen auf die grausamste Bestrafung Rechnung
machen konnte, gerieth darüber in solche Verzweiflung, daß er sich erhängen wollte. Zur bösen Stunde für mich sagte seine Frau zu ihm: rede nicht vom
sterben, lieber Mann, und überlaß dich keiner solchen
Muthlosigkeit; wenn du mir folgtest, kann noch
alles gut gehen. Führe den Esel der Cinäden hinaus an einen abgelegenen Ort, schlachte ihn, haue
ihm eine Keule ab, und bereite sie dem gnädigen
Herrn zu; das übrige wirf in irgend eine Tiefe hinab. Man wird glauben, der Esel sey davon gelaufen,
und wird sich weiter keine Mühe um ihn geben. Er
ist fleischigt und fett, wie du siehst, und wird gewiß noch ein besseres Gerichte abgeben als der Wilde. Der Koch lobte den Rath seiner Ehhälfte; das
ist ein guter Einfall, Weib, sprach er; es ist das
einzige Mittel wie ich der Geislrng entgehen kann.
Ich will sogleich Hand ans Werk legen. — Ich
Armer stand ganz nahe dabey, als mein verwünsch-
ter Koch dieses schöne Gespräch mit seiner Gemahlin hielt. Die Gefahr war dringend, und es galt
hier nicht mich lange besinnen, wenn ich den Tod
entgehen wollte. Ich riß mich also von dem Riemen
loß an dem ich festgemacht war, brach in vollem
Sprung in den Saal hinein, wo meine Cinäden mit
dem Herren des Hauses speisten, warf, indem ich
so angesprungen kam, Leuchter und Tische um, und
glaubte da einen recht feinen Einfall gehabt zu haben, mein Leben zu retten; weil ich nicht zweifelte,
der Herr der Villa werde mich sogleich als einen
toll gewordenen Esel einsperren und genau bewachen
lassen. Aber der feine Einfall brachte mich in die

nehmliche Gefahr, der ich dadurch zu entrinnen gehofft hatte. Denn, weil sie mich für rasend hielten, so waren in einem Augenblick eine Menge Schwerdter, Spieße und große Prügel gegen mich aufgehoben, und sie würden mich, nach ihren Gebehrden zu urtheilen, auf der Stelle todt gemacht haben, wenn ich mich nicht, beym Anblick einer so großen Gefahr, mit schnellen Sprüngen in den Saal gerettet hätte, der meinen Herren zum Schlafgemach bestimmt war. Sobald sie mich nun drinnen sahen, verrammelten sie die Thür von auſſen, so gut sie konnten, und ich hatte diese Nacht nichts weiter zu besorgen.

Da man mich am folgenden Morgen wieder ganz zahm und ruhig fand *), so setzte man mir die Göttin wieder auf den Rücken, ich zog mit den Landstreichern weiter, und wir kamen in einen großen und volkreichen Flecken, wo sie einen neuen Streich ausführten und den Einwohnern durch ihre Gaukelkünste weiß machten, die Göttin bleibe in keines Menschen Hause, sondern wolle in dem Tempel ich weiß nicht mehr welcher andern Landesgöttin wohnen, die in dieser Gegend in besonders hohen Ehren gehalten wurde. Die guten Leute bezeug-

*) Diesen Umstand mußte ich, der Verbindung wegen hinzusetzen, weil die Erzählung, wie jedermann sehen wird, ohne ihn, abgebrochen und mangelhaft wäre. Lucian liebt oft die überflüſſigſten Tautologien, und läßt dafür an andern Orten den Leser errathen, was ihm, nach den Regeln der guten Art zu erzählen, gesagt werden soll. Dieß ist nicht worin ich ihn nachahmen möchte.

ten sich überaus willig, die fremde Göttin aufzunehmen und bey ihrer eigenen einzulogieren: uns aber wiesen sie ein Häuschen armer Leute zur Herberge an. Nachdem sich meine Herren viele Tage hier aufgehalten, beschlossen sie endlich wieder weiter und nach einer benachbarten Stadt zu gehen; sie baten sich also ihre Göttin von den Einwohner wieder aus, hohlten sie auch selbst aus dem Tempel, setzten sie auf meinen Rücken, und zogen mit ihr davon. Aber die Bösewichter hatten, wie sie in den besagten Tempel hineinkamen, sich der Gelegenheit ersehen, eine in denselben gestiftete goldene Schale zu stehlen, und unter den Kleidern ihrer Göttin wegzupraktiziren. Die Leute im Dorfe wurden des Diebstahls bald gewahr, setzten ihnen zu Pferde nach, hohlten sie unterwegs ein, schalten sie gottlose Buben und Tempelräuber, foderten das gestohlne Weyhgeschenk zurück, und fanden es, nachdem sie alles durchstöbert hatten, endlich im Busen der Göttin versteckt. Sie banden hierauf die Weichlinge, brachten sie zurück und warfen sie ins Gefängniß, mir nahmen sie die Göttin ab, um sie einem andern Tempel zu geben, und stellten ihrer eigenen Göttin die goldne Schale wieder zu.

Am folgenden Tage wurde beschlossen, mit den übrigen Effecten der gefangenen Uebelthäter auch mich zu verkaufen; und demzufolge überließen sie mich an einen Becker aus einem benachbarten Orte. Mein neuer Herr belud mich mit zehn Maltern Weizen, die er eingekauft hatte, und trieb mich auf einem rauhen Wege nach Hause. Mein erster Gang, als wir ankamen, war in die Mühle, wo ich eine große

Anzahl Thiere meines gleichen sah, und eine Menge Mühlen, die von ihnen getrieben wurden, und alles überall voller Mehl. Da ich bereits eine schwere Last auf einem sehr bösen Wege getragen hatte, und überdieß ein neuer Knecht war, so ließ man mich den übrigen Tag ausruhen: aber am folgenden zogen sie mir ein Tuch über die Augen, banden mich an die Deichsel einer Mühle, und trieben mich an. Nun wußte ich zwar recht gut wie ich mich zum mahlen anzuschicken hätte, da ich mehr als zu viel Gelegenheit gehabt hatte es zu lernen; aber ich stellte mich als ob ich es nicht wüßte, in Hoffnung man würde mich zu diesem Geschäffte untauglich erklären. Darin aber hatte ich mich sehr geirrt. Denn die umherstehenden Knechte griffen nach ihren Stecken, und schlugen, da ich an nichts weniger dachte (denn sehen konnt' ich nichts) so dicht und derb auf mich zu, daß ich von ihren Schlägen plötzlich wie ein Kreisel herumgetrieben wurde; und so gab mir meine Erfahrung die Lehre, daß ein Knecht, um seine Schuldigkeit zu thun, nicht auf die Hand des Herren warten soll.

Da ich nun bey dieser Lebensart ganz vom Fleische fiel und elend wurde, verkaufte mich mein Herr an einen Mann, der seiner Profession ein Gärtner war, und einen großen Garten zu bauen übernommen hatte. Hier war nun die Arbeit so zwischen uns getheilt. Des Morgens früh belud er mich mit so viel Gemüse als ich tragen konnte, und zog damit zu Markte; und wenn es verkauft war, trieb er mich in den Garten zurück, wo ich, während er grub und pflanzte und das gepflanzte begoß, müßig dastand und zusah. Indessen hatte ich doch ein sehr beschwerliches Leben bey ihm: denn es war in der Winterszeit, und der arme Mann hatte nicht soviel, daß er eine Decke für sich selbst hätte kaufen können, geschweige für mich; überdieß mußte ich, unbeschlagen wie ich war, bald durch den Koth, bald wieder auf hartgefrornen Boden gehen; und endlich hatten wir beyde nichts zu essen als bittern Salat, der so zäh wie Leder war.

Einsmals, da wir in den Garten zurückgiengen, begegnete uns ein Mann von gutem Ansehen, in Soldaten-Uniform, der uns in lateinischer Sprache anredete, und meinen Gärtner fragte, wo er mit dem Esel hin wollte? Dieser, weil er vermuthlich die Sprache nicht verstund, blieb ihm die Antwort schuldig. Darüber wurde jener, der es ihm für Verachtung auslegte, zornig, und gab dem Gärtner ein paar Hiebe mit seiner Peitsche. Sogleich kriegt ihn mein Gärtner zu packen, schlägt ihm ein Bein unter, wirft ihn der Länge nach zu Boden, springt mit Füßen auf ihm herum, und hammert, erst mit der Faust, zuletzt mit einem von der Straße aufgerafften Steine, auf den zu Boden liegenden los. Dieser wehrt sich anfangs, und droht, wenn er wieder auf die Beine komme, ihm den Degen durch den Leib zu jagen. Dieß nimmt mein Gärtner wie es scheint als eine Erinnerung an für seine Sicherheit zu sorgen, reißt dem Soldaten den Degen von der Seite, wirft ihn weit von sich, und fängt nun von neuem an, so wüthend auf ihn zuzuschlagen, daß der arme Mann es nicht länger aushalten kann, und, um auf einmal davon zu kommen, sich stellt als ob

Lucian 4. Th. S

er den Geist aufgebe. Darüber erschrickt der Gärtner, läßt den Soldaten liegen wo er liegt, nimmt den Degen mit und reitet auf mir in die Stadt zurück. Hier übergiebt er die Besorgung seines Gartens einem seiner Cameraden, er selbst aber, da er sich nirgend ohne Gefahr blicken lassen konnte, versteckte sich und mich bey einem Freunde, den er in der Stadt hatte. Des folgenden Tages, nachdem sie mit einander zu Rathe gegangen, verbergen sie meinen Herren in einer Kiste, mich aber packen sie bey den Füßen, tragen mich die Treppe hinauf, und schließen mich im obern Stock in eine Kammer an.

Inzwischen hatte sich, (wie ich sagen hörte) der Soldat mit vieler Mühe endlich vom Boden aufgerafft, war mit einem von Schlägen aufgeschwollnen Kopfe in die Stadt zu seinen Cameraden gegangen, und hatte ihnen erzählt wie unvernünftig der Gärtner sich an ihm vergriffen habe. Diese machten gemeine Sache mit ihm, ruheten nicht bis sie entdeckten, wo wir verborgen waren, und nahmen die Obrigkeit des Orts zu Hülfe. Es wird ein Stadtdiener abgeschickt, mit dem Befehl, daß alle Personen die im Hause sind, herausgehen sollen: sie gehen alle heraus, aber da ist kein Gärtner zu sehen. Die Soldaten bestehen darauf, der Gärtner und sein Esel müßten im Hause seyn: jene versichern, es sey niemand mehr darin, weder Mensch noch Esel. Ueber dem Zusammenlauf und Geschrey, so dieser Sache wegen in dem Gäßchen sich erhebt, sticht mich unbesonnenen und naseweisen Esel der Vorwitz, zu wissen wer die Schreyer da unten sind, und ich strecke meine Ohren zu einem Ladenfen-

sterchen hinaus und gucke auf die Gasse herab. Sobald mich die Soldaten sehen, erheben sie ein lautes
Geschrey; die Leute im Hause werden über der Unwahrheit ertappt; die Obrigkeit geht hinein, läßt alles
durchsuchen, findet meinen Herrn in der Kiste, und
schickt ihn ins Gefängniß, um von seiner Frevel-
that Rechenschaft zu geben; ich aber werde herab-
geschleppt und den Soldaten ausgeliefert. Das Gelächter wollte gar nicht aufhören, das beym Anblick
des Zeugen aus dem Dachfenster entstand, der seinen eigenen Herrn so sinnreich verrathen hatte; und
von dieser Zeit an wurde die Redensart „aus dem
Herabschauen des Esels" *) zum Sprichwort.

Wie es dem Gärtner, meinem Herrn, ergieng,
weiß ich nicht; aber mich verkaufte der Soldat um
fünf und zwanzig Attische Drachmen an den Koch
eines sehr reichen Mannes aus Thessalonike, der
größten Stadt in Macedonien. Dieser Mensch hatte
einen Bruder zum Mitknecht, der die Kuchen- und
Zuckerbeckerey **) zu besorgen hatte. Beyde Brüder
lebten und wohnten beysammen, die Werkzeuge ihrer
Kunst lagen immer unter einander, und nun wurde
auch mir in der gemeinschaftlichen Wohnung mein
Plätzchen angewiesen. Hieher trugen beyde die Ueber-

*) Nehmlich, jemand überweisen und verurthei-
len. Das Sprichwort wurde bey Gelegenheiten
gebraucht, wo jemand um schlechter Ursachen
willen vor Gericht gezogen, oder aus unbedeu-
tenden Gründen verurtheilt wurde.
**) Im Griech. μελιτηκτα, weil die Griechen
sich zu dergleichen Naschwerk des Honigs bedienten.

bleibsel von der Tafel ihres Herrn zusammen, der Koch das Fleischwerk und die Fische, der andere alle Arten von Backwerk und Kuchen. So oft sie nun mit einander ins Bad giengen *) schlossen sie mich ein und ließen mich, zu meinem großen Troste, als Hüter aller dieser guten Sachen zurück. Nun gute Nacht Gerste! die hatte jetzt gute Ruhe vor mir; ich profitiere von den Künsten und Gewinsten meiner beyden Herren, und lasse mir die so lange entbehrte menschliche Kost ganz vortrefflich schmecken. Wie sie wiederkamen, merkten sie das erstemal nichts von meiner Näscherey; theils wegen großer Menge der vorhandenen Eßwaaren, theils weil ich noch mit einer gewissen Schüchternheit und Zurückhaltung genascht hatte. Da ich aber immer kühner wurde, und, im vollem Vertrauen auf ihre vermeynte Dummheit, die schönsten Stücke, auch von allem eine große Menge verschlang, und sie also nothwendig den Schaden gewahr werden mußten, hatte anfangs einer den andern im Verdacht, und beschuldigten den andern daß Er der Dieb sey, und einen Theil des gemeinschaftlichen Gutes zu seinem Vertheil heimlich unterschlage. Sie machten einander deßhalben ziemlich hitzige Vorwürfe, und, um auf den Grund zu kommen, gab jeder nun desto genauer Acht, und zählte alle Stücke. Ich meines Orts ließ mir inzwischen das wollüstige und delicate Leben wohl behagen; ich bekam einen glatten und glänzenden Balg

---

*) Nehmlich, jedesmal wenn sie mit Zubereitung der Mahlzeit ihres Herrn fertig waren, und nun auch an die ihrige gehen wollten, giengen sie vorher, nach Griechischer Sitte, ins Bad.

davon, und wurde so schön als ich je gewesen war; so daß die beyden Ehrenmänner, wie sie sahen, daß ich von Tag zu Tag fetter wurde, und die Gerste doch nicht abnehme, sondern immer ihr erstes Maaß behalte, endlich Argwohn gegen mich faßten. Um also hinter die Sache zu kommen, giengen sie wie gewöhnlich mit einander weg, als ob sie ins Bad gehen wollten, und schlossen die Thür ab; schlichen sich aber wieder sachte hinzu, und beobachteten durch eine Spalte in der Thür was passierte. Ich, dem kein Gedanke an eine solche Hinterlist kam, mache mich getrost und mit gewöhnlichem Appetit über ihre Vorräthe her, und führe tüchtig ein. Einen Esel eine solche Mahlzeit halten zu sehen, war etwas so neues und unglaubliches für sie, daß sie darüber lachen mußten; ja, es däuchte sie so lustig, daß sie die übrigen Bedienten zu diesem seltsamen Schauspiel herbeyriefen. Nun entstand ein so lautes Gelächter, daß es dem Hausherrn zu Ohren kam. Er fragte, was der Lerm da draussen bedeute, und was die Leute so zu lachen hätten? Wie er hörte was die Ursache sey, stand er von der Tafel auf, guckte ebenfalls durch die Spalte, und sah wie ich eben ein Stück schwarzes Wildpret hinunter schlang. Er brach in ein wieherndes Gelächter aus*) und stürzte in das Gewölbe herein. Mir war es äusserst ver-

---

*) Wie leicht zu glauben ist, und wie der Text sagt. Massieu muß dieß nicht decent genug gefunden haben, denn er sagt gerade das Gegentheil: il garda son serieux. Warum sollte doch der gute Mann in seinem eigenen Hause über etwas wirklich lächerliches nicht so laut lachen dürfen als ihm beliebt?

drießlich, von dem Herrn des Hauses als ein Dieb und Näscher zugleich so auf frischer That ertappt zu werden. Aber er machte sich einen großen Spaß aus der Sache, und das erste war, daß er Befehl gab, mich auf der Stelle in seinen eigenen Speisesaal zu führen. Hierauf ließ er einen Tisch vor mich hinstellen, der mit allem besetzt wurde, was kein anderer Esel essen kann, allerley Fleischspeisen, Austern, Ragouts und Fischen, diesen in einer Lack-Soße, einen andern mit Senf übergossen. Ich, wie ich sah, daß mich das Glück so freundlich anlachte, und da ich wohl begriff, daß mich nichts retten könne als dem gnädigen Herren seinen Spaß nicht zu verderben, stellte mich an den Tisch, und aß von allem, wiewohl ich schon voll genug war. Inzwischen erschallte der Saal von unaufhörlichem Gelächter. Einer von den Gästen sagte, wie er mich so arbeiten sah: ich wette dieser Esel trinkt auch Wein mit Wasser, wenn man ihm welchen giebt. Der Hrrr befahl, daß man mir Wein vorsetzen sollte, und ich trank.

Man kann sich leicht vorstellen, daß ich ein zu ausserordentliches Thier in seinen Augen war, um mich einem Hausofficianten zu lassen. Er befahl einem seiner Hausverwalter, dem, der mich gekauft hatte, das doppelte seiner Auslage auszuzahlen, und übergab mich einem seiner jungen Freygelassenen, mit dem Auftrag mich allerley Künste zu lehren, womit ich ihm die meiste Kurzweil machen könnte. Mein neuer Hofmeister hatte keine große Mühe mit mir, denn ich gehorchte ihm gleich in allem was er mich thun hieß. Das erste war, daß ich mich in der Stellung eines Menschen, der auf den Ellenbogen gestützt liegt, auf einen Sopha legen mußte. Hernach mußte ich mit ihm ringen und tanzen, gerade auf den Hinterfüßen stehen, mit nicken oder schütteln des Kopfes, auf das was man mich fragte, Ja oder Nein antworten, und eine Menge andere Dinge thun lernen, die ich auch ohne Lehrmeister hätte thun können. Wie natürlich, kam der Wunderesel, der Wein trinken, ringen und tanzen konnte, gar bald in einen großen Ruf; aber was den Leuten am unbegreiflichsten vorkam, war, daß ich auf die Fragen, die man an mich that, immer passend Ja oder Nein antwortete, und wenn ich trinken wollte, durch ein Zeichen, daß ich dem Schenken zuwinkte, zu trinken verlangte. Da sie nicht wissen konnten, daß ein Mensch in diesem Esel stecke, so wunderten sie sich über das alles als etwas ganz übernatürliches: ich hingegen machte mir ihre Unwissenheit zu nutz, um ein müßiges und wollüstiges Leben zu führen. Unter andern lernte ich auch einen Paß gehen, und so leicht und sanft laufen, daß mein Reiter kaum die Bewegung spürte, daher ich dann zuweilen die Ehre hatte, meinen Herrn selbst zu tragen. Ich hatte aber auch das prächtigste Sattel und Zeug, Decken von Purpur, einen mit Gold und Silber geschmückten Zaum, und ein Geschell, das die schönste Musik von der Welt machte, wenn ich gieng.

 Menekles (so hieß unser Herr) war, wie ich schon gesagt habe, von Thessalonike, und in die Stadt, wo wir uns jetzt aufhielten, gekommen, um zu einer Art von Gladiatorischen Schauspiel, das er seiner Vaterstadt zu geben versprochen hatte, An-

schien die Dame an meiner Unterhaltung so viel Geschmack gefunden zu haben, daß, wie sie sich mit Anbruch des Tages wieder entfernte, sie meinem Vorgesetzten noch eine Nacht um den nehmlichen Preis abmiethete. Dieser, theils um des vielen Geldes willen, das er dadurch auf meine Kosten gewann, theils um mich unserm Herrn von einer ganz neuen Seite zeigen zu können, schloß sie noch einmal mit mir ein, und ich muß gestehen, die Dame behandelte mich ohne alle Schonung. Mein Patron, den mein Aufseher durch die Spalte in der Thür zum heimlichen Zuschauer dieser Scene gemacht, fand die Sache so unterhaltend, daß er sich auf der Stelle entschloß, dem Publico ein Schauspiel dieser Art zum Besten zu geben. Er verbot dem Freygelaßnen, keinem Menschen nichts davon zu sagen, und machte sich zum Voraus einen großen Spaß daraus, mich diese Rolle mit einer verurtheilten Weibsperson auf dem öffentlichen Schauplatze spielen zu lassen. Es wurde eine Creatur dazu ausersehen, die den wilden Thieren vorgeworfen zu werden verurtheilt war, und damit ich mich an sie gewöhnen möchte, führte man sie schon vorher zu mir, und befahl ihr, mich zu streicheln und freundlich mit mir zu thun.

Als nun endlich der Tag gekommen war, den Menekles zu den öffentlichen Schauspielen, die er

Ehgeheimnisse eines Insects beschreiben kann. — Da es nicht wohl angieng, dieser anstößigen Geschichte gar nicht zu erwähnen, so habe ich wenigstens so leicht und schnell, als es nur immer möglich war, davon zu kommen gesucht.

auf seine Kosten der Stadt geben wollte, angesetzt hatte, wurde ich folgendermaßen ins Amphitheater gebracht. Man legte mich auf einen kostbaren Sopha, dessen Holzwerk mit indianischem Schildkrot überzogen und mit goldnen Buckeln eingelegt war, und das Weibsbild mußte sich neben mich legen; hierauf wurden wir, wie wir waren, auf eine Tragmaschine gebracht, ins Amphitheater getragen, und mitten in demselben, unter allgemeinem Freudengeschrey und Händeklatschen der Zuschauer niedergesetzt. Neben uns stand ein Tisch, der mit den leckerhaftesten Schüsseln reichlich besetzt war, und verschiedene schöne Knaben, die uns Wein in goldnen Gefäßen einschenkten. Hinter mir stand mein Aufseher, der mir zuzulangen befahl. Aber mir war nichts weniger als eßerlich, theils, weil ich mich schämte, so öffentlich vor aller Welt da zu liegen, theils weil ich dem Spiele nicht traute, und alle Augenblicke befürchtete, daß irgend ein Bär oder Löwe hervorspringen und das Lustspiel in eine Tragödie verwandeln möchte.

Unvermuthet werde ich eines Menschen gewahr, der mit einem Korb voll Blumen bey den Zuschauern herum gieng, worunter ich auch frische Rosen hervorblicken sah. Ich, ohne einen Augenblick zu zaudern, springe vom Sopha herab, und auf den Blumenträger zu. Jedermann glaubt, ich thue es um zu tanzern: aber mir war es um ganz was anders zu thun. Ich durchstöberte die Blumen eine nach der andern, und sobald ich die Rosen herausgekriegt hatte, fraß ich sie gierig auf. Noch waren alle Augen mit Verwunderung auf mich geheftet, als mit auf einmal meine thierische Maske (wenn ich so sagen kann) abfällt und nicht mehr ist, der bisherige Esel aus allen Augen verschwindet, und der vorige Lucius, der in jenem gesteckt hatte, nackend dasteht.

Es ist unmöglich, das Entsetzen zu beschreiben, das ein so unerwartetes und übernatürliches Schauspiel allen Anwesenden verursachte; es entstand ein fürchterlicher Tumult, und das ganze Amphitheater theilte sich in zwey Partheyen. Die eine verlangte, daß ich als ein Zauberer, der von dieser Kunst alle Gestalten anzunehmen einen sehr gefährlichen Gebrauch machen könnte, auf der Stelle verbrannt werden sollte, die andere hingegen behauptete, man müßte doch erst abwarten was ich sagen würde, und nicht eher ein Endurtheil fällen, bis die Sache gehörig untersucht worden sey.

Zu gutem Glücke war der Statthalter der Provinz in Person gegenwärtig. Ich lief also hinzu, berichtete ihm, indem ich von unten zu ihm hinauf sprach, welcher Gestalt ich von einem Thessalischen Mädchen, der Magd einer Thessalischen Frau, vermittelst einer magischen Salbe, in einen Esel verwandelt worden sey, und bat ihn fußfällig, mich so lange in seinen Schutz zu nehmen, bis ich ihn überzeugt haben würde, daß ich ihm keine Unwahrheit vorgegeben hätte.

Der Statthalter fragte mich nach meinem Nahmen, nach meinen Aeltern und Anverwandten und nach dem Nahmen meiner Vaterstadt. Ich antwor-

tete ihm: mein Vater heiſſe — — *) mein Nahme
ſey Lucius, meines Bruders Vornahme Cajus, die
beyden übrigen Nahmen hätten wir gemein **); ich
wäre Verfaſſer einiger hiſtoriſchen und andern Schrif=
ten, mein Bruder ein Elegiendichter und geſchickter
Wahrſager; unſre Vaterſtadt aber die Achajiſche
Stadt Paträ. — So biſt du, ſagte der Statthal=
ter, ***) aus einer Familie, die ich ganz vorzüglich
werth halte, und mit welcher ich durch das Gaſt=
recht verbunden bin, da ich ehmals bey den Deini=
gen logiert habe, und auf eine ſehr edle Art von

*) Es iſt aus dem Zuſammenhang des Textes
klar genug, daß der Abſchreiber, von deſſen
Nachläßigkeit wir ſchon ſo viele Proben geſe=
hen, auch hier den Nahmen des Vaters aus=
gelaſſen und mit dem Vornahmen des Sohnes
vermengt hat. Wer ſich davon völlig überzeu=
gen will, leſe Geßners Anmerk. n. 44. in der
Reiziſchen Ausgabe Vol. II. p. 622.

**) Nehmlich den Geſchlechtsnahmen und Zunah=
men. Lucian wollte ihn damit ſagen laſſen, ſie
ſeyen von einer Familie, die als Clienten einer
vornehmen römiſchen den Nahmen derſelben an=
genommen habe, (denn die eigentlichen Grie=
chen hatten nur Einen Nahmen) aber er ver=
räth dadurch ſeine Unwiſſenheit in römiſchen
Dingen. Einem römiſchen Proconſul hätte dieſe
Manier, es zu ſagen, ziemlich poſſierlich vor=
kommen müſſen; denn daß Brüder einerley
Geſchlechts= und Zunahmen hatten, verſtund
ſich bey Römern von ſelbſt.

***) Vorhin nannte er ihn den Oberbefehlshaber der
Provinz (Αρχων της ἐπαρχιας;) hier nennt er
ihn den Richter (Δικαςης) ohne Zweifel iſt der
römiſche Statthalter oder Gouverneur von Ma=
cedonien gemeynt.

ihnen beschenkt worden b'n. Mir ist genug zu wissen, daß du der Sohn eines solchen Hauses bist, um versichert zu seyn, daß du nicht fähig bist, eine Unwahrheit zu sagen. Mit diesen Worten springt er von seinem Lehnstuhl auf, umarmt und küßt mich mit vieler Wärme, und nimmt mich mit sich in seinen Pallast. Bald darauf langte auch mein Bruder an *), der mir Geld und viele andere Sachen mitbrachte; auch sprach mich der Statthalter (von allem Vorwurf der Zauberey, der mir bey meiner Verwandlung gemacht worden war) gerichtlich und öffentlich **) frey. Wir sahen uns hierauf im Hafen nach einem Schiffe um, lassen unser Gepäcke dahin bringen, und schicken uns zur Abreise an.

Inzwischen hielt ich es für eine Art von Schuldigkeit, der Dame, die mich so sehr geliebt hatte, als ich nur ein armer Esel war, meine Aufwartung zu machen; indem ich nicht zweifelte, ich würde ihr nun, da ich wieder Mensch sey, desto schöner und liebenswürdiger vorkommen. Sie empfieng mich sehr freundlich und schien an dem Wunderbaren meines Abenteuers eine große Freude zu haben, sie bat mich mit ihr zu speisen und die Nacht bey ihr zuzubringen, und ich ließ mich sehr leicht bereden; denn ich

---

*) Dem er vermuthlich von seiner Geschichte Nachricht gegeben hatte. So etwas läßt uns Lucian öfters selbst errathen, wie es sich denn auch von selbst versteht.

*) Dieß wollen die Worte Δημοσια ταυτων ακηοντων sagen, und nicht en plein theatre, wie Massien übersetzt. Die Ehre des Lucians erfoderte, daß die Sache, (wenigstens pro forma) gerichtlich behandelt würde.

hätte es ordentlich für Sünde gehalten *), wenn derjenige, der als Esel geliebt worden war, nun, da er zum Menschen geworden, den Spröden machen und seine Liebhaberin über die Achsel ansehen wollte. Ich speise also mit ihr, parfumiere mich, und bekränze mich mit Rosen, der Blume, die mir, seitdem ich ihr meine Menschheit zu danken hatte, unter allen die liebste war. Endlich, wie die Nacht schon ziemlich weit vorgerückt und es Zeit zum Schlafengehen war, stehe ich auf, kleide mich, nichts böses ahnend, vielmehr in der Meynung es recht gut zu machen, hurtig aus, und stelle mich meiner Dame dar, fest überzeugt, ihr durch die Vergleichung mit meiner ehemaligen Eselsgestalt nur desto mehr zu gefallen. **) Aber wie sie sah, daß

*) Diese populare Redensart entspricht hier, däucht mich, am besten der Griechischen Νεμεσιος αξιον νομιζον. Die Göttin Nemesis strafte alle Unbilligkeit und Undankbarkeit, allen Uebermuth, alle Handlungen gegen andere, die dem, was sie um uns verdient hatten, nicht gemäß waren.

**) Beyde betrogen sich also (wie wir gleich sehen werden) so übel an einander, weil jedes, nach seiner eigenen Art, zu gut von dem andern dachte. Die Dame hatte Ursache zu glauben, Lucius kenne sie viel zu wohl, um sich in dem eigentlichen Gegenstande ihrer Zuneigung zu irren, und ließ sich gar nicht träumen, daß er so unverschämt seyn könnte, sich bey ihr zu melden, wenn er sich nicht bewußt wäre, durch seine Verwandlung nichts von dem, was seinen wahren Werth in ihren Augen ausmachte, verlohren zu haben. Daher die gute Aufnahme und die Einladung. Lucius hingegen, der durch

alles an mir so menschlich war, spie sie mit Verachtung vor mir aus, und befahl mir, mich augenblicklich aus ihrem Hause zu packen, und ihrenthalben schlafen zu gehen wohin ich wollte. Ich armer, der mir diesen plötzlichen Unwillen gar nicht erklären konnte, fragte sie mit Erstaunen: und was für ein so großes Verbrechen habe ich denn begangen, daß ich dir auf einmal so zuwider bin? — Wie? versetzte die Dame, muß ich mich noch deutlicher erklären? Bildest du dir denn ein, daß ich, da du noch ein Esel warst, in dich verliebt gewesen, oder meine Liebkosungen an dich verschwendet habe? Nicht du, armseliges Ding, sondern der Esel war es, den ich liebte, und da du zu mir kamst, dachte ich nichts anders, als du werdest auch jetzt noch das verdienstlichste deiner vorigen Gestalt aufzuweisen haben: aber leider! sehe ich dich aus dem schönen und nützlichen Thiere, das du warst, in einen — Affen verwandelt. — Mit diesen Worten rief sie einigen Bedienten, und befahl ihnen, mich, wie ich war, aufzupacken, zum Hause hinauszutragen, und mir die Thür vor der Nase zuzuschließen. Man kann sich vorstellen, was für eine angenehme Nacht ich zubrachte, da ich, so schön, parfumiert, mit Rosen bekränzt und unbekleidet, als ich war, nun im dunkeln und unter freyem Himmel, die nackte

Erde

seine wieder erlangte Menschheit viel gewonnen zu haben glaubte, schloß a minori ad majus, und zweifelte keinen Augenblick, daß er der Dame nun um soviel lieber seyn würde, als ein Mensch einem Esel vorzuziehen ist. So kann man sich an einander irren!

Erde umarmen, und anstatt einer sehr warmen Beyschläferin mit einer so kalten vorlieb nehmen mußte! Mit der ersten Morgendämmerung lief ich dem Schiffe zu, und erzählte meinem Bruder mit Lachen, was mir begegnet war. Wir segelten hierauf, mit dem ersten guten Winde, der von der Stadt her wehte, von dannen, und langten in wenig Tagen in meiner Vaterstadt an, wo mein erstes Geschäfte war, den rettenden Göttern ein Opfer und Weyhgeschenke darzubringen, daß sie mich aus diesem mühseligen und heillosen Eselsabenteuer, nach so langem Herumtreiben, wiewohl nur mit genauer Noth, wohlbehalten wieder nach Hause gebracht hatten.

Ueber

den wahren Verfasser

des

vorstehenden Mährchens.

Daß ein Autor von Lucians Witz und Jovialität, nachdem er sich selbst und die Liebhaber seiner Schriften durch ein so seltsames Spiel der Imagination als seine wahre Geschichte ist, belustiget hatte, auf den Einfall gerathen konnte, sich nun auch an einem Milesischen Mährchen zu versuchen, ist, dünkt mich, eine sehr begreifliche Sache; Aber daß er einem andern Autor ein solches Mährchen gestohlen und für seine eigene Arbeit ausgegeben haben sollte — oder, was im Grunde nicht um ein Haar besser wäre, daß er von dem Mährchen eines andern (wie Photius versichert) eine durch bloße Auslassungen abgekürzte, übrigens aber beynahe von Wort zu Wort gleichlautende Copie unter seine eigene Schriften gesteckt, und mit ihnen in die Welt geschickt haben sollte, ohne des Originals mit einem Worte zu erwähnen — wer dieß begreifen, oder mir begreiflich machen kann, soll mir der große Apollo seyn!

Was für ein Beweggrund sollte sich wohl erdenken lassen, der einen Schriftsteller wie Lucian hätte bewegen können, einen unberühmten Buchmacher, wie der angebliche Lucius von Paträ, zu bestehlen? Armuth an Witz und Erfindung konnte es nicht seyn; und was hätte es sonst seyn können? Es giebt zwar allerdings einen Fall, wo auch ein Schriftsteller von Talent sich eines fremden Stoffes, ohne Vorwurf eines Plagiats, bemächtigen kann; und dieß ist, wenn er, ohne den ersten Erfinder, oder den, der ihm vorgearbeitet hat, verheimlichen zu wollen, aus dem fremden Stoffe ein ganz neues, an Materie und Form schöneres und vollkommneres Werk ausarbeitet. So war Homer selbst nicht der erste Dichter, der die Thaten der Griechen vor Troja besang; so machte Ariost aus den alten Ritterbüchern von Charlemagne und seinen zwölf Pairs, seinen Orlando; so schöpfte Tasso aus den nehmlichen Quellen den Stoff zu seinem verliebten Rinaldo; so lieferte der uralte Roman von Huon de Guienne einem deutschen Dichter das Sujet und einen Theil der Maschinen zu einem bekannten Gedichte. Aber Lucian, der Verfasser so vieler Werke, die von einem der erfindungsreichsten Köpfe zeugen, soll einen Lucius von Paträ wörtlich abgeschrieben, soll aus zwey Büchern des letztern durch bloße Auslassung Eines gemacht, und den auf diese Art verstutzten Esel des Lucius für seinen eigenen ausgegeben haben? Wer kann das glauben? Oder, was könnte der nicht glauben, der etwas so widersinnisches für möglich hielte?

Der Patriarch Photius von Constantinopel verdient, (diese hohe Würde abgerechnet) schon als Verfasser des berühmten Myriobiblon allen Respect: aber auch ein Patriarch kann sich irren, und in einer so wenig bedeutenden Sache, als ein altes milesisches Mährchen ist, ohne sonderlichen Nachtheil seines verdienten Ruhms. Es wird mir also um so weniger übel ausgedeutet werden können, wenn ich behaupte, er habe sich über den Verfasser des Esels wirklich geirrt. Ohne ihn *) würden wir gar nicht wissen, daß jemals ein Buch unter dem Titel Λκιυ Πατρεως Μεταμορφωσεων λογοι διαφοροι (Lucit von Paträ verschiedene Erzählungen von Menschen, die in Thiere verwandelt worden) in der Welt gewesen sey: Aber die bloße Existenz dieses Buches und eine allgemeine Characterisirung desselben ist auch alles, was wir durch ihn davon wissen. Wer dieser Lucius gewesen sey, und wann er gelebt habe, ob vor, oder mit, oder nach Lucian? weiß er nicht zu sagen. Genug, die beyden ersten λογοι (oder Erzählungen) der unter dem Nahmen des Lucius von Paträ gehenden Metamorphosen, hatten eine so große Aehnlichkeit mit Lucians Esel, sagt Photius, daß man nicht umhin konnte, zu denken, entweder der Patrenser habe den Lucian, oder Lucian den Patrenser ausgeschrieben.

Aber wie, wenn Lucius der Patrenser, wiewohl zu Photius Zeiten eine Sammlung von Mährchen unter seinem Nahmen herumgieng, gar nicht existiert hätte? Wie wenn er sein vermeyntes Da-

---

*) Siehe Photii Myriobiblon oder Bibliothek No. 129.

seyn bloß unserm Lucian schuldig, und eben sowohl
wie der Hipparchus, die Palästra, der Sophist Dekrianus, der Menekles, und so viele andere Indi-
vidua, die in seinem Lucius auftreten, eine bloß
erdichtete Person wäre? Diese Vermuthung wird
mir immer glaublicher, je mehr ich die Sache von
allen Seiten betrachte. Der Held des Lucianischen
Esels nennt sich selbst, da er von dem Statthalter
zu Thessalonich examiniert wird, Lucius; sagt, er
sey von Paträ gebürtig; sey Verfasser von einigen
historischen und andern Schriften; habe einen Bruder, der ein geschickter Wahrsager und Elegiendichter sey und Cajus heisse. Lucian ist (bis auf den
Patriarchen Photius, der 700 Jahre nach ihm lebte) der einzige, der dieses Lucius erwähnt — Denn
es wäre lächerlich, ihn, ohne irgend einen andern
Grund als den Vornahmen Lucius, der unzähligen
Römern gemein war, mit dem Philosophen Lucius,
vom welchem Philostratus im Leben des Herodes
Attikus einige Anekdoten erzählt, vermengen zu
wollen *). Seine Existenz beruht also im Grunde
allein auf dieser Nachricht von sich selbst, die ihm
Lucian in den Mund legt. Ich will nicht sagen,
daß man, wenn man ihm diese glaubte, ihm auch
in der Erzählung, die er von seiner Verwandlung
und seinen Abenteuern macht, Glauben beymessen
müßte; denn die Existenz eines Menschen dieses
oder jenes Nahmens ist möglich, aber seine Verwandlung in einen Esel ist es nicht: indessen muß

*) Wie Olearius in einer Anmerk. zu dieser
  Stelle im Philostratus zu thun geneigt ist.

man doch gestehen, daß die Existenz eines Menschen, der seine Verwandlung in einen Esel erzählt, sehr schlecht erwiesen ist, wenn sie auf keinem andern Grunde beruhete, als auf dem, was er in seinem Mährchen von sich selbst erzählt. Wem ist es je eingefallen, die Herren Gulliver und Nikolaus Klimm, den Robinson Crusoe, den Chevalier des Gastines, und hundert andere ihresgleichen für wirkliche Personen zu halten, weil sie uns sehr umständliche Nachrichten von sich selbst gegeben haben?

„Aber woher kamen denn die Λογοι μεταμορφωσεων, die zu Photius Zeiten unter dem Nahmen eines Lucius von Paträ vorhanden waren?" — Warum nicht von irgend einem müßigen Menschen, der für gut befand, sich einer von Lucian erdichteten Person zu bemächtigen, um einer Sammlung von erotischen oder vielmehr unzüchtigen Hexen-Mährchen desto mehr Credit zu verschaffen, wenn er sie unter einer schon bekannten Firma, unter dem Nahmen eines Menschen, den schon Lucian seine Verwandlung in einen Esel hatte erzählen lassen, in die Welt schickte? — Wenn sich etwa einst ein guter oder schlechter Kopf fände, der den Muth hätte, die sämmtlichen Fabellas des durch Tristram Shandy so berühmt gewordnen Hafen Slawkenbergius herauszugeben, würde sich wohl irgend ein vernünftiger Mensch darum beygehen lassen, den Hafen Slawkenbergius in einem Gelehrten-Lexikon als eine wirkliche Person aufzuführen? Und wenn ein solcher verkappter Slawkenbergius das Mährchen von dem Ritter mit der großen Nase, und dessen Liebesgeschichte mit der schönen Julia seiner Sammlung beynahe mit Lorenz Sterne's eigenen Worten, (nur mit einigen Erweiterungen und Zusätzen) einverleibte: was für einen Grund würde ein Photius des fünf und zwanzigsten, und ein Salmasius des zwey und dreyßigsten Jahrhunderts haben, es für wahrscheinlicher zu halten, daß Lorenz Sterne den von ihm selbst erdichteten Hafen Slawkenbergius, als daß ein verkappter Slawkenbergius Lorenz Sternen abgeschrieben habe?

Ich kann und will nicht weiter gehen, als zu sagen: es sey eine völlige Möglichkeit, daß dieß gerade der Fall mit Lucians Mährchen von der wunderbaren Vereselung und Entselung eines gewissen Lucius von Paträ, und den Büchern der Verwandlungen, die unter dieses nehmlichen Lucius Nahmen siebenhundert Jahre nach Lucian in der Welt herumgiengen, gewesen sey. Aber, wenn kein anderes Mittel wäre, die beynahe völlige Gleichheit zwischen dem Lucianischen Esel und den ersten Büchern der Metamorphosen des angeblichen Patrensers zu erklären, als entweder mit Photius und Saumaise *) anzunehmen, Lucian habe den Patrenser abgeschrieben, oder zu sagen, der Patrenser Lucius habe nie anders als in Lucians Esel existiert, und die Metamorphosen seyen ihm bloß, auf die vorbemeldete Art, von einem spätern Unbekannten untergeschoben worden: so würde ich keinen Augenblick anstehen, das letztere (da es an sich ganz möglich ist) eben darum für wahr zu halten, weil das

*) S. desselben Prolegomena in Solinum, p. 4. L.

erstere (wenigstens meines Erachtens) moralisch unmöglich ist.

Photius sagt: die beyden Mährchen seyen einander an Inhalt und Diction so ähnlich, daß entweder Lucius den Lucian, oder Lucian den Lucius abgeschrieben habe. „Nun habe ich zwar (setzt er hinzu) bisher nicht ausfindig machen können, welcher von beyden der ältere ist: aber, wenn ich vermuthen darf, so scheint mir wahrscheinlicher, daß Lucian den andern ausgeschrieben, nehmlich, daß er aus des Lucius weitläuftigerm Fabelwerk, alles, was zu seinem Zweck nicht taugte, weggelassen, das übrige aber mit durchgängiger Beybehaltung des Ausdrucks und der Zusammenordnung der Sachen (αυταις τε λεξεσι και συνταξεσιν) dem Lucius gestohlen und in Eine Erzählung unter dem Titel: Lucius oder der Esel, gebracht habe." — Ich gestehe, daß ich nicht begreife, warum diese letzte Vermuthung dem Photius die wahrscheinlichere dünken konnte. Wenn die Sache zweifelhaft ist, sollte man doch wohl für wahrscheinlicher halten, daß der Arme eher den Reichen, der unberühmte Autor eher den berühmten bestohlen habe, als umgekehrt. Auch ist, in einem solchen Falle, nach den Regeln einer gesunden Kritik, die Vermuthung der Originalität vielmehr für den Verfasser, der die Sache kürzer und einfacher gegeben, als für den, der sie ausgedehnt, umschrieben, oder mit entbehrlichen Zusätzen bereichert hat. Freylich könnten wir in allem diesen klärer sehen, wenn die Metamorphosen des angeblichen Lucius noch vorhanden wären: aber da das Schicksal so vieler anderer guter und schlechter

Schriften, welche Photius in seiner Bibliothek recensiert, auch diese Zaubermährchen betroffen hat, so sehe ich nicht, warum wir die Parthey eines unbekannten und verdienstlosen Patrensers gegen einen Schriftsteller wie Lucian, nehmen sollten. Selbst der Umstand, welchen Photius noch hinzusetzt, daß das Mährchen, wovon die Rede ist, sowohl bey dem einen als bey dem andern Erzählungen schändlicher Dinge, wovon man gar nicht sprechen sollte, enthalte, streitet, däucht mich, gegen das dem Lucian aufgebürdete Plagiat. Lucian lebte in einer Zeit und unter einem Volke, wo solche Gemählde, wie der erotische Zweykampf mit Paläſtren und das ärgerliche Hiſtörchen von der menſchlichen Eſelin zu Theſſalonich, jenes wegen des darin herrschenden allegorischen Witz, und Wortspieles, dieses wegen seiner Neuheit und sarkastischen Darstellung der Ausschweifungen, deren damals Damen von gewissem Rang fähig gewesen seyn sollen, von nicht allzu strengen Lesern geduldet, ja sogar mit Wohlgefallen gelesen wurden: er konnte also wohl der Versuchung, solche Scenen zu mahlen, unterliegen; aber gewiß würde er sich geschämt haben, sich für fremden Witz Complimente machen zu lassen, und Gemählde dieser Art verstohlner Weise von einem andern abzucopieren. Gerade dieser Umstand, und die große Aehnlichkeit oder vielmehr Identität des Styls und Vortrags in dem Lucianschen Esel und dem Mährchen des angeblichen Lucius giebt in meinen Augen einen unumstößlichen Grund für die Meynung ab, daß der erstere das Original des letztern gewesen sey. Wäre die Aehnlichkeit bloß in dem Süjet und den Begebenheiten gelegen, so würde ich kein Bedenken tragen, anzunehmen, daß sich Lucian des Mährchens des Patrensers bemächtiget, und was jener platt, albern, und (wie Photius sagt) mit vollem Glauben an die Möglichkeit und Wirklichkeit solcher Zauberwirkungen erzählt hatte, mit Witz und Laune, im Ton seiner wahren Geschichte, kurz, in seiner eignen Manier, vorgetragen habe. Er konnte wohl aus dem albernen Mährchen eines andern ein gutes machen: aber nicht ein gutes stehlen und für sein ausgeben. Wenn also was gutes an dem Mährchen des vorgeblichen Lucius war, so kam es natürlicher Weise daher, weil der Verfasser oder Compilator den Lucian, nicht weil Lucian ihn abgeschrieben hatte.

Man ist es an mir gewohnt, daß ich längst Verstorbenen nicht Unrecht thun sehen kann, ohne mich ihrer mit einigem Eifer anzunehmen, und daß mir, in diesem Falle, auch Kleinigkeiten nicht unwichtig sind.

— — Hoc est mediocribus illis
  Ex vitis unum.

Aber damit es leidlich bleibe, ist es Zeit, diesem kleinen Streit περὶ ὄνου σκιᾶς ein Ende zu machen.

Der Scythe *)
oder
Anacharsis und Toxaris.

Anacharsis wa nicht dere rste, den das Verlangen nach Griechischer Gelehrsamkeit aus Scythien nach Athen führte: schon vor ihm hatte die Begierde, sich in den edelsten Künsten und Wissenschaften zu unterrichten, den Toxaris dahin gezogen, einen Mann, den seine Weisheit und Liebe alles Schönen und Guten adelte, wiewohl er weder von königlichem Geschlechte, noch einer aus den Edeln seines Volkes, sondern nichs weiter als ein gemeiner Scythe und was sie einen Achtfüßler heißen, das ist, Herr von zwey Pferden und einem Wagen, war. Dieser Toxaris kehrte nicht nach Scythien

---

*) Dieser kleine Aufsatz, der von den Commentatoren ohne nähere Charakterisierung, unter die Proslalien gestellt wird, scheint bloß dazu bestimmt gewesen zu seyn, sich die Protection zweyer Männer von großem Einfluß zu erwerben, vermuthlich um die Profeßion eines Rhetors, die er in seinen jüngern Jahren trieb, zu Thessalonik, der damaligen Hauptstadt von Macedonien, mit desto besserm Erfolge ausüben zu können.

zurück, sondern starb zu Athen, und wurde nicht lange nach seinem Tode zum Heros erklärt; wie ihm dann die Athenienser noch auf diesen Tag unter dem Namen des fremden Arztes, den er bey seiner Aufnahme unter die Halbgötter erhielt, Opfer darbringen. Vielleicht wird es nicht übel gethan seyn, wenn ich euch erzähle, wie er zu der Ehre gekommen, unter diesem Nahmen den Söhnen Aeskulaps und den Heroen beygezählt zu werden: wäre es auch nur, um euch zu zeigen, daß die Scythen nicht die einzigen sind, die ihre Verstorbenen mit der Unsterblichkeit beschenken und zum Zamolxis *) abschicken, sondern daß auch die Athenienser das Recht haben, einen Scythen mitten in Griechenland zum Gott zu machen **). Während der großen Pest ***) däuchtete es Delmäneten, der Gemahlin des Areopagiten Architeles, Toxaris stehe vor ihr da †) und befehle ihr, den Atheniensern zu sagen: die Pest würde von ihnen ablassen, wenn sie die engen Gäßchen der Stadt fleißig mit Wein besprengen

---

*) Die Scythen (sagt Herodot B. IV. 94.) feyern alle fünf Jahre ein großes Fest, an welchem sie eine Anzahl durchs Loos erwählter Männer aus ihrem Mittel mit allerley Aufträgen an ihren Halbgott (Dämon) Zamolxis absenden: zu welchem Ende die Gesandten in die Luft geschleudert, auf Spießen aufgefangen, und auf diese Weise in die andere Welt geschickt werden.

**) Es ist kaum nöthig, zu bemerken, daß dieß im ironischen Ton eines Epikuräers gesagt sey.

***) Zu Anfang des Peloponnesischen Krieges.

†) Der Text sagt nichts davon, daß ihr Toxaris im Traum erschienen sey, wie Massieu dem lateinischen Uebersetzer treulich nachspricht.

würden. Als nun dieses öfters gethan worden, (denn die Athenienser waren keine Leute, die auf so etwas nicht geachtet hätten) hörte die Pest bey ihnen auf, es sey nun, daß der Weinduft gewisse schädliche Dünste (die in diesen engen Gäßchen sich sammelten und die Luft verderbten) überwältigte, oder daß der Halbgott Toraris, als ein Arzt von Profeßion, einen andern mir verborgenen Grund hatte, warum er ihnen dieses Mittel verordnete. Zur schuldigen Dankbarkeit für diese Cur wird ihm, noch jetzt auf dem Monument, aus welchem er, nach Deimänetens Versicherung, hervorgegangen, da er ihr das besagte Mittel angegeben, ein weisses Pferd abgeschlachtet. Es fand sich auch, daß Toraris daselbst begraben liege; wenigstens schloß man es, theils aus der Aufschrift, wiewohl sie nicht mehr ganz leserlich war, theils und vornehmlich daraus, weil auf der Säule ein Mann in Scythischem Costum abgebildet war, der in der linken Hand einen gespannten Bogen, und in der rechten etwas, das ein Buch zu seyn schien, hielt. Von diesem Basrelief ist noch jetzt über die Hälfte zu sehen, nehmlich die Figur des Mannes, der Bogen und das Buch; aber der obere Theil der Säule nebst dem Kopfe ist ein Raub der Zeit geworden. Dieses Grab zeigt sich, nicht weit von der Doppelpforte, rechter Hand, wenn man nach der Akademie zu geht, in Gestalt eines kleinen Hügels; die Säule liegt umgestürzt, ist aber immer mit Blumenkränzen behängt, und soll' schon verschiedenen Personen vom Fieber geholfen haben; welches in der That von

Dem nichts unglaubliches ist, der ehmals die ganze Stadt von der Pest curierte.

Was mich zu dieser kleinen Abschweifung verleitete, ist der Umstand, daß Toraris noch am Leben war, als Anacharsis zu Athen ankam. Dieser befand sich, nachdem er im Piräeus ausgestiegen war, in aller der Verlegenheit, worin man sich einen Fremden und einen Barbaren oben drein vorstellen kann, der sich auf einmal in eine große Stadt versetzt sieht, wo ihm alles unbekannt ist. Das kleinste Getöse macht ihn stutzen; er merkt, daß sein seltsamer Aufzug allen, die ihn ansehen, lächerlich ist; er ist der Sprache des Landes unkundig, und niemand versteht die seinige; kurz, der gute Anacharsis, der sich in diesen Umständen weder zu rathen noch zu helfen wußte, war schon bey sich selbst entschlossen, sich am bloßen Sehen der Stadt Athen zu begnügen, und sobald er damit fertig wäre, wieder in sein Schiff zu steigen, und gerades Weges in den Bosporus zurückzufahren, von wannen er nicht mehr weit in seine Heimath zu gehen hatte *). Indem er unter diesen Gedanken bis in

---

*) Die Herren Commentatoren bemerken, daß die Geschichte von der Ankunft dieses Scythischen Prinzen in Athen von Herodot, Diogenes, Laertius, u. a. in verschiedenen Umständen anders erzählt wird, als hier von Lucian. Die Ursache ist sehr simpel, nehmlich keine andere, als daß diese ganze Erzählung eine Composition von seiner eigenen Erfindung, eine Art von Mährchen (μυδος) ist, wie er besser unten selbst gesteht, oder vielmehr, wie sich von selbst versteht, wenn ers auch nicht gestanden hätte.

den Ceramikus gerathen war, kam ihm auf einmal, wie ein guter Genius, unser Toxaris in den Wurf. Die Scythische Kleidung, die er ehmals selbst getragen, erregt die Aufmerksamkeit des Toxaris; sie entdeckt ihm einen Landsmann in dem Fremden, und in wenigen Augenblicken erkennt er ihn auch für den Anacharsis, als der von einem zu edeln Geschlechte und zu großen Rang unter seinem Volke war, um irgend einem aus demselben unbekannt zu seyn. Anacharsis hingegen, da er einen Mann auf sich zugehen sah, der Griechisch gekleidet, ohne Bart, ohne Gürtel und Säbel, so elegant wie ein gebohrner Athenienser, kurz, durch die Zeit in einen andern Mann verwandelt worden war, wie hätte er in diesem Manne einen Scythen erkennen sollen? — Bist du, redete ihn Toxaris auf Scythisch an, bist du nicht der Sohn des Daucetas, Anacharsis? — Anacharsis weinte vor Freuden, mitten in Athen so ganz unverhofft jemand zu finden, der seine Sprache redete, und sogar wußte, was er unter den Scythen vorstellte *). Wie ists möglich daß ich dir bekannt bin, fragte er ihn mit Erstaunen. Weil ich, erwiederte jener, selbst ein Scythe und aus euerm Lande bin: mein Nahme ist Toxaris, aber er ist zu unberühmt, als daß ich durch ihn dir ebenfalls bekannt seyn könnte. — Wie? versetzte der andere, du bist der Toxaris, von dem

---

*) Dieser Umstand (wiewohl ihn Maffieu als unbedeutend ausläßt) konnte dem Anacharsis in einem fremden Lande, wo er sich ohne alle Addresse befand, nichts weniger als gleichgültig seyn.

ich hörte, er habe aus Liebe zu Griechenland Frau und Kinder in Scythien verlassen und sey nach Athen gezogen, wo er schon eine geraume Zeit lebe und bey den ersten Männern der Stadt in Ansehen stehe? — Der bin ich, erwiederte Toxaris, wenn anders auch von mir noch die Rede unter euch ist. — Wisse also, sagte Anacharsis, daß ich von diesem Augenblick an dein Schüler, so wie in der Liebe, Griechenland zu sehen, die dich aus unserm Vaterlande zog, dein Nebenbuhler bin. Denn dieß ist der einzige Endzweck einer Reise, auf der ich unter so vielen Nationen, durch die ich passieren mußte, tausendfaches Ungemach auszustehen hatte; und dennoch, wenn ich nicht so glücklich gewesen wäre Dich anzutreffen, war ich schon entschlossen, mich vor Untergang der Sonne wieder einzuschiffen und umzukehren, so groß war meine Verlegenheit, da ich mich hier wie in eine andere Welt versetzt sahe. Ich bitte dich also, liebster Toxaris, und beschwöre dich beym Säbel und beym Zamolxis, den Göttern unsers gemeinschaftlichen Vaterlandes, nimm dich meiner an, sey mein Führer, und zeige mir, was in Athen und in dem übrigen Griechenlande das Schönste und Merkwürdigste ist, ihre weisesten Gesetze, ihre trefflichsten Männer, ihre Sitten, ihre öffentlichen Versammlungen, ihre Lebensweise und ihre Polizey, kurz, alles, weßwegen du, und ich nach dir, einen so weiten Weg hieher gekommen sind. Laß mich nicht zurückkehren, ohne alles, was sehenswerth ist, gesehen zu haben. — Das war nun eben kein Zeichen eines sehr warmen Liebhabers, versetzte Toxaris, daß du an der Thür-

schwelle

schwelle wieder umkehren wolltest! Aber nur getrost! die Lust zum umkehren soll dir bald vergehen: Athen wird dich so leicht nicht wieder von sich lassen; sie hat mehr Anziehendes für die Fremden als du dir einbilden kannst; sie wird dich so einnehmen, daß du Weib und Kinder, wenn du welche hast, so gut vergessen wirst wie ich. Damit du nun, sobald als immer möglich ist, die ganze Stadt und Republik der Athenienser, ja das ganze Griechenland und alles, was die Griechen vorzügliches haben, zu sehen bekommest, will ich dir einen Vorschlag thun. Es wohnt ein Mann von großem Geist und seltnen Kenntnissen hier, der zwar in dieser Stadt zu Hause ist, aber große Reisen in Asien und Aegypten gethan hat, wo er überall mit den größten und vorzüglichsten Männern bekannt worden ist. Er macht übrigens keine glänzende Figur, sondern lebt im Gegentheil sehr einfach*); du wirst

*) Diesen Sinn mußte ich den Worten ὁ τῶν πλυσίων αλλα και κομιδη τινος, geben, wenn man nicht daraus schließen sollte, Solon sey ein armer Teufel gewesen, welches er nicht war, wie man aus seinem Leben im Plutarch ersehen kann. Er war keiner von den reichsten in Athen, weil er viel Geld verreist und immer mit vielem Aufwand gelebt hatte, aber eben dieser Aufwand (wozu ihm die Kaufmannschaft, die er in seinen jüngern Jahren trieb, die Mittel verschaffte) beweiset, daß er Aufwand machen konnte, und die Verse, woraus Plutarch schließt, daß er sich selbst mehr unter die Armen als unter die Reichen gezählt habe, beweisen weiter nichts, als daß er die Reichthümer des Geistes höher achtete als Geld

einen alten Mann finden, der eben so bürgerlich
gekleidet ist, wie ich: aber seiner Weisheit und übri=
gen vortrefflichen Eigenschaften wegen schätzen ihn
seine Mitbürger so hoch, daß sie ihm das Amt ei=
nes Gesetzgebers ihrer Republik aufgetragen haben,
und willig nach seinen Verordnungen leben. Kannst
du dir diesen Mann zum Freunde machen, und hast
du ihn nach seinem ganzen Werth schätzen gelernt,
so bilde dir ein, du habest in ihm das ganze Grie=
chenland, und kennest das Beste von allem, was
es vortreffliches aufzuweisen hat. Kurz, ich kann
dir keinen bessern Dienst erweisen, als dich mit ihm
bekannt zu machen.

So säumen wir keinen Augenblick! rief Una=
charsis aus; komm, lieber Toxaris, und führe mich
auf der Stelle zu ihm. — Aber muß ich nicht be=
fürchten, er werde mir den Zutritt schwer machen
und deine Empfehlung vielleicht, in Rücksicht mei=
ner, für nicht so ernstlich halten als sie gemeynt
ist. — Bewahre der Himmel! versetzte jener: ich
kann ihm keinen größern Gefallen thun, als wenn

. ohne Verdienste. Das Wahre ist, Solon sam=
melte keine Schätze, weil er immer einen edeln
oder einen angenehmen Gebrauch von seinem
Gelde machte; denn, als ein weiser Mann,
liebte er auch die Vergnügungen des Lebens,
aber weislich genug, um noch in einem hohen
Alter (wie er selbst in seinen Versen sagt) Cy=
theräen, dem Bachus und den Musen opfern
zu können, was mit siebzig Jahren nur ein
Mann thun kann, der an Leib und Seele ge=
sund ist — und was vermuthlich mehr ist, als
sich diejenigen rühmen können, denen jene Ver=
se des weisen Solons ärgerlich sind.

ich ihm Gelegenheit gebe, einem Fremden Gutes zu erweisen. Folge mir nur; du wirst bald aus eigener Erfahrung wissen, wie groß seine Achtung für Fremde und überhaupt seine Leutseligkeit und Güte ist. — Aber, ist es doch, als ob ein guter Genius unsre Wünsche begünstige! Da kommt er selbst! — der Mann ists, der so in Gedanken und mit sich selbst redend, auf uns zu kömmt. — Und sogleich gieng er dem Solon entgegen, und hier, sprach er zu ihm, bringe ich dir ein Geschenk von großem Werthe, einen Fremden, der Freundschaft vonnöthen hat. Er ist ein Scythe, und unsrer Edelsten einer, und dennoch hat er allen Vortheilen, die er in seinem Vaterlande besitzt, entsagt, um zu uns zu kommen, und alles, was Griechenland vortreffliches hat, kennen zu lernen. Um diese seine Absicht zu befördern, und ihn selbst den vortrefflichsten Männern bekannt zu machen, habe ich keinen kürzern Weg gefunden, als ihn zu dir zu führen. Ich müßte den Solon nicht kennen, wenn ich zweifeln könnte, ob er einen Fremden, wie dieser, in seinen Schutz nehmen und ein Vergnügen darin finden werde, einen ächten Bürger Griechenlands aus ihm zu machen. Du, lieber Anacharsis, wie ich dir vor einem Augenblick sagte, hast nun Alles gesehen, da du den Solon gesehen hast. Hier ist Athen! Hier ist Griechenland! Du bist kein Fremder mehr; jedermann kennt dich, jedermann ist dein Freund. Soviel liegt in diesem einzigen alten Manne! In seinem Umgang wirst du Alles, was du in Scythien zurückgelassen, bald vergessen haben. Du bist reichlich für deine Reise belohnt, und am Ziel aller deiner Wünsche. Hier siehst du das Modell aller Griechen, und das Muster der attischen Philosophie. Erkenne daraus, unter was für einem glücklichen Sterne du gebohren bist, da du mit Solon umgehen, den Solon zum Freund haben wirst *)!

Es würde zu weitläuftig seyn, wenn ich erzählen wollte, mit wie vieler Freude Solon das Geschenk des Toxaris annahm, und was er sagte, und auf welchem Fuß sie von dieser Stunde an mit einander lebten. Solon machte sich eine Angelegenheit daraus, den edeln Scythen zu unterrichten und auszubilden, ihm die allgemeine Liebe zu verschaffen, ihm alles, was die Griechen vorzügliches haben, bekannt, und überhaupt seinen Aufenthalt unter ihnen so angenehm als möglich zu machen: Anacharsis hingegen, von der Weisheit und den Kenntnissen seines Mentors bezaubert, kam ihm mit Willen auch nicht einen Schritt von der Seite. Denn, wie ihm Toxaris versprochen hatte, durch den einzigen Solon lernte er in sehr kurzer Zeit alles ken-

---

*) Wiewohl alles dieß von Wort zu Wort auf Solon paßte, so ist doch zehn gegen Eins zu setzen, daß Anacharsis weder so in Solons Gegenwart gesprochen hätte, noch hätte sprechen dürfen. Aber, auffer dem, (daß Lucian ein gebohrner Syrer war und 700 Jahre nach Solons Zeit in Griechenland verpflanzt wurde,) liegt der Schlüssel zu allem diesem in der Anwendung, die er am Schlusse seiner Erzählung davon machen wird. Es sind Complimente, die er seinen Gönnern zu Thessalonik in der Person Solons aus dem Munde des Toxaris macht.

nen, und wurde durch ihn bekannt und geehrt von jedermann. Denn es war keine Kleinigkeit, von Solon gelobt zu werden, sondern das Publikum betrachtete ihn auch hierin als seinen Gesetzgeber, und liebte alle, die seinen Beyfall hatten, weil es versichert war, daß es edle und gute Menschen seyn müßten. Ein Beweis hievon ist, daß Anacharsis unter allen Barbaren *) der einzige war, der, nach vorher erhaltnem Attischen Bürgerrecht, zu den Eleusinischen Mysterien zugelassen wurde; wenn anders der Geschichtschreiber Theorenus hierin Glauben verdient.

Nun erlaubet mir noch, daß ich, um meinem Mährchen den Giebel aufzusetzen, ein paar Worte von der Ursache und Absicht sage, warum ich die beyden Scythen und den guten alten Solon von Athen bemüht habe, diese Reise nach Macedonien zu machen. Das Wahre ist, daß ich mich beynahe in eben demselben Falle befinde wie Anacharsis. Aber rechnet es mir, um aller Grazien willen, nicht zur Thorheit an, daß ich mich durch diese Vergleichung einem Königssohne an die Seite zu stellen scheine. Seinen königlichen Rang in allen Ehren, war er übrigens ein Barbar so gut wie ich; denn daß wir andern Syrer in irgend einem Stücke

---

*) D. i. Ausländern. Daß auch Sylla, Atticus, Cicero, August, und eine Menge andre Römer nach ihnen initiirt wurden, streitet nicht hiegegen: denn so unmanierlich und unklug waren die Griechen nicht, auch die Römer, nachdem sie ihre Schutz- und Oberherren geworden waren, Barbaren zu nennen.

schlechtere Leute seyen als die Scythen, wird wohl niemand behaupten wollen. Wie viel also auch Anacharsis durch seine königliche Abkunft vor mir voraus haben mag, in allem übrigen finde ich zwischen seiner und meiner Lage die größte Aehnlichkeit. Als ich in euerer Stadt ankam, erstaunte ich beym ersten Anblick über ihre Größe und Schönheit, über die Menge ihrer Einwohner, und die Beweise von Reichthum und Wohlstand, die mir überall in die Augen leuchteten *) Es erging mir wie dem jungen Ithacenser im Pallaste des Menelaus **); ich

*) Man erinnert sich, mit welcher guten Laune Yorik in seinem Sentimental Journey, aus Gelegenheit eines Parisischen Haarkünstlers (der seine Locke, um ihre Dauerhaftigkeit zu erproben, in den Ocean taucht) sich über die instinctmäßige Neigung der Franzosen zur Hyperbole lustig gemacht. Ein auffallenderes Beyspiel dieser Art ist mir kaum jemals vorgekommen, als die Art wie Massieu diese, getreulich von mir übergetragene Periode, in seine Sprache übersetzt hat. Man vergleiche und urtheile selbst. „Als ich in eurer Stadt ankam, gerieth ich auffer mir vor Bewunderung beym Anblick ihrer unermeßlichen Größe, der Herrlichkeit ihrer Gebäude, der unzählbaren Menge ihrer Einwohner, der Reichthümer und der Opulenz, die sich von allen Seiten ankündigen." Dächte man nicht, daß wenigstens von einem zweyten Rom die Rede seyn müßte? Und doch spricht Lucian bloß von Thessalonik; und in der That selbst schon in einem so hohen Tone, daß es sehr unnöthig ist, ihn noch durch solche Hyperbeln zu verstärken.

**) Anspielung auf folgende Stelle im vierten Buche der Odyssee, wo Telemach, der in sei-

stand lange wie verblüfft und konnte mich kaum
vor Wunder fassen. Und blümig mußte mir so zu
Muthe werden, da ich eine Stadt zum erstenmal
sah, die sich in einem so hohen Grad von Wohlstand emporgeschwungen hat, und, nach dem Ausdruck jenes Dichters, mit allem prangt, was eine
Hauptstadt blühend und glänzend machen kann. In
dieser Gemüthsverfassung überlegte ich nun, was
für mich zu thun sey. Schon lange hatte ich beschlossen, mich auch bey euch mit einer Probe meines Talentes öffentlich hören zu lassen. Denn wo
anders sollte ichs, wenn ich eine so ansehnliche
Stadt stillschweigend vorbeygienge? Ich erkundigte
mich also, (die reine Wahrheit zu gestehen) wer
diejenigen wären, die den Ton angäben, und an
die sich einer wenden müßte, um durch ihre Unter-
stützung sich den Weg zu allgemeinem Beyfall zu
erleichtern: und erhielt nicht, wie Anacharsis von
einem einzigen Toxaris, sondern von vielen oder
vielmehr von allen, beynahe in ebendenselben Sylben, die nehmliche Antwort. „Es giebt zwar, sag-

 nem Leben noch nichts dergleichen gesehen hat-
te, zu seinem Gefährten sagt:
  Schaue doch, Nestoride, du meines Her-
   zens Geliebter,
  Schaue den Glanz des Erzes umher in der
   schallenden Wohnung,
  Und des Goldes und Ambras und Elfenbeins
   Silbers!
  Also glänzt wohl von innen die Burg des
   Olympischen Gottes!
  Welch ein unendlicher Schatz! Mit Staunen
   erfüllt mich sein Anblick.

ten sie mir, viele brave und geschickte Männer in
unsrer Stadt, und man wird nicht leicht an einem
andern Ort ihrer eine so große Anzahl beysammen
finden. Vornehmlich aber haben wir zwey ganz vortreffliche Männer, die an Adel des Geschlechts und
durch die Würden, so sie begleiten, allen andern
vorgehen, so wie sie an Gelehrsamkeit und Beredsamkeit nur mit jener berühmten Attischen Deka-
de *) verglichen werden können. Die Zuneigung des
Volks zu ihnen geht bis zur Leidenschaft: es geschieht nichts als was sie wollen, und sie wollen
nichts als was dem gemeinen Wesen am zuträglichsten ist. Was ihre Güte und Leutseligkeit gegen die
Fremden betrifft, und wie frey sie, auf einer so
hohen Stufe und mit solchen Vorzügen von allem
sind, was dem Neide Vortheil über sie geben könnte, wie schön sie mit dem angenehmsten Betragen
den Anstand ihrer Würde zu verbinden wissen, wie
leicht der Zutritt zu ihnen, und wie einnehmend
ihr Umgang ist: von dem allem wirst du in kurzem aus deiner eigenen Erfahrung soviel zu rühmen wissen, daß es unnöthig wäre, dir davon zu
sprechen. Und was hiebey am meisten zu bewundern ist, sie sind beyde aus einem und eben demselben Hause, Sohn und Vater. Um dir von diesem eine Vorstellung zu machen, denke dir einen

*) D. i. der zehen berühmtesten Redner von
Athen, aus dem Jahrhundert Alexander des
Großen, deren Nahmen sind: Antiphon, An-
docydes, Lysias, Isokrates, Isäus, Lykurgus,
Demosthenes, Aeschines, Hyperides, und Di-
narchus.

Solon oder Perikles oder Aristides *). Der Sohn wird dir gleich beym ersten Anblick durch das edle und große in seiner Gestalt und die männliche Schönheit seiner Gesichtsbildung das Herz nehmen: aber wenn er erst zu reden anfängt, wird er dich an den Ohren gefesselt davon führen **), eine so zauberische Venus hat der Mann auf seiner Zunge. So oft er öffentlich spricht, geht es uns mit ihm wie es ehedem den Athenienfern mit dem Sohn des Klinias ergangen seyn soll: die ganze Stadt horcht ihm mit einer so gierigen Aufmerksamkeit zu, als ob sie alles, was er sagt, mit Mund und Augen verschlingen wollten: Der Unterschied ist nur, daß jene sich ihre schwärmerische Liebe zum Alcibiades ziemlich bald gereuen ließen, diesen hingegen die Stadt nicht nur liebt, sondern jetzt schon ***) ihrer Ehrfurcht würdig findet. Kurz, das Beste, was unsre Stadt besitzt, und wodurch wir uns reich und glücklich schätzen, ist dieser Mann. Wenn du also von ihm und seinem Vater wohl aufgenommen würdest und ihre Freundschaft gewännest, hättest du die ganze Stadt gewonnen; sie brauchen nur das kleinste Zeichen zu geben, so ist der Erfolg deines Vorhabens nicht mehr zweifelhaft."

*) Aber welchen von ihnen? denn drey verschiedenere große Männer hätte man ihm kaum nennen können.
**) Lucian liebt diese Redensart so sehr, daß er sie bey jeder Gelegenheit anbringt; und ich habe sie also hier, seinem Genius zu gefallen, beybehalten, wiewohl sie vielleicht für unsre modernen Ohren etwas komisches hat, worauf es hier gar nicht bey ihm angesehen ist.
***) D. i. seiner Jugend ungeachtet.

Diese Antwort — ich könnte, wenn's nöthig wäre, Jupitern zum Zeugen anrufen — erhielt ich von allen, an die ich mich wandte; und nun da ich die Erfahrung davon gemacht habe, scheinen sie mir kaum den kleinsten Theil von dem, was sie hätten sagen können, gesagt zu haben. Es ist also hohe Zeit nicht länger zu säumen und müßig zu sitzen*), sondern alle Taue anzuziehen, und alles anzuwenden, was ich vermag, um Männer von diesem Gewichte zu meinen Freunden zu machen. Gelingt mir dieß, so klärt sich mir der Himmel auf, meine Fahrt ist glücklich, der Wind günstig **), und der Hafen nahe ***).

*) Der Text alludiert auf ein paar Verse des Lyrischen Dichters Dachylides, der unter der Benennung des Ceischen Dichters gemeynt ist. Anspielungen auf verlohren gegangene Dichter können für uns keine Anmuth mehr haben, und werden also in einer Uebersetzung besser mit Stillschweigen übergangen.

**) Lucian sagt: λειοκυμων ή θαλασσα, glattwogicht die See; ein poetisches Blümchen, im Geschmack des Gorgias und andrer alten Sophisten, welche er in seinen Proslalien zum Muster genommen zu haben scheint.

***) Diese ganze Anwendung, welche Lucian von seinem vorher erzählten Mährchen auf seine eigene Person und auf die beyden großen Patronen macht, von deren Freundschaft er sich einen so großen Succeß in Thessalonik verspricht, scheint mir von Anfang bis zu Ende meine Vermuthung zu bestätigen, daß dieser Aufsatz keine öffentliche Anrede oder Proslalie an das Publicum, sondern bloß an die besagten beyden Herren gerichtet gewesen sey; als eine Art von schriftlicher Einladung, um seine erste öffentliche Vorlesung mit ihrer Gegenwart und mit ihrem Beyfall zu beehren. Lucian müßte von aller Menschenkenntniß entblößt, oder die Thessaloniker nach einem ganz andern Modell als alle andern Menschen gemacht gewesen seyn, jener, wenn er fähig gewesen wäre, ihnen mit so dürren Worten ins Gesicht zu sagen, daß man sogar in Sachen des Geschmacks sich nur der Stimme dieser zwey Männer zu versichern brauche, um sicher auf den Beyfall der ganzen Stadt rechnen zu können; diese, wenn ein so tölpisches Compliment nicht auf der Stelle das Gegentheil dessen, was er sich davon versprochen, hätte wirken sollen. Auch würde er es unfehlbar durch einen solchen Mangel an Lebensart mit diesen Matadoren selbst verdorben haben: Sie konnten sich allenfalls durch so ein Compliment, unter vier Augen, geschmeichelt finden; aber es öffentlich anzunehmen, würde (zumal in einer Art von Republik, wie Thessalonik war) unbescheiden und wider alle Klugheit gewesen seyn. Uebrigens fällt es ein wenig auf, zu sehen, daß ein Mann, der von seinen bloßen Talenten alles zu erwarten Ursache hatte, solche Mittel, den Beyfall der Thessaloniker zu erschleichen, für nöthig hielt; und, ausser andern Betrachtungen wozu es Anlaß geben kann, läßt sich daraus schließen, daß er damals seine Reputation erst noch zu machen hatte. Ja, wenn ich zu allem übrigen noch die Stelle nehme, wo er sich seiner Syrischen Herkunft wegen einen Barbaren nennt, so bleibt mir fast kein Zweifel übrig, daß diese kleine Schrift und die Veranlassung dazu, seinem Aufenthalt in Gallien vorhergegangen sey: denn von da kam er schon mit mehr Vertrauen auf sich selbst zurück; wie man aus Vergleichung derselben mit seinem Herodot und Zeuxis sehen kann.

Anacharsis, *)
oder
über die Gymnastischen Uebungen.

Anacharsis. Solon.

Anacharsis.

Aber, bester Solon, was können diese jungen Leute bey dem allem für eine Absicht haben, was ich

---

*) Der berühmte Arzt Galenus, ein Zeitgenosse unsers Autors (denn er lebte unter Hadrian und den Antoninen) war ein erklärter Gegner der Gymnastik: und bestritt sie in seinen Schriften mit einer beynahe übertriebenen Hitze und mit allen den Vorwürfen, die der scharfsinnige Herr von Pauw in seinen Recherches sur les Grecs mit seiner gewöhnlichen Stärke, wiewohl vielleicht gar zu einseitig, vor kurzem wieder geltend gemacht hat. Er ist so weit entfernt, ihr ihren gewohnten Platz unter den liberalen Künsten einzugestehen, daß er sie im Gegentheil, eine heillose Kunst unter der Masque eines ehrwürdigen Nahmens (κακοτεχνιαν ὑποδυσαν ονοματι σεμνω) schilt; ja er treibt seinen Haß gegen sie so weit, daß er sogar den Nah-

sie hier beginnen sehe *)? Die einen winden sich um einander herum, und suchen einer dem andern ein

men Athletik (doch wohl nur zum Scherz?) von αθλιος (elend, jammervoll) ableitet. Wiewohl ich nun nicht behaupten möchte, daß dieser Lucianische Dialog geradezu gegen den Galenus gerichtet sey, — denn auch Plutarch und andere Philosophen, und lange vor ihnen der Dichter Euripides, hatten sich schon, (besonders der letztere mit großer Heftigkeit) gegen die Kunst und Lebensart der Athleten erklärt — so ist doch nicht unwahrscheinlich, daß die Bewegung, in welche diese Materie durch die paradoxen und übel klingenden Behauptungen des Galenus unter einem so müßigen und das disputieren so leidenschaftlich als das Ringen liebenden Volke vermuthlich gesetzt worden war, unserm Autor zu diesem Dialog Anlaß gegeben habe, worin es ihm hauptsächlich darum zu thun scheint, den wahren Gesichtspunct anzugeben, aus welchem die gymnastischen Künste betrachtet werden müßten, wenn man ein richtiges und billiges Urtheil darüber fällen wolle. Sich auf eine Beantwortung aller, besonders der diätetischen Einwürfe des Galenus einzulassen, war eben so wenig seine Meynung, als eine etwas tiefere und genauere Erörterung der streitigen Frage seine Sache war. Da er sie aber von beyden Seiten betrachten wollte, und voraus beschlossen hatte, daß die Griechen Recht behalten sollten, so hätte er weder eine zweckmäßigere Methode als die dialogistische, noch schicklichere Interlocutoren wählen können als Anacharsis und Solon. Von einem Scythen waren keine Argumente von einer gewissen Subtilität zu erwarten; er betrachtete die gymnastischen Uebungen im Lyceon zu Athen mit dem kunstlosen Menschenverstand eines rohen Sohnes der Natur, und mit den Vorurtheilen eines Scythen: Solon hingegen vertheidigt sie

Bein zu unterschlagen; andere packen sich bey der
Gurgel, wenden alle ihre Kräfte an, einander un-

gegen ihn mit allen Vortheilen eines Griechen,
eines Athenienſers und eines Staatsmannes,
der dieſes Inſtitut nicht nur als eine uralte
Sitte ſeines Volkes ſo wie er ſie gefunden,
beybehalten, ſondern noch durch eigene Geſetze
beſtätigt und reguliert hatte, und alſo bey ihrer Rechtfertigung doppelt intereſſiert war: und
wiewohl der Sieg inſofern unentſchieden ſcheint,
als jeder Theil auf ſeiner Meynung bleibt, ſo
war doch bey Lucians Leſern oder Zuhörern, im
Durchſchnitt genommen, ausgemacht, daß Solon gewonnen hatte; und er hatte den letztern
ſeine Sache gut genug führen laſſen, um dieſe
Meynung, nach der Vorſtellungsart eines Volkes, bey welchem die gymnaſtiſchen Uebungen
von ſo vielen Jahrhunderten her Nationalein-
richtung und mit ihrer ganzen Verfaſſung we-
ſentlich verbunden waren, hinlänglich zu be-
gründen, und über alle Einwürfe hinweg zu
ſetzen. Ueberdieß hatte er bey dieſer Wahl der
Perſonen ſeines Dialoges noch einen doppelten
Vortheil. Der erſte iſt, daß die gymnaſtiſchen
und athletiſchen Uebungen zu Solons Zeiten ihrem urſprünglichen militäriſchen Geiſt und Zweck
viel näher, und noch nicht mit ſo vielen Miß-
bräuchen verbunden waren als in den Zeiten,
wo Galenus gegen ſie ſchrieb; und der zweyte,
daß ihm ein paar ſo ſtark gegen einander ab-
ſtechende Interlocutoren Gelegenheit geben, ſeinen Dialog mit deſto mehr dramatiſcher Kunſt
und Feinheit auszuarbeiten, und ihn dadurch
für ſeine Leſer, die für dieſe Art von Schönheiten der Compoſition ſehr empfindlich waren,
um ſoviel intereſſanter zu machen.

*) Anacharſis war (wie dieſer Dialog vorausſetzt)
noch nicht lange in Athen, als er von Solon,
ſeinem Wirthe und Freunde, zum erſtenmal ins
Lyceum geführt wurde, wo die Athenienſiſche

ter sich zu kriegen, und wälzen sich mit einander im
Koth herum wie die Schweine. Anfangs und sobald
sie sich ausgezogen haben, schmieren sie einander
wechselsweise, (wie ich selbst gesehen habe) ganz gelassen mit Fett ein, und streicheln sich als ob sie die
besten Freunde wären: aber auf einmal weiß der
Himmel was sie ankömmt, daß sie mit den Köpfen
vorwärts wider einander rennen, und die Stirnen
zusammenstoßen wie die Schafböcke — und wenn
einer, die du hier eben sehen kannst, den andern
aus dem Gleichgewicht gehoben und zu Boden
geworfen hat, läßt er ihn nicht einmal wieder
aufstehen, sondern stürzt sich mit seiner ganzen
Schwere über ihn her, und drückt ihn aus allen
Kräften in den Koth hinein — Siehst du wie
er ihn zwischen seinen Beinen geschlossen hält,
und ihm den Ellenbogen auf die Gurgel setzt, daß
der arme Tropf nicht mehr athmen kann, und wie
ihm dieser auf die Schulter klopft, vermuthlich um
ihn dadurch zu bitten, daß er ihn nur nicht gar er-

Jugend öffentlich in den verschiedenen gymnastischen Uebungen des Ringens, des Faust-
kampfs, des Springens, des Wettlaufs, u.
s. w. unterwiesen wurde. Alles was er hier
sieht, ist ihm noch ein Räthsel, dessen Sinn
er nicht errathen kann, und das ihm um so un-
gereimter vorkommt, das es nicht nur mit der
Scythischen Erziehung der Jugend nichts ähnliches hat, sondern den Sitten und Gebräuchen
seines Volkes (bey dem z. B. die Schande eines empfangnen Backenstreichs auf der Stelle
in dem Blute des Beleidigers abgewaschen werden mußte); schnurstracks zuwider ist.

drossele. Wozu ihnen aber das öhlen helfen soll, begreiffe ich nicht; wenigstens hindert es sie nicht tüchtig besudelt zu werden, denn die Salbe wischt sich bald wieder ab und sie sehen aus als ob sie mit Koth überzogen wären; dazu kömmt denn noch der viele Schweiß, und das alles macht sie so schlüpfrig, daß es ein ordentlicher Spaß ist, sie einander wie die Aale aus den Händen schlüpfen zu sehen. Andere thun dieß nehmliche im offnen Hofe; aber anstatt sich im Koth herumzuwälzen, bewerfen sie einander mit dem feinen Sande, womit jene tiefe Grube angefüllt ist, oder bestäuben sich selber von freyen Stücken, damit wie die Gockelhähne, vermuthlich um ihrer Haut das Schlüpfrige von dem Oehle zu benehmen, und einander desto fester packen zu können. Kaum haben sie sich so eingesandet, so gehts mit Fäusten und Fersen auf einander loß. Siehst du den dort, der so eben eins mit der Faust auf den Backen bekam? Der arme Teufel scheint die Hälfte seiner Zähne mit all dem Blut und Sand, wovon er den ganzen Mund voll hat, auszuspeyen. Wie kommts, daß der vornehme Herr da *) sie nicht aus einander bringt und dem Streit ein Ende macht? denn aus seinem Purpurrock zu schließen, muß er einer von euern Archonten seyn, — O schön! er hetzt sie sogar selber an, und lobt den noch, der dem andern den derben Backenstreich gegeben hat? — Und was wollen denn jene dort, die sich eine so gewaltige

---

*) Er meynt' ohne Zweifel den Gymnasiarchen, eine obrigkeitliche Person, welche die Oberaufsicht bey diesen Uebungen hatte.

tige Bewegung geben ohne daß man errathen kann warum. Sie nehmen einen Anlauf als ob sie davon rennen wollten und bleiben doch immer auf der Stelle. Was für ein Vergnügen können sie daran finden, so mit einander in die Höhe zu springen und mit ihren Fersen in die Luft zu schlagen? Ich gestehe dir, daß ich von allem diesem nichts begreiffe. Ich möchte wohl wissen, was Tollheit ist, wenn das nicht toll seyn heißt. Wenigstens soll man mir so leicht nicht weiß machen, daß Leute, die solche Dinge thun, bey ihren fünf Sinnen seyen.

Solon. Mich wundert gar nicht, lieber Anacharsis, dich in diesem Tone von Uebungen reden zu hören, die etwas so neues für dich, und von euern Scythischen Sitten so weit entfernt sind: vermuthlich fehlt es den Scythen auch nicht an Künsten und Beschäfftigungen, die einem Griechen eben so seltsam vorkämen, wenn er ihnen, wie du hier, zum erstenmale zusähe. Aber sey darüber ganz ruhig, mein Bester! Diese jungen Leute sind nicht rasend, und ihre Absicht ist nichts weniger als einander zu beleidigen, wenn sie so auf einander zuschlagen, und sich im Kothe herumwälzen und mit Sand überstreuen: diese Uebungen haben einen Nutzen, der nicht ohne Vergnügen ist, und verschaffen dem Körper keine kleine Stärke. Wenn du dich, wie ich hoffe, länger unter den Griechen aufhalten solltest, so gedenke ich es noch bald genug zu erleben, daß du selbst einer von diesen besalbten und eingepuderten seyn wirst, so angenehm und nützlich wirst du die Sache finden.

Anacharſis. Bleib mir vom Leibe damit, Solon! Ich gönne euch den Spaß und den Nutzen den ihr dabey findet, vom ganzem Herzen: aber mir ſoll keiner kommen und ſo mit mir kurzweilen wollen, oder ich werde ihm weiſen, wozu wir einen Säbel an unſerm Gürtel hängen haben. — Aber ſage mir doch, was für einen Nahmen gebt ihr dem was hier vorgeht?

Solon. Der Ort ſelbſt, Anacharſis, wird bey uns Gymnaſion genennt und iſt dem Apollo Lycios geheiligt, den du dort abgebildet ſiehſt, wie er ſich an die Säule lehnt, den Bogen in der linken Hand haltend, und die rechte ſchlaff und läſſig um ſein Haupt gebogen, als ob er von einer langwierigen Arbeit ausruhe. Von dieſen Uebungen aber nennt man das, was dort auf dem naſſen Leimboden geſchieht, ringen — wiewohl du auch hier im Staube einige ringen ſieheſt: und was dieſe thun, die in aufgerichteter Stellung einander Fauſt und Ferſenſchläge beyzubringen ſuchen, heiſſen wir in unſrer Sprache Pankration *). Auſſer dieſen giebt es auch

---

*) Im ringen (παλαιειν) und im kämpfen (πυκτευειν) beſtanden die künſtlichſten, mühſamſten, und daher auch vorzüglich geſchätzten athletiſchen Künſte der Griechen. Beym ringen kam es darauf an, wer den andern am ſtärkſten zuſammendrücken und dahin bringen könne, entweder zu erſticken oder ſich überwunden zu bekennen. Einander zu ſchlagen oder zu ſtoßen war bey dieſer Uebung ſchlechterdings nicht erlaubt: hingegen brachte es die Natur derſelben mit ſich, daß die Ringer in der größten Anſtrengung ihrer Kräfte und ihrer Kunſt (die immer zugleich aus Angriff und Vertheidigung zu-

noch andere Leibesübungen, die zu den gymnastischen gezählt werden, als der Kampf mit bewaff-

X 2

sammengesetzt war) öfters mit einander zu Boden fielen, und sich da so lange um einander
geschlungen herumwälzten, bis einer den andern unter sich kriegte und überwältigte. Damit
die Ringer bey dieser sehr gewaltsamen Uebung
so wenig als möglich zu schaden kommen möchten, hatte die Palästra, wo sie sich übten, einen Boden von Leimen, der immer feucht und
weich erhalten wurde. Das Kämpfen oder der
Pugilat (πυγμη) begriff zweyerley Arten unter
sich, 1) den simpeln Kampf mit Faust und
Fersen, 2) den Faustkampf mit einer Art von
ledernen Kolben oder Handschuhen, die mit Bley
gefüttert oder mit Eisenblech garniert waren.
Dieser letztere war in den heroischen Zeiten eine
Art zu kämpfen, wovon sogar Göttersöhne,
wie Amyklos, Pollux, Herkules, u. a. Profession machten; sie gerieth aber, so w'e Po-
lizierung und Cultur zunahmen, billig in eine
Art von Verachtung, und machte wenigstens
keine von den eigentlichen, zur liberalen Erziehung gehörigen gymnastischen Uebungen aus.
Dagegen scheint das Pankration an deren Stelle
getreten zu seyn, welches aus dem Ringen und dem
Kampf mit unbewaffneter Faust zusammengesetzt
war. So definiert Aristoteles (Rhetoric. l. 5.) die
drey vornehmsten gymnastischen Künste die Palä-
stik, Pyktik und Pankrasiastik: und man kann sich,
sollte ich denken, darauf verlassen, daß er recht
definiert habe. Das ο ϱοϛαδην παιειν αλληλυϛ
(in aufgerichteter Stellung auf einander zuschlagen) machte einen wesentlichen Unterschied
des Ringens und des eigentlichen Faustkampfes
aus, bey welchem letztern nicht erlaubt war,
einander um den Leib zu fassen, zu drücken und
zu Boden zu ringen: hingegen konnte es keine
wesentliche Bedingung des Pankrations seyn,

neter Fauſt, das Scheibenwerfen und das Springen. Für alle dieſe Kunſtfertigkeiten ſtellen wir öffentliche Wettkämpfe an, und der Ueberwinder wird für den Beſten unter ſeinesgleichen gehalten und trägt Kampfpreiſe davon.

Anacharſis. Und worin beſtehen dieſe?

Solon. Zu Olympia iſt es eine Krone von wilden Oehlzweigen, auf dem Iſthmus eine von Fichten, zu Nemea eine von Eppich: An den Pythiſchen Spielen wird der Sieger mit einem Apfel von Bäumen die dem Apollo, und bey uns, an den Panathenäiſchen, mit Oehl von Oehlbäumen, die der Minerva heilig ſind, belohnt. — Was lachſt du, Anacharſis? Etwa weil dir unſre Kampfpreiſe ſo klein vorkommen?

Anacharſis. (ſpottend.) Bewahre! Im Gegentheil, mein lieber Solon, ich finde ſie ſo reſpectabel, daß ſich diejenigen, die ſo herrliche Preiſe

welches aus jenen beyden Künſten zuſammengeſetzt war, und wobey folglich alles, was beyde vermochten, erlaubt war, um über den Gegner Meiſter zu werden. Lucian hat ſich alſo (wie man ſieht) nicht richtig und beſtimmt genug ausgedrückt, da er ſeinen Solon den Unterſchied der Pale und des Pankrations angeben läßt: und dieß iſt, dünkt mich, die wahre Auflöſung des Knotens, den die Ausleger hier gefunden haben. Eben ſo unbeſtimmt unterſcheidet er gleich darauf die τυγμη von ορϑοςαδην παιειν und παγκρασιαζειν; ich vermuthe alſo, daß er unter τυγμη den Kampf mit bewaffneter Fauſt verſtanden habe, worin diejenigen ſich übten, die bey den öffentlichen Kampfſpielen in dieſer halsbrechenden Kunſt ſich zeigen wollten.

aussetzen, wirklich nicht wenig auf ihre Freygebigkeit einzubilden haben, und daß euere Athleten über Vermögen thun sollten, um sie einander vor dem Munde wegzunehmen. Es ist wohl der Mühe werth sich um einen Apfel oder eine Handvoll Eppich so großer Arbeit zu unterziehen, und der Gefahr erdrosselt oder doch zum Krüppel gemacht zu werden auszusetzen: als ob einer nicht in allem Guten so viele Aepfel als er Lust hat, bekommen, oder sich mit Eppich und Fichtenlaub kränzen könnte, wenn er sich auch nicht mit Koth überziehen, oder alle Rippen im Leibe zusammenstampfen läßt.

Solon. Aber, mein Bester, wir sehen hiebey nicht auf den innern Werth der Preise; wir betrachten sie bloß als Zeichen des Sieges und Merkmale wer die Ueberwinder seyen: aber der damit verbundene Ruhm scheint den Siegern um keinen Preis zu theuer; er veredelt auch Fersenstöße in den Augen derer, die sich um seinetwillen keine Mühe noch Arbeit dauern lassen. Denn umsonst ist er freylich nicht zu haben, und wer ihm nachtrachtet, muß vorher viel Beschwerden und Ungemach überstehen, ehe ihm diese süße und kostbare Frucht derselben zu Theile wird.

Anacharsis. Wenn ich dich recht verstehe, guter Solon, so besteht also diese süße und kostbare Frucht darin, sich des Sieges wegen von allen denen gekrönt und gepriesen zu sehen, von denen sie vorher der empfangenen Schläge wegen bejammert worden; und sie können nun nicht anders als glücklich seyn, da sie für alles was sie gearbeitet und ausgestanden, Aepfel und Eppich bekommen haben.

Solon. Ich sage dir, das kömmt dir so vor, weil du unsrer Verfassung und Sitten noch unkundig bist; du wirst bald anders von diesen Dingen denken, wenn du unsre großen Volksversammlungen besuchst, und die unendliche Menge von Menschen, die diese Schauspiele herbeyziehen und jene mit so vielen Tausenden angefüllte Schaugebäude gesehen haben wirst, und gehört, in welchen Ehren die Athleten gehalten werden, und wie der, der seine Mitbewerber um die Krone überwunden hat, den Göttern selbst gleich geachtet wird!

Anacharsis. Aber eben das, lieber Solon, ist gerade das erbärmlichste, wenn die armen Leute das Alles nicht vor wenigen, sondern von einer so großen Anzahl Zuschauern und Zeugen ihrer Schmach, leiden, und noch hören müssen, daß man sie glücklich preißt, wenn ihnen das Blut aus Mund und Nase herausströmmt, oder wenn ihnen Brust und Kehle, bis zum ersticken zusammengedrückt wird. Denn das ist das glücklichste was ich in ihrem Siege sehen kann. Wenn bey uns Scythen einer sich unterstehr, den geringsten Bürger zu schlagen, oder ihn mit Gewalt zu Boden zu werfen, oder ihm seinen Rock auszuziehen, so wird er von unsern Obern mit schweren Strafen belegt, wenn gleich die Sache nur vor wenigen Zeugen passiert ist, und nicht auf so ungeheuern Schauplätzen, wie, deinem Sagen nach, die auf dem Isthmus und zu Olympia sind. Uebrigens, wenn ich die armen Kämpfer wegen alles Elends das sie ausstehen bedaure, so verwundre ich mich nicht weniger, wie alle die vornehmen und trefflichen Männer, die, wie du sagst, von allen

Orten her als Zuschauer zu diesen Festen zusammen kommen, sich mit Hintansetzung ihrer nöthigern Geschäffte, die Zeit nehmen mögen, solchen Balgereyen zuzusehen. Denn noch kann ich mir nicht vorstellen was für ein Vergnügen sie an einem Schauspiel finden können, wo Menschen sich mit einander herumschlagen, einander zu Boden werfen und sich wechselsweise so jämmerlich zermalmen und zermürsen, daß sie keinen Menschen mehr ähnlich sehen.

S o l o n. Wären wir jetzt in der Zeit der Olympischen, Isthmischen oder Panathenäischen Spiele, mein lieber Anacharsis, so sollte dich der Augenschein lehren, daß wir uns nicht ohne gute Ursachen ein so ernsthaftes Geschäffte aus den athletischen Uebungen machen. Denn es ist unmöglich, daß dir jemand mit bloßen Worten einen solchen Geschmack von dem ungemeinen Vergnügen, das man dort erfährt, mittheilen könnte, als du haben würdest, wenn du selbst mitten unter den Zuschauern säßest, und deine Augen an dem herrlichen Anblick dieses Schauspiels, an dem Muth und der Standhaftigkeit der Athleten, an den schönen Formen ihrer Körper, an ihrem kräftigen Gliederbau, ihrer unbegreiflichen Geschicklichkeit und Kunst, ihrer unbezwingbaren Stärke, ihrer Kühnheit, Ehrbegierde, Geduld und Beharrlichkeit, und an ihrer unauslöschlichen Leidenschaft zu siegen, weiden könntest. Gewiß, du würdest gar nicht aufhören sie zu loben, und ihnen dein Entzücken zuzurufen und zuzuklatschen.

A n a c h a r s i s. Sage vielmehr, zum Jupiter, ihnen meine Verachtung zuzulachen und zuzugrinßen; denn dazu möchte ich beſſere Urſache haben. Oder gehen euch etwa nicht alle dieſe kräftigen Körper und ſchönen Formen, und alle dieſe Kühnheit und die andern Tugenden, die du da her erzählt haſt, bey dieſen Spielen um einer ſehr ſchlechten Urſache willen verlohren, da es ja nicht um Rettung des Vaterlandes, das in Gefahr wäre, oder eurer Häuſer und Höfe, die von Feinden verwüſtet, oder euerer Freunde und Hausgenoſſen, die in die Knechtſchaft davon geführt würden, zu thun iſt? Je trefflichere Männer alſo, dieſe Kämpfer, deinem Vorgeben nach, wären, um ſo viel lächerlicher wär' es an ihnen, umſonſt und um nichts ſich ſo zu quälen und zu martern, und dieſe ſchönen prächtigen Körper mit Sand und mit Beulen ſo zu verunſtalten, um einen Apfel oder einen Oehlzweig zu erſiegen! Denn du mußt mir nicht übel nehmen, daß mir dieſe herrlichen Kampfpreiſe immer wieder auf die Zunge kommen. Aber ſage mir doch, bey dieſer Gelegenheit, wird die Belohnung allen Kämpfern zu Theil?

Solon. Keineswegs, nur dem Einzigen, der über alle andern Meiſter geworden iſt.

Anacharſis. Nun, wenn das iſt, was ſoll ich alſo von einer ſolchen Menge Leuten denken, die ſich in Hoffnung eines ſo ungewiſſen und äuſſerſt unwahrſcheinlichen Sieges ſo zerarbeiten, wiewohl ſie vorher wiſſen, daß nur einer von ihnen ſiegen kann, und alle übrigen ſichs vergeblich ſo ſauer haben werden laſſen, und ihre Schläge und Wunden um nichts und wieder nichts empfangen haben.

Solon. Man ſieht wohl, Anacharſis, daß

du noch wenig oder gar nicht darüber nachgedacht haben mußt, wie eine wohlgeordnete Republik eingerichtet seyn müßte; denn sonst würdest du das schönste aller Institute nicht mit einem so schmählichen Tadel belegen. Wenn du dich aber einst darum bekümmern wirst, zu wissen, wie eine Stadt polizirt werden muß, um die besten Bürger zu haben: dann wirst du auch diese Uebungen gut heissen, und die Achtung loben, die wir für sie tragen, und einsehen, daß die damit verbundene Arbeit und Beschwerden nicht ohne großen Nutzen sind, wiewohl du jetzt noch nichts davon begreiffen kannst.

Anacharsis. Ich bin ja, lieber Solon, um keiner andern Ursache willen aus Scythien zu euch gekommen, habe ja bloß deßwegen eine so große Strecke Landes durchwandert, und das schwarze Meer, trotz seiner gefährlichen Stürme, durchschifft, um die Gesetze und Sitten der Griechen kennen zu lernen, und die beste Verfassung der bürgerlichen Gesellschaft bey euch zu studieren. Eben darum habe ich auch aus allen Atheniensern dich vorzüglich deines Rufs wegen zu meinem Freunde und Wirth erwählt, da ich gehört hatte, daß du deinen Mitbürgern verschiedene vortreffliche Gesetze gegeben, ihre Sitten verbessert, nützliche Anstalten bey ihnen eingeführt und, so zu sagen, ihre ganze Republik umgeschaffen und besser eingerichtet habest. Nimm mich also je bälder je lieber in deinen Unterricht; du sollst einen gelehrigen Schüler an mir finden: denn mich däucht, ich wollte dir, wenn du über dergleichen politische Gegenstände sprichst, mit der größten Aufmerksamkeit, so lange du es aushalten könntest, zuhören, und essen und trinken darüber vergessen.

Solon. Es würde nicht leicht seyn, mein Freund, alles was über diese ganze Materie zu sagen wäre, ins Kurze zusammen zu fassen; wenn du dir aber Zeit nehmen willst, sie stückweise mit mir zu durchgehen, so sollst du alles hören, was wir über die Religion, über das Verhältniß der Aeltern und Kinder, über die Ehe, und die übrigen Hauptstücke der bürgerlichen Einrichtung festgesetzt haben. Wie wir aber unsre jungen Leute behandeln, sobald sie das Alter erreicht haben, wo der Verstand sowohl als der Körper zu männlicher Stärke zu gelangen anfängt, einer größern Anstrengung fähig ist, und mehr ausdauern kann, davon will ich dir jetzt sprechen, damit du sehest, zu welchem Ende wir ihnen diese Uebungen vorgeschrieben haben, und warum wir sie nöthigen ihren Körper abzuhärten. Es ist dabey nicht auf die öffentlichen Wettkämpfe und Preise, die dabey zu gewinnen sind, abgesehen; denn diese können immer nur sehr wenigen zu Theil werden: sondern wir verschaffen dadurch unsrer ganzen Republik, nicht weniger als ihnen selbst, einen weit größern Vortheil. Es ist um einen andern allgemeinen Wettkampf aller guten Bürger zu thun, dessen Preis nicht ein Kranz von Fichtenlaub oder Eppich oder Oehlzweigen ist, sondern einer der alles in sich begreift was die Glückseligkeit der Menschen ausmacht, — die Freyheit eines jeden Bürgers insonderheit und des ganzen Vaterlandes insgemein, dessen Wohlstand und Ruhm, und der frohe Genuß der vaterländischen Feste, und die Erhaltung der Familien und des häuslichen Glückes, mit Einem Worte, des Besten was ein Mensch sich von den Göttern erbitten kann. Alles dieß, mein Freund, ist in den Kranz, den ich meyne, zusammengeflochten, und ist die Frucht jenes gemeinsamen Wettkampfes, zu welchem diese Uebungen und Duldungen führen.

Anacharsis. Warum, o bewundernswürdiger Mann, warum, da du mir so große und herrliche Kampfpreise zu zeigen hattest, sprachest du denn vorhin von Aepfeln und Eppich und Kränzen von Fichten und wilden Oehlbäumen?

Solon. Auch diese, Anacharsis, werden die nicht mehr so verächtlich vorkommen, wenn du was ich sage recht gefaßt haben wirst. Denn auch sie beziehen sich auf jenen vorbesagten großen Wettkampf und den Preis desselben, die allgemeine Glückseligkeit, wiewohl sie nur ein kleiner Theil davon sind; und daß ich der Preise, die bey unsern öffentlichen Kampfspielen zu Olympia u. s. w. üblich sind, zuerst erwähnte, kam bloß daher, weil eine zufällige Conversation, wie die unsrige, nicht immer den ordentlichsten Gang zu nehmen pflegt. Aber, da ich eben Muße habe und du soviel Lust bezeugst mir zuzuhören, so wird es leicht seyn, auf das zurückzukommen, womit wir hätten anfangen sollen, nehmlich, dir deutlicher zu machen, worin jener allgemeine Wettstreit bestehe, um dessentwillen, wie ich sagte, alle diese Uebungen bey uns getrieben werden.

Anacharsis. Vortrefflich, bester Solon; auf diesem Wege werde ich vermuthlich bald dazu kommen, mir eine richtigere Vorstellung von diesen Dingen zu machen, und nicht mehr so lächerlich finden, wenn ich jemanden den Kopf um eines Eppichkranzes willen so hoch tragen sehe. Nun wollen wir uns, wenn es dir gelegen ist, auf den Bänken dort in den Schatten setzen, damit wir von dem Gelerme der Leute, die den Ringern zusehen, nicht gestört werden. Ueberdieß kann ich, die Wahrheit zu gestehen, die Sonne nicht wohl ertragen, die mir so brennend auf den bloßen Kopf fällt; denn, um nicht der einzige zu seyn, der in einem ausländischen Aufzug unter euch herumgeht, hab' ich meinen Huth zu Hause gelassen. Wir befinden uns eben in dem heissesten Theile der Jahreszeit, die ihr die Hundstage nennt, wo die Erde wie ausgebrannt und die Luft so trocken und glühend ist, daß man lauter Flammen zu athmen glaubt; dazu kommt noch, daß es um die Mittagszeit ist, wo die Sonne gerade über unserm Scheitel schwebt, und diese Hitze auf einen Grad treibt, der dem Körper unausstehlich wird. Ich kann mich nicht genug verwundern, wie du, in deinen Jahren, die Sonne so gut ertragen kannst, daß du weder schwitzest, wie ich, noch irgend eine Unbequemlichkeit von ihr zu fühlen scheinst, und dich nicht einmal nach einem schattichten Platz umsiehest.

Solon. Hier, mein lieber Anacharsis, hättest du also gleich eine Probe, wozu die thörichten Uebungen gut sind. Eben dieß ewige Herumwälzen im Koth und diese mühseligen Kämpfe im Sand und unter freyem Himmel geben uns das beste Verwahrungsmittel gegen die Sonne; wir haben keinen Huth nöthig, ihre brennenden Strahlen von unsern Köpfen abzuhalten. — Gehen wir also nach jenem

Schattenplatz! — Uebrigens muß ich dich bitten, daß du mir das was ich dir sagen werde, nicht so aufnehmest, als ob ich dir Gesetze vorzutragen glaube, die du ohne Einwendung gelten lassen müßtest. Ich verlange keinen blinden Glauben, sondern so wie ich dir etwas unrichtiges zu sagen scheine, kannst du mir sogleich widersprechen und mein Räsonnement berichtigen. Denn so werden wir Eines von beyden nicht verfehlen können: entweder Du wirst gründlich überzeugt werden, wenn du dich von allem was du dagegen einzuwenden hast, entschüttest; oder ich werde belehrt werden, daß ich nicht richtig über diese Dinge denke. In diesem Falle wird sich dir die ganze Republik Athen verbunden erkennen, weil Sie es ist, die den größten Vortheil daraus ziehen wird, wenn du mich eines bessern überführest. Denn ich werde ihr kein Geheimniß daraus machen, sondern stehenden Fußes nach dem Pnyx*) gehen, die Kanzel besteigen, und zu den Athenienseru sagen: Ich habe euch zwar die Gesetze gegeben, die ich euerm gemeinen Wesen für die zuträglichsten hielt: aber dieser Fremde, dieser Anacharsis hier, der zwar ein Scythe, aber ein Mann von großen Einsichten, hat mich eines anders belehrt, und mir bessere Einrichtungen und Anstalten bekannt gemacht, als die eurigen. Es ist also nicht mehr als billig, daß ihr seinen Nahmen, als eines Wohlthäters euerer Stadt, in die öffentlichen Zeitbücher einschreibt, und ihn

---

*) So hieß zu Solons Zeiten der Platz wo die öffentlichen Bürgerversammlungen zu Athen gehalten wurden.

bey den ersten Stiftern derselben *) neben dem Tempel euerer Schutzgöttin in Erzt aufstellen lasset. Und du kannst versichert seyn, daß die Republik Athen sich nicht schämen wird, auch von einem Fremden und Barbaren etwas Nützliches zu lernen.

Anacharsis. Sagte man mirs doch vorher, daß ihr Athenienser alle Spötter wäret, und die Jronie zu euerer Lieblingsfigur gemacht hättet! Woher sollte mir armen Nomaden, der sein herumschweifendes Leben auf einem Wagen zugebracht **), nie in einer Stadt gewohnt, ja nicht einmal eine andere als die eurige mit Augen gesehen habe, die Weisheit gekommen seyn, über die beste Polizey zu disputieren, und euch andere Autochtonen ***), die

---

*) παρα τϗς Επωνυμϗς. Diese Eponymen waren zehn Heroen, von welchen eben so viele Hauptstämme (φυλαι) der Republik Athen ihre Nahmen hatten, und welche als Stifter derselben in hohen Ehren gehalten wurden. Sie hießen: Hippothoon, ein Sohn des Herkules, Ajax, Telamons Sohn, Leos, Erechteus, Aegeus, Pandion, Oeneus, Cecrops und Akamas. Ihre Statuen standen im Ceramikus, unweit eines Tempels der Minerva Buläa und des Tholus, wo die Prytanen zu opfern pflegten. Pausan. in Attic. 5. Meurs. Ceramic. c. 6. 7.

**) Diese Scythischen oder Tatarischen Horden, die in einer Art von beweglichen Wagenähnlichen Hütten lebten, heissen daher bey den Griechen Hamaxobii; selbst ihre Fürsten hatten darin nichts vor andern voraus, als daß die Menge der Wagen, so sie besaßen, ihren Reichthum bezeichnete.

***) D. i. deren Vorältern aus keinem andern Lande dahin gezogen, sondern unmittelbar von der Erde, wo sie wohnten, hervorgebracht, oder

ihr in dieser uralten Stadt seit so vielen Zeitaltern her in der schönsten Verfassung gelebt habt, etwas lehren zu können? Zumahl dich, Solon, dessen Studium von Jugend auf gewesen seyn soll, die beste Einrichtung einer Republik zu erforschen, und durch welche Gesetze sie zum möglichsten Wohlstande gelangen könne? Dessen ungeachtet soll dir auch hierin, als einem Gesetzgeber, Folge geleistet werden, und ich will dir, wo du mir unrecht zu haben scheinen solltest, widersprechen, um mich desto gründlicher belehren zu lassen. Wir sind nun der Sonne entgangen, und haben hier im Schatten einen angenehmen und kühlen Sitz auf dieser steinernen Bank. Fange also an, wenn ich bitten darf, mir zu erklären, warum ihr eurere Söhne, so wie sie aus den Knabenjahren treten, zu so harten und beschwerlichen Uebungen anhaltet; wie es zugeht, daß sie aus euern Fechtschulen als vortreffliche Männer hervorkommen, und was es ihnen zur Tugend helfen könne, sich in Koth und Staub mit einander herum zu walgern? Denn dieß ist es, was ich gleich anfangs gern hätte wissen mögen: das übrige wirst du so gut seyn, mir in der Folge, so wie sich die Gelegenheit dazu ergiebt, stückweise zu erklären. Nur bitte ich, bester Solon, nicht zu vergessen, daß du einen ungelehrten Scythen vor dir hast, und dich also deutlich und so kurz fassest als dir möglich ist: denn ich besorge sonst über dem folgenden das

zugleich mit ihr entstanden waren. Die Athenienser waren eitel und unwissend genug, sich dessen zu rühmen, wiewohl sie in dieser Thorheit nicht die einzigen waren.

vorhergehende wieder zu vergessen, wenn du mir zu viel auf einmal sagtest.

Solon. Hierin, lieber Anacharsis, wirst du dir selbst am besten helfen können; du darfst mich nur unterbrechen, wenn dir das Gesagte nicht deutlich genug vorkommt, oder wenn du denkst, daß ich mich im Lauf der Rede zu weit von der Hauptsache entferne. Hingegen wird es, denke ich, nichts schaden, wenn ich mich etwas ausführlich erkläre, in so fern das, was ich sage, nicht zur Sache ungehörig ist, und zu unserm Zwecke nichts beytragen kann. Denn es wird sogar im Areopagus, wo bey uns über Verbrechen gegen das Leben der Bürger gerichtet wird, von uralter Gewohnheit wegen nicht anders gehalten. Denn wenn dieses ehrwürdige Gericht den Marshügel *) bestiegen und sich niedergesetzt hat, über einen Mord, oder eine vorsetzliche Verwundung, oder angelegtes Feuer zu richten, so wird sowohl dem Kläger als dem Beklagten die Erlaubniß ertheilt, entweder in eigener Person, oder durch einen Anwalt gegen einander zu handeln. So lange nun diese nichts vorbringen, als was zur Sache dient, erlaubt ihnen das Gericht zu sprechen und hört stillschweigend zu: wollte einer aber eine Vorrede voran schicken, um die Richter sich günstiger zu machen, oder durch irgend einen der mancherley Kunstgriffe, womit die Meister in der Redekunst den Richtern nachzustellen pflegen, ihr Mitleiden oder ihren Unwillen zu erregen suchen: so tritt augenblicklich der Ausrufer hervor und

gebie-

*) Wovon es seinen Nahmen hat.

gebietet ihnen Stillschweigen; weil hier nicht gestattet wird, die Aufmerksamkeit des Richters mit schönem Geschwätze zu zerstreuen, oder der Sache durch den Vortrag einen Anstrich zu geben, sondern den Areopagiten bloß die nackten Thatsachen dargestellt werden müssen. Ich ertheile dir also in dieser Sache alle Rechte eines Areopagiten über mich: findest du, daß ich den Rhetor mit dir spiele, so heisse mich schweigen; so lange aber gesagt wird, was zur Sache taugt, muß auch erlaubt seyn, alles hinlänglich auszuführen; zumal, da du dich hier in diesem dichten Schatten nicht über die Sonne beklagen kannst, und wir dermalen nichts bessers zu thun haben.

Anacharsis. Nichts kann billiger seyn. Inzwischen weiß ich dir nicht wenig Dank, bester Solon, daß du mir im Vorbeygehen einen Begriff davon gegeben hast, wie im Areopagus verfahren wird; ich finde diese Einrichtung bewundernswürdig und einem Gerichtshof angemessen, der sich in seinen Entscheidungen bloß von der Wahrheit leiten lassen will. Fange also auf diese Bedingung immer an, ich übernehme die Rolle, die du mir gegeben hast, und bin bereit, dir nach der Areopagitischen Weise zuzuhören.

Solon. Vor allen Dingen muß ich dir kürzlich erklären, was wir uns überhaupt von einer Stadt und ihren Bürgern für eine Vorstellung machen. Was wir unter dem Worte Stadt verstehen, sind nicht die Gebäude, als, z. B. die Mauern, Tempel, Arsenäle, u. s. w. woraus sie besteht; wir betrachten diese bloß als einen festen und unbeweglichen Körper, der zum Aufenthalt und zur Sicherheit der Bürger eingerichtet ist: aber die wahre Macht einer Stadt besteht unsrer Meynung nach, in ihren Bürgern. Denn sie sind es, die diesen Körper erfüllen, regieren, verwalten und beschützen: kurz, sie sind in demselben, was die Seele eines jeden von uns in seinem Leibe ist. Diesem Begriffe zufolge, sorgen wir zwar auch, wie du siehest, für alles, was den Körper unsrer Stadt betrifft, und bemühen ihm, von innen, durch allerley öffentliche Gebäude die möglichste Schönheit, von aussen, durch Vestungswerke die möglichste Sicherheit zu verschaffen: Aber hauptsächlich nehmen wir den ernstlichen Bedacht darauf, daß unsre Bürger an Leib und Seele tauglich, stark und wohlbeschaffen werden mögen; und sind versichert, es könne dann nicht fehlen, daß sie, im Frieden, die gemeinen Angelegenheiten sowohl als ihre eigenen aufs beste zu besorgen, und im Kriege die Freyheit und den Wohlstand der Stadt zu beschützen und zu erhalten im Stande seyn werden. Wir überlassen sie also in ihren ersten Jahren den Müttern, Kinderwärterinnen und Pädagogen, um sie zu ernähren, und auf eine freygebohrnen Menschen anständige Art zu erziehen: sobald sie aber zu dem Alter kommen, wo man den Unterschied zwischen Gut und Böse einzusehen anfängt, wo mit der Schaam und der Furcht die Begierde nach allem, was schön und vortrefflich ist, sich entwickelt, und der Körper schon so viel Festigkeit und Stärke gewonnen hat, um zu anstrengenden Arbeiten tauglich zu seyn: dann nehmen wir sie zu uns, um theils ihre Seele durch andere Studien und Uebungen zu bilden, theils ihren Körper an Arbeit und

Erduldung aller Ungemächlichkeiten zu gewöhnen. Denn es dünkt uns nicht genug, einen jeden, sowohl was den Leib als was die Seele betrifft, so zu lassen, wie er aus den Händen der Natur gekommen ist: sondern wir halten davor, daß es Unterricht und Zucht bedürfe, um die Gaben der Natur zu der Vollkommenheit zu bringen, deren sie fähig sind, und das, was sie mangelhaft gelassen oder gefehlt hat, nach Möglichkeit zu ergänzen und zu verbessern. Wir lassen uns hierin die Gärtner und Landwirthe zum Beyspiele dienen, welche die Gewächse, so lange sie noch niedrig und zart sind, zudecken und umzäunen, damit sie von den Winden nicht verletzt werden: sobald aber der Stamm eine gewisse Dicke bekommen hat, die überflüßigen Schößlinge wegschneiden und sie nun den Winden überlassen, die, je mehr sie selbige durchwehen und schütteln, um so mehr zu ihrer künftigen Fruchtbarkeit beytragen.

Was also die Seele betrifft, so ist das erste, womit wir sie, so zu sagen, anfachen, die Musik und die Rechenkunst, ingleichen, daß wir sie schreiben und verständlich lesen lehren. So wie sie nun darin weiter kommen, singen wir ihnen die Sprüche der Weisen vor, und die Dichter, welche die Thaten unsrer alten Helden oder andre nützliche Dinge, damit sie desto leichter dem Gedächtniß eingeprägt würden, in Verse eingekleidet haben: und was ist natürlicher, als daß ein Jüngling, durch das öftere Hören schöner Handlungen und besingenswürdiger Großthaten, womit z. B. die Werke unsers Homers und Hesiodus angefüllt sind, nach und nach aufgeweckt und zur Nachahmung angereizt wird, um dereinst auch besungen und von der Nachwelt bewundert zu werden. Wenn sie nun endlich in die Republik eintreten, und es darum zu thun ist, sie zu den öffentlichen Geschäften anzuführen. — Doch dieß gehört eigentlich nicht zu unserm Streit; denn anfänglich war die Frage nicht, wie wir die Seele unsrer Jugend üben, sondern warum wir für nöthig halten, sie mit diesen gymnastischen Uebungen zu beschäftigen; und ich will mir also hier selbst Stillschweigen geboten haben, ohne auf den Ausrufer oder meinen Areopagiten zu warten, der vielleicht aus bloßer Bescheidenheit mich fortschwatzen ließe, wiewohl ich über die Grenzen unsers Gegenstandes hinausgekommen bin.

Anacharsis. Darf ich fragen, Solon, ob der Areopagus nicht auch für diejenige, die das Nothwendigste geflissentlich mit Stillschweigen übergehen, auf eine Strafe gedacht hat?

Solon. Wozu fragst du mich das?

Anacharsis. Weil du eben im Begriff bist, das schönste und interessanteste für mich, die Bildung der Seele, vorbeyzugehen, um von dem minder nöthigen, von Fechtschulen und Leibesübungen zu sprechen.

Solon. Das geschieht bloß, mein Bester, weil ich bey der Sache, wovon die Rede zwischen uns war, bleiben, und dein Gedächtniß nicht mit zu vielen Dingen auf einmal überschwemmen will. Doch, weil du es wünschest, so will ich mich auch über jenes so kurz als möglich erklären; denn eine genauere Erörterung dieser Materie gehört für eine andere Gelegenheit. Wir bringen also die Seelen unsrer Jünglinge in die gehörige Mensur *), wenn ich so sagen darf, theils indem wir sie mit den gemeinen Gesetzen unsrer Republik bekannt machen, welche, um von jedermann gelesen werden zu können, mit großen Buchstaben zusammengeschrieben und an einem öffentlichen Ort aufgestellt sind, und befehlen, was man zu thun und zu lassen hat; theils, durch den Umgang mit klugen und rechtschaffnen Männern, die bey uns Sophisten oder Philosophen genennt werden, von denen sie in dem, was sie zu wissen am nöthigsten haben, in den Pflichten der Gerechtigkeit und des bürgerlichen und geselligen Lebens **) unterrichtet werden, und wie sie sich aller unedeln und unziemlichen Begierden enthalten, allem was schön und gut ist, nachstreben, und sich niemals einer gewaltthätigen Hand-

---

*) 'Ρυθμιζομεν, ein schönes und vielbedeutendes Bild, dessen Gebrauch im Original desto mehr Grazie hat, weil das Wort νομος (Gesetz), auch ein musikalisches Kunstwort ist, und einen tactmäßigen melodischen Gesang bezeichnet.

**) Das heißt, denke ich, ἐκ τοῖσι ἀλλήλοις συμπολιτευεςαι, und nicht, ex aequo capessere rem publicam, wie der lateinische Uebersetzer in Reitzens Ausgabe, oder se mettre au fait du gouvernement, wie sein getreuer Nachtreter Massieu übersetzt. Noch genauer und um das ἐκ τῦ ἰσῦ wörtlich auszudrücken, hätte ich es geben können: „auf gleichem Fuße (ohne sich etwas über einander herauszunehmen) als Bürger einer freyen Republik mit einander zu leben." — Aber die von mir gewählte Redensart sagt eben dasselbe, und paßte besser in meine Construction.

lung schuldig machen sollen. Wir führen sie auch in den Schauplatz, wo wir sie durch Komödien und Tragödien öffentlich unterrichten, indem wir ihnen die Tugenden und Laster berühmter Männer des Alterthums, mit ihren Folgen, vor die Augen stellen, um diese zu fliehen, und sich nach jenen zu beeifern. Wir gestatten auch den Komödianten diejenige von unsern Bürgern, von welchen ihnen schändliche, und einer Stadt, wie die unsrige, unwürdige Handlungen bekannt sind, lächerlich zu machen und zu beschimpfen; theils um sie selbst vielleicht durch eine solche öffentliche Züchtigung zu bessern, theils damit die übrigen ein Beyspiel an ihnen nehmen und sich vor allem, was ihnen gleiche Beschämung zuziehen könnte, hüten.

Anacharsis. Ich habe sie schon gesehen, Solon, diese Tragödien= und Komödienspieler, wovon du sprichst, wenn es anders die sind, die in den langen mit rauschgoldnen Streifen besetzten Talaren und den schweren stelzenmäßigen Halbstiefeln mit nicht allzufesten Tritten auf der Schaubühne herumwackelten, und den Kopf in einer Art von lächerlichen Sturmhauben *) mit einem abscheulich gähnenden Rachen stecken hatten, aus dem sie so unbändig herausschrieen, daß mir die Ohren davon gellten. Ich denke, es war eben an einem Feste, das die Stadt dem Bacchus zu Ehren feyerte. Die

---

*) Man merkt ohne mein Erinnern, daß Anacharsis die Larven meynt, die einem jeden, der sie zum erstenmal sah, und an das Conventionelle der griechischen Schaubühne noch nicht gewöhnt war, sehr lächerlich vorkommen mußten.

Komödienspieler waren kleiner als jene, giengen auf ihren eigenen Füßen, sahen überhaupt mehr wie andere Menschen aus, und schrien nicht so abscheulich: dafür aber waren ihre Sturmhauben desto lächerlicher; auch entstand ein allgemeines Gelächter unter den Zuschauern über sie. Jenen Hochtrabenden hingegen hörten sie mit finsterm Gesichte zu, vermuthlich aus Mitleiden, daß die armen Teufel so schwere Fesseln an den Füßen nachschleppen mußten.

Solon. Das Mitleiden, mein guter Anacharsis, galt nicht den Komödianten, sondern der Dichter hatte unfehlbar irgend eine jammervolle Begebenheit aus der alten Heldenzeit dargestellt, und den Personen, die darin auftreten, so herzrührende Reden an die Zuschauer zu declamieren gegeben, daß diese bis zu Thränen dadurch bewegt wurden. Ohne Zweifel hast du damals auch einige Flötenspieler, und eine Anzahl im Kreise stehender und zusammen singender Personen gesehen, die man den Chor nennt. Auch diese Flöten und diese Gesänge, lieber Anacharsis, haben ihren Nutzen, — (wiewohl ich dir jetzt, um bey unsrer Hauptsache zu bleiben, keine nähere Erklärung davon geben kann.) *) Genug, alle diese und andere ähnliche Anstalten haben bey uns einen sittlichen Zweck, und zielen dahin ab, den innern Sinn zu schärfen, und nützliche Eindrücke

---

*) Diese Parenthese mußte unsern Lesern zu gefallen beygefügt werden, wiewohl sie nicht im Text ist; eine Freyheit, deren ich mich in diesem Dialog mehrmals, und auch sonst überall, wo ich es nöthig finde, wiewohl (hoffentlich) immer mit Discretion bediene.

auf die Gemüther zu machen. Bey den Leibesübungen aber, worüber du eigentlich belehrt seyn wolltest, haben wir folgende Absichten. Wenn wir unsre Jünglinge, nachdem ihre Glieder die gehörige Festigkeit und Derbheit erlangt haben, nackend ringen lassen, so wollen wir sie dadurch vor allen Dingen an die Luft gewöhnen und sie mit allen Jahreszeiten und Witterungen so vertraut machen, um von Hitze und Frost nicht so leicht verdrossen und zu Geschäften untauglich gemacht zu werden. Sodann salben wir sie mit Oehl, und reiben sie damit ein, um ihre Glieder dadurch geschmeidiger und der Anstrengung fähiger zu machen. Denn da uns die Erfahrung lehrt, daß alles Leder durch das Einschmieren mit Oehl viel dauerhafter wird und weniger reißt, so wäre es ungereimt, wenn wir nicht den Schluß daraus machten, daß auch ein lebendiger Körper durch diesen Gebrauch des Oehls den nehmlichen Vortheil erhalten könnte. Hierauf lassen wir sie in verschiedenen gymnastischen Künsten, die wir ausgedacht haben, von besonders dazu angestellten Meistern, diesen im Faustkampf, jenen im Pankration unterrichten, damit sie sich gewöhnen Anstrengung und Arbeit zu ertragen, und ihrem Gegner zu Leibe zu gehen, ohne sich vor den Schlägen und Wunden, denen sie sich dadurch aussetzen, zu scheuen. Wir verschaffen uns dadurch zwey sehr wichtige Vortheile an ihnen, nehmlich, daß sie Herz bekommen, und bey gefährlichen Gelegenheiten ihrer Person nicht schonen; und dann daß sie stärker werden und mehr ausdauern können. Denn diejenigen, z. B. die sich üben einander zu Boden zu ringen, lernen ohne Schaden fallen und leicht wieder aufstehen, üben sich in der Geschicklichkeit sowohl den Gegner vom Leibe zu halten, als ihn mit Vortheil zu packen, zu umschlingen, emporzuheben, sich zusammendrücken und würgen lassen zu können, u. s. w. lauter Uebungen, die, anstatt unnützlich zu seyn, vielmehr und unstreitig den größten aller Vortheile, die wir von unsrer Gymnastik ziehen, gewähren, nehmlich, den Körper abzuhärten und gegen Beschwerlichkeiten und Schmerzen unempfindlicher zu machen. Aber auch das ist kein geringer Nutzen, daß, wenn der Fall eintritt, wo man dergleichen Kunstgriffe im Kriege und in einer schweren Rüstung nöthig hat, sie bereits eine große Fertigkeit darin erlangt haben. Denn wir sehen alle diese Kampfübungen als eine Art von Vorbereitung auf den bewaffneten Kampf an, und sind überzeugt, daß Leute, deren nackende Körper wir auf diese Weise geschmeidiger, gesunder, kräftiger, dauerhafter und behender gemacht haben, wenn es um Ernst gilt, ungleich bessere Soldaten seyn und dem Feinde desto furchtbarer werden müssen. *)

> *) Plutarch in seiner Abhandlung, wie man sich gesund erhalten könne, behauptet gerade das Gegentheil, und macht die allzugroße Achtung, worin die gymnastischen Uebungen bey den Griechen standen, zu einer Hauptursache, warum sie ihre Unabhänglichkeit verlohren hätten. Das Uebel war seiner Meynung nach, daß sie lieber vortreffliche Athleten als gute Soldaten seyn wollten. In Verbindung mit vielen andern stärker wirkenden Ursachen mag wohl auch die allzugroße Leidenschaft für die

Denn du begreifst leicht, denke ich, was der Mann in Waffen seyn wird, der seinem Gegner sogar nackend Schrecken einjagt.

Du siehest was für Körper durch diese Uebungen gebildet werden, und wie sie weder zu vieles und schlappes weisses Fleisch haben, noch so mager und blaß aussehen, wie die Körper der Weiber die im Schatten hinwelken, von jeder Anstrengung am ganzen Leibe zittern und in Schweiß zerfließen, und unter dem Druck eines Helmes kaum Athem hohlen könnten, zumahl, wenn ihnen, wie jetzt, die Mittagssonne auf die Scheitel brennte. Was willst du mit solchen Schwächlingen anfangen, die in der Hitze gleich durstig werden und lechzen, keinen Staub ertragen können, sobald sie Blut sehen, zusammenfahren, und schon vor Angst sterben, ehe sie noch mit dem Feinde handgemein werden? Da sind diese unsre röthlichen und von der Sonne ins Braune gefärbten Jünglinge ganz andre Leute? Sie haben ein männliches Ansehen, sind voller Seele, Wärme und Mannkraft, sind weder runzlicht und dürr, noch durch ihre Schwere sich selbst zur Last,

Athletischen Uebungen etwas zum politischen Verfall der Griechen beygetragen haben: aber daß die Gegner dieser Uebungen die Sache sehr übertreiben, ist, dächte ich, schon daraus klar genug, daß sie lange vor und lange nach Solon einen wesentlichen Theil der Erziehung bey den Griechen ausmachten, ohne die schädliche Wirkung zu thun, die man ihnen zuschreibt. Oder waren es nicht etwa lauter Ringer und Pankratiasten, die jene große Siege über den Darius und Xerxes erfochten?

sondern von einer Wohlgestalt, die in den schönsten Umriß eingeschlossen ist, indem sie alles überflüßige Fleisch weggearbeitet und ausgeschwitzt, und nur das, was von allem ungesunden Zusatz rein, derb und kräftig ist, behalten haben; Vortheile, die sie ohne jene Leibesübungen und die damit verbundene Lebensordnung nicht genießen würden. Denn diese sind dem menschlichen Körper was das Schwingen dem Weitzen ist; alle Acheln und Spreuer fliegen davon, und das reine Korn drängt sich dicht in einen Hauffen zusammen. Es ist daher nicht anders möglich, als daß sie der vollkommensten Gesundheit genießen und Arbeit und Strappazen ungemein lang ausdauern können. Es währet lange bis sie zu schwitzen anfangen, und selten wird man einen von ihnen sehen, der sich nicht wohl befände. Es ist (um bey meinem vorigen Gleichnisse zu bleiben) in diesem Stücke mit ihnen, wie wenn jemand auf einen Hauffen Korn, Stroh und Spreuer, Feuer würfe; natürlich wird das Stroh augenblicklich Feuer fangen und verbrennen, der Weitzen hingegen, anstatt so schnell und auf einmal in eine Flamme auszubrechen, wird nur allmählich zu rauchen anfangen, und eine viel längere Zeit brauchen bis er ebenfalls zu Asche wird. Eben so wird eine Krankheit oder Unpäßlichkeit, die einen solchen Körper befällt, ihn nicht so leicht entkräften und überwältigen als einen andern; denn seine innern Theile sind zu wohl beschaffen, und seine äussern zu stark befestiget, als daß Hitze oder Frost ihnen leicht gefährlich werden könnte. Und wenn sie auch auf einen Augenblick nachzugeben oder zu erliegen scheinen, so strömt ihnen doch die innere

Lebenswärme, als von langem her gesammelt und auf solche Nothfälle aufgespart, gleich wieder zu, und erfüllt sie so reichlich mit neuen Kräften, daß sie fast immer unermüdlich bleiben. Anstatt daß die vorhergehenden Anstrengungen ihre Kraft vermindern sollten, erfolgt gerade das Gegentheil: sie wird, gleich einem Löschbrand der durch heftiges herumschwingen wieder entzündet wird, nur immer mehr angeflammt, und wächst anstatt abzunehmen. Ausser den bisher erwähnten gymnastischen Künsten üben wir unsre Jugend auch im Laufen, wobey es hauptsächlich darauf ankommt, daß sie, wenn die Laufbahn lang ist, Kraft und Athem so geschickt sparen lernen, um bis ans Ziel auszuhalten: wenn hingegen nur ein kleiner Raum zu durchlaufen ist, ihn mit der möglichsten Geschwindigkeit zurücklegen. Um es ihnen aber nicht zu leichte zu machen, dürfen sie nicht auf einem festem und widerstehenden Boden, sondern müssen in tiefem Sande laufen, wo es schwer ist einen festen Tritt zu thun, und der Fuß in dem unter ihm ausweichenden feinen Sande immer glitschen will. Nicht weniger werden sie auch geübt, über einen Graben oder was ihnen sonst den Weg versperren will, wegzuspringen, und das sogar mit schweren Bleykugeln in beyden Händen. Zugleichen streiten sie mit einander, wer einen Wurfspieß am weitesten werfen könne. Du hast auch in der Fechtschule ein flachrundes Stück Erzt gesehen, das einem kleinen Schilde ohne Riemen oder Handhaben ähnlich ist; du versuchtest es sogar vom Boden aufzuheben, und fandest es schwer, und seiner Glätte wegen nicht leicht zu erfassen. Diese Scheibe wer-

fen sie ziemlich weit in die Höhe, und streiten mit
einander wer sie am weitesten werfen könne. Diese
Arbeit stärkt ihre Schultern, und vermehrt die
Spannkraft der Finger und Zehen. Höre nun auch,
mein wackrer Freund, wozu der feuchte Leim und
der Staub gut ist, der dir anfangs so lächerlich vorkam. Der erste Nutzen davon ist, daß sie nicht hart,
und also mit Gefahr, sondern weich und ohne Schaden fallen. Sodann weißt du, daß nasser Leim dem
Körper eine gewisse Schlüfrigkeit giebt, und du ver-
glichest sie deßwegen vor mit Aalen; aber dieser Umstand hat, anstatt lächerlich zu seyn, einen sehr guten Nutzen. Da sie, um einander nicht zu entschlüpfen, sich desto fester packen und umschlingen müssen,
so trägt auch dieß nicht wenig zur Stärkung und
Spannung des Körpers bey; denn du mußt dir
nicht einbilden, daß es etwas so leichtes sey, einen
mit Oehl und nassem Thon überschmierten Menschen, der alle seine Kraft und Geschicklichkeit an-
wendet um uns aus den Händen zu glitschen, vom
Boden in die Höhe zu heben. Und auch dieß hat,
wie ich vorhin sagte, seinen Nutzen im Kriege, wo
der Fall öfters vorkömmt, einen verwundeten
Freund hurtig aufzupacken und in Sicherheit zu
bringen, oder auch einen Feind plötzlich um den
Leib zu fassen und gefangen davon zu tragen. Wir
üben sie also auf solche Dinge mit einer gewissen
Uebertreibung, und halten sie zum schwerern an, damit das geringere sie desto leichter ankomme. Den
Staub hingegen finden wir dazu dienlich, zu verhindern, daß sie einander nicht so leicht entschlüpfen können; denn, nachdem sie vorher in nassem Thon gelernt

haben einen schlüpfrigen und also schwer zu packenden Körper fest zu halten, so müssen sie nun auch geübt werden, sich aus den Händen dessen, der sie umfaßt hält, auch bey vermehrter Schwierigkeit des Entschlüpfens, loszuwinden. Ueberdieß scheint auch der Staub das allzustarke Schwitzen zu verhindern, trägt dadurch etwas bey, daß die Kräfte länger ausdauern, und verwahrt die Haut, deren Poren bey so heftigen Uebungen überall offen sind, gegen das nachtheilige der Zugluft. Auch bekömmt er in Verbindung mit Oehl und Thon etwas seiffenartiges, daß die Haut rein und glänzend erhält. Es brauchte nichts, als einen von diesen Bläßlingen, die immer im Schatten gelebt haben, mit einem aus denen die im Lyceon geübt worden sind, wenn er sich den Leimen und Staub wieder abgewaschen hat, zusammenstellen zu können; und ich bin gewiß, wenn man dich fragte, welchem von beyden du gleichen möchtest? du würdest, ohne sie vorher auf eine andere Probe gestellt zu haben, dem bloßen Anblick nach lieber der derbe und zusammengeschlagene Jüngling, als der weiche Zärtling seyn, der bloß darum so weiß ist, weil all sein Bischen Blut sich in die innern Theile zurückgezogen hat. Dieß sind also, lieber Anacharsis, die Uebungen, worin wir unsre jungen Leute erziehen, in der Meynung, sie auf diesem Wege zu tüchtigen Beschirmern unsrer Stadt, und unsrer Freyheit zu machen; geschickt, jeden Feind der uns angreifen wollte, abzutreiben, und unsern Nachbarn furchtbar genug, daß die meisten Scheu vor uns tragen und uns zinsbar sind. Aber auch im Frieden haben wir desto bessere Bürger an ihnen, da

sie nicht (wie andre junge Leute) aus einem falschen Ehrgeiz in unziemlichen Dingen mit einander
wetteifern, noch aus Müssiggang in Frechheit und
Leichtfertigkeit gerathen, sondern sich aus diesen
Uebungen ein ernsthaftes Geschäfte machen, und
alle ihre Muße darauf verwenden. Und nun begreifst du, in welchem Sinne ich vorhin sagte, daß das gemeine Beste und der höchste Wohlstand unsrer Stadt zum Theil an diesen gymnastischen Uebungen hange, insofern nehmlich unsre Jugend durch dieselbe, wie durch die ganze Erziehung
die wir ihr geben, sowohl für den Frieden als für
den Krieg aufs beste vorbereitet, und zu allem was
in unsern Augen das edelste und schönste ist, angehalten werden.

Anacharsis. Wenn ihr also, von euern Feinden angegriffen werdet, so besalbt ihr euch mit Oehl,
pudert euch mit Staub ein, und zieht gegen sie aus
um mit geballten Fäusten auf sie loszuarbeiten?
jene hingegen scheuen sich vor euch und laufen was
sie können, aus Furcht ihr möchtet thun, wenn sie
etwa gähnen müßten, Sand ins Maul werfen, oder
ihnen von hinten zu auf den Rucken springen, die
Beine um ihren Bauch schlingen, und ihnen unter
ihrem Helm die Kehle mit euern Ellenbogen zusam-
menpressen? Sie werden zwar, ob Gott will, wenigstens von Ferne mit Pfeilen und Wurfspießen
nach euch schießen: aber diese Geschoße werden euch
so wenig anhaben als ob ihr eben so viele Steinbil-
der wäret; denn ihr habt eine Sonnenfarbe, und
eine Menge Blut im Leibe, seyd nicht Stroh und
Stoppeln, um euch, wie andere, von Wunden gleich

niederwerfen zu laſſen, ſondern erſt ſpät, wenn ihr
überall durchlöchert ſeyd, (und dann kaum) gebt ihr
einige Tropfen Blut von euch; denn ſo was ſagteſt
du doch, wenn ich dein Gleichniß nicht gänzlich miß-
verſtanden habe? Oder zieht ihr vielleicht alsdann
die fürchterlichen Rüſtungen euerer Tragödien = und
Komödienſpieler an, ſetzt, wenn ihr etwa einen
Ausfall thun wollt, jene weltmäulichten Sturmhauben auf, um euern Feinden als eben ſo viele Po-
panze, wofür ſie euch halten werden, einen rechten
Schrecken in den Leib zu jagen; oder bindet euch
die hohen Tragödienſtiefel um die Beine, weil ſie,
falls ihr etwa fliehen müßtet, ſo auſſerordentlich
leicht ſind, oder weil die Feinde, wenn ſie vor Euch
fliehen, euch unmöglich entrinnen können, da ihr
mit Hülfe derſelben ſo große Schritte thun könnt?
Nimm dich in Acht, lieber Solon, daß es mit dieſen Dingen, die euch ſo ſinnreich ausgedacht ſchei-
nen, nicht am Ende auf ein pures Spielwerk müßi-
ger und Zeitvertreib ſuchender Jünglinge hinaus-
laufe. Wenn euch wirklich daran gelegen iſt frey
und glücklich zu ſeyn, ſo werdet ihr ganz andere
Fechtſchulen und Waffenübungen, wobey es um
Ernſt gilt, nöthig haben. Dann werdet ihr, anſtatt
dieſer ſpielenden Kämpfe unter euch ſelbſt, es mit
wirklichen Feinden aufnehmen, und in wirklichen
Gefahren euch zur kriegeriſchen Tugend bilden. Laßt
alſo euern Staub und euer Oehl wo ſie ſind, und
lehrt ſie dafür mit dem Bogen ſchießen und Wurf-
ſpieße werfen; aber gebt ihnen nicht ſo leichte
Spießchen, die der Wind hin und herweht, ſondern
einen ſchweren Speer, der im Kreiſe geſchwungen

mit

mit Zischen durch die Luft fährte, und Steine die die Hand ausfüllen, und eine Streitart in die rechte, einen tüchtigen Schild von Juchtenleder in die linke Hand, einen Harnisch um den Leib, und eine Pickelhaube auf den Kopf! So wie ihr jetzt seyd, kann ich mir euere Erhaltung nicht anders erklären, als daß irgend ein Gott sich aus besonderem Wohlwollen eurer annehmen muß: denn sonst müßtet ihr längst vor der ersten Handvoll Lanzknechte, die euch zu Leibe gegangen wären, aufgerieben worden seyn. Das bin ich gewiß, wenn ich nur diesen kurzen Säbel, der an meinem Gürtel hängt, zöge, und unter alle euere Jünglinge dort einfiele, ich wollte das Gymnasium gleich mit meinem bloßen Schlachtgeschrey erobert haben: Du solltest sehen, wie sie davon laufen würden, und wie auch nicht Einer das Herz hätte eine bloße Klinge anzusehen; wie sie sich hinter die Statuen und hinter die dicken Säulen dort verbergen, und wieviel sie mir durch ihre Angst und ihr Winseln und Zittern zu lachen geben würden. Die Röthe, auf die ihr euch soviel zu gute thut, sollte ihnen bald vergehen; der Schrecken sollte sie bald aschgrau färben! Kurz, mit allen euern athletischen Uebungen hat euch ein langer Friede dahin gebracht, daß ihr euch kaum den bloßen Busch auf dem Helm eines Feindes anzuschauen getrauen würdet.

Solon. So sprachen die Thrazier nicht, Anacharsis, die uns unter Anführung des Eumolpus mit Krieg überzogen *), noch euere Amazonen,

---

*) Der Eumolpus, auf den sich Solon hier beruft, war nicht der durch die Eleusinischen My-

die mit der berühmten Hyppolita *) unsere Stadt anfielen: so hat noch niemand gesprochen, der die Probe mit uns gemacht hat. Weil wir den Körper unsrer jungen Leute auf diese Art nackend abhärten, mein guter Mann, ist es darum noch keine Folge, daß wir sie auch unbewaffnet in den Krieg führen: sondern wenn sie erst für ihre Personen tüchtige Leute geworden sind, so üben wir sie auch in Waffen, deren sie sich alsdann um soviel besser zu bedienen wissen.

Anacharsis. Und wo wäre denn euere Fechtschule für die Waffenübungen, Solon? Ich habe nichts dergleichen in der Stadt gesehen, wiewohl ich schon überall herumgekommen bin.

Solon. Die Gelegenheit dazu wird sich finden, wenn du dich länger bey uns aufhalten wirst; du wirst sehen daß es keinem von uns an Waffen fehlt, sobald wir ihrer benöthiget sind; wir haben Helme

---

sterien berühmt gewordene Sohn des Musäus, sondern ein Sohn des Neptuns von einer Tochter des Boreas, d. i. ein unbekannter Abenteuer aus der Heldenzeit, der unter dem Athenienischen Könige Erechteus, Pandions Sohn, mit einer Horde Thrazier, deren Anführer er war, einen Einfall in Attica that, und von den Atheniensern (die damahls freylich noch kein Lyceum hatten) überwunden und getödtet wurde. Solon würde sich hier nicht auf Beyspiele aus der heroischen Zeit berufen, wenn er nicht hundert Jahre vor den Siegen bey Marathon und Salamina gelebt hätte.

*) S. Plutarch im Leben des Theseus, und von den Scythischen Amazonen Pomp. Mela, de S. O. lib. III. 4.

und Federbüsche für die Pferde, und der vierte Theil unsrer Bürger ist beritten. Wir halten es aber für unnöthig, mitten im Frieden bewaffnet zu seyn und einen Säbel an der Seite hängen zu haben; ja es steht eine Strafe bey uns darauf, wenn jemand ohne Noth mit einem Degen oder Dolch in der Stadt ginge, oder Waffen an einem öffentlichen Ort schaffte. Euch hingegen ist es zu verzeyhen daß ihr immer in Waffen seyd, da ihr in keinen befestigten Plätzen, sondern jedem Anfalle ausgesetzt beynahe in einem ewigen Kriege lebt, und keiner sicher ist, ob sich nicht in der nächsten Nacht jemand hinzuschleichen, und ihn im Schlafe von seinem Wagen herabziehen und ermorden werde. Euer gegenseitiges Mißtrauen, und daß ihr, jeder nach seiner Willkühr, nicht unter gemeinschaftlichen Gesetzen beysammen lebt, mache euch euern Säbel nothwendig, um euern Beschützer gleich bey der Hand zu haben, wenn euch jemand beleidigen wollte.

Anacharsis. Ihr findet also, daß es überflüssig wäre ohne Noth bewaffnet zu seyn, und schonet euere Waffen, damit sie nicht, wenn ihr sie immer bey der Hand hättet, beschädiget und abgenützt werden: die Körper eurer jungen Leute hingegen greift ihr, ohne mindeste Noth aufs härteste an, und anstatt sie zu schonen und ihre Kräfte auf künftige Nothfälle aufzusparen, schüttet ihr sie vergeblich in Koth und Staub hin.

Solon. Du scheinst dir einzubilden, mein guter Anacharsis, es sey mit den Kräften des menschlichen Körpers wie mit Wasser, Wein oder andern flüssigen Dingen, die in einem Gefäße aufbehalten werden; und du besorgst, wie ich sehe, wenn wir sie in unsern gymnastischen Uebungen ausfließen lassen, so seyen sie verlohren, und der Körper bleibe nun leer und trocken, weil er sich nicht von innen aus wieder anfüllen könne. Aber da machst du dir eine ganz falsche Vorstellung: je mehr jemand seine Kräfte durch Arbeiten erschöpft, je stärker fließen sie ihm zu, und es ist damit gerade wie mit der gefabelten Hydra, der für jeden abgehauenen Kopf immer zwey neue wuchsen. Werden sie hingegen nicht von Jugend an geübt und angestrengt, wird ihnen nicht immer hinreichende Materie gegeben: alsdann tritt der Fall ein, wo sie von ermüdenden Arbeiten geschwächt und aufgezehrt werden. Es geht damit wie mit Feuer und Licht: du kannst mit dem nehmlichen Hauche ein Feuer anfachen und in wenig Augenblicken größer machen, womit du eine Lampe ausbläsest, wenn sie nicht Materie genug hat und ihre Flamme stark genug ist den Hauch auszuhalten.

Anacharsis. Ich muß bekennen, lieber Solon, daß ich das was du da sagst, nicht allzuwohl verstehe; es ist mir zu subtil, und erfodert mehr Scharfsinn und Capacität als ich habe. Ich will dich also nur dieses einzige fragen! Warum stellt ihr an den Olympischen, Isthmischen und Pythischen Kampf-Spielen, zu welchen doch, wie du sagst, eine so große Menge Zuschauer kommen, nicht mit unter auch Kämpfe in Waffen an, sondern führt euere Jünglinge splitternackend zur Schau hervor, um einander mit den Fersen zu schlagen und mit Aepfeln und Oehlzweigen belohnt zu werden? Das muß doch einen Grund haben, den ich wohl wissen möchte!

Solon. Wir glauben ihnen desto mehr Lust zu den gymnastischen Uebungen zu machen, wenn sie sehen, wie hoch diejenigen die den Preis in denselben davongetragen, geehrt, und wie feyerlich ihr Nahme mitten unter den Griechen ausgerufen wird; und da sie sich, um zu dieser Ehre gelangen zu können, vor einer so zahlreichen und ansehnlichen Versammlung nackend sehen lassen müssen, so tragen sie desto größere Sorge ihren Körper in einer so guten Beschaffenheit zu erhalten, daß sie keine Schande davon haben sich nackend zu zeigen *), und jeder bemüht sich um so eifriger sich des Sieges würdig zu machen. Die Belohnungen aber sind, wie gesagt, so geringfügig nicht; oder was könnten die Sieger mehr verlangen, als von so ansehnlichen Zuschauern gelobt, und im ganzen Griechenlande berühmt, und mit den Fingern gezeigt und für die Besten unter ihren Kameraden erklärt zu werden? Ueberdieß wird auch in vielen Zuschauern, denen ihr Alter dergleichen Uebungen noch gestattet, durch den Anblick eines so schönen Wettstreites unserer

---

*) In dieser einzigen Zeile liegt die wahre Auflösung eines pädagogischen Problems, worüber in unsern Tagen so viel vergebliches geschrieben worden ist. Ein Institut, vermöge dessen die erwachsene Jugend sich oft in puris naturalibus zeigen müßte, wäre das unfehlbarste Mittel sie in diesem Puncte unverdorben zu erhalten. Die Frage also, worauf der Preis gesetzt werden müßte, wäre: wie ein solches Institut unter so schamhaften und verdorbenen Menschen als die heutigen Europäer sind, möglich zu machen wäre?

Jugend, und der Ehre, die ihnen dafür zu Theil wird, eine neue Liebe zur Tugend und zu edlen Bestrebungen angefacht. Und sage mir, Anacharsis, wenn jemand diese Liebe zum Ruhm aus dem menschlichen Leben verbannen würde oder könnte, was meynst du daß wir dabey gewinnen würden? Wer würde da noch Lust haben, irgend eine hervorglänzende That zu thun? Uebrigens steht es nur bey dir, den Schluß zu machen, was diejenigen im Kriege, wenn sie für Vaterland, Weib und Kinder, und die Tempel ihrer Götter in Waffen sind, zu thun fähig seyn werden, die um eine Krone von wilden Oehlzweigen, nackend, mit einer so feurigen Siegbegierde kämpfen. Wenn dir aber dieß schon so widersinnisch vorkommt, was würdest du erst sagen, wenn du unsre Wachteln- und Hahnengefechte sähest, und den Ernst womit wir uns für dieselben verwenden? Du würdest ohne Zweifel laut auflachen, zumal wenn du hörtest daß wir ein Gesetz haben, das allen erwachsenen Personen befiehlt dabey zugegen zu seyn*), und zuzusehen wie diese

---

*) Lucian scheint sich hier einen kleinen Anachronismus erlaubt zu haben, wenn es anders wahr ist, was Aelian (Var. Hist. II. 28.) von dem Ursprung des jährlichen öffentlichen Hahnenkampfes zu Athen erzählt. Als nehmlich Themistokles seine Mitbürger gegen die Perser ins Feld führte, sah er zufälliger Weise ein paar Hähne mit einander kämpfen. Sogleich ließ er Halt machen, befahl seinem ganzen Heere zuzusehen, und legte ihnen sodann folgende Moral ans Herz. Und diese Hähne, sagte der große Feldherr, streiten nicht für ihr Vaterland, nicht für die Götter, noch für die

Vögel so lange mit einander kämpfen, bis sie sich vor Kraftlosigkeit nicht mehr rühren können. Und doch ist auch darin nichts lächerliches. Denn dieses Schauspiel erregt unvermerkt in den Gemüthern den Trieb jeder Gefahr zu trotzen, um sich nicht an Edelmuth und Kühnheit von Wachteln und Hahnen übertreffen zu lassen, und sich, wie sie, nicht eher als mit dem letzten Athem durch Wunden oder Anstrengung oder jeder andern Schwierigkeit mürbe machen zu lassen. Daß wir aber unsre jungen Leute in Waffen kämpfen und einander blutige Wunden beybringen lassen sollten, das sey ferne! Dieß hieße

Gräber ihrer Vorältern, nicht für ihre Kinder, nicht für Ruhm und Freyheit, sondern bloß weil keiner weichen und schlechter seyn will als der andere! — Diese Worte stärkten den Muth der Athenienser nicht wenig: und so wollten sie dann, daß der Hahnenkampf, der ihnen damals zur Ermunterung ihrer Tapferkeit diente, ein Institut würde, das die Nachkommen zu ähnlichen Thaten reizte." Dieß sieht nun freylich einen Griechischen Mährchen sehr gleich; indeß ist nicht unmöglich, daß etwas wahres dran war, und immer bleibt gewiß, daß das jährliche Hahnengefecht, dem alle Bürger zusehen mußten, ungefähr um diese Zeit aufkam. Was die Wachteln betrifft, so scheint, aus dem was die Alten hie und da im Vorbeygehen davon sagen, daß die Gewohnheit, Wachteln zum Kämpfen abzurichten, zu Alcibiades Zeiten eine Mode solcher vornehmer und üppiger junger Taugenichtse, wie Alcibiades, Meidias, und ihres gleichen, gewesen sey, und von unserm Autor hier zur Unzeit mit dem legalen Hahnengefechte vermengt werde.

aus einem Wettkampf zur Leibesübung einen Kampf wilder Thiere machen; was könnte grausamer und zugleich unnützer seyn, als wenn wir unsre besten jungen Bürger so zum Spaß abschlachten wollten, sie, die wir mit Nutzen gegen unsre Feinde brauchen könnten? Uebrigens mein guter Anacharsis, da du gesonnen bist, das ganze Griechenland zu durchwandern, so nimm dich in Acht, wenn du nach Lacedämon kommen wirst, nicht auch sie auszulachen und für Thoren, die leeres Stroh dreschen, zu halten, wenn du siehest, wie sie bey ihrem Kugelspiel *) auf einander zuschlagen; oder wie sie, in zwey Factionen abgetheilt, deren eine die Herkulanische, die andere die Lykurgische heißt, ebenfalls nackend, auf einer ringsum mit Wasser umgebenen Ebne, sich feindlich anfallen, und so lange mit einander kämpfen bis entweder die Herkulanische Parthey die Lykurgische, oder diese die erstere ins Wasser hinein getrieben hat, worauf dann der Friede sogleich wieder hergestellt ist und keiner dem andern mehr einen Schlag geben darf. Aber wie widersinnisch und grausam wird dir erst vorkommen,

---

*) Dieses Spiel, wovon Galenus ein eigenes Tractätchen geschrieben hat, hieß am gewöhnlichsten Harpaston, weil es zwischen zwey Truppen junger Leute gespielt wurde, deren jede sich der Kugel zu bemächtigen suchte, um sie über eine auf jeder Seite in ziemlicher Entfernung von der Mitte, wo die Kugel lag, gezogene Grenzlinie hinaus zu werfen. Die Parthey, welcher dieß zuerst gelang, hatte gesiegt. S. Burette, de la Sphéristique des Anc. au Vol. I. des Memoir. de l'Acad. des Belles-Lettres. p. 226.

wenn du sehen wirst, wie ihre Knaben um den Altar der Diana Orchia bis aufs Blut herum gegeißelt werden, und wie die dabeystehenden Väter und Mütter, anstatt sich darüber zu betrüben, ihnen noch drohen, wenn sie sich übel dabey gebehrden, und sie inständig bitten, die Marter so lange als nur immer möglich auszuhalten. Man hat daher viele Beyspiele von Kindern, die sich bey diesem Wettstreit der Geduld lieber haben zu todt geißeln lassen, ehe sie sich vor den Augen ihrer Verwandten überwunden gegeben hätten und, so lange noch ein Athem in ihnen war, umgefallen wären; du wirst auch sehen, daß ihre Standhaftigkeit durch Statuen belohnt wird, die ihnen die Republik setzen läßt. Wenn du dieß alles sehen wirst, so bilde dir ja nicht ein, die Spartaner seyen verrückt, und sage nicht, sie quälten sich selber unnöthiger Weise, und der grausamste Tyrann oder die rachgierigsten Feinde könnten es ihnen ja nicht ärger machen; denn ihr Gesetzgeber Lykurgus würde dir sehr gute Gründe angeben, warum er die spartanischen Knaben so hart behandeln lasse; und daß es weder aus Mangel an Liebe geschehe, noch weil ihm an Erhaltung des jungen Nachwuchses der Stadt nichts gelegen sey: sondern weil der Republik Alles daran liegt, daß diejenigen, von deren Tugend ihre Erhaltung dereinst abhangen wird, zur unbezwinglichsten Standhaftigkeit erzogen werden, und bereit sind, das ärgste für ihr Vaterland zu wagen und auszuhalten. Auch wirst du, denke ich, nicht nöthig haben, daß dir Lykurgus erst sage, ob einer, der so erzogen worden, im Kriege sich durch irgend eine Marter ein Geheimniß, woran den Spartanern gelegen ist, von den Feinden werde auspressen lassen; und ob er nicht vielmehr mitten unter der schmerzlichsten Geiselung ihrer noch spotten und seinen Peiniger herausfodern werde, wer es am längsten aushalten könne.

Anacharsis. Ich möchte doch wohl wissen, Solon, ob Lykurgus in seinen Knabenjahren auch so gegeiselt worden, oder ob er diese Geduldsübung erst in einem Alter angeordnet, wo er selbst davon befreyt war, und also mit heiler Haut über den Rücken der jungen Spartaner disponieren konnte?

Solon. Er war schon bey Jahren als er den Spartanern seine Gesetze gab, und zwar nach seiner Zurückkunft von Kreta, wohin er eine Reise gemacht hatte, um die vortrefflichen und berühmten Gesetze kennen zu lernen, welche die Kretenser von Minos, Jupiters Sohn, empfangen haben sollen.

Anacharsis. Wie kommt es denn, Solon, daß du die jungen Athenienser nicht auch, nach seinem Beyspiel, geißeln lässest, da es doch eine so schöne und euerer würdige Sache ist?

Solon. Weil wir an diesen Uebungen, die von undenklichen Zeiten bey uns gebräuchlich waren, genug haben, und es unsrer nicht für würdig halten, fremde Gebräuche nachzuahmen.

Anacharsis. Nicht? Das wahre ist wohl, denke ich, daß du fühlst was es sey, nackend mit emporgehobenen Armen, durchgegeiselt zu werden, ohne daß weder das gemeine Wesen noch irgend ein Mensch in der Welt einen Nutzen davon hat. Ich, für meinen Theil, besorge sehr, wenn ich gerade um die Zeit, da diese Execution vorgenommen wird, nach Sparta kommen sollte, auf der Stelle von ihnen gesteinigt zu werden: denn unmöglich würde ich mich enthalten können, ihnen allen ins Gesicht zu lachen, wenn ich sie ihre eigene Kinder wie Diebe und Straßenräuber behandeln sähe. Wahrlich ihre ganze Republik scheint mir einer allgemeinen tüchtigen Niesewurz Cur vonnöthen zu haben, daß sie so ganz widersinnige Dinge öffentlich geschehen lassen kann.

Solon. Du hast gut reden, lieber Mann, da sie nicht da sind und dir antworten können; aber bilde dir darum nicht ein, daß du schon gesieget habest. Du wirst Leute zu Sparta finden, die dir auf alle deine Vorwürfe gehörig zu antworten wissen werden. Uebrigens da unsere Gebräuche und Einrichtungen, worüber ich dir eine so umständliche Auskunft gegeben, deinen Beyfall, wie es scheint, ganz und gar nicht haben, so glaube ich nichts unbilliges zu verlangen, wenn ich dich ersuche, mir nun auch hinwieder umständlich zu erzählen, wie ihr Scythen euere jungen Leute erzieht, und was für Uebungen ihr mit ihnen vornehmt, um tüchtige Männer aus ihnen zu machen.

Anacharsis. Nichts kann billiger seyn, bester Solon. Unsere Gebräuche sind freylich weder so feyerlich wie die eurigen, noch haben sie sonst etwas mit ihnen gemein. Wir sind so furchtsame Leute, daß wir nicht einmahl soviel Muth haben uns einen einzigen Backenstreich geben zu lassen*).

*) Ohne ihn zu erwiedern nehmlich. Man sieht,

Indeſſen, weil du es wünſcheſt, will ich dir alles
ſagen was ich davon weiß. Nur wollen wir, wenn
dirs recht iſt, dieſe Materie auf morgen verſparen,
damit ich inzwiſchen Zeit habe dem Gehörten in der
Stille nachzudenken, und mich auf alles was ich
dir zu ſagen habe, gehörig zu beſinnen. Für heute
wollen wir es dabey bewenden laſſen, und weil es
ſchon Abend iſt, nach Hauſe gehen.

daß Anacharſis, ſeitdem er unter Athenienſern
lebte, in der Jronie ziemliche Profectus ge=
macht hat.

Von
der Tanzkunſt.*)

Lycinus. Kraton.

Lycinus.

Da du denn alſo, ehrwürdiger Krato, deine ſo heftige und wie es ſcheint ſchon von langem her vorbereitete Klage gegen unſere Tänze und die Tanzkunſt ſelbſt, auch beyläufig gegen mich, der an

---

*) Der Dialog in dieſer Schrift iſt bloß Einleitung und Epilog einer rhapſodiſchen Lobrede auf die Kunſt der Pantomimen, dieſem Lieblingsſchauſpiel eines durch die Ueppigkeit und Weichlichkeit verdorbenen Zeitalters, woran auch die Griechen, nach dem Beyſpiel ihrer Herren, der Römer, immer mehr Geſchmack fanden, und welches in Lucians ſpätern Jahren hauptſächlich auch zu Antiochia (wo er ſich öfters aufhielt, und wo dieſer Aufſatz vielleicht geſchrieben iſt) eine der beliebteſten Beluſtigungen eines äuſſerſt ſinnlichen und dem Vergnügen leidenſchaftlich ergebenen Volkes war. Dieſer ganze Tractat iſt in meinen Augen eines der ſchlechteſten Producte unſeres Autors, ohne Genie, ohne Kunſt, ohne Methode, ohne Phi=

einer solchen Augenweide Vergnügen finden könne, ausgeklagt, und mir meine Achtung für eine so heillose und weibische Sache (wie du sie nennest) zum Vorwurf gemacht hast: so wirst du erlauben, daß ich nun auch als Sachwalter dieser edlen Kunst auftrete, und dir zeige, wie sehr du dich hierin irrest, und mit wie vielen, wiewohl unbewußtem Unrecht du gegen eine der besten Erfindungen des geselligen Lebens losgezogen hast. Wiewohl ich übrigens an einem Manne, der von früher Jugend an eine finstre und harte Lebensart geführt und sich angewöhnt hat, das Gute und Angenehme für unverträglich anzusehen, diesen vorgefaßten Haß gegen eine Sache, worin er so ganz unerfahren ist, sehr verzeihlich finde.

Kraton. Aber Dir, mein vortreflicher Herr, wie soll man Dir verzeihen, und was muß man

---

losophie und ohne Geschmack. Er ist (wie ich aus der Nachläßigkeit, womit der größte Theil geschrieben ist, vermuthe,) vielmehr eine bloße ébauche, als ein ausgearbeitetes Werk. Wenigstens scheint ihm die letzte Hand und die Feile gänzlich zu fehlen, und (den dialogirten Prolog abgerechnet, der nicht ohne Lebhaftigkeit und attisches Salz ist) sticht es, als Werk des Geistes betrachtet, von dem vorhergehenden über die Gymnastik, ganz auffallend ab. Die Lobrede selbst im Geschmack der Sophistischen Declamationen dieser Zeit geschrieben; sie schweift über die Oberfläche der Sache hin, spielt mit unbestimmten Begriffen, und ersetzt den Mangel an philosophischen Geist durch falschen Witz und Hyperbolen. Wer zuviel beweisen will beweist nichts — als die Schwäche seiner Urtheilskraft.

von Dir denken, der einer gelehrten Erziehung ge-
nossen und sich doch so ziemlich mit der Philosophie
bekannt gemacht hat, wenn man dich den edelsten
Studien und dem Umgang mit den alten Weisen
entsagen sieht, um dich hinzusetzen und dir die Ohren voll dudeln zu lassen, während du einem Zwit-
ter von Weib und Mann zusiehest, wie er in einem
üppigen w.lbischen Aufzug einherstolziert, und mit
den wollüstigsten Gesängen und Bewegungen die
verrufensten Weibsstücke des Alterthums, die Phä-
dren und Parthenopen und Rhodopen *) und was weiß
ich wie die unzüchtigen Bälge alle heißen, darstellt,
und sich zu dem allen noch pfeiffen und trillern und die
Mensur mit den Füßen schlagen läßt — Wenn das

> *) Phädra ist durch ihre Leidenschaft für ihren
> Stieffsohn Hippolytus bekannt genug. Unter
> Parthenope kann vielleicht die Sirene dieses
> Nahmens gemeynt seyn. Rhodope soll, nach
> der Erzählung Aelians, eine wunderschöne Ae-
> gyptische Hetäre gewesen seyn, welcher, da sie
> sich einst badete, ein Adler einen Pantoffel
> entführte und ihn zu Memphis in den Schooß
> des Königs Psammetichus fallen ließ. Se.
> Aegyptische Majestät verliebte sich in diesen
> Pantoffel, ließ die Dame, der er angehörte in
> ganz Aegypten aufsuchen, nahm sie zu seiner
> Gemahlinn und erbaute ihr zu Ehren sogar
> eine Pyramide. Herodot spricht in seinem 2ten
> Buche von einer andern Rhodope, die allem
> Ansehen nach, von den graeculis mit jener,
> welche schwerlich einen griechischen Nahmen
> hatte, vermengt worden ist; und daher kam die
> lächerliche Fabel, die Hetäre Rhodope habe mit
> ihren Reitzen so glücklich gewuchert, daß sie
> von ihrer Ersparniß eine Pyramide gebaut
> habe.

nicht lächerlich und einem wackern Manne deinesgleichen nicht unanständig ist, so möcht ich wissen was man nennen soll? Ich gestehe also, wie ich hörte daß du deine Zeit mit solchen Schauspielen verderbest, so schämte ich mich nicht nur in deine Seele, sondern es verdroß mich ordentlich, daß du, wie einer der sich mit einer Feder in den Ohren kraut, dasitzen, und darüber vergessen sollst, daß ein Plato, ein Chrysipp, ein Aristoteles, in der Welt ist; und dieß, da es Tausend andere ehrbare Augen und Ohren = Belustigungen giebt, (wenn einer ja nicht ohne dergleichen seyn kann) z. E. die Flöten=und Zitherspieler, die sich öffentlich mit kunstmäßig gesetzten Stücken hören lassen, und vornehmlich die ernste Tragödie und die fröhliche Komödie; Schauspiele, die sogar einer Stelle unter den öffentlichen Wettkämpfen gewürdigt werden. Du wirst also, mein edler Herr, einer gewaltigen Apologie vonnöthen haben, um dieß bey den Gelehrten wieder gut zu machen, wenn du anders nicht gänzlich von ihnen ausgesondert, und aus der Classe der rechtschaffnen und gesetzten Leute ausgestoßen werden willst. Das beste wird daher, denke ich, seyn, dir nur gleich mit läugnen zu helfen, und gar nicht zu bekennen, daß du dir jemahls etwas so ungebührliches habest zu Schulden kommen lassen. Fürs Künftige aber siehe dich wohl vor, daß du nicht, hinter unserm Rücken, unversehens aus einem Manne in eine Lydische Flötenspielerin oder in eine Bacchantin verwandelt werdest; eine Schande, die nicht nur auf deine eigene Rechnung kommen, sondern auch uns zur Last fallen würde,

würde, indem man es uns billig verdenken könnte, daß wir dich nicht, wie Ulysses seine Gefährten von diesem gefährlichen Zauberschmause *) mit Gewalt weggerissen und zu deinen gewöhnlichen Zeitverwendungen zurückgeführt hätten, ehe du unbesonnener Weise unwiderbringlich in die Klauen dieser Theatersirenen gerathen wärest, die um soviel gefährlicher sind als jene homerischen, gegen deren Gesang die vorbey fahrenden sich nur die Ohren wohl zuzukleben brauchten, weil sie dich nicht allein durch die Ohren, sondern noch mehr, wie es scheint, durch die Augen gänzlich zu ihren Sclaven machen werden.

Lycinus. Behüte mich! Was für einen bissigen Hund **) hast du da gegen mich losgelassen Krato? Indessen muß ich dir sagen, daß dein Gleichniß von den Lotophagen und von den Sirenen sehr schlecht auf meinen Fall passen dürfte. Denn wer den Lotos kostete oder die Sirenen singen hörte, hatte den Untergang dafür zum Lohne; mir hingegen hat das was ich sah und hörte, ausser dem daß mein Vergnügen dabey weit größer war, auch sehr wohl zugeschlagen. Denn, anstatt meiner selbst und meiner Angelegenheiten darüber zu vergessen, bin

---

*) Das griechische Wort ist eine Anspielung auf die bekannte Fiction im IX. Buche der Odyssee von der magischen Kraft des Lotos allen, die davon kosteten, die Lust zu ihrer Heimath auf immer zu benehmen.

**) Ein scherzhafter Stich, der zu erkennen gibt, daß Krato von der Cynischen, oder der mit jener nahe verwandten Stoischen Philosophie Profession zu machen supponiert wird.

ich vielmehr die reine Wahrheit zu sagen, viel gescheider und mit einem guten Theil mehr Menschenkenntniß aus dem Theater zurückgekommen: so daß ich mit bestem Fug jenen homerischen Vers auf mich anwenden, und sagen kann, wer dieß Schauspiel gesehen hat,

kehret zugleich belustigt und reicher an Kenntniß von dannen *)

Kraton. Hilf Herkules! was ist mit dir vorgegangen, Lycinus, daß du, anstatt dich deiner Thorheit zu schämen, noch sogar groß damit thust? da du so schändliche und der äussersten Verachtung würdige Dinge noch gar zu loben im Stande bist, so ist alle Hoffnung zur Besserung verlohren, so ist deine Krankheit leider! unheilbar!

Lycinus. Darf ich wohl fragen, bester Kraton, ob du über die Tanzkunst und die Pantomimischen Theatertänze **) als Augenzeuge, der öfters dergleichen gesehen, so streng urtheilest? oder, ob du diese Art von Schauspielen für so verächtlich und schändlich erklärst ohne sie jemahls gesehen zu haben? Wenn das erste ist, so haben wir einander des Zusehens wegen nichts vorzuwerfen: wo nicht,

---

*) Was die Sirenen dem Ulysses versprechen Odyss. XII. 188.

**) Denn daß diese unter den εν θεατρω γινομενων gemeynt seyen, erhellet aus dem Inhalt und der Absicht dieses ganzen Aufsatzes, wiewohl Lucian immer nur das allgemeine Wort Tanz und Tänzer zu gebrauchen affectirt; vermuthlich weil zu seiner Zeit das Wort Pantomimos ausserhalb Italien, wo es zuerst Mode wurde, noch nicht gebräuchlich war.

so nimm dich in Acht, daß man deinen Tadel einer Sache, die du nicht kennest, nicht grundlos und übermüthig finde!

Kraton. Wahrhaftig, das hätte mir noch gefehlt, daß ich mich mit diesem langen Barte und mit diesem grauen Kopfe mitten unter einen Haufen alberner Weiblein und wahnwitziger Männerchen gesetzt, und den wollüstigen Gliederverdrehungen so eines heillosen Taugenichts zugeklatscht, ja wohl gar mit unanständigen Entzücken Bravo! Bravissimo! zugeschrien hätte!

Lycinus. Es ist dir zu verzeihen, Kraton, daß du aus diesem Tone sprichst: wenn du dich aber von mir überreden ließest, nur ein einzigesmahl die Probe zu machen, da doch nichts weiter dazu nöthig ist, als dazuseyn und die Augen aufzuthun; so weiß ich gewiß, du würdest keine Ruhe haben bis du so nah als möglich bey der Schaubühne wärest, um alles recht genau zu sehen, und nicht einen Ton von der Musik zu verlieren.

Kraton. Ich will verdammt seyn, wenn es jemals so weit mit mir kommen soll, so lange ich noch Haare an den Beinen und ein unberupftes Kinn behalte! *) Du jammerst mich ordentlich, Lycinus! du sprichst ja wie ein Mensch, den die Bacchantenwuth ergriffen hat!

Lycinus. Lassen wir einmahl das Declamiren und Schimpfen, mein Freund, und höre lie-

---

*) D. i. so lange ich nicht in einen erklärten Weichling und Cinäden verwandelt seyn werde. (S. den Cyniker im 3ten Th. der W. L. und die Note S. 160.)

ber gelassen an, was ich dir über die dramatische Tanzkunst zu sagen habe, und wie ich beweisen will, daß sie uns nicht nur ein angenehm unterhaltendes, sondern selbst ein nützliches Schauspiel gewähre, wie viel daraus zu lernen sey, und wie sie sogar zur Verbesserung des Gemüths beytrage, indem sie die Seelen der Zuschauer in wohlgeordnete Bewegungen setzt, ihren Geschmack an den schönsten Gegenständen übt und schärft, ihr Ohr mit den feinsten Wirkungen der Tonkunst vertraut macht, und ihnen das, was die innere Schönheit der Seele mit der äusserlichen des Körpers gemein hat, und den Punct, worin beyde gleichsam zusammenfließen, anschaulich darstellt. Denn daß sie alle ihre Wirkungen mit Musik und Rhythmus thut, ist so weit entfernt ihr zum Vorwurf zu gereichen, daß es vielmehr ihr größtes Lob ist.

Kraton. Ich habe zwar ganz und gar keine Zeit übrig, einem Rasenden zuzuhören, der seiner Krankheit eine Lobrede hält: indessen, weil du doch so große Lust zu haben scheinst, deine Possen vergebens an mich zu verschwenden, so bin ich bereit mich dieser freundschaftlichen Frohne zu unterziehen, und meine Ohren dazu herzugeben, da ich Gottlob! nicht nöthig habe sie mit Wachs zuzustopfen um unnützes Zeug ohne Schaden bey ihnen vorbeygehen zu lassen. Ich verspreche dir also zu schweigen; rede was du willst als ob dir niemand zuhöre.

Lycinus. Recht schön, mein Lieber, das ist alles was ich verlange; wie lange du das was ich sagen werde Possen nennen wirst, soll sich bald zeigen.

Um also die Sache von vorne anzufangen, so scheinst du mir gar nichts davon zu wissen, daß die Tanzkunst nicht etwa eine neuere Erfindung, eine Sache von gestern oder vorgestern ist, die zu unserer Großväter oder Urahnherren Zeiten ihren Anfang genommen hätte: sondern diejenigen, die ihre Genealogie am richtigsten angeben, behaupten, daß sie mit dem ganzen Weltall einerley Ursprung habe, und mit jenem uralten Amor *) zugleich zum Vorschein gekommen sey. Denn was ist jener Reigen der Gestirne, und jene regelmäßige Verflechtung der Planeten mit den Fixsternen, und die gemeinschaftliche Mensur und schöne Harmonie ihrer Bewegungen anders als Proben jenes uranfänglichen Tanzes? Man kann also mit Recht sagen, die Tanzkunst sey so alt als die Welt; und so wuchs sie denn auch unter den Menschen unvermerkt heran, und näherte sich nach und nach dieser höchsten Stufe der Vollkommenheit, die sie endlich in unsern Tagen erreicht hat, da sie mit Wahrheit den Nahmen einer Kunst verdient die im weitesten Umfang und in der äussersten Verfeinerung und Harmonie die schönsten Gaben aller Musen in sich vereiniget.

*) Dem Amor des Orpheus und Hesiodus, der das ewige Chaos in Ordnung brachte, und das Princip alles Lebens, Webens und Seyns ist. (S. Cudworth Syst. Intell. Univ. P. 281. s. noch Moßheims Uebers.)

In den ältesten Zeiten soll Rhea die erste gewesen seyn, die ein besonderes Belieben an dieser Kunst gefunden, und in Phrygien die Korybanten, so wie in Kreta die Kureten tanzen gemacht haben. Auch war der Vortheil, den sie daraus zog, keine Kleinigkeit: denn die Kureten retteten durch ihr Herumtanzen dem neugebohrnen Jupiter das Leben, so daß Zevs ohne Zweifel selbst bekennen wird, er habe es bloß ihrem Tanze zu danken, daß er den Zähnen seines Vaters Saturn entronnen sey. Dieser Tanz wurde in völliger Waffenrüstung gehalten, alle seine Bewegungen und Sprünge hatten etwas begeistertes und kriegerisches, und die Tänzer schlugen dabey mit ihren Schwertern auf die Schilde.*)
In der Folge suchten alle braven Kretenser eine Ehre darin, es in dieser Uebung zu einer gewissen Vollkommenheit zu bringen, sogar ihre Könige und andre Großen der Nation; daher dann Homer den Meriones — nicht um ihn zu beschimpfen, sondern ihn mit einem großen Lobe zu belegen, einen Tänzer nennt. Auch war er dieses seines Talentes wegen so berühmt, daß nicht nur die Griechen, sondern die Feinde selbst seine Vorzüge darin anerkanten, vermuthlich weil ihnen in den Gefechten, die so häufig zwischen den Trojanern und Griechen vorfielen, die Leichtigkeit und Gewandheit, die er sich

---

*) D. i. der ganze Tanz hier, war das Bild einer Schlacht, und also im Grunde einerley oder doch nahe verwandt mit dem Kolabrismus der Trazier, der Karyatika der Spartaner, und einem noch heut zu Tage in der Barbarey üblichen Mohrischen Kriegstanz.

durch den Waffentanz erworben hatte, in die Augen leuchtete. Denn dieß ist wohl der Sinn jener Verse:

> Meriones, bald hätte, wiewohl du ein treflicher Tänzer bist, mein Speer dir das tanzen gelegt — *)

Und dennoch legte ers ihm nicht; denn eben weil er so viele Fertigkeit in der Tanzkunst hatte, wußte er, denke ich, um so leichter den Spießen, die nach ihm geworfen wurden, auszuweichen. Ich könnte noch viele andere von jenen Heroen nennen die in dieser Kunst geübt waren und sich ein ernsthaftes Geschäfte daraus machten: es mag aber an dem einzigen Neoptolemus, dem Sohn des Achilles, genug seyn, der sich in der Tanzkunst so hervorthat, daß er sie mit einer neuen sehr schönen Gattung bereicherte, die von seinem Beynahmen Pyrrhus den Nahmen Pyrrhichia **) erhielt; und gewiß hatte Achilles, wie er dieß von seinem Sohne hörte, mehr Freude daran als an seiner Schönheit und an seinen andern Gaben. Dafür trug Pyrrhus aber auch die Ehre davon, das bisher unbezwungne Ilion mit seiner Tanzkunst eingenommen und dem Erdboden gleich gemacht zu haben.

Die Lacedämonier, die für die tapfersten unter den Griechen gelten, haben von Pollux und Kastor

---

*) sagt Aeneas zu ihm, Ilias. XVI. 617. 18.
**) Ein unter den Griechen, besonders den Spartanern üblichen Waffentanz, über dessen Erfinder aber die Meynungen sehr getheilt waren. S. Meurs de Saltat. Veter. unter dieser Rubrik.

einen eigenen Tanz gelernt, der von dem lakonischen Orte Karyä, wo er eigentlich gelehrt wird, den Nahmen Karyatika *) führt. Dieses Volk ist so sehr gewohnt zu allen seinen Verrichtungen die Musen zu Hülfe zu nehmen, daß sie sogar mit abgemeßnen Schritten ins Treffen gehen, und sich nach der Flöte und der Mensur schlagen; denn bey ihnen ist es immer die Flöte, die das Zeichen zum Angriff giebt, und man könnte vielleicht nicht ohne Grund behaupten, sie hätten es der Musik und Eurythmie **) zu danken gehabt, daß sie immer über alle übrigen die Oberhand behielten. Daher sieht man auch ihre Jugend sich mit eben so vielem Eifer auf das Tanzen als auf die Waffenübungen legen; um von den Uebungen des Fechtbodens auszuruhen, tanzen sie; daher sitzt immer ein Flötenspieler mitten in ihren Gymnasien, der, indem er ihnen vorspielt, mit dem Fuße die Mensur dazu schlägt, während sie, in Rotten abgetheilt, nach derselben alle Arten von Evolutionen machen, bald kriegerische, bald tänzerische, welche die trunkne Begeisterung des Weingottes, oder die sanftere Regungen der Göttinn der Liebe ausdrücken. Auch ist immer das eine von den Liedern, die sie unter dem

---

*) Oder Karyatis.
**) Oder, unverblümt zu sprechen, ihrer Taktik; denn darin hatten sie vor den übrigen Griechen soviel voraus, als die Macedonier vor ihnen; daher waren sie den andern Griechen fast immer im Felde überlegen, und konnten hingegen nichts gegen die Macedonier ausrichten, deren Taktik noch besser als die ihrige war.

Tanzen zu fingen pflegen, eine Anrufung der Venus und der Liebesgötter, daß sie ihnen tanzen und hüpfen helfen sollen: das andre hingegen, das sich anfängt, „munter, ihr Knaben, vorwärts den Fuß," u. s. w. enthält Regeln, wie sie tanzen sollen. Das nehmliche pflegen sie auch bey dem Tanze, den sie Hormos, d. i., die Halskette nennen, zu beobachten. Dieser Hormos wird von Jünglingen und Jungfrauen in einem bunten Reihen getanzt: den Reihen führt ein Jüngling, dessen Tanz aus lauter kriegerischen Schritten, wie er sie einst im Felde zu machen hat, besteht; dann folgt eine Jungfrau, die ihren Gespielinnen mit dem sanften und zierlichen Schritt ihres Geschlechtes vortanzt; an diese schließt sich wieder ein Jüngling, der mit dem Vortänzer, und an den zweyten Jüngling das zweyte Mädchen, die mit der Vortänzerin einerley Schritt hält, und so fort *), so daß das Ganze gleichsam eine aus männlicher Tapferkeit und weiblicher Bescheidenheit durch einander gewundene Kette ist. Ausserdem haben sie noch einen andern Tanz, den sie Gymnopädia nennen.

Da du den Homer so gut wie ich gelesen hast, so übergehe ich, was er (in der Beschreibung des Schildes des Achilles) von dem Tanze, welchen Dädalus für Ariadnen erfunden haben soll, singt,

---

*) Ich habe diese drey Zeilen, die nicht im Text stehen, eingeschaltet, um einen deutlichern Begriff von diesem schönen Spartanischen Tanze zu geben, der durch den Contrast dessen was beyde Geschlechter charakterisirt, eine sehr angenehme Wirkung thun mußte.

und die beyden Tänzer, die er Kybisteteren *) nennt, und zu Anführern des Chors macht, und die „im Wirbel sich wälzenden Tänzer" auf eben diesem Schilde, als eines der schönsten Stücke, die Vulkan auf diesem großen Werke seiner Kunst ausgearbeitet habe. Was seine Phäazier betrifft, so war es natürlich, daß so milde und in lauter Wohlleben schwimmende Leute, wie sie, große Liebhaber vom Tanzen seyn mußten. Homer läßt daher seinen Ulysses, wie er ihren Tänzen zusieht, nichts mehr daran bewundern als die künstlichen Wirbel, die sie mit ihren Füßen zu schlagen wußten **)

In Thessalien wurde die Tanzkunst so hoch geachtet und so stark getrieben, daß sie sogar ihre Feldherrn und Vorkämpfer Vortänzer nannten, wie man aus den Unterschriften der Bildsäulen sehen kann, welche sie ihren verdientesten Männern setzten. „Die Stadt erwählte ihn, (sagt einer dersel-

---

*) D. i. Luftspringer; denn κυβισᾶν ist nichts anders als der Sprung, da man in Einem Augenblick mit dem Kopf zu unterst in der Luft schwebt und wieder auf die Füße zu stehen kommt. Wie solche Luftspringer den Chor der tanzenden Jünglinge und Mädchen hätten führen können, ist nicht wohl zu begreifen, auch sagt Homer kein Wort davon, sondern läßt sie vielmehr, während dem Tanz des Chors, zwischen demselben ihre Sprünge machen.

**) Μαρμαρυγὰς θηεῖτο ποδῶν — Odyss. VIII. 265. Sollte Homer durch dieses von einem zitternden Schimmer hergenommene Bild nicht mehr haben sagen wollen als bloß die fliegende Eile der Füße? Ein Zweifel, den niemand besser lösen kann, als unser vortrefflicher Ubersetzer der Odyssea selbst.

ben) vor allen seinen Mitbürgern zum Vortänzer:"
— und eine andere: „dem Eilation setzte dieses
Bild das Volk, zum Andenken der von ihm wohl
getanzten Feldschlacht."

Ich bemerke nur im Vorbeygehen, daß man
unter den alten Mysterien keines, wobey nicht getanzt würde, findet, da bekanntlich Orpheus und
Musäus, die gelehrtesten Tänzer jener Zeit *), die
Stifter und Gesetzgeber derselben waren, und ihre
Schönheit und Feyerlichkeit vermuthlich nicht wenig
zu vermehren glaubten, indem sie Rhythmus und
Tanz zu wesentlichen Stücken der Initiation in denselben machten. Daß es sich wirklich so verhalte —
doch die Rücksicht auf die Uneingeweihten legt uns

---

*) Der griechische Text sagt: „und die damali-
gen vortrefflichsten Tänzer," und unterscheidet
also diese letztern von Orpheus und Musäus,
denen die erste Einführung der Mysterien in
Griechenland immer zugeschrieben worden ist.
Aber wer sollten denn diese Tänzer gewesen
seyn, und woher wußte Lucian daß sie Mitstif-
ter der Mysterien waren? Ich vermuthe, daß
das Wörtchen καὶ hier durch einen Abschreiber
in den Text gekommen sey, und daß Lucian also unter den damaligen besten Tänzern den
Orpheus und Musäus selbst gemeint habe, von
welchen er, da sie nicht nur für die weisesten
und gelehrtesten Männer ihrer Zeit, sondern
selbst für begeisterte Theologen und Propheten
galten, ganz getrost voraussetzen konnte, daß
sie auch Virtuosen in der festlichen und religiösen Orchestik gewesen, die in jenen alten Zeiten einen wesentlichen Theil der Gottesdienstli-
chen Gebräuche ausmachte, und von welcher
doch in diesen Paragraphen allein die Rede ist.

über alles was die Mysterien betrifft, Stillschweigen auf! — Indessen hört jedermann, daß man, um zu sagen, jemand habe die Mysterien ausgeplaudert, sich gewöhnlich eines Wortes zu bedienen pflegt, dessen eigentliche Bedeutung soviel ist als falsch oder wider die Mensur tanzen *)

Zu Delos wurden auch die Opfer nie anders als mit Tanz und Musik verrichtet. Chöre von Knaben, von den Auserlesensten aus ihrem Mittel angeführt, tanzten dabey im Reihen zur Flöte und Zither, und die Gesänge, die diesen Chören vorgeschrieben waren, und wovon alle lyrischen Dichter voll sind, hiessen Hyporchemata, d. i. Tanzlieder.

Doch wozu brauche ich dir (über den religiösen Gebrauch der Tanzkunst) Griechische Beyspiele anzuführen, da sogar die Indier, wenn sie des Morgens früh, sobald sie aufgestanden sind, ihre Andacht zur Sonne verrichten wollen, nicht wie wir mit einem ihr zugeworfnen Handkuß die Sache abgethan zu haben glauben, sondern, gegen die aufgehende Sonne gekehrt, den Gott in tiefer Stille durch einen Tanz verehren, der den seinigen nachahmt. Diese Ceremonie vertritt bey ihnen die Stelle aller Gebete, Chöre und Opfer, und sie verrichten sie daher auch täglich zweymal, wenn die Sonne aufgeht und wenn sie untergeht, in der Meinung, sich diesen Gott dadurch gnädig zu machen.

Die Aethiopier gehen sogar tanzend ins Treffen, und kein Aethiopier wird einen Pfeil von seinem Kopfe nehmen (denn der dient ihnen statt des

---

*) Nehmlich das Wort, ἐξορχεῖσθαι.

Köchers und ist um und um mit Pfeilen, wie mit Strahlen besteckt) und auf den Feind abschießen, ohne ihn vorher durch eine Art von drohendem Gebehrdentanz erschreckt zu haben *).

Da ich der Indier und Aethiopier erwähnt habe, so ist es wohl nicht mehr als billig, auch von ihren Nachbarn, den Aegyptiern, ein Wort zu sagen. Mir däucht nehmlich die alte Fabel von Proteus, der ein Aegyptier gewesen seyn soll, bedeute weder mehr noch weniger als einen sehr geschickten Tänzer, der eine ganz besondere Gabe für die Pantomimik hatte, und sich gleichsam in alles verwandeln, und durch Bewegungen und Gebehrdenspiel die Flüssigkeit des Wassers, das Auflodern des Feuers, den Grimm des Löwen, die Wuth des Panthers, und das Säuseln eines Baumes, kurz alles was er wollte, nachahmen konnte. Die Fabel, um die Sache desto wunderbarer zu machen, schrieb das, was Kunst bey ihm war, seiner Natur zu, gleich als ob er das alles wirklich worden sey was er durch Nachahmung darstellte. Ein Talent, das sich auch bey den Tänzern unserer Zeit wieder findet, die sich in einem Augenblicke zu verwandeln und den Proteus selbst nachzumachen wissen. Vermuthlich war auch die Empusa, die sich in tausenderley Gestalten sehen läßt, ursprünglich nichts anders als eine sol-

―――――――――
*) Ein allgemeiner Gebrauch roher Völker, den der große Entdecker Cook auch bey seinen Neuseeländern und allen von ihm entdeckten Wilden in der Südsee gefunden hat.

che Tänzerin, aus welcher die Fabel mit der Zeit das vermeinte Nachtgespenst dieses Nahmens machte.

Auch müssen wir den Tanz nicht vergessen, den bey den Römern die Salier, eine Art von Priestern die aus ihren edelsten Geschlechtern erwählt werden, dem Gott des Krieges zu Ehren anstellen, und der bey ihnen eine sehr feyerliche und hochheilige Ceremonie ist *).

Die Bithynier erzählen eine Fabel die einige Verwandtschaft mit diesem römischen Institut hat. Priapus, eine kriegerische Gottheit und vermuthlich der Titanen, oder der idäischen Daktylen einer **)

----

*) Es war eigentlich ein bloßer feyerlicher Marsch, wobey sie von Zeit zu Zeit aufsprangen, und mit bloßen Schwertern auf die Schilde schlugen.

**) So wie die Griechen mehrere Joves, Merkure, Herkules, u. s. w. hatten, so kommen, bey genauerm Nachzählen auch mehrere Priapen heraus, unter denen denn auch dieser kriegerische seine Stelle behaupten mag wie er kann. Wer die idäischen Daktylen wahrscheinlich gewesen, muß man sich von einem Heyne erklären lassen: hier ist hinlänglich, daß sie von den Alten für eine Art von Halbgöttern angesehen wurden, und daß ihnen die Erfindung der Metallurgie, besonders der Kunst das Eisen zu behandeln zugeschrieben wird. Pausanias der das Gebirge Ida in Kreta zu ihrem ersten Wohnsitz macht, hält sie mit den Kureten für einerley, denen Rhea die Erziehung Jupiters anvertraute. Nach ihm waren ihrer fünf Brüder, Herkules (ein älterer als der Thebanische) Peoneus, Epimedes, Jasius und Jdas. Die Bithynier hatten, wie es scheint, eine ganz andere Tradition über diese Daktylen, deren durch Fabeln entstellte Geschichte sich in der Nacht des Griechischen Alterthums verliert.

habe, sagen sie, Profession davon gemacht im Fech=
ten Unterricht zu geben, und da er von Juno zum
Lehrmeister ihres zwar noch jungen aber ungewöhn=
lich derben und mannhaften Sohnes Ares (Mars)
bestellt worden, habe er ihn nicht eher mit Schwert
und Lanze fechten gelehrt, bis er erst einen voll=
kommenen Tänzer aus ihm gemacht, und zum Lohn
für seine Mühe habe die Göttin verordnet, daß ihm
Mars den zehnten Theil, von allem was ihm der
Krieg eintragen würde, abgeben sollte.

Daß bey den religiosen Feyerlichkeiten des Dio-
nysos oder Bacchus das Tanzen die Hauptsache ge=
wesen, brauchst du, denke ich, nicht erst von mir
zu hören. Die drey vornehmsten Tänze, der Kor-
dax, die Sicinnis, und die Emmeleia haben ihre
Benennung von drey Satyrn aus dem Gefolge des
Bacchus, welche die Erfinder derselben gewesen seyn
sollen. Bloß durch diese Kunst bezwang er die Tyr-
rhener, Indier und Lydier, und die streitbarsten Völker wurden durch schwärmende Satyrn und Mäna-
den, so zu sagen, zu Boden getanzt.

Bey so bewandten Sachen magst du dich in Acht
nehmen, mein vortrefflicher Herr, daß du dich nicht
gar einer Gottlosigkeit schuldig machest, wenn du so
schimpflich von einer Kunst sprichst, die durch Religion und Mysterien geheiligt, von so vielen Göttern
geliebt und ihnen zu Ehren von den Menschen ge=
trieben worden ist, überdieß das angenehme in ei=
nem so hohen Grade mit dem nützlichen verbindet.
Aber auch das wundert mich an dir, wie du als ein
erklärter Liebhaber des Homer und Hesiodus, dich
erkühnen darfst, diesen Dichtern, die das Tanzen

mit den größten Lobsprüchen belegen, hierin entgegen zu seyn. Denn da Homer die angenehmsten und schönsten Dinge aufzählen will, nennt *) den Schlaf, die Liebe, den süßen Gesang und den untadlichen Tanz; merke dir, wenn ich bitten darf, dieses Beywort, und auch dieß bemerke, daß der süße Gesang gewöhnlich den untadelichen Tanz, den du zu tadeln dir beygehen lässest, zu begleiten pflegt, und also, nach Homer, beyde Beywörter der Orchestik zukommen. Eben dieser große Dichter sagt an einer andern Stelle.

Diesem verleyht ein Gott die Gaben zu kriegerischen Werken,
Einem andern den Tanz und die reizende Kunst des Gesanges.

Denn in der That ist es etwas reizendes um Gesang mit Tanz, und die Götter machen dem, dem sie beydes verleyhen, ein sehr schönes Geschenk. Im Vorbeygehen zu sagen, scheint Homer alle menschlichen Künste unter die zwey Hauptrubriken, Krieg und Frieden, zusammen zu fassen, und den kriegerischen diese beyden allein, als die schönsten aller friedsamen Künste, entgegen zu stellen.

Was den Hesiodus betrifft, so meldet er uns von den Musen, nicht etwa vom Hörensagen, sondern

---

*) Ilias. XIII. v. 636.
**) Lucian hat hier aus Versehen zweyerley Verse im Homer mit einander vermengt, der Unterschied ist aber so unbedeutend, daß er das Aufheben nicht verdient, das die Wortklauber davon machen.

dern als einer der ihrem frühen Morgentanz mit
eignen Augen zuzusehen, gleich zu Anfang seiner
Theogonie zu ihrem Lobe,

> Daß sie den Rand des kastalischen Quells
> und des mächtigen Vaters
> Kronions hohen Altar mit zarten Füßen um=
> tanzen.

Du siehest, mein edler Freund, daß du es mit den
Göttern selbst aufnimmst, wenn du auf die Tanz=
kunst schimpfest.

Sokrates, der Weiseste aller Menschen, wenn
wir anders dem delphischen Gotte glauben wollen,
dachte ganz anders als du von der Sache. Er lobte
nicht nur die Tanzkunst *) sondern erwieß ihr sogar
die Ehre sie selbst zu erlernen, so einen hohen
Werth legte er auf Ebenmaaß, Mensur, Anstand und
Musikalische Schönheit im Aeusserlichen wie im In=
nern; und er war weit entfernt die Kunst, die
alles dieß verschaft, einem Manne von seinen Jah=
ren unanständig zu halten; und betrachtete sie viel=
mehr als eine der wichtigsten unter den schönen
Künsten. Wie hätte er auch die Tanzkunst vernach=
lässigen sollen, er, der auch sehr kleine Dinge sei=
ner Aufmerksamkeit würdigte, die Schulen der Flö=

---

*) S. Xenophons Gastmal, Cap. II. §. 15. u. f.
und Cap. VII. wo er dem Syrakusaner (dem
Herren des Tänzers, der Gauklerin, und der
Flötenspielerin, welche Kallias hatte kommen
lassen um seine Gäste zu belustigen) einen Wink
giebt, der ihn veranlaßt, der Gesellschaft eine
Art von pantomimischen Ballet, die Hochzeit
der Ariadne und des Bacchus, zum Besten
zu geben.

tenspielerinnen besuchte*), und von Aspasien, wiewohl sie eine Hetäre war, etwas kluges zu hören nicht verschmähte. Und bey allem dem sah er diese Kunst damals noch erst in ihrer Kindheit, und noch bey weitem nicht zu dieser Fülle der Schönheit ausgewachsen, die sie in unsern Zeiten erreicht hat. Hätte er diejenigen, welche sie heut zu Tage aufs höchste getrieben haben, gesehen, ich bin gewiß, er würde dieses Schauspiel allen andern vorgezogen und die Tanzkunst zur ersten Grundlage der Erziehung der Jugend gemacht haben.

Uibrigens scheinst du mir bey dem Lobe das du der Tragödie und Komödie ertheilst, vergessen zu haben, daß jede derselben eine ihr eigene Gattung von Tänzen hat; die Tragödie, diejenige die man Emmeleia nennt, und die Komödie den Skordax, auch zuweilen als eine dritte Gattung, die Sicinnis; da du aber nun einmal die Tragödie und Komödie, und die Flöten= und Cithrespieler, die sich mit öffentlichen Concerten hören lassen und dir so respectabel vorkommen, weil sie in den öffentlichen Musikalischen Wettkämpfen auftreten dürfen, da du, sage ich, dieß alles der Tanzkunst vorgezogen hast:

*) Ich weiß nicht wo Lucian diese ziemlich apokryphisch lautende Anekdote vom Sokrates hergenommen hat. Da er es in solchen Dingen nicht sehr genau zu nehmen pflegt, und nicht immer das getreueste Gedächtniß gehabt zu haben scheint, so könnte ihm wohl der Besuch, den Sokrates mit einigen jungen Freunden bey der schönen Theodota ablegte (Xenoph. Mem. Socrat. III. c. 11.) zu einem Quiproquo Anlaß gegeben haben.

so laß uns einmal eine Vergleichung anstellen, und sehen wie sich jede dieser Künste gegen die Tanzkunst verhalte. Und doch, da Flöte und Zither zu den Dingen gehören, deren Dienst und Hülfe der Tänzer nicht entbehren kann, so wollen wir sie, wenn du nichts dagegen hast, an ihren Ort gestellt seyn lassen.

Um also zuerst von der Tragödie zu sprechen, so braucht es nichts als ihren äusserlichen Aufzug, um zu sehen was sie ist, und daß man sich schwerlich einen häßlicheren und zugleich fürchterlichern Anblick denken kann, als einen zu einer unproportionierlichen Größe aufgebauten Menschen, der auf einer Art von Stelzen einherschreitet, eine Larve vor dem Gesicht hat, die weit über seinen Kopf hinausragt, und ein so ungeheures Maul aufreißt als ob er die Zuschauer verschlingen wolle; nichts von den Brustpanzern und Bauchküssen zu sagen, womit er sich zu einer künstlichen Dicke ausstopfen muß, damit die übermäßige Länge nicht gar zu widrig auffalle. Nun fängt der Mensch an, aus seiner Larve hervorzukrächzen, zerarbeitet sich bald über Vermögen zu schreyen, bald seine Stimme wieder zu brechen und sinken zu lassen, singt von Zeit zu Zeit ganze Tiraden von Jamben, und jammert uns, was noch das schändlichste ist, seine großen Unglücksfälle in vorgeschriebener Melodie vor, so daß von dem allen nichts auf seine eigne Rechnung kommt als seine bloße Stimme; denn für das übrige hat er die Dichter, lange zuvor ehe er in die Welt kam, sorgen lassen. Und doch, wenn es nur eine Andromache oder Hekuba ist, mag der Gesang noch immer erträglich seyn: aber wenn Herkules selbst auftritt, und seiner selbst samt seiner Löwenhaut und Keule vergessend, ein Solo zu singen anfängt: das sollte man, dächte ich, doch wohl mit Recht einen gewaltigen Solöcismus nennen dürfen!

Der Vorwurf, den du der Tanzkunst machtest, daß sie Männern Weiberrollen zu spielen gebe, trifft die Tragödie und Komödie nicht weniger: denn in beyden sind meistens mehr Weiber als Männer. Auch hat sich die Komödie ebenfalls, als einen Theil des Lächerlichen womit sie die Zuschauer belustiget, gewisse Carricatur-Larven zugeeignet, z. B. die der dummen und schelmischen Bedienten und der Köche. Wie schön und elegant hingegen der Aufzug des Pantomimentänzers ist, brauche ich nicht zu sagen: denn das kann jeder sehen der nicht blind ist. Auch seine Larve ist immer vollkommen schön und dem Sujet angemessen; nicht gähnend wie jene, sondern mit geschloßnem Munde; denn sie hat Leute genug die für sie schreyen, seitdem man, in Rücksicht daß das Athmen des Tänzers ihn natürlicher Weise im Singen hindert, bequemer gefunden hat, die Worte durch andere Personen singen zu lassen. Ubrigens sind die Sujets eben dieselben, und die Pantomime unterscheidet sich hierin von der Tragödie bloß dadurch, daß jene eine größere Mannigfaltigkeit derselben zuläßt, lehrreicher ist *), und ungleich mehr Veränderung in sich hat.

*) Herr Lycinus mockiert sich über seine Leser, wenn er das sagt; denn er will doch nichts an-

Daß aber das Tanzen bey uns kein Gegenstand der muſikaliſchen Wettkämpfe iſt, kommt meiner Meinung nach daher, weil die Vorſteher derſelben die Sache für zu groß und zu ehrwürdig halten, um vor ein ſolches Gericht gezogen zu werden. Doch könnte ich mich auch darauf berufen, daß die vornehmſte unter den Städten Italiens, welche Chalcis für ihre Mutterſtadt erkennen *), die bey ihr üblichen öffentlichen Muſikkämpfe auch mit dieſem, als einer beſondern Zierde, vermehrt hat.

Ehe ich weiter gehe, muß ich dir doch die Urſache ſagen, warum ich in dieſer Schutzrede für die Tanzkunſt ſo viel hieher gehöriges auslaſſe, damit mir das was ich vorſetzlich thue, nicht etwa für Unwiſſenheit ausgelegt werde. Ich weiß ſehr wohl, daß viele Schriftſteller, die vor mir vom Tanzen geſchrieben, den größten Theil ihrer Abhandlungen dazu verwendet haben alle Gattungen von Tänzen nahmentlich aufzuzählen, zu beſchreiben, die Erfin=

ders damit geſagt haben, als man könne mehr mythologiſche Kenntniſſe aus den Pantomimen lernen als aus den Tragödien.

*) Daß hier Neapel, nicht Cumä gemeint ſey, iſt mir um ſo wahrſcheinlicher, weil Cumä zu Lucians Zeiten ziemlich unbedeutend, Neapel hingegen in größtem Flor und nach Strabons Zeugniß, wegen ihrer Theater, Gymnaſien und öffentlichen Wettkämpfe (ἀγωνες) berühmt war. Cumä wurde zwar in den Zeiten, da Campanien mit Griechiſchen Colonien beſetzt wurde, von den Chalcidiern erbaut; aber auch Neapel, (die nach dem Vellej. Paterculus eine Anzahl cumaniſcher Bürger zu Stiftern hatte) heißt beym Plinius Neapolis Chalcidienſium.

der anzugeben, und in dem allem Proben ihrer weitläuftigen Gelehrsamkeit abzulegen. Ich meines Ortes halte die Sucht, sich auf diese Art hervorzuthun, für Pedanterey oder doch wenigstens für mich ganz unschicklich, und gehe aus diesem Grunde über alle diese Dinge weg — zumal da meine dermalige Absicht nicht ist etwas vollständiges von der Tanzkunst zu liefern *), sondern hauptsächlich den hohen Grad den sie in unsern Zeiten erreicht hat, anzurühmen, und zu zeigen, wie viel angenehmes und nützliches sie in sich begreiffe. In der That ist es nicht länger als seit der Regierung des Augustus, daß diese Kunst gegen das was sie ehemals war so große Fortschritte gemacht hat. Jenes waren, so zu sagen, nur die Wurzeln und Grundlagen der Tanzkunst **), ich hingegen spreche hier von ihrer Blü-

*) Ich konnte mir hier, aus Liebe zu Lucian nicht verwehren, dem ganzen Paragraph von ϵπιεξ δε κακεινο u. s. w. bis zu αλλα τοyε, eine etwas andere Wendung zu geben, und denke nicht nöthig zu haben, denen, die diese Stelle mit der unmittelbar vorhergehenden im Original lesen wollen, die Ursache davon erst anzuzeigen. Mir ist es schwer zu begreifen, wie ein sonst so eleganter Autor so nachläßig, und mit so wenigem Bewußtseyn dessen was er eben gesagt hatte, schreiben konnte. Das schlimmste ist, daß man dießmal den Abschreibern keine Schuld geben kann.

**) Der Pantomimischen Tanzkunst nähmlich, welche er, sollte man denken, doch endlich einmal geradezu hätte nennen können; denn die Rede ist ja nicht von Mysterien, wovon man vor profanen Ohren gar nicht, oder doch nur in dunkeln und räthselhaften Ausdrücken reden

te und zu ihrer Vollkommenheit gelangten Frucht, ohne mich darum zu bekümmern, was eine Thermaystris oder einen Krannich *) tanzen sey, als Dinge die mit der heutigen Tanzkunst gar keine Verwandtschaft haben. Bloß aus diesem Grunde also, und nicht aus Unwissenheit, sage ich z. B. nichts von jenem Phrygischen Tanze, der bey Trinkgelagen üblich ist und betrunkne Tänzer voraussetzt; von jenen heftigen und ermüdenden Sprüngen zum Gedudel einer Pfeifferin, die noch jetzt unter dem gemeinen Volke auf dem Lande üblich sind. Denn

darf. Wozu also, wenn er bloß vom mimischen Tanz handeln wollte, alles was er besser oben von der Verbindung der Tänze mit dem Gottesdienste bey den alten Völkern aus seinen Collectaneen zusammentrug? hätten diejenigen, die er, weil sie in ihren Werken über die Tanzkunst von allen Arten der Tänze und von ihren Erfindern handelten, der Pedanterey beschuldigt, diesen Vorwurf nicht mit besserm Grunde auf ihn selbst zurückschleudern können?

*) „Als Theseus von Kreta zurücksegelte (sagt Plutarch im Leben dieses Heros) stieg er zu Delos ans Land, opferte dem Apollo, weyhte ihm ein Bild der Venus, so er von Ariadnen bekommen hatte, und beschloß die Ceremonie mit einem festlichen Tanz, worin er mit den jungen Athenienfern, die er bey sich hatte, die durch einander gewundnen Ein- und Ausgänge des Labyrinths nachahmte; ein Tanz, der unter den Deliern noch jetzt üblich, und Krannich (Geranos) genennt wird." — Thermaystris war eine sehr heftige Art von Tanz, mit gewaltig hohen Sprüngen, wobey man ehe die Füße den Boden wieder berührten, allerley Capriolen zu schneiden hatte. Eusthath. ad Odyss. VIII. 264.

auch Plato in seinem Werke von den Gesetzen *) billigt ja bewundert sogar einige Gattungen von Tänzen, und verwirft hingegen andere gänzlich, diese weil sie unehrbar und unanständig sind, jene weil sie das angenehme und nützliche in sich vereinigen. Und soviel dann vom Tanzen überhaupt; denn alles, was sich davon sagen läßt zu sagen, um meinen Discurs desto länger zu machen, wäre abgeschmackt.

Ich komme also nun zu meinem eigentlichen Vorhaben, nehmlich von den Erfordernissen zu einem (Mimischen) Tänzer, von den Kenntnissen, Uebungen und Geschicklichkeiten, die er theils um sich zu seiner Kunst vorzubereiten, theils um sie dadurch zu nähren und zu unterstützen, nöthig hat, zu sprechen; damit du dich überzeugen könnest, daß diese Kunst keine von den leichten sey: sondern eine genaue Bekanntschaft, mit allen schönen Wissenschaften, und nicht bloß mit der Musik und Rhythmik, sondern selbst mit der Geometrie, und hauptsächlich mit der Philosophie, der Physik nehmlich und der Moral, voraussetze: denn die Spitzfindigkeiten euerer Dialektik können ihr freylich zu nichts helfen. Dafür steht sie hingegen desto besser mit der Redekunst, als mit welcher sie, in gewissem Sinne, die Darstellung der Sitten und Leidenschaf-

---

*) Im 8ten Buche, wo aber das hieher gehörige so wenig und in so allgemeinen Formeln ausgedrückt ist, daß diese Berufung auf die Autorität Platons hier entweder ein bloßer sophistischer Fechterstreich, oder Lucian wieder von seinem Gedächtniß angeführt worden ist.

ten gemein hat; auch ist ihr die Mahlerey und Bildnerey so wenig fremd, daß sie vielmehr die schönen Formen und Proportionen in den Werken derselben nachahmt, und hierin selbst ein Phidias und Apelles nichts vor ihr voraus zu haben scheinen.

Vor allen Dingen aber liegt ihr daran Mnemosynen *) und ihre Tochter Polyhymnien sich gewogen zu machen, um mit ihrer Hülfe ein allumfassendes Gedächtniß zu bekommen. Denn der Mimische Tänzer muß, wie Homers Kalchas,

Alles wissen was ist, was war; und künftig einst seyn wird,

und zwar so, daß ihm nichts davon entgehe, und er keinen Augenblick sich auf etwas zu besinnen nöthig habe. Und da das wesentlichste und vornehmste seiner Kunst in Nachahmung und deutlicher Darstellung selbst der unsichtbarsten Dinge besteht, so muß nothwendig das was Thucydides zum Lobe des Perikles sagt, auch der höchste Ruhm des Tänzers seyn, nehmlich, „zu wissen was vonnöthen ist, und es „andern deutlich machen zu können" und zwar dieses letztere (nicht, wie jener, durch Worte, sondern) durch die verständlichste Gebehrdensprache.

Sein Hauptwerk ist, demnach die Geschicklichkeit alle und jede Sujets der Götter und Heldengeschichte, die er, wie gesagt, seinem Gedächtniß tief eingeprägt und also immer bey der Hand hat, mit dem schönsten Anstand darzustellen. Denn vom Chaos und der ersten Entstehung des Weltalls bis

---

*) Die Göttin des Gedächtnisses, und Mutter der Musen.

auf die ägyptische Kleopatra herab (kleiner ist der Umfang nicht, in welchen die Wissenschaft des mimischen Tänzers eingeschlossen ist) muß er Alles wissen, was in diesem großen Zeitraum einen schicklichen Stoff für seine Kunst abgeben kann; als da ist, vor allen Dingen, die Stümmlung des Saturns, den Ursprung der Liebesgöttin, den Streit der Titanen, die Geburt Jupiters und wie Rhea ihrem Gemahl statt des Neugebohrnen einen eingewindelten Stein zu verschlingen gegeben, und die Gefangennehmung des alten Götterkönigs, und wie sich seine drey Söhne in die Weltregierung theilten. Sodann den Aufstand der Titanen und die ganze Geschichte des Prometheus, das vom Himmel gestohlne Feuer, die von ihm gebildeten Menschen, und seine Bestrafung, nicht minder die Macht der beyden Liebesgötter *), das Herumirren der Insel Delos, die Niederkunft der Latona, die Erlegung des Drachen Pythons, den vermeßnen Anschlag des Tityus **) und die Entdeckung der Mitte der

**) Eros (Liebe) und Anteros (Gegenliebe.)
***) „Tityus, (sagt Herr Benjamin Hederich) erblickte von ungefähr die Latonam, und weil ihm dero Gestalt gefiel, wollte er ihr zu Leibe; diese aber rief in solcher Noth ihre Kinder, den Apollinem und die Dianam, um Hülfe an, da denn nach einigen Apollo, nach andern Diana, und nach den dritten sie ihn beyderseits mit ihren Pfeilen erschossen." — Das Verbrechen war um so strafwürdiger, da Tityus nach Vater Homers Ausmessung, in horizontaler Lage nicht weniger als neun Morgen Landes bedeckte; — wiewohl der wackere Pausanias meynt, daß, nach dem Grabe dieses Rie-

Erde durch die zwey Adler, die Jupiter zu gleicher Zeit von Morgen und Abend einander entgegen fliegen ließ.

Hiernächst die Geschichte Deukalions, die große Fluth, die unter ihm alles was Leben hatte ersäufte, den einzigen Kasten worin die Ueberbleibsel des Menschengeschlechtes sich retteten, und wie aus Steinen neue Menschen wurden; sodann die Zerreissung des Jacchus von den Titanen *), und wie Seleme durch Junons Arglist in Jupiters Armen zu Asche verbrennt, und die doppelte Geburt des Bacchus **) und alles was von Minerva und Vulkan und Erichthonius erzählt wird, ferner den Streit wegen der Landschaft Attika ***), die Ermordung des

    sen, (welches in der Landschaft Phocis irgendwo gezeigt wurde) zu urtheilen, acht und zwey drittel Morgen von den neunen abzurechnen seyen: so daß Tityus (wenn er anders sein Grab ausgefüllt), nicht über 200 Fuß nach gemeinen griechischem Maaß gemessen hätte.

*) Lucian unterscheidet, wie billig, diesen Jacchus (der mit dem Osiris der Aegyptier Eine Person zu seyn scheint) von dem Bacchus, der Semele Sohn, der, anstatt von den Titanen zerrissen zu werden, sie vielmehr bezwingen half; wiewohl Silens Esel das Beste dabey that.

**) S. das IXte Göttergespräch.

***) Unter dem Könige Cekrops von Athen, der halb ein Mensch und halb ein Drache war, fingen die Götter an, sich durch Verdienste, so sie sich um die neuentstehenden Städte machten, ein Recht an die Schutzherrlichkeit über sie erwerben zu wollen. Neptun und Minerva wetteiferten mit einander, welchem von ihnen beyden Athen zugehören sollte. Neptun schlug

Halirrhothus, als den ersten Handel dieser Art, der vom Areopagus entschieden worden *), kurz, die ganze Attische Mythologie; vornehmlich das Herumirren der Ceres um ihre vom Pluto entführte Tochter aufzusuchen, und wie sie zu Eleusis vom Celeus bewirthet worden, und dafür seinen Sohn

mit seinem Dreyzack auf die Erde, und sogleich sank ein Theil Landes ein, und das Meer machte einen Busen der sich bis an den Fuß der Akropolis erstreckte: Minerva hingegen ließ in Gegenwart des Cekrops einen Oehlbaum aus der Erde hervorschießen, der (nach Versicherung des Apollodors, eines gebohrnen Athenienfers) noch zu seiner Zeit zu sehen war. Darüber entstand nun ein heftiger Streit zwischen den beyden Göttern, zu dessen Entscheidung endlich Jupiter die zwölf großen Götter zu Gericht sitzen ließ; und sobald Minerva durch das Augenzeugniß des Cekrops erwieß, daß sie den Oehlbaum hervorgebracht habe, wurde ihr Attika einhellig zugesprochen. Apollodor. III. 1.

*) Halirrhothius, ein Sohn Neptuns (so erzählt besagter Apollodorus die Sache vermuthlich aus dem Munde seiner Amme) begieng an der schönen Alcippa, einer Tochter des Mars, eine Unziemlichkeit, die bey unsern alten Allemaniern mit sechs Schillingen wieder gut zu machen war: aber Mars nahm es so übel, daß er den Sohn Neptuns erschlug. Neptun machte die Sache beym Areopagus anhängig, und Mars wurde von den zwölf großen Göttern, die in Person zu Gericht saßen, losgesprochen. S. auch das 21ste Cap. der Attika des Pausanias, der nichts simplers zu finden scheint als dieses erste Hochnothpeinliche Halsgericht des Areopagus über einen der Nothzucht angeklagten Gott.

Triptolemos den Ackerbau gelehrt, auch die Geschichte des ersten Weinbauers Ikarius und das Unglück seiner Tochter Erigone *) nebst allem was von Boreas und Oreithyia, und von Theseus und Aegeus erzählt wird, besonders was zwischen ihm und der berüchtigten Medea vorgegangen, und die Flucht der letztern nach Persien, und die sämmtliche Lebens- und Leidensgeschichte der Töchter des Pandion und Erechtheus **) Nicht minder auch die Liebesabenteuer des Akamas und der Laodice, der Phyllis und des Demophon ***), die erste Entfüh=

*) Sie erhenkte sich aus Schmerz über den Tod ihres Vaters, als ihn seine Feldnachbarn, die er auf seinen ersten Wein tractierte, in der Trunkenheit erschlagen hatten.

**) Beyde waren Könige von Athen; jener der Vater, dieser der Sohn. Die Schwestern des Erechtheus, Prokne und Philomela, und seine Töchter, Prokris, Kreusa und Oreithyia haben sämtlich die alte Griechische und zum Theil auch die Französische Lyrische Schaubühne mit Stoff versehen.

***) Laodike, eine von König Priams Töchtern, verliebte sich in den Akamas, des Theseus Sohn, als er am Hofe ihres Vaters erschien, um die vom Paris entführte Helena zurückzufodern. Sie bekam heimlich einen Sohn von ihm und nahm ein tragisches Ende. Parthen. Erot. 16. Demophon, ebenfalls ein Sohn des Theseus, hatte ein ähnliches Glück am Hofe des Thrazischen Königs Sithon. Die Prinzessin Phyllis verliebte sich so tragisch in ihn, daß sie sich, da er seines Versprechens zu bestimmter Zeit wieder zu kommen, vergaß, aus Betrübniß erhenkte. Die Treulosigkeit gegen das schöne Geschlecht war ein Erbübel in dieser Fa=

rung der Helena *), den Kriegszug der Dioskuren gegen Athen, das unglückliche Schicksal des Hippolytus, und was von der Geschichte der Nachkommen des Herkules hieher gehört. — Dieß wenige sey nur eine kleine Probe der Athenensischen Götter und Heldengeschichte, die unser Tänzer in ihrem ganzen Umfang kennen muß.

Nun folgt die Mythologie von Megara, die Geschichte des Nisus und seiner Tochter Scylla und der purpurnen Haarlocke, und wie übel Minos die Liebe der Unglücklichen belohnte**).

Sodann die ganze Geschichte wovon der Berg Cithäron die Scene war, oder die Thebanische Mythologie, die tragischen Schicksale der Labbaciden ***), die Wanderungen des Kadmus, und wie

---

mitte: Theseus selbst hatte es Ariadnen und andern nicht besser gemacht.

*) Vom Theseus und Peirithous in Compagnie.

**) Nisus, König von Megara, hatte eine purpurfarbe Haarlocke, an deren Erhaltung seine Krone und sein Leben hieng. Als Minos von Kreta Megara belagerte, verliebte sich die Prinzessin Scylla (nach Gewohnheit der Prinzessinnen in der Heldenzeit) plötzlich in die stattliche Figur des Minos, ließ sich in ein heimliches Verständniß mit ihm ein, und wurde zur Verrätherin und Mörderin an ihrem Vater, indem sie ihm, während er schlief, die Purpurlocke abschnitt und ihrem Geliebten auslieferte. Sobald Minos hatte was er wollte, erinnerte er sich seiner bekannten Gerechtigkeitsliebe wieder, und ließ die Prinzessin zur Belohnung ins Meer werfen; wo sie in den Vogel Ciris, so wie Nisus in einen Sperber verwandelt wurde.

***) Labdakus, ein Enkel des Kadmus, war

er zum ersten Stifter von Theben geworden*), wie aus den Zähnen des von ihm erlegten Drachen die Sparten entstanden **), und wie er endlich selbst in einen Drachen verwandelt worden; wie Amphion durch die Zaubergewalt seiner Lyra die Mauern von Thebä erbaut, und die Großsprecherey seiner Gemahlinn Niobe, und auf welche traurige Art sie zum schweigen gebracht worden, und wie Amphion darüber von Sinnen gekommen, und die sämmtlichen Begebenheiten des Pentheus, Acteons und Oedipus; endlich Herkules mit allen seinen Arbeiten und der Ermordung seiner Kinder.

Auch Korinth ist nicht weniger an alten Fabeln reich, und versieht unsern Tänzer mit den Begebenheiten des Kreon und seiner Tochter Glauce ***)

war der Großvater des Oedipus, der mit seinen Söhnen und Töchtern schon so lange im Besitz der tragischen Schaubühne ist.

*) Als Kadmus, des vergeblichen Aufsuchens seiner Schwester Europa müde, das delphische Orakel um Rath fragte, wurde vom Apollo angewiesen, von allem weitern Suchen abzustehen, eine Kuh, die er von den Hirten des Pelagon, Asopus Sohn, kaufte, zur Führerin zu nehmen, und an dem Orte, wo sie sich zuerst hinlegen würde, sich anzubauen. Diesem Befehl zu Folge erbaute er dann, an dem Orte wo die Kuh sich niederlegte, die Burg Kadmeia, aus welcher nach und nach die Stadt Theben in Böotien entstand.

**) S. die 4te Anmerk. zum Lügenfreunde. Th. I.

***) Der berühmte Anführer der Argonauten, Jason, hatte zehn Jahre mit Medeen unter dem Schutze des Königs Kreon zu Korinth gelebt, als er sich durch seinen Ehrgeitz und die

und aus noch ältern Zeiten mit der Geschichte des Bellerophon und der Sthenoböa *), dem Streite des Helios mit dem Neptun **), der Raserey des Athamas, der Flucht der Kinder der Nephele auf dem goldenen Widder, und der Verwandlung der Ino und des Melicertes in Meergötter ***).

Dann folget Mycenä und die Geschichten von Inachus und seiner Tochter Jo und ihrem Hüter Argus; die Familie des Pelops, Atreus und Thyestes, und Aerope und das goldne Schaaf †), und
die

jüngern Reitze der Tochter Kreons, Kreusa, auch Glauce genannt, verleiten ließ, Medeen zu verstoßen, und sich mit Kreusen zu vermählen. Kreusa erhielt von Medeen ein prächtiges Hochzeitskleid, das aber, sobald sie es angezogen hatte, zu einem unauslöschlichen Feuer wurde, und die unglückliche Braut mit dem Vater, der ihr zu Hülfe kommen wollte, verzehrte.

*) Homer, der im 6ten Buche der Iliade den Hippolochus, einen Enkel des Bellerophons, diese Geschichte umständlich erzählen läßt, nennt die Dame, welche Lucian hier nach dem Apollodor Sthenoböa nennt, Anteia.

**) Diese beyden Götter stritten sich, nach einer Sage der Korinther, um die Herrschaft über Korinth. Briareus, den sie endlich zum Schiedsrichter erwählten, sprach dem Neptun den Isthmus, und dem Helios den Berg Akrokorinthus, an welchen die Stadt gebaut war, zu. Pausan. Corinthiac. 1.

***) S. das 9te Gespräch der Meergötter im 2. Theile.

†) Du Soul sagt, er habe nicht ausfindig machen können, was an dieser Aerope tragisches sey. Eine Stelle im 18ten Capitel der Ko-

die fatale Ehe der Pelopeia *), die Ermordung Agamemnos und die Bestrafung der Klytemnestra;

rinthischen Denkwürdigkeiten des Pausanias hätte ihm dazu verhelfen können. Auf dem Wege von Mycenä nach Argos (sagt er) ein wenig über dem Denkmale des Perseus rechter Hand, findet man ein Denkmal des Thyestes, worauf ein marmorner Widder steht, der das Schaf mit goldener Wolle bedeutet, welches Thyestes seinem Bruder stahl, und zu dessen Entwendung ihm desselben Gemahlin, die er verführt hatte, behülflich war. Diese Gemahlin war eben die Aerope, von welcher hier die Rede ist, und die durch diese Anekdote zu einem Pantomimischen Sûjet hinlänglich qualificiert wird.

*) Die alten Dichter scheinen eine eigene Freude daran gehabt zu haben, alle nur ersinnliche Abscheulichkeiten auf das unglückliche Haus des Tantalus und Pelops zusammenzuhäufen; und so mußte auch die unschuldige Pelopeia, das ihrige dazu beytragen. Sie war eine Tochter des Thyestes, dem sein Bruder der Atreus, bekanntermaßen, seine Kinder zu essen gegeben hatte, um sich wegen der in der vorhergehenden Anmerk. erwähnten Beleidigungen zu rächen. Thyest entfloh zum König Thesprotus, fragte ein Orakel, wie er sich an seinem Bruder rächen könne, und erhielt zur Antwort: ein von ihm mit seiner eigenen Tochter erzeugter Sohn würde das Werkzeug seyn. Thyest hatte nun nichts angelegneres, als sich dieses Werkzeug je eher je lieber zu verschaffen. Er fand Mittel die junge Pelopeia im dunkeln und unerkannt zu überfallen, und dadurch zum Vater des Aegisthus zu werden, der in der Folge der Mörder des Atreus und der Verführer der Klytemnestra wurde. Pelopeia zog bey dieser Gelegenheit dem Unbekannten sein Schwert unvermerkt aus der Scheide, und verbarg es in ei-

und noch vor allem diesem der Kriegszug der sieben Fürsten gegen Thebä, mit seinen Ursachen und Fol-

nem nahen Tempel. Thyest machte sich aus dem Staube, und Pelopeia, die dem König Thesprotus das ihr zugestoßne Unglück entdeckte, blieb in seinem Hause zurück. Bald darauf kam auch Atreus dahin, um, dem Befehl eines Orakels zufolge, seinen Bruder nach Mycenä zurückzuhohlen. Er fand ihn nicht mehr, sah hingegen die Pelopeia, die er für eine Tochter des Thesprotus hielt, verliebte sich in sie, und bewarb sich um sie bey ihrem Vater. Thesprotus, um Pelopeien mit guter Art unter die Haube zu bringen, ließ ihn in seinem Irrthum, und so vermählte sich Atreus unwissend mit seines Bruders Tochter, die bereits von ihrem eigenen Vater schwanger ward; und als sie zu gehöriger Zeit von besagtem Aegisthus entbunden wurde, ließ er ihn als seinen vermeinten Sohn in seinem Hause erziehen. Viele Jahre hernach waren seine Enkel, Agamemnon und Menelaus, so glücklich, den Thyest, den er überall aufsuchen ließ, zu Delphi zu finden, und gebunden nach Mycenä zu bringen. Atreus trägt dem Aegisth seinem vermeinten Sohne auf, den Thyest zu ermorden. Aegisth gürtet sich zu diesem Ende mit dem Schwerte seines Vaters, welches ihm Pelopeia, da er erwachsen war, übergeben hatte. Kaum erblickt ihn Thyest, so erkennt er sein Schwert und fragt ihn, von wem er es bekommen habe? von meiner Mutter, antwortete Aegisth. Thyest verlangt, daß sie herbeygerufen werde. Sie kommt, das abscheuliche Geheimniß entdeckt sich, Pelopeia stößt sich das fatale Schwert in die Brust; Aegisth zieht es noch rauchend aus ihrem Busen, eilt damit zum Atreus, stößt ihn nieder, und erfüllt dadurch das Orakel.
Hygin. Fab. 88.

gen, bis zum Tode der Antigone und des Menecbus *).

Nicht minder unentbehrlich ist dem mimischen Tänzer was sich zu Nemea mit dem jungen Archemorus und seiner Pflegemutter Hypsipyle zugetragen **), und aus der ältesten Zeit dieses Landes

---

*) Die Geschichte der Söhne des unglücklichen Oedipus, der Beystand, den der König Adrastus von Argos von sechs andern Fürsten dem vertriebenen Polynikes gegen seinen Bruder Eteokles leistete, der tödtliche Zweykampf der beyden Brüder, und das Schicksal der Antigone, die ein Opfer ihrer schwesterlichen Treue gegen Polynikes wird, sind aus zweyen Tragödien des Aeschylus und Sophokles bekannt genug. Menecbus, ein Sohn Kreons von Theba, opferte sich bey dieser Gelegenheit freywillig für seine Vaterstadt, deren Erhaltung das Orakel zu Delphi an diesen heroischen Entschluß gebunden hatte. Pausan. Boeot. c. 25.

**) Hypsipyle, Tochter des Königs Thoas von Lemnos, wurde, während des Aufenthalts der Argonauten auf dieser Insel, Mutter von zwey Söhnen, zu welchen der schöne Abentheurer Jason Vater war. In der Folge empörten sich die Lemnerinnen gegen sie, und verkauften sie als Sklavin an den König Lykurgus zu Nemea, der ihr seinen Sohn Ophaltes (noch ein Kind) zu erziehen gab. Sie befand sich mit diesem Kind auf dem Arme in einem dortigen Walde als die oben gedachten sieben Fürsten auf ihrem Zuge nach Theben dieses Weges kamen, und da sie sehr durstig waren, die ihnen unbekannte Prinzeßin baten, ihnen eine Quelle zu zeigen. Sie legte das Kind unter einen Baum, und während sie mit ihnen nach der Quelle lief, kam ein Drache und erwürgte den Knaben, be-

die Geschichte der Danae, und wie sie, trotz der Bewachung ihrer Jungfrauschaft in dem ehernen Thurme, Mutter des Perseus geworden, und der Kampf ihres Sohnes mit den Gorgonen, und die dahin gehörige äthiopische Erzählung von Kassiopeia, Andromeda und Cepheus, die ein späterer Glaube unter die Gestirne versetzt hat. Eben so wenig darf ihm die alte Sage von den beyden Brüdern Aegyptus und Danaus und die meuchelmörderische Hochzeitnacht der funfzig Danaiden mit eben so viel Söhnen des Aegyptus unbekannt seyn.

Auch Lacedämon bietet ihm viele und reiche Materialien zum verarbeiten an: als den Hyacinth, und wie dieser schöne Knabe vom Zephyr, Apollos Nebenbuhler, unvorsichtiger Weise getödtet worden, und die Blume, mit der kläglichen Aufschrift, die aus seinem Blute entsprossen seyn soll; ferner den vom Aeskulap aus dem Todtenreiche zurückgebrachten Tyndarus, und Jupiters Zorn gegen den verwegenen Arzt; ingleichen die Ankunft

(der bösen Vorbedeutung wegen) vom Seher Amphiaraus, einem der Sieben, den Beynahmen Archemoros (das erste Opfer des Schicksals) erhielt. Der erzürnte Vater wurde zwar durch die Vorbitte der sieben Fürsten und die feyerlichen Leichenspiele, die sie seinem Sohne zu Ehren anstellten, wieder besänftiget; aber die Mutter Eurydice fand Mittel, die Unglückliche in ihre Gewalt zu bekommen, und in einen Thurm einzusperren, wo sie das Schlachtopfer einer grausamen Rache zu werden Gefahr lief, wenn sie nicht, durch Vorschub des Amphiaraus, von ihren beyden Söhnen entdeckt und befreyet worden wäre. Apollodor. III. 6.

des Paris zu Sparta und die Entführung der Helena, als eine Folge des Urtheils über den goldenen Apfel.

Mit dieser Spartanischen Geschichte ist auch die Trojanische verbunden, die an Menge der Personen und Begebenheiten sehr reichhaltig ist. Von allen, die vor Troja gefallen sind, ist keiner der nicht Stoff zu einem Drama gäbe, und der Tänzer muß alles, von Helenens Entführung an, bis zu den Abenteuern, die einem jeden auf der Wiederkehr zugestoßen sind, genau inne haben. Dahin gehören, z. B. die Wanderungen des Aeneas, seine Liebesgeschichte mit der Dido, ingleichen die Thaten des Orestes und was er bey den Scythen in Taurien unternommen; ferner einige Dinge, die zwar dem trojanischen Kriege vorgegangen, aber mit ihm in Beziehung stehen, als z. B. Achills Aufenthalt in weiblicher Verkleidung unter den Jungfrauen der Diodamia zu Sciros, die verstellte Tollheit des Ulysses, und Philoktets Aussetzung auf der einsamen Insel; endlich die sämmtlichen Wanderungen des Ulysses, Circe und Telegonus *), die Gewalt des Aeolus über die Winde, und alles übrige bis zur Ermordung der Freyer: nicht weniger die Grube die dem Palamedes gegraben wurde **), der

---

*) Ulyssens Sohn von Circe, von welchem er in der Folge getödtet wurde, da Telegonus, im Aufsuchen seines Vaters begriffen, unwissender Weise nach Ithaka verschlagen, und mit dem Ulysses, ohne daß einer den andern kannte, handgemein worden war.

**) Palamedes war durch einen klugen Einfall Schuld daran gewesen, daß Ulysses mit seiner

Zorn des Nauplius *), die Raserey des Ajax, Telamons Sohn, und der Schiffbruch und Untergang des Ajax Oileus.

Auch Elis hat Materien für den Tänzer, den Oenomaus und Myrtilus **), den Sa=

List sich blödsinnig zu stellen (wodurch er sich von der Pflicht mit nach Troja zu ziehen frey zu machen hoffte) zu Schanden wurde. Daher, sagen die Mythologen, sein tödtlicher Haß gegen Palademes, der nicht eher ruhte, bis er diesen Nebenbuhler an Klugheit und Scharfsinn durch einen schändlichen aber wohl ausgesonnenen Anschlag in einen so schweren und durch so wichtige Umstände bestätigten Verdacht der Verrätherey bey den Griechen brachte, daß er von ihnen zu Tode gesteiniget wurde. Hygin. Fab. 105.

*) Nauplius, ein Sohn Neptuns und Vater des Palamedes, kam ins Lager der Griechen vor Troja, um Genugthuung für die Ermordung seines Sohnes zu fordern; und da sie ihm versagt wurde, nahm er sie selber, indem er durch eine listige Anstalt veranlaßte, daß ein großer Theil der griechischen Flotte, als sie von Troja wieder heim fahren wollte, am Kaphareischen Vorgebirge scheiterte. Hygin. Fab. 116.

**) Oenomaus, König von Pisa, lebte in der Zeit, wo beynahe alle Götter= und Fürstensöhne die Tollheit hatten, das Orakel um ihr künftiges Schicksal zu befragen, und dann zu Vermeidung desselben gerade den einzigen Weg einzuschlagen, auf dem sie es antrafen. Oenomaus hatte die Mode auch mit gemacht, und den Bescheid bekommen: der Tag, wo seine Tochter Hippodamia einen Gemahl bekäme, würde sein Todestag seyn. Da nun die große Schönheit der Prinzessin eine Menge Freyer anlockte, ließ er bekannt machen: er würde,

turn, Jupiter, und die Stifter der olympischen
Spiele *).

da es seinen Kopf gelte, seine Tochter keinem
andern geben, als dem, der ihn im Wagen=
rennen überwunden haben würde; dagegen aber
müßte der von ihm überwundene ebenfalls mit
dem Leben bezahlen. Der Lauf gieng jedesmal
von Pisa bis zum Altar des Neptuns auf dem
Isthmus, und Oenomaus ließ den Freyern so=
viel Vorsprung, als er, von dem Moment da
sie zu rennen anfiengen, Zeit brauchte dem Ju=
piter öffentlich einen Widder zu opfern. Er
wußte daß er sich auf die Schnelligkeit seiner
zwey Stuten, Psylla und Harpinna, verlaßen
konnte, hohlte die armen Freyer, (ihres Vor=
sprungs ungeachtet) in wenig Minuten ein,
und durchstieß sie auf der Stelle mit seinem
Spieße. Eine Menge Königssöhnchen hatten
durch diese Wette das Leben eingebüßt, als
endlich Pelops, (der nicht um Nichts ein Sohn
des Tantalus war) die Sache am sichersten
Theile angriff, und den Wagenführer des Kö=
nigs, Myrtilus, bestach, daß er die Nägel
aus dem Wagen seines Herrn heimlich heraus=
zog und wächserne dafür hineinsteckte. Der
Erfolg ist leicht zu errathen: Pelops trug Hip=
podamien davon, und Oenomaus kam ums Le=
ben. Was den Kutscher Myrtilus betrifft, der
selbst nichts geringers als ein Göttersohn war,
so hatte ihm Pelops mehr versprochen als er
zu halten gesonnen war, darüber wurde Myr=
tilus so lebenssatt, daß er sich ins Meer stürz=
te; sein Vater Merkur aber fischte ihn wieder
heraus, und versetzte ihn unter die Sterne, wo
er noch bis diesen Tag den Kutscher oder Fuhr=
mann am Himmel vorstellt. Hygin. u. a.

*) Die ersten Stifter der Olympischen Spiele
waren die Jdäischen Daktylen oder Kureten,
und nach ihnen Klymenus, Endymion, Amy=

Noch reicher an dergleichen ist Arkadien, die Scene der Flucht der Daphne vor Apollo, der Verwandlung der Kallisto in eine Bärin, der wilden Ausschweifungen der betrunknen Centauren *), der Geburt des Pan, und der Liebe des Alpheus zu Arethusen, die er unter dem Meere verfolgt.

Aber auch aus Kreta hohlt sich die Tanzkunst eine Menge der schönsten Gegenstände, als da sind Europa und Pasiphae mit ihren beyden Stieren, der Labyrinth, Ariadne, Phädra, Androgeos *),

thaon, Pellaus, Neleus, u. s. w. lauter Heroen, in deren Geschichte der eine oder andere Zug dem Mimischen Tänzer Stoff geben konnte. Aber wie kommen Saturnus und Jupiter hieher? Fragt Dusoul, und niemand antwortet ihm. Indessen hätte er auch diesen Zweifel in einer Stelle des Pausanias aufgelößt finden können, wo es heißt: „einige sagen, Jupiter „und Saturn hätten ihren Streit um die Re„gierung der Welt zu Olympia durch einen „Ringekampf ausgemacht." Eliac. pr. c. 7.

*) Hier scheint Lucian, durch einen Irrthum des Gedächtnisses, die Centauren des Berges Pholoe in Arkadien (von welchen in der Anmerk. 10. zu den Neuen Lapithen 1r Th. S. 333. die Rede ist) mit den Centauren in Thessalien vermengt zu haben, die sich an der Hochzeit des Pirithous so übel aufführten. (S. die Anmerk. 28. ebendas. S. 359.) Diese letztern allein kann Lucian im Sinne gehabt haben, nur hätte er sie nicht nach Arkadien setzen sollen. Durch das mythologische Register, womit er uns hier beschenkt, ist überhaupt weder der Genauigkeit und Ordnung, noch der Eleganz des Styls wegen sehr bewundernswürdig.

*) Ein Sohn Königs Minos des zweyten von Kreta, den die Panathenäischen Spiele (sagen

Dädalus, Ikarus, Glaukus und der Wahrsager
Polyides **), und der eherne Wächter Talus,

die um die Chronologie unbekümmerten Mythologen) nach Athen lockten, wo er alle Preise gewan, und sich so beliebt machte, daß endlich die Eifersucht des alten Aegeus dadurch gereitzt wurde dergestalt, daß er den Androgeus aus dem Wege räumen ließ, aber auch dadurch die Strafe über Athen brachte, daß er die Manes des Sohnes und den Grimm des Vaters zu befriedigen, jährlich zehn Jünglinge und zehn Mädchen nach Kreta schicken mußte, die dem Minotaurus im Labyrinth Preis gegeben wurden; welches so lange dauerte, bis sein Sohn Theseus Athen von diesem schmählichen Tribut befreyete.

**) Die Geschichte, auf welche hier gezielt wird kann es mit dem mährchenhaftesten Mährchen in Tausend Einer Nacht (worin sie sogar unter andern Nahmen nachgeahmt zu finden ist) aufnehmen. Dieser Glaukus war ebenfalls ein Sohn des besagten Königs Minos, und noch ein kleines Prinzchen, als er einsmahls, indem er einer Maus zu hitzig nachlief, in eine (vermuthlich in der Erde stehende und zufällig unbedeckte) Tonne voll Honig fiel. Der junge Prinz wurde vermißt, und überall vergebens aufgesucht. Minos ließ endlich das Orakel fragen, und erhielt zur Antwort: es befinde sich unter Sr. Majestät Heerden eine dreyfärbige Kuh; und derjenige, welcher sagen könne was diese Kuh für eine Farbe habe, werde ihm auch seinen Sohn wieder geben. Minos ließ (wie Nebucadnezar und Belsazar) alle Wahrsager und Zeichendeuter seines Reiches zusammenkommen: aber aus ihnen allen war Polyides, Koranos Sohn, der einzige, der die Farbe der Kuh traf, indem er sie mit Brombeeren verglich. Da er nun auch sagen sollte,

der täglich um die ganze Insel herum patrullirte *).

Gehen wir nach Aetolien über, so findet sich auch da nicht wenig Stoff für den Tänzer; da ist Atalanta und Meleager und Althäa mit dem fatalen Löschbrande **), und der Kampf des Herkules

> wo der junge Glaukus hingekommen sey, entdeckte er vermittelst einer gewissen Wahrsager-Operation, daß er in der Honigtonne stecke. Es befand sich so, aber damit war dem Könige noch nicht gedient: Polyides sollte ihm seinen Sohn lebendig wiedergeben, oder selbst des Todes sterben. Der Prophet mochte soviel protestieren als er wollte, der König ließ ihn mit dem Leichnam des Prinzen in einen Keller einsperren, und that seinen großen Schwur, daß er nicht anders als mit dem Prinzen an der Hand wieder herauskommen sollte. Während nun der arme Prophet seinem Leibe keinen Rath wußte, sieht er auf einmahl eine große Schlange herbeykriechen, die sich über das todte Kind hermachen will. Aus Furcht, daß es auch an ihn kommen werde, ergriff er einen Stein, und wirft die Schlange todt. Bald darauf kommt eine andere Schlange angekrochen, und wie sie die erste todt sieht, kriecht sie zu einer kleinen Oeffnung wieder hinaus, kommt aber bald mit einem Kraut im Munde wieder welches sie auf den Kopf der todten fallen läßt. Sogleich lebt die todte Schlange wieder auf, und macht sich mit der andern aus dem Staube. Polyides, vor Freuden ausser sich, hält das wundervolle Kraut, das die Schlangen auf der Erde hatten liegen lassen, dem todten Knaben vor die Nase und siehe der Knabe Glaukus schlägt die Augen auf und ist wieder so lebendig als vorher. Apollodor. III. 3.

*) S. I. Th. 170. Anmerk.
**) S. die Anm. Ebendas.

mit dem Achelous, die Sirenen *), die Entstehung der Echinadischen Inseln, und Alkmäon, der, sobald er Fuß auf einer von ihnen faßt, von den Furien verlassen wird **). Ferner der Centaur Nes-

*) Die Sirenen waren Töchter einer von den Musen und des Flußgottes Achelous, welcher in Gestalt eines gewaltigen Stiers mit Herkules um die schöne Dejanira zu kämpfen sich vermaß, aber seine Mühe, seine Geliebte und ein Horn dabey verlohr.

**) Alkmäon, des Helden und Propheten Amphiaraus Sohn, rächte als Oberhaupt der Epigonen (d. i. der Söhne der vor Thebä gefallenen Sieben Fürsten) ihren Tod nicht nur an den Thebanern, sondern hatte auch seinem sterbenden Vater angeloben müssen, ihn an seiner Mutter Eriphyle (der Gemahlinn des Amphiaraus) zu rächen, die sich vom Polynices durch ein Halsband hatte bestechen lassen, ihm den Ort zu verrathen, wohin sich Amphiaraus versteckt hatte, um den Zug gegen Thebä nicht mit zu machen, von dem er vermöge seiner Kunst voraussah, daß er ihm das Leben kosten würde. Freylich war dieses Halsband eine große Versuchung; denn es war das nehmliche so Harmonia, des Polynikes Ur-Ueltermutter, an ihrem Hochzeittage von ihrer Göttinn-Mutter, der Venus, zum Andenken bekommen hatte. Wie dem auch war, Alkmäon, durch sein Wort gebunden, und von einem deßwegen eingehohlten Orakel angetrieben, opferte dem Geiste seines Vaters seine leibliche Mutter auf, gerieth aber auch dem Fluch seiner sterbenden Mutter zu Folge auf der Stelle in die Gewalt der Furien, die ihn, in sinnloser Verzweiflung auf dem ganzen Erdboden herumtrieben, und ihm nicht eher wieder Ruhe gönnten, bis er auf einer am Ausfluß des Achelous neuentstandnen Insel, (die also

fus, die Eiferſucht der Dejanira, und der Scheiterhaufen dem Oeta, der dem Herkules dadurch angezündet wird.

Nicht weniger hat Thrazien vieles das dem Tänzer unentbehrlich iſt, als die Geſchichte des Orpheus, und wie er von den Thraziſchen Weibern zerriſſen wird, und ſein ſingender Kopf, der auf ſeiner Leyer im Hebrus daherſchwimmt, und Rhodopen *), und die Beſtrafung des Lykurg **).

Theſſalien hat deren noch weit mehr: den Pelias und Jaſon, die Alceſtis, die Argonauten, und den redenden Boden ihres Schiffes; ihre Abenteuer in Lemnos und mit dem König Aetes ***), den Traum der Medea, den zerſtückten Abſyrtus, und was ihnen auf ihrer Flucht begegnet; und aus

unter dem Fluche ſeiner Mutter nicht mit begriffen war) Fuß gefaßt hatte. Nach und nach entſtanden dieſer Inſeln noch mehrere, die aber faſt alle unbewohnbar waren, und noch ſind.

*) Die Rhodope, welche hier gemeynt iſt, ſcheint nicht die Geliebte des Pſammetichus, von welcher oben die Rede war, ſondern die mythologiſche Gemahlin des Thraziſchen Königs Hämus zu ſeyn, die nebſt denſelben, weil ſie ſich Jupiter und Juno hatten tituliren laſſen, in die bekannten Berge Rhodope und Hämus verwandelt wurden. Ovid. Metamor. L. VI. 87. f.

**) Ein Thraziſcher König, der ſich dem Bacchus, als er mit ſeinem ſchwärmenden Thiaſus aus Aſien in Europa übergieng, mit Gewalt wiederſetzte, und dafür von ihm bezaubert wurde, daß er, in der Meynung er hacke Reben, ſich ſelbſt die Füße abhackte, u. ſ. w.

***) Dem Vater der Medea, deren Geſchichte bekannt genug iſt.

spätern Zeiten den Protesilaus und seine Laodamia *).

Gehen wir weiter nach Asien fort, so finden wir auch hier dramatischen Stoff genug. Das erste was uns aufstößt, ist das unglückliche Schicksal des Polykrates, und das Umherirren seiner Tochter bis zu den Persern **); und aus einer weit ältern Zeit die Geschichte des Tantalus, das Gastmal das er den Göttern giebt, der geschlachtete Pelops und seine elfenbeinerne Schulter.

In Italien findet unser Tänzer den Eridanus und Phaeton, und seine Schwestern, die als Pappeln Bernstein weinen. Auch dürfen ihm die Hesperiden nicht unbekannt seyn, und der Drache der ihre goldnen Aepfel bewachte, und der Himmelträger Atlas, und der Riese Geryon, dem Herkules seine Ochsen entführt; noch alle die fabelhafte Verwandlungen in Bäume, Thiere und Vögel, noch diejenigen die aus Weibern Männer geworden sind wie Cäneus, Tiresias und andere.

In Phönizien bietet sich ihm die Geschichte der Myrrha an, und Adonis, der ewige Gegenstand umwechselnder Trauer und Freude bey den As-

---

*) S. das XXIIIste Todtengespräch.
**) Hujus historiam apud Herodot. habes L. III. sed de filiae exilio nihil reperio, sagt Dúsoul. Das ganze Geheimniß ist, die Tochter des Polykrates machte den ungeheuren Weg von Samos nach Susa, aus eigener Bewegung, um den neuen König Darius um Gerechtigkeit und Rache gegen den Mörder ihres Vaters, den Satrapen von Lydien, Orbtes, anzuflehen.

ſyriern, und aus der neuern Epoke der Macedoniſchen Könige die Leidenſchaft des Antiochus zu ſeiner Stiefmutter Stratonice, und das edle Betragen des Sohnes und des Vaters bey dieſer Gelegenheit *).

Die myſteriöſen Theile der Aegyptiſchen Mythologie muß unſer Tänzer zwar wiſſen, er wird aber ſo vorſichtig ſeyn, ſie vielmehr auf eine ſymboliſche, als deutlich darſtellende Art zu behandeln. Dahin gehört, z. E. Epaphus **), und Oſiris, und die Verwandlung der Götter in Thiere, und vornehmlich ihre Liebeshändel, und in was für Geſtalten ſich Jupiter ihrentwegen verkleidete.

Endlich muß er auch mit der ganzen Tragödie im Hades bekannt ſeyn, und alle die Strafen der berüchtigten Verdammten ***) mit den Vergehungen, wodurch ſie ſich ſolche zugezogen haben, kennen. Auch gehört die auſſerordentliche Freundſchaftsprobe hieher, die Theſeus ſeinem Cameraden Pirithous

---

*) Lucian nennt den Prinzen des Seleukus, der ſeine ſchöne Stiefmutter ſo heftig liebte, aus bloßem Verſehen, Antipater: er hieß Antiochus, und ich ſehe nicht was für einen Dank die Reizil verdienen, die zu gewiſſenhaft ſind, offenbare Schreib- oder Gedächtnißfehler in einem alten Autor ſine libris (wie die Herren ſagen) zu verbeſſern.

**) Der Sohn Jupiters und der Jo, welche die Griechen in Aegypten zur Iſis, ſo wie ihren Sohn zum Apis, machten. Lucian affectirt als ein Eingeweyhter mit Zurückhaltung von dieſen Gegenſtänden der Eleuſiniſchen Myſterien zu ſprechen.

***) Z. B. des Tantalus, Irion, Tityus, der Danaiden, u. ſ. w.

gab, da er sogar in den Tartarus mit ihm hin=
abstieg, um ihm Proserpinen entführen zu helfen.

Kurz, es darf ihm von allem was Homer und
Hesiodus, und die besten der übrigen, (besonders
der tragischen Dichter, erzählt und gedichtet haben,
nicht das geringste unbekannt seyn. Denn das We=
nige, was ich hier nahmentlich angeführt habe, ist
nur ungefähr das hauptsächlichste von der beynahe
unendlichen Menge von Materialien für die mimi=
sche Tanzkunst die von den Dichtern gesungen und
von den Tänzern dargestellt werden, und die du
selbst, da sie mit den angeführten in einerley Ca=
tegorie gehören, leicht ausfindig machen und an
ihren Ort stellen kannst. Genug, daß der mimische
Tänzer sich von allen diesen Dingen einen Vorrath
angeschafft haben muß der von langem her zum
Gebrauch zugerichtet in seinem Kopfe liegt, und
woraus er bey jeder Gelegenheit nur hervorlangen
darf was er nöthig hat.

Da unser pantomimischer Tänzer sich anheischig
macht, das was gesungen wird, durch Bewegungen
und Gebehrden sichtbar darzustellen, so ist ihm, wie
dem Redner, nichts nöthigers, als die Deutlich=
keit; und er muß es durch Studium und Uebung
auf einen so hohen Grad bringen, daß wir alles
was er uns zeigt, ohne einen Ausleger: begreiffen,
und, um mich mit den Worten eines bekannten
Orakels auszudrücken,

daß wir den stummen verstehn und ihn hören
wiewohl er nicht redet *).

*) Eine Anspielung auf den zweyten Vers des

Um dir zu beweisen daß die Kunst des Tänzers wirklich so weit gehe, will ich dir erzählen was dem berühmten Cyniker Demetrius *) mit einem zu Nerons Zeiten sehr hoch geschätzten Pantomimen begegnet seyn soll. Dieser Philosoph zog mit eben dergleichen Argumenten, wie du gegen die Tanzkunst loß. Der Tänzer, sagte er, ist ein bloßes Nebenwerk der Flöte und der Pfeifen, und trägt nichts zum Drama bey als vom bloßen Zufall geleitete, unbedeutende, gauklerische Bewegungen, worin nicht der geringste Sinn ist; was die Zuschauer dabey täuscht, ist sein schimmernder Anzug, seine schöne Larve, der wollüstige Ohrenkitzel der Musik, und die schönen Stimmen der Sänger; ohne diese Auszierungen würde das Schauspiel nicht die geringste Wirkung thun. Der besagte Tänzer, der für einen Mann von Verstande passierte, und mit einem sehr vorzüglichen Talent eine genaue Kenntniß der Mythologie verband, bat sich vom Demetrius eine einzige Gefälligkeit aus, die er denke ich, mit der größten Billigkeit fodern konnte, und diese war: ihn erst tanzen zu sehen ehe er über ihn urtheilte; mit dem Versprechen, daß er seine Pantomime ohne Flöte und Gesang exhibiren wollte.

Des Orakels, welches Kröſus, als er die berühmte Orakelprobe vornahm, vom delphischen Apollo erhielt. (Siehe die Anmerkung 41. im 2ten Th.) Der Abt Massieu übersetzt: il faut comme l'a declars l'Oracle, que le spectateur, u. s. w. und veranlaßt seine Leser dadurch, zu glauben, Lucian spreche von einem Orakel das die Kunst der Pantomimen betreffe.

*) Vermuthlich den, von welchem ich im dritten Theile d. W. S. 263. u. f. gehandelt habe.

Demetrius willigte ein; der Tänzer hieß die Flö=
ten, die Mensurschläger und die Sänger *) schwei=
gen, und tanzte, ohne alle Begleitung von Wor=
ten und Musik, die in den Armen des Kriegsgottes
überraschte Venus **), mit allen ihren Scenen, wie
Helios sie dem Vulkan verräth, wie dieser sie belauscht
und beyde in seinem Netze fängt, wie er die gesamm=
ten Götter herbeyruft, und wie jeder derselben sich
nach seiner Weise dabey benimmt ***) die Beschä=
mung und Verlegenheit der Venus, den Mars, der
nicht ohne alle Furcht ist und um seine Loslassung
bittet, kurz, alles was in dieser Geschichte liegt und
dazu gehört, und dieß mit soviel Geschicklichkeit, daß
Demetrius, vor Vergnügen auffer sich, dem Tän=
zer zugerufen haben soll: Was für ein Mann bist
du? Ich sehe nicht, nur, ich höre alles was du
machst, und da du so gut mit den Händen reden

*) Der Chor, von welchem im Text die Rede
ist, sind nicht Tänzer, wie Massieu übersetzt
(denn hier war kein andrer Tänzer als der
Pantomimus selbst) sondern ein Chor von Sän=
gern, welche gewöhnlich das Sujet, das die=
ser tanzte, zu desto größerm Vergnügen der
Zuschauer, in einer besonders dazu gesetzten
gefälligen Melodie absingen mußten. Weil aber
der Tänzer dem Philosophen zeigen wollte, daß
er aller dieser fremden Hülfe entbehren könne,
so mußten Singstimmen und Instrumente schwei=
gen.
**) So wie Homer sie von dem Kammervirtuo=
sen des Königs Alcinous im 8ten B. der Odys=
see zur Cither absingen läßt.
***) Dieß liegt in dem Worte ἑκάσου αὐτῶν,
denn wie hätte er sonst jeden dieser Götter
durch bloße Gebehrden characterisiren können?

kannst, ist dir eine andere Sprache leicht entbehrlich. — Ein größeres Compliment hätte ihm der Philosoph schwerlich machen können. Weil wir eben von Nerons Zeiten sprechen, muß ich dir doch noch ein anderes Geschichtchen erzählen, das einem Ausländer mit eben diesem Tänzer begegnete, und wohl das größte Lob ist, das der Tanzkunst ertheilt werden kann. Dieser Ausländer, von einer der Völkerschaften im Pontus welche halb Griechen und halb Barbaren sind; aber aus einem königlichen Hause, der in seinen Angelegenheiten an den Hof des Nero gekommen war, hatte den besagten Tänzer einige Pantomimen so meisterhaft und deutlich ausführen sehen, daß er alles verstand, wiewohl er von dem was dazu gesungen wurde nichts hören konnte. Da er sich vom Nero wieder beurlaubte, und ihm dieser beym Abschied sagte, er möchte sich von ihm ausbitten was er wollte, es sollte ihm mit Vergnügen gewähret werden, erwiederte jener; du würdest mich äusserst glücklich machen, wenn du mir den Tänzer schenken wolltest. Und was wolltest du in deinem Lande mit ihm anfangen? fragte Nero. Ich habe, erwiederte der Fremde verschiedene Nachbarn, die eine andere Sprache reden, und es ist nicht wohl möglich immer einen Dollmetscher bey der Hand zu haben: so oft ich nun einen nöthig hätte, sollte er diesen Leuten durch Geberden auslegen was ich ihnen sagte. — Mich däucht, man kann keinen stärkern Beweis von dem sonderbaren Eindruck verlangen, den die Deutlichkeit der Mimischen Sprache auf diesen Mann gemacht hatte.

Das Hauptgeschäfte und der Zweck der Tanz-

Kunst ist also, wie gesagt, die Darstellung einer Empfindung, Leidenschaft oder Handlung durch Gebehrden, welche natürliche Zeichen derselben sind; eine Kunst, womit sich, in ihrer Art, auch die Redner, besonders in ihren sogenannten Declamationen beschäfftigen. Denn was man am meisten daran lobt, ist, wenn sie die Personen, die sie uns schildern wollen, genau treffen, und, es mögen nun Helden und Tyrannenmörder oder gemeine Leute, Bauern und dergleichen eingeführt werden, sie nichts sagen lassen, das einen Mißklang mit ihrem Charakter macht, sondern uns an jedem das eigene und auszeichnende zeigen.

Bey diser Gelegenheit muß ich dir doch noch eine Anekdote ebenfalls von einem Barbaren erzählen, die sich auf diese Dinge bezieht. Der Mann bemerkte, daß fünferley verschiedene Maßen für den Tänzer in Bereitschaft waren (denn aus so vielen Akten bestand das Drama) und da er nur Einen Tänzer sah, fragte er, wo dann die übrigen vier wären, die mit ihm agieren sollten? Man sagte ihm, dieser Einzige würde alle fünf Rollen spielen. Um Verzeihung, sagte der Fremde zu dem Tänzer, du hast also in Einem Leibe fünf Seelen? Das konnt' ich nicht wissen. —

Die Italienischen Griechen*) haben nicht un-

---

*) Diese meint Lucian vermuthlich unter dem Namen Ιταλιωται, wie ich auch aus dem ganzen Zusammenhang, aus dem Worte Pantomimos, das zwar im Ohr eines Athenienfers neologisch klang, aber doch aus griechischen Wörtern richtig zusammen gesetzt war, und aus dem Umstande, daß die ersten Pantomimentänzer, die sich un-

recht dem Tänzer den Nahmen Pantomimos gegeben, der das ausdrückt was er wirklich leistet. Daher ist jene schöne Ermahnung des Dichters: „aller „Orten wo du hinkommst, nimm, dem Meerpoly„pen ähnlich, die Farbe (das äusserliche sowohl als „die Sitten) der Menschen an, unter welchen du „lebst"*) auch dem Tänzer unentbehrlich; und das höchste seiner Kunst ist, sich mit den Personen und Handlungen seiner Dramen so vertraut zu machen, als ob er die dargestellte Person selbst, und in der nachgeahmten Handlung wirklich begriffen wäre. Ueberhaupt erstreckt sich seine Kunst sowohl über Sitten als Leidenschaften, und er muß mit gleicher Fertig-

---

ter August zu Rom hervorthaten, Pylades und Bathyllus, Griechen waren, schließe. Die Römer hatten bey dieser von Graeculis erfundenen und von Graeculis auf den höchsten Grad getriebnen Kunst kein anderes Verdienst, (wenn es anders ein Verdienst war, welches ich nicht behaupten möchte) als die Beschützer und Aufmunterer derselben zu seyn, und sich ihrer Neigung zu dieser Art von Schauspielen mit einer Leidenschaft zu überlassen, welche zuletzt keine Grenzen mehr kannte, und den Sitten eben so verderblich wurde als den edelsten Musenkünsten.

*) Lucian vermengt schon wieder zwey ähnliche Verse aus zwey verschiedenen Dichtern, dem Pindar und Theognis oder schmelzt sie vermuthlich dießmal mit Vorsatz zusammen. Theognis giebt diese Regel seinem Sohne v. 216. seiner Gnomen, und sie scheint Pindarn so wohl gefallen zu haben, daß er sie (nur anders und besser, wie mich däucht, ausgedrückt) in einen seiner Gesänge versetzte, den wir bloß aus einer Citation Plutarchs kennen.

keit bald Liebe bald Haß, bald Wuth bald Trau‍rigkeit, jedes mit den Zügen, die ihm eigen sind, und mit dem gehörigen Maaß und Ziel vorzustellen wissen; denn das ist eben das wunderbarste an der Sache, daß uns an Einem Tage Athamas in seiner höchsten Raserey und Ino in ihrer äussersten Angst gezeigt wird, daß jetzt Atreus, bald darauf Thye‍stes, dann wieder Aegisthes oder Aerope auftritt, und daß es ein und eben derselbe Mensch ist, der alle diese Personen spielt. Alle andern öffentlichen Belustigungen der Augen oder Ohren unterhalten uns jede mit einem einzigen Talente; es ist entwe‍der Flöte oder Zither, oder Gesang, oder Tragö‍die oder Lust- und Possenspiel; in dem pantomimi‍schen Tanz hingegen ist alles dieß vereiniget; In‍strumentalmusik, Gesang, und Action wirken zu gleicher Zeit auf Einen Punct, und erhöhen natür‍licher Weise durch diese zusammenstimmende Man‍nigfaltigkeit das Vergnügen des Zuschauers. In tau‍send andern Gelegenheiten*) scheint nur die Eine

*) Diese ganze Stelle des Originals von Ετι δε τα μεν αλλα bis zu μηδεν εξω λογɣ kann ein treffliches Exempel wie man nicht schreiben soll, abgeben; so schreibt man, wenn man nur ei‍ne dunkle Ahnung von dem was man sagen will hat, wiewohl es nur auf den Autor ankam, sich mit einer kleinen Anstrengung seines Kopfs, sei‍ne verworrenen Vorstellungen zu entwickeln. Ich habe mir mehr Mühe als die Sache werth war, gegeben, um einigen Sinn in dieses Gewäsche zu bringen; aber es war nicht anders möglich, als indem ich den Schwätzer Lycinus etwas an‍ders sagen ließ, als er wirklich sagt. Oder was sollen z. B. die τα μεν αλλα seyn wo Seele

Hälfte des Menschen, entweder nur die Seele, oder nur der Körper geschäfftig zu seyn: im Tanz fließt gleichsam die Wirkung von beyden in einander, jeder Gedanke ist Gebehrde, jede Gebehrde ist Gedanke; ein durch die größte Uebung ausgebildeter Körper strengt alle seine Geschicklichkeit an, das was in der Seele vorgeht, auszudrücken, und (was das vornehmste ist) nicht die geringste Bewegung wird hier dem Zufall überlassen, sondern alles ist gedacht, alles zweckmäßig und mit Weisheit gethan. Daher nannte auch Lesbonax von Mitylene, ein Mann von Geschmack und Verdiensten, die pantomimischen Tänzer Cheirisophen*), und besuchte dieses Schauspiel, weil er allemal besser davon zurückzukommen glaubte; Und von seinem Lehrmeister Timokrates erzählt man, da er einst durch einen bloßen Zufall eine Pantomime zu sehen bekommen, habe er ausgerufen: um welch ein Schauspiel hat mich die Scham vor der Philosophie gebracht!

Wenn Platons Seelenlehre richtig ist, so ist

und Körper jedes für sich allein wirken? Wie kann man sagen, die Pantomime sey das einzige, worin beyder Wirkungen verwischt seyen, da der geringste Handwerksmann nichts taugliches machen kann, wobey die Seele nicht mitwirken muß? Oder wie kann man sagen, daß der folgende Satz, καὶ γαρ διανοιας επιδειξιν u. s. m. den Pantomimentänzer vom Redner und vom tragischen oder komischen Akteur charakteristisch unterscheide?

*) Philosophen mit den Händen — ein etwas frostiger Witz mit Erlaubniß des Geschmackvollen Lesbonax, den wir nur aus dieser Probe (ex ungue leonem) kennen.

niemand geschickter uns die drey Theile, woraus dieser Philosoph die Seele zusammensetzt, zu zeigen, als der Tänzer; denjenigen, den er den aufbrausenden (Ιυμικον) nennt, in den Bewegungen eines heftig aufgebrachten Menschen; den begierlichen, wenn er einen Liebhaber darstellt, und den vernünftigen, indem er jede Leidenschaft zu behandeln und gleichsam am Zügel zu führen weiß; denn dieß letztere liegt bey allen Modificationen des Tanzes zum Grunde wie das Gefühl bey jedem unsrer Sinne. Und da zugleich ein großer Theil seiner Aufmerksamkeit darauf gerichtet ist, seinen Bewegungen die möglichste Schönheit zu geben, und die Reitze einer feinen Gestalt durch den Tanz in das vortheilhafteste Licht zu setzen, beweiset er sich nicht dadurch als einen ächten Anhänger des Aristoteles, der auch der Schönheit keinen geringen Werth beylegt, und sie zu einem der drey Stücke macht, aus deren Besitz die Glückseligkeit entspringt? Ja ich erinnere mich, daß jemand in dem Schweigen der pantomimischen Maske, zum Scherz, eine geheime Beziehung auf die Pythagorische Philosophie entdecken wollte *).

Ueberdieß so versprechen uns andere Künste entweder Vergnügen oder Nutzen; die Tanzkunst allein **) vereiniget beyde. Das nützliche aber ist es immer um so viel mehr, als es mit Vergnügen ver-

---

*) Ich bekenne unverhohlen, daß ich das urbanum et facetum in diesen Einfällen nicht finde, das, allen Anschein nach, den Werth derselben ausmachen soll.
**) Die Tanzkunst allein?

bunden ist. Um wie viel angenehmer ist es nun, einem solchen Schauspiele zuzusehen, als jungen Leuten, die einander mit geballten Fäusten blutrünstig schlagen, oder sich im Staube mit einander herum balgen, da die Tanzkunst dieß alles ohne Beulen und Verrenkungen, schöner und anmuthiger darzustellen weiß? Diese angestrengtern Bewegungen, die der Mimische Tanz zuweilen erfodert, diese schnellen Wendungen, Umdrehungen und Ausbeugungen sind zu gleicher Zeit, da sie dem Zuschauer angenehmer sind, dem Tänzer selbst weit gesünder; und ich glaube daher nicht zu viel zu sagen, wenn ich diese Art von Tänzen für die schönste sowohl als unserm Körper angemessenste und zuträglichste Art von Leibesübungen halte, da sie ihn (nicht weniger als die übrigen, aber ohne das Nachtheilige derselben) geschmeidig und biegsam macht, ihm die größte Leichtigkeit und Fertigkeit zu allen möglichen Veränderungen giebt, und zugleich seine Stärke nicht wenig vermehrt.

Wenn denn also die Tanzkunst so viele Vortheile in sich vereinigt, wenn sie die Seele schärft und den Körper übt und ausbildet, den Zuschauern die angenehmste Unterhaltung verschaft, und ihnen mitten unter Flöten und Cymbeln und Gesängen eine Menge Kenntnisse aus dem Alterthum beybringt, wiewohl sie bloß Augen und Ohren bezaubern zu wollen scheint, sollte sie nicht mit Recht die Harmonievollste aller Künste genennt werden? Suchst du das Vergnügen, das uns eine schöne Stimme machen kann, wo könntest du deinen Ohren einen vollständigern und wollüstigern Schmaus geben als hier? Verlangst du das vollkommenste was beyde Arten von Flöten *) leisten können, zu hören, auch diese Befriedigung kannst du nirgends besser erhalten. Nichts davon zu sagen, daß ein fleißiger Besuch dieses Schauspiels dich auch moralisch besser machen wird **), wenn du siehest, wie lasterhafte Handlungen das Parterre mit

*) Nehmlich diejenige, welche die Griechen αυλος und die welche sie συριγξ nannten. Von beyden gab es zu Lucians Zeiten vielerley Modifikationen. Die αυλοι (Flöten) die bey den Pantomimen gebraucht wurden, scheinen theils mit unsern Hautbois, theils mit dem Fagot die meiste Aehnlichkeit gehabt zu haben, die συριγξ (fistula) deren erste Erfindung dem Pan zugeschrieben wurde, bestand aus mehrern mit einander verbundenen Pfeifen, und läßt sich schwerlich mit irgend einem heutigen Instrument vergleichen.

**) Es wäre auch wohl am besten gewesen, nichts hievon zu sagen; denn wenn Licinus hier im Ernst gesprochen hätte, so durfte er wohl der einzige von seiner Meinung unter den Alten gewesen seyn. Die Stelle aus Juvenals sechster Satyre ist bekannt, wo die Wirkungen beschrieben werden, welche die Kunst des Bathyllus der die Leda tanzte auf die lüsternen Zuschauerinnen machte — Tuscia vaficae non imperat, Appula gannit ficut in amplexu, u. s. w. Man vergleiche damit was Ovidius im zweyten Buche seiner Tristium v. 497. f. von der Moralität dieser Schauspiele und den Eindrücken, so sie nothwendig machen mußten, sagt; denn ohne Zweifel meynt er unter den Mimis obscoena jocontibus (wovon er dem August sagt: haec tu spectasti, spectandaque saepe dedisti) die Pantomimen, wovon August, (nach dem Sueton) ein so großer Liebhaber war: das Wort paßte nicht in sein Metrum, aber es ist klar, daß er von der Sache spricht.

Abscheu, das Loos der Unrecht Leidenden hingegen alle Augen mit Thränen erfüllt, und wie überhaupt alles darauf abgesehen ist, die Sitten der Zuschauer zu bilden. Was aber den Tänzern noch einen ganz besondern Vorzug giebt, ist, daß sie eine Kunst treiben, die ihnen zugleich eine große Stärke und eine ungemeine Weichheit und Geschmeidigkeit der Glieder giebt. Würde es nicht widersinnisch klingen, wenn man uns in einem und eben demselben Manne die eiserne Stärke des Herkules und die ganze Zartheit der Liebesgöttin zu zeigen verspräche? Und gleichwohl ist der Tänzer dieser Mann.

Dieß leitet mich darauf, dir noch etwas von den Eigenschaften des Leibes sowohl als der Seele zu sagen, die in einem vollkommnen Tänzer zusammentreffen müssen: wiewohl ich der letztern größtentheils schon erwähnt habe. Denn ich behaupte, daß er bey dem glücklichsten Gedächtniß, ein Mann von lebhafter Empfindung, feinem Verstand und großem Scharfsinn seyn, und vornehmlich die Gabe besitzen müsse, immer für alles den schicklichen Moment zu treffen. Ueberdieß muß er sowohl von Gedichten als von Gesang und Melodie richtig zu urtheilen, das Beste in jedem Fache zu unterscheiden, und was nicht recht gemacht wird mit Geschmack zu tadeln wissen.

Was seine körperlichen Eigenschaften betrifft, so könnte ich dich nur auf das Modell des Polykletus *) verweisen: denn er darf weder übermäßig lang, noch klein und zwergmäßig, weder zu stei-

---

*) Eine Bildsäule, von der im Lucian schon so oft die Rede war.

schlicht und fett (dieß wäre, bey seiner Profession ganz ungereimt) noch so schmächtig und mager seyn, daß er einem mit Haut bezogenen Todtengerippe ähnlich sieht: sondern sein ganzer Bau und Wuchs muß die richtigsten Verhältnisse und das Bild des schönsten Ebenmaßes darstellen.

Bey dieser Gelegenheit muß ich dir doch etliche hiehergehörige witzige Einfälle eines Volkes, das in diesen Sachen Kenner ist, erzählen. Die Einwohner von Antiochia, die an Lebhaftigkeit des Geistes keinem andern Volke weichen, und die Tanzkunst außerordentlich lieben, haben einen so feinen Sinn für alles was auf dem Schauplatze gesagt und gethan wird, daß kein Zuschauer das geringste unschickliche unbemerkt oder ungeahndet läßt. Einsmahl trat ein sehr kleiner Tänzer auf, um den Hektor *) zu tanzen; sogleich schrien alle Zuschauer wie aus Einem Munde: da kommt Astyanax, aber wo bleibt Hektor? Ein andermahl stellte ein übermäßig langer Kerl den Kapaneus vor **), und da er sich eben anschicken wollte die Mauern von Theben zu bestürmen, riefen sie ihm zu: steige doch hinüber, du brauchst keine Sturmleiter. Einen überaus dicken und schwerleibigen Tänzer, der gewaltige Sprünge machte, bathen sie zu bedenken daß man das Tanzgerüste noch länger brauche: und einem

---

*) Vermuthlich die im 6ten B. der Iliade so rührend geschilderte Abschiedsscene von seiner Gemahlin Andromache und seinem Sohn Astyanax, einem Kinde, das noch auf den Armen getragen wurde.
**) Einen von den oben erwähnten Sieben gegen Thebä.

außerordentlich schmächtigen hingegen wurde zugerufen, gute Besserung! als ob er krank wäre. Ich führe diese Züge nicht Spaßes halben an, sondern um dir zu zeigen, daß ganze Völker sich aus der Tanzkunst eine ernsthafte Angelegenheit gemacht, und sie wichtig genug gefunden haben sogar über das Schickliche oder Unschickliche derselben öffentlich zu urtheilen *).

Da der Tänzer zu allen Arten von Bewegungen geschickt seyn soll, muß er zugleich weich und derb, geschmeidig und nervicht seyn, um seinen Gliedmaßen alle mögliche Beugungen zu geben, und sich auf einmahl wieder zusammenziehen und fest stehen können, je nachdem es seine Rolle mit sich bringt.

Daß aber ein guter Tänzer auch die Geschicklichkeit besitzen müsse, alle Bewegungen des Ring- und Faustkampfes, so schön und regelmäßig, wie es sich geziemt um die Kämpfe der größten Meister, eines Merkur, Pollux und Herkules, durch Gesticulation mit den Armen und Händen **) in gehöri-

---

*) O Corydon, Corydon! welche Plattheiten! Um das zu beweisen, hätte er doch wohl andere Proben anführen müssen als solche.

**) Die gemeine Leseart ἐν ἀθλήσει καλῶς ist unstreitig eben so richtig als Palmers vermeinte Verbesserung ἐν ἀσκήσει κακῶς ungereimt ist. Ich bin übrigens, nach möglichster Erwägung des griechischen Textes völlig überzeugt, daß ich den Sinn dieser zwar für uns etwas dunkeln, aber für Lucians damahlige Leser gewiß sehr klaren Periode, und besonders das was er unter ἐναγώνιος χειρονομία versteht, durch diese etwas weitläuftige aber schlechterdings noth-

ger Vollkommenheit nachzuahmen, davon kannst du dich bey Tänzen, deren Sujet aus der Geschichte dieser Götter hergenommen ist, durch deine eigenen Augen überzeugen.

Herodot hält das Zeugniß der Augen für glaubwürdiger als was wir durch die Ohren erfahren: im pantomimischen Tanze vereinigen sich beyde Sinne, und ihre Wirkung ist also desto vollkommner. Sie ist so zauberisch, daß ein Verliebter, der ein solches Schauspiel besucht, auf einmahl wieder zu Verstande kommen muß; *) wenn ihm alle das Elend, das die Liebe nach sich zieht, so lebendig vor die Augen gestellt wird: und der traurigste Mensch geht so fröhlich wieder hinweg, als ob er

wendige Umschreibung (wenn ich verständlich seyn wollte) richtig getroffen habe. Die Rede ist hier gar nicht von den sogenannten heiligen Spielen, wie der lateinische Uebersetzer und sein fidus Achates, Massieu, meynen; der ganze Context macht es sonnenklar, daß die Enagonios Cheironomia weder mehr noch weniger ist, als die kunstmäßige Bewegung der Hände, welche erforderlich war, wenn der Pantomimische Tänzer gewisse Sujets aus der mythologischen Geschichte darzustellen hatte, die er, ohne eine genaue Bekanntschaft mit den Regeln der Ringkunst und des Pugilats, nicht richtig und zum Vergnügen solcher Zuschauer wie die Griechen (die auf diese gymnastischen Künste einen so hohen Werth legten) hätte darstellen können, wie z. B. den Kampf des Herkules mit dem Achelous, oder des Pollux mit dem Amykus, und dergl.

*) Von einem solchen Wunderwerk der Tanzkunst hätte uns Lycinus doch ein hübsches Exempelchen erzählen sollen.

irgend ein lethaisches Tränkchen verschluckt, oder einen Becher voll homerischen Nepenthe ausgetrunken hätte. Ein Zeichen wie nahe uns die in diesem Schauspiele vorkommenden Dinge liegen, und wie verständlich die Gebärden und Minensprache der Tänzer, den Zuschauern seyn muß, sind die Thränen, die ihnen so oft in die Augen kommen, wenn etwas trauriges und Herzrührendes vorgestellt wird. Aber auch der Bacchische Tanz, aus welchem man sich in Jonien und im Pontus eine so ernstliche Angelegenheit macht, wiewohl er nur satyrisch ist, hat sich dieser Menschen so sehr bemächtiget, daß sie, so oft die dazu bestimmte Zeit kommt, alles andere in der Welt vergessend ganze Tage im Theater sitzen, um ihren Titanen und Korybanten, Satyrn und Hirten zuzusehen: das sonderbarste dabey ist, daß die edelsten und vornehmsten Personen in jeder Stadt die Tänzer sind, und sich dessen so wenig schämen, daß sie sich vielmehr auf ihre Geschicklichkeit in dieser Art von Talent mehr als auf ihren Adel, ihre Ehrenstellen, und die Würden ihrer Vorfahren zu Gute thun *).

Ich habe dir soviel von den tänzerischen Tugenden gesprochen, daß es billig ist, auch ein paar Worte von ihren Fehlern zu sagen. Der körperlichen ist bereits erwähnt worden; es giebt aber noch andere, die aus einem Mangel an Geschicklichkeit, an einem feinem Ohr, an Gedächtniß,

*) Es ist unbegreiflich, wie Lycinus nicht sah, was für ein schlechtes Compliment er diesen edelmögenden Herren machte, da er sie als solche Gecken vorstellt.

oder an Beurtheilung entspringen. Es ist nicht zu erwarten, daß alle, die sich mit einer so schweren Kunst abgeben, wirkliche Virtuosen seyen, und es giebt deren nur zu viele, die aus Unwissenheit und Ungeschicklichkeit gewaltige Solöcismen im Tanzen begehen. Einige bewegen sich falsch, kommen aus der Mensur und sagen mit ihren Füßen oder Händen ganz was anders als sie, der Musik zu Folge, hätten sagen sollen. Andere beobachten zwar die Mensur, aber verstoßen sich in der Sache selbst, und machen oft zu früh was sie später, oder zu spät was sie früher hätten machen sollen. Ich erinnere mich selbst einige Beyspiele dieser Art gesehen zu haben. Einer tanzte die Geburt Jupiters; und wie er die Gewohnheit des Saturns, seine eigene Kinder zu fressen, vorstellen sollte, gerieth er, durch die Aehnlichkeit verleitet, in die Geschichte des Thyest. Ein anderer, der die Semele tanzte, verwechselte sie, in dem Augenblicke da sie vom Blitz getroffen wird, mit der Kreusa (Jasons Gemahlinn) die zu Semeles Zeiten noch nicht einmahl gebohren war. Aber was könnte unbilliger seyn, als um solcher Tänzer willen die Tanzkunst selbst zu verdammen? Die Sache selbst verliert nichts dadurch an ihrem Werthe, daß sie mit unter auch von ungeschickten Leuten getrieben wird, und die großen Meister der Kunst sind eben darum, weil es so leicht ist Fehler darinn zu machen, desto bewundernswürdiger.

Ueberhaupt muß ein pantomimischer Tänzer aus allen Kräften dahin arbeiten, daß Alles an seinem ganzen Spiele passend, schön, symmetrisch, immer mit sich selbst übereinstimmend, ohne Fehler, und so untadelich daß es sogar dem Spötter keine Blöße gebe, kurz, im Ganzen und in allen Theilen vortrefflich sey. Um zu diesem Grade von Vollkommenheit gelangen zu können, muß er die lebhafteste Einbildungskraft mit einer großen Uebung und Wissenschaft, und besonders mit einer ungemeinen Leichtigkeit sich in alle Lagen und Leidenschaften der Menschen zu versetzen, verbinden. Nur dann wird ihm ein vollkommner Beyfall von den Zuschauern ertheilt werden, wenn jedermann in dem Tänzer, wie in einem Spiegel sich selbst, und wie er zu empfinden und zu handeln pflegt, zu erblicken glaubt; nur dann können sich die Leute vor Freuden nicht mehr zurückhalten, und ergießen sich schaarenweis in lautes Lob. *) Und so verschafft ihnen dieses Schauspiel in der That jenes delphische „Kenne dich Selbst", und sie gehen besser von dem was sie zu thun oder zu lassen haben, unterrichtet, als sie zuvor waren, von dannen.

Uebrigens giebt es Tänzer, wie es Redner dieses Schlages giebt, die aus einem falschen Kunsteifer das wahre Maaß der Nachahmung überschreiten, und um einen Charakter, ihrer Meynung nach, recht lebhaft herauszutreiben, ihn durch Ueberladung unnatürlich und unkennbar machen. Das Große wird unter ihren Händen ungeheuer, das zarte zerfließt in übermäßiger Weichlichkeit, das Mannhaf-

---

*) So wie ich den Text zuweilen umschreiben, oder Lücken, die uns modernen Lesern unangenehm sind, ausfüllen muß, so muß ich ihn auch zuweilen abkürzen, da uns kaum etwas widerlichers ist als die Tautologie, wiewohl sie eine Lieblingsfigur der Sophisten war.

hafte artet durch ihre Darstellung in rohe thierische Wildheit aus. Mir ist ein solches Beyspiel bekannt, das um so merkwürdiger ist, da der Mann, der in diesen Abweg gerieth, sonst ein sehr berühmter Tänzer war, und die Bewunderung, die er überall fand, durch seine Geschicklichkeit in der That verdiente. Und gleichwohl begegnete es ihm, ich weiß nicht durch welches Mißgeschick, daß er einmahl, da er die Raserey vorstellen sollte, in welche Ajax verfiel, als die von ihm angesprochne Rüstung des Achilles dem Ulyß zuerkannt wurde, *) gänzlich über alle Gränzen der schönen Nachahmung hinausschweifte, und anstatt einen rasenden zu agiren, sich so gebehrdete und betrug, daß jedermann glauben mußte, er sey selbst rasend geworden. Er riß einem von den Mensurschlägern die Kleider vom Leibe, und einem Flötenspieler nahm er die Flöte vom Munde, und schlug damit den nahestehenden und seines Sieges sich freuenden Ulysses ein Loch in den Kopf, und hätte nicht zu allem Glück der Hut, den er auf hatte, den größten Theil des Schlags aufgefangen, so würde der arme Ulysses den Zufall, an einen über die Schnur hauenden Tänzer gerathen zu seyn, mit dem Leben bezahlt haben. Das tollste dabey war, daß seine Raserey auch die Zuschauer **) ansteckte;

---

*) Das Sujet einer unter dem Nahmen Αιας μαςγοφορος bekannten Tragödie. Ajax der in seiner Wuth die Schaafe der Griechen für seine Richter, und einen großen Schafbock für den Ulysses ansah, richtete unter jenen ein großes Blutbad an, und brachte diesen gefangen in sein Zelt, um ihn zu Tode zu peitschen.
**) Hr. Massieu verfällt hier in einen lächerlichen

Lucian. 4. Th.   E e

eine Menge von ihnen sprangen auf, schrien wie
die Unsinnigen und warfen ihre Kleider von sich.
Freylich waren es lauter Leute vom untersten Pöbel, die wenig davon verstunden was recht oder was
falsch gemacht wurde, und in der Einbildung daß
dieß die vollkommenste Darstellung der Leidenschaft
des Ajax sey, dem Tänzer durch diese fanatische
Theilnehmung ihren Beyfall am besten zu beweisen glaubten: aber auch die Leute von der feinern
Sorte, wiewohl sie sich des ganzen Vorgangs schämten, sahen doch zu deutlich, daß hier nicht Ajax, sondern der Tänzer, rase, und getrauten sich daher
nicht das Geschehene durch ihr Stillschweigen zu
tadeln, sondern suchten vielmehr den tollen Menschen
durch den Beyfall, den sie ihm zuklatschten, zur
Ruhe zu bringen. Denn er ließ es dabey noch nicht
bewenden, sondern sprang sogar von seinem Platz
herab mitten in die Rathsherrenbank, und setzte
sich zwischen zwey Consularen, denen mächtig bang
wurde, er möchte einen von ihnen für den verhaß-
ten Widder ansehn und auf ihn zupeitschen. Kurz,

> Fehler, der wenigstens dem Uebersetzer eines
> griechischen Autors nicht hätte begegnen sollen.
> Theatron heißt bey den Alten (wie jedermann
> weiß) nicht der Platz, wo die Akteurs oder
> Tänzer spielten: sondern der Ort, oder viel-
> mehr die Reihen von Bänken, wo die Zuschau-
> er saßen: Massieu hingegen, durch die heutigs
> Tags gewöhnliche Bedeutung des Worts The-
> ater verführt, übersetzt getrost: tout le theatre
> etoit devenú furieux avec lui: chaque Danseur
> crioit: sautoit etc. Aber Lucian spricht von dem
> großen Haufen der Zuschauer, nicht von den
> Tänzern.

die ganze Scene verurſachte keinen geringen Tumult unter den Zuſchauern, und während die einen erſtaunten und die andern lachten, waren nicht wenige, welche wirklich beſorgten, daß der Tänzer, vor lauter Begierde die Raſerey recht natürlich vorzuſtellen, im Ernſte raſend worden ſey. So arg war es indeßen doch nicht; der Mann kam wieder zu ſich ſelbſt, und ſoll ſich das was ihm bey dieſer Gelegenheit begegnet war, ſo ſehr zu Gemüthe gezogen haben, daß er in eine Krankheit darüber verfiel, und ſich ſelbſt feſt einbildete, er habe damahls wirklich einen Anfall von Tollheit gehabt. Gewiß iſt, daß er dieſe ſeine Meinung in der Folge deutlich genug zu erkennen gab. Denn da ſeine Anhänger *) verlangten, daß er ihnen den Ajax wieder tanzen ſollte, ſagte er zu den Zuſchauern: „es iſt genug Einmahl geraſet zu haben, und empfahl ihnen einen andern Acteur zu dieſer Rolle; wiewohl die Sache auf eine Art ausfiel, wovon er wenig Vergnügen hatte. Denn der Andere benutzte dieſe Gelegenheit, einen glänzenden Triumph über ſeinen Nebenbuhler zu erhalten, und ſpielte den raſenden

---

*) Die Virtuoſen dieſer Art hatten, wie es ſcheint, damahls auch ihre Parteyen und Factionen, ſo gut als man vor und in unſern Tagen das Publicum zu London, Paris, Wien, und in andern großen Orten ſich für Acteurs, Sänger, Tänzer und Componiſten in Factionen theilen geſehen hat. Schon unter Auguſt und ſeinen erſten Nachfolgern hatten die Pantomimen, Bathyll, Myneſter, Paris, u. a. ſo ſchwärmeriſche Verfechter ihrer reſpecktiven Vorzüglichkeit, daß es darüber mehrmahls zu tumultuariſchen Scenen im Theater kam.

Ajax, der für ihn geschrieben wurde, mit so vielen Anstand, daß er allgemeinen Beyfall erhielt, und besonders deswegen gelobt wurde, daß er sich so geschickt in den Schranken der Saltation zu halten gewußt, und eine Rolle, wo es so leicht war auszuschweifen, nicht wie ein Betrunkner gespielt habe.

Dieses wenige ist es also, mein Freund, was ich dir aus einem weit größern Vorrath von Materialien zu einer Lobrede auf die Tanzkunst, über das was sie leistet und was zu ihr erfodert wird, habe vortragen wollen, um dich zu überzeugen, daß du keine Ursache hast, dich meine leidenschaftliche Liebe zu diesem Schauspiele verdrießen zu lassen. Könntest du dich nun vollends noch entschließen mich dahin zu begleiten, so bin ich gewiß daß du ganz davon bezaubert werden, und dich selbst bis zum rasen darein verlieben wirst. Ich werde also nicht nöthig haben, dir mit den Worten der Circe zu sagen:

— — Staunen ergreift mich da dich der zauberische Trank nicht verwandelt *),

Im Gegentheil, ich hoffe du sollst zu deinem Vortheil verwandelt werden, und wahrlich nicht um den Kopf eines Esels oder das Herz eines Schweins zu bekommen; dein Verstand wird vielmehr noch völliger werden **), und der Zaubertrank wird dir

---

*) Odysse. X. v. 326.
**) Anspielung auf den 240sten Vers des zehnten Buches der Odyssee, wo Euryloschus, der dem Ulysses das klägliche Abenteuer der Verwandlung seiner Gefährten in Schweine erzählt, hinzusetzt: allein ihr Verstand blieb völlig.

so herrlich schmecken, daß du den Becher auch andern reichen und sie einen guten Zug daraus thun lassen wirst. Denn, was Homer von Merkurs goldenem Stabe sagt,

— — daß er die Augen der Menschen
zuschließt, welcher er will, und wieder vom
Schlummer sie wecket *)

läßt sich vollkommen auf die Tanzkunst anwenden, da sie uns oft die Augen vor Vergnügen zu schließen nöthigt, aber sie sogleich wieder öffnet, um in unverwandter Aufmerksamkeit auch nicht das geringste von dem was sie uns zeigt zu verlieren.

Kraton. Ich bin schon jetzt ganz überzeugt, Lycinus, und habe bereits Augen und Ohren offen. Vergiß also ja nicht, mein Freund, wenn du wieder ins Theater gehst, auch mir einen Platz neben dir aufzubehalten; denn du sollst mir den Vortheil nicht länger allein haben, weiser als ich von da zurückzukommen.

*) Odyss. V. 47. 48.

Hippias*)

ober

das Bad.

Unter denen die sich durch Wissenschaft hervorgethan haben, verdienen, meines Erachtens, diejenigen das größte Lob, welche, nicht zufrieden über die Gegenstände ihres Wissens gut zu reden oder zu

*) Hätte Lucian, bey Aufsetzung dieser kleinen Lobschrift auf ein vermuthlich neuerbautes Bad, nur im mindesten daran gedacht, daß sie sechzehnhundert Jahre nach seinem Tode noch Leser haben werde, so wäre es ihm ein leichtes gewesen, uns durch Mittheilung einiger kleiner Umstände etwas mehr Licht über ihren eigentlichen Zweck zu geben. Es ist indessen leicht zu errathen, daß sie unter die frühern Schriften unsers Autors gehört, und keinen andern Zweck hatte, als ein von einem Baumeister, Nahmens Hippias, auf Speculation erbautes Bad bekannt zu machen und bestens zu empfehlen. Was für einen Beweggrund Lucian (ausser den von ihm selbst angeführten) in petto hatte, sowohl das Werk als den Meister so mächtig herauszustreichen, kann uns gleichgültig seyn: aber darin werden vermuthlich alle

schreiben, dieß vielmehr bloß als eine Art von Verbindlichkeit ansehen, ihre Worte durch Werke zu bestätigen. In der That ist es bloß die mit der Theorie verbundene Ausübung, was in allen Künsten den Meister zu erkennen giebt. Daher wird ein Kranker, (er müßte denn nur am Verstande krank seyn) nicht den Arzt rufen lassen, der am beßten über seine Kunst schwatzen kann, sondern einen, der im Ruf steht, sich mit Erfolg auf ihre Ausübung gelegt zu haben: und so, denke ich, ist ein Musikus, der gut singt oder ein Instrument meisterhaft spielt, demjenigen vorzuziehen, der bloß von Harmonie und Rhythmen richtig zu urtheilen weiß. Sind nicht, nach eben dieser Regel, die Feldherrn, die eine allgemeine Uebereinstimmung für die größten erklärt hat, wie z. B. Agamemnon und Achilles unter den

Leser mit mir einstimmen, daß er ein ganz anderer Mann ist wenn er spottet als wenn er lobt. Von den seltsamen Anomalien des Verstandes, die vielleicht nur in der gelehrten Welt möglich sind, ist dieß ein sonderbares Beyspiel, daß Olearius, Fabricius, Reizius, u. a. diesen Baumeister Hippias, welchen Lucian seinen Zeitgenossen nennt, mit dem berühmten Sophisten Hippias vermengen, der ungefehr 600 Jahre vor ihm gelebt hatte; und daß Franklin, in eben dem Moment, da er von dem Baumeister als einem Zeitgenossen Lucians spricht, uns auf die Vit. Soph. des Philostratus verweist, wo wir das mehrere von diesem Hyppias finden würden! da sich das Spiel mit den Worten σοφος und σοφιςης nicht wörtlich ausdrücken ließ, so glaubte ich durch diese Wendung dem Gedanken des Autors am nächsten zu kommen.

Alten, Alexander und Pyrrhus unter den Neuern, immer diejenigen gewesen, die sich nicht begnügten, die Taktik zu verstehen und schöne Reden an ihre Officiere zu halten, sondern sich selbst an die Spitze ihrer Truppen stellten und durch eigene Thaten auszeichneten? — Ich glaube also mit gutem Fug behaupten zu können, daß auch unter den Mechanikern diejenige das vorzüglichste Recht an unsre Bewunderung haben, die den Ruhm den sie sich durch ihre Wissenschaft erwarben, auch durch wirkliche Denkmäler der Kunst auf die Nachwelt fortpflanzten. Denn dadurch bewiesen sie sich als ächte Meister ihrer Kunst, da sie, wenn sie sich begnügt hätten nur darüber zu sprechen und zu disputieren, höchstens nur für Kenner in derselben gelten könnten. Von dieser Art waren ehemahls Archimedes und Sostratus von Knidos, von welchen dieser letztere den Ptolemäus und die Stadt Memphis ohne Belagerung durch bloße Ableitung des Nils überwältigte *), jener die Schiffe der Feinde durch seine Kunst verbrannte **). Schon vor diesen beyden

*) Es findet sich in der Geschichte des Ptolemäus Soter oder Lagides und seiner Söhne auch nicht die geringste Spur von dem, wovon Lucian hier wie von einer bekannten Thatsache spricht. Wir haben schon mehr Beyspiele gesehen, daß sein Gedächtniß nicht das getreueste war; und dieß mag denn auch hier der Fall gewesen seyn. Von dem Sostratus, der hier genannt wird, ist oben schon die Rede gewesen.

**) Auch hier muß Lucian entweder von seinem Gedächtniß betrogen worden seyn oder andere Nachrichten gehabt haben als Polybius, Livius und Plutarch, welche sehr umständlich von allen

fand Thales von Milet, um den Krösus Wort zu halten, dem er versprochen hatte, sein Kriegsheer trocknes Fußes über den Fluß Halys hinüber zu bringen, ich weiß nicht welch ein Mittel, diesen Fluß in Einer Nacht hinter seinem Lager herumzu-

den erstaunlichen Maschinen sprechen, die der große Archimedes (bey der Belagerung von Syrakus durch den Consul Marcellus) erfand und mit großem Erfolge spielen ließ, um die römische Flotte zu Grunde zu richten, aber kein Wort davon sagen, daß er sie verbrannt, oder sich brennender Maschinen gegen sie bedient habe. Ist es glaublich, daß diese Geschichtschreiber nichts davon gewußt haben sollten, wenn Archimedes die Flotte des Marcellus verbrannt hätte? Und wenn es vollends vermittelst so ungeheurer Brennspiegel, wie diejenige, deren er sich nach dem Vorgeben des Lucianischen Scholiasten, und eines Zonaras und Tzetzes, dazu bedient haben soll, geschehen wäre: war etwa ein Brennspiegel, gegen den selbst der größte Tschirnhausische nur Kinderspiel wäre, damals etwas so alltägliches, daß Polybius und Plutarch ihrer nicht einmal zu erwähnen der Mühe werth gehalten hätten? Man kann also die Sage von den wunderthätigen Brennspiegeln, des Archimedes, ohne Bedenken für das was sie ist, für ein einfältiges Mährchen, erklären; und der Redacteur der Melanges tirés d'une grande Bibliotheque, anstatt (Vol. XXVI. p. 75.) zu sagen: cette Anecdote historique a été confirmée par tant d'Auteurs dignes de foi, que l'on ne peut douter de sa verité, hätte besser gethan, sich an den Ausspruch seines gelehrten Landsmanns, Andreas Dacier, zu halten, der sie schon lange zuvor für eine spätere Tradition, die ohne allen Grund sey, anerkannt hatte.

führen *): nicht als ob er selbst ein Mechanikus gewesen wäre; aber er war ein erfindsamer Kopf, und besaß die Gabe seine Gedanken andern einleuchtend zu machen und sie zur Ausführung derselben zu bereden. Ich übergehe was man uns aus gar zu alten Zeiten vom Epeius erzählt, der den Griechen nicht nur das berühmte hölzerne Pferd baute, sondern sich auch selbst mit den übrigen Kriegern in den hohlen Bauch desselben einschließen ließ **).

*) Wieder ein Exempelchen, wie es zugeht, daß aus einer vielleicht schon grundlosen oder verfälschten, aber doch wenigstens nicht unmöglichen Erzählung, eine Wundergeschichte werden kann, an der kein wahres Wort mehr ist. Herodot selbst ist so vernünftig, zu sagen, er glaube Kröſus habe ſeine Armee auf einer Brücke über den Halys geführt; aber die Griechen (ſetzt er hinzu) erzählten die Sache anders. Ihrem Vorgeben nach, hätte Kröſus nicht gewußt, wie er mit seinem großen Heere über den Halys kommen wollte, und da habe ihm Thales aus der Noth geholfen, indem er einen großen Canal graben laſſen, in welchen er den Fluß geleitet, und ihn dadurch so seichte gemacht habe, daß die Armee ihn durchwaden konnte. Den kleinen Umstand, daß dieses Werk in einer Nacht zu Stande gekommen, und daß die Lydier trocknes Fußes durch den Fluß gegangen, setzt Lucian auf eigene Rechnung hinzu.

**) Was unsern Autor wohl angewandelt haben mochte, daß er auf einmal den Philopſeudes mit uns spielt? Warum citirt er nicht auch noch den Dädalus mit seinen davon laufenden Statuen, und mit der Kuh die er für die Bequemlichkeit der holden Königin Pasiphae fabricierte? — Daß übrigens das sogenannte

Es würde, däucht mich, sehr unbillig seyn, unter den Männern dieses Schlages nicht auch des berühmten Hippias unsers Zeitgenossen, zu erwähnen, eines Mannes der an Gelehrsamkeit keinem

Trojanische Pferd, zu dessen Werkmeister die Tradition den Epeus machte, weder mehr noch weniger als eine Art von Balista oder Mauerbrecher (vermuthlich mit einem Pferdekopf, statt des nachmals üblichen Widderkopfes) gewesen sey, erkannte sogar der leichtgläubige Pausanias (L. I. c. 23.) Indessen hatte sich freylich die Fabel von dem hölzernen Pferde, wie sie Virgil von seinem Pius Aeneas der schönen Dido erzählen läßt, so gut wie andere alte Mährchen einmal in Besitz gesetzt, und Pausanias fand daher nicht nur auf der Akropolis zu Athen ein großes Pferd von Bronze, das allem Vermuthen nach jenes trojanische vorstellte, sondern dieses figuriert auch auf dem großen Gemählde, worauf der berühmte Polygnotus das eroberte Troja in mehr als hundert deutlichen Figuren dargestellt hatte, und das die vornehmste Zierde der Lesche zu Delphi war. Aber wenn ich nicht sehr irre, so läßt sich aus der Art, wie Polygnotus dieses sogenannte Pferd und seinen Erfinder vorgestellt hatte, sehr wahrscheinlich schließen, daß die Fabel vom Trojanischen Pferde zu Polygnots Zeiten noch nicht existierte. Denn Pausanias sagt ausdrücklich; Epeus sey so vorgestellt, als ob er die Mauer von Troja umwerfe, und das hölzerne Pferd rage nur mit dem Kopfe aus den Ruinen hervor. Mich däucht, wenn die Absicht des Mahlers war, anzudeuten, dieses Pferd sey bloß eine Maschine um die Mauern einzustoßen und Epeus der Erfinder und Werkmeister davon gewesen, so konnte er es auf keine geschicktere Weise thun.

der berühmtesten Alten nachsteht, an Scharfsinn, Beredsamkeit und Deutlichkeit des Vortrags wenige seinesgleichen hat, und doch in seinen Werken sich noch weit größer gezeigt hat als in seinen Schriften. Denn seine Geschicklichkeit ist nicht darauf eingeschränkt alles zu wissen und leisten zu können was andere vor ihm mit gutem Erfolge geleistet haben: sondern es ist ihm, mit den Geometern zu reden, ein leichtes, auf jeder gegebenen geraden Linie den verlangten Triangel zu construiren*). Jeder andre däuchte sich schon ein Mann zu seyn, wenn er in irgend einer einzelnen Wissenschaft oder Kunst, auf die er sich ausschließlich gelegt hätte, Beyfall erhielte: aber ihm scheint niemand den ersten Rang unter den Geometern und Musikern streitig zu machen, und gleichwohl zeigt er sich in jedem Theile dieser Wissenschaften so vollkommen, als ob er nichts anders wisse als dieß allein. Wie hoch er es in der Theo-

*) Moses Dúsoul hätte über den unzeitigen Kitzel, der den armen Lucian stach, sich hier mit dem Bischen Geometrie, das noch von seinen Knabenjahren an ihm kleben geblieben war, lächerlich zu machen, wohl ein wenig lächeln, aber nicht so gewaltig sich ereifern sollen wie er thut. Wir sind es ja an unserm Autor gewohnt, daß er in den exacten Wissenschaften kein großer Held war. Aber noch lustiger ist das Paroli, das der Abt Massieu auf diese plattitüde des Griechen macht. Er versichert uns in größtem Ernste, die Kunst einen Triangel auf jeder Linie zu construiren, sey une des premieres leçons de Geometrie pratique parmi les Geomètres de nos jours. Als ob es bey den Geometern zu Lucians Zeiten anders gewesen sey!

rie der Lichtstrahlen und ihrer Brechungen, in der Lehre von den Spiegeln, ingleichen in der Astronomie gebracht, worin alle seine Vorgänger *) nur Kinder gegen ihn scheinen, über alles dieses ihn nach Würden zu preisen, würde keine kleine Zeit erfodern **).

Ich will mich also auf ein einziges seiner Werke einschränken, daß ich vor kurzem mit Erstaunen gesehen habe. Die Erbauung eines Bades ist zwar eine gemeine Sache und die in unsern Tagen häufig genug vorkommt; aber desto bewundernswürdiger ist die Erfindung und der Verstand, die er in einer so gemeinen Sache bewiesen hat. Der Platz, der ihm zu diesem Gebäude angewiesen war, war uneben, abschüssig und auf der einen Seite sogar steil. Hipplas fieng also damit an, daß er den niedrigsten Theil dem andern gleich machte, und dem ganzen Werke eine Grundlage gab, deren Stärke die Dauerhaftigkeit dessen, was darauf ruhen sollte, sicher stellte, indem er es auf Schwiebbogen von behauenen Felsen setzte, die das Ganze zusammenhalten und ihm alle mögliche Festigkeit geben ***).

>   *) Die Philolaus, Eudorus, Hipparchus, Pytheas, Ptolemäus, u. s. f. waren also nur Kinder in der Astronomie gegen diesen Hipplas, von dem, ohne Lucian, kein Mensch wüßte daß er existirt habe?
>   **) Und doch wohl auch ein anderer Geometer und Astronom als Lucian? Wer wollte sich mit der Zeit entschuldigen, wenn er eine so viel bessere Entschuldigung überall bey sich trägt?
>   ***) Die größte Schwierigkeit dieser Stelle, die

Die sämmtlichen Gebäude stehen sowohl mit dem Platze als unter sich selbst in den richtigsten Verhältnissen; alles ist Ebenmaß und Harmonie, und die Fenster sind in der genauesten Proportion angebracht. Zuerst zeigt sich ein erhöhtes Portal, zu welchem man auf einem breiten und sanft sich erhebenden Zugang sehr bequem hinaufsteigt. Aus diesem kommt man in einen geräumigen Vorsaal, der zum Aufenthalt der Bedienten und Aufwärter bestimmt ist, und an dessen linker Seite sich eine Reihe niedlicher und wohlbeleuchteter Cabinette befinden, die zum Vergnügen der Gäste eingerichtet sind und keine geringe Zierde und Annehmlichkeit eines öffentlichen Bades ausmachen. An diese stößt ein andrer Saal, der zwar zum Hauptzweck des

Fr. Gronov für corrupt hielt, scheint mir dadurch gehoben zu werden, wenn man statt ὕψοσι (welches keinen leiblichen Sinn giebt) ἄψοσι ließt — cum oder sine libris thut hier, wo es bloß auf Sinn oder Unsinn ankommt, nichts zur Sache. Indessen gestehe ich gerne, daß die ganze Stelle noch immer eine gewisse Undeutlichkeit hat, die gewöhnlich daher kommt, wenn man Kunstsachen beschreiben will, ohne eine gründliche Theorie der Kunst zu haben. Lucian mag wohl — ἵλαος ὁ ἀνήρ! — kein größerer Architekt als Geometer und Astronom gewesen seyn; wie man unter andern auch daraus schließen könnte, daß er von der Proportion der Fenster gegen einander, oder ihrer gleichen Vertheilung, als einem diesem Gebäude zu besonderem Ruhme gereichenden Umstande spricht. Sollte dieß zu seinen Zeiten an schönen Gebäuden eine Seltenheit gewesen seyn?

Gebäudes entbehrlich, aber insofern nothwendig ist, weil er zum Versammlungsort der Personen von Rang und Vermögen dient. Hierauf folgen zu beyden Seiten Kammern, wo die Badenden ihre Kleider ablegen können, und zwischen ihnen erhebt sich ein sehr hoher und wohl erleuchteter Saal, der mit drey großen Bassins von kaltem Wasser, die mit grünem Marmor *) ausgelegt sind, versehen und überdieß mit zwey Bildsäulen von weissem Stein ausgeziert ist, wovon die eine die Göttin der Gesundheit (Hygeia) und die andere den Aeskulapius vorstellt. Von hier geht man in einen sehr großen auf allen Seiten rundgewölbten Ort, wo einem eine gelinde nicht unangenehme Wärme entgegen kommt, und der in ein überaus freundliches Gemach führt, wo man sich salben läßt, und aus welchem zwey mit Phrygischem Steine **) überkleidete

---

*) Λακαινη λιϑω. Dieser Marmor, der wegen seiner angenehmen grünen Farbe unter die kostbarsten gerechnet wurde. (Plin. XXXVI. 7.) ist der nehmliche, den die Italiener Verd‘ antico nennen. Winkelmanns G. d. K. I. 30.

**) Dieser Phrygische Stein ist vermuthlich der nehmliche, der bey den Alten von der Stadt Synnas in Phrygien, wo er gebrochen wird, Synnadischer Marmor heißt. Diesen und den Numidischen Marmor (den wir ebenfalls in diesem Bade gebraucht finden, und wovon jener blutroth gefleckt, dieser purpurfarb war) führt der Dichter Silius, (Sylvar. I. carm 5.) ebenfalls bey Beschreibung eines prächtigen Bades, als die Marmorarten an, von welchen der Luxus und die Mode dieser Zeiten zu Verzierung solcher Gebäude Gebrauch machte. Hier, sagt er, ist Thasischer und Karystischer Marmor,

Pforten in die Paläſtra führen. Auf dieſes folget der ſchönſte aller dieſer Säle, deſſen Wände ebenfalls von unten bis an die Decke von Phrygiſchem Steine funkeln. Er iſt mit bequemen Sitzen verſehen, und ſo eingerichtet, daß man ſich (nach dem Bade) ohne Nachtheil darin aufhalten und nach Belieben reiben und maſſieren laſſen kann *). Von

da

Onyx und Ophit (eine grüne Wake mit ſchwarzen Puncten) viel zu gering,

Sola nitant flavis Nomadum decisa metallis
Purpura, sola cavo Phrygicas quam Synnados antro.
Ipse cruentavit maculis lucentibus Attis.

Wir ſehen hieraus beyläufig die Schicklichkeit des von Lucian gebrauchten Wortes ἀνοςιλβειν, funkeln, um den Effect eines mit dieſem Marmor überkleideten hellerleuchteten Saales auszudrücken.

*) Man kennt dieſe in den meiſten Morgenländern, in Oſtindien und in den Südſee-Inſeln herrſchende, vermuthlich uralte Gewohnheit, ſich nach dem Bade, oder auch auf große Ermüdung, und in katharriſchen oder gichtiſchen Beſchwerden am ganzen Körper reiben, drücken, recken, und o zu ſagen, wie einen Teig, durchkneten zu laſſen, aus den berühmteſten neuern Reiſebeſchreibungen, unter dem Nahmen des Maſſierens; und ich vermuthe, daß es dieſe Art von Manipulirung ſey, was Lucian mit dem Worte εγκυλισασϑαι habe bezeichnen wollen. Ob ich es errathen habe, mögen die Sanmolſe und Hemſterhuyſe dieſer Zeit entſcheiden! Immer dünkt mich meine Ueberſetzung der gewöhnlichen Bedeutung dieſes Wortes angemeſſener als das ſy rouler à ſon aiſe des Abts Maſſieu. Auch ſcheint ſchon Düſoul ſo etwas dabey gedacht zu haben, da er in ſei-

da kam man durch einen mit Numidischen Marmor incrustierten Durchgang in den letzten Saal, der den übrigen an Schönheit nichts nachgiebt, Licht in Ueberfluß hat, und wie mit dem blühendsten Purpur bekleidet scheint *). Hier sind drey Bassins mit heissem Wasser; wenn man sich aber darin gebadet hat, so braucht man nicht durch alle die vorigen Säle zurückzugehen sondern kann in wenig Augenblicken durch ein mäßig warmes und gleichfalls sehr helles Nebengemach zum kalten Wasser kommen.

Dieser durchgängige helle Tag, der in allen Theilen dieses Gebäudes herrscht, macht neben der wohl proportionierten Höhe, Breite und Länge der Gemächer und ihren übrigen Annehmlichkeiten keinen kleinen Theil ihrer Schönheit aus. Denn, wie Pindar sehr schön sagt, „wer ein Werk beginnt, geb' ihm vor allem ein weitleuchtendes Antlitz" **).

<blockquote>
ner Note zu diesem Worte hinzusetzt; Nunc etiam in Oriente á balnei ministro artus fricantur, extenduntur, premuntur et quassantur — welches gerade das ist was man massieren nennt.

*) Vermuthlich weil die Wände dieses Saals ebenfalls mit numidischen Marmor bekleidet waren. Der französische Uebersetzer taucht die Locke wieder in den Ocean, und macht toute brillante de fleurs comme une robe de pourpre, daraus.

**) Pindar. Olymp. VI. gleich zu Anfang. Lucian setzt hinzu: dieß aber kann nicht besser als durch viel Glanz, Licht und Fenster bewerkstelliget werden. — Sehr gut! Auch in der Schreibart ist Klarheit eine schöne Sache; aber zuviel Licht taugt weder in einem Gebäude noch in einer Rede.
</blockquote>

Auch verdient bemerkt zu werden, daß Hippias mit dem ihm eigenen Verstande den Saal fürs kalte Bad auf der Nordseite, die Gemächer hingegen, die vieler Wärme bedürfen, auf der Ost - Süd - und Westseite angebracht hat. Ich übergehe die zu den verschiedenen gymnastischen Uebungen bestimmten Plätze, und die Kammern für die Bedienten, die auf die Kleider der Badenden Acht zu geben haben, und die Vorsorge, die der Baumeister auch hier für die Gesundheit und Bequemlichkeit getragen hat, indem er diese Kammern so angebracht, daß man ohne Umwege aus ihnen in die Bäder kommen kann.

Uebrigens denke niemand, daß es in diesem kleinen Aufsatze darauf abgesehen sey ein unbedeutendes Werk durch meine Anpreisung aufzustutzen und wichtig zu machen. Meiner Meynung nach ist gerade dieß eine der größten Proben die ein Meister in seiner Kunst ablegen kann, wenn er Mittel aus seinem Kopfe zu ziehen weiß gemeine Dinge zu verschönern und dem alltäglichen die Grazie der Neuheit zu geben. Und dieß ist was Hippias in diesem seinem Werke auf eine bewundernswürdige Weise geleistet hat. Es vereiniget alle Eigenschaften in sich, die man nur immer an einem Bade zu finden wünschen kann, das Zweckmäßige, die Bequemlichkeit, die Helle, die Symmetrie, den Verstand von der Lage und den Localumständen allen möglichen Vortheil zu ziehen, und die vollkommne Sicherheit, womit man sich desselben bedienen kann. Es ist (um auch diese Commodität nicht zu vergessen) mit zwey geschickt verborgenen Abtritten, in welche eine Menge Thüren gehen, ingleichen mit zwey Uhren versehen, wovon die eine ein Sonnenweiser, und die andre eine Wasseruhr ist, welche die Zeit durch den Schall des fallenden Wassers anzeigt. Kurz, wer ein Werk wie dieses sehen könnte ohne ihm sein gebührendes Lob zu ertheilen, müßte nicht nur ohne allen Sinn, sondern ein undankbarer, oder wohl gar ein neidischer Mensch seyn. Ich meines Ortes will also, soviel in meinem Vermögen war, sowohl dem Werke meine Bewunderung als dem Werkmeister meine Dankbarkeit hiemit abgetragen haben; und sollte Gott geben, daß ich mich dereinst auch darin baden könnte *), so bin ich versichert, viele andere zu finden, die sich zum Lobe desselben mit mir vereinigen werden.

*) Es klingt ein wenig lächerlich, daß Lucian, wofern sich nicht der liebe Gott der Sache ganz besonders annähme, keine Hoffnung zu haben scheint, sich jemals in dem Bade, dem er (allem Ansehen nach aus bezahlter Pflicht) eine solche Standrede gehalten hat, baden zu können. Gleichwohl versichert er oben, daß er es mit eigenen Augen gesehen habe. Es muß also, da er es in Augenschein nahm, noch nicht völlig ausgebaut oder zum Gebrauch eingerichtet gewesen seyn, Lucian aber inzwischen die Stadt, wo es zu sehen war, wieder verlassen haben, ehe er selbst die Probe damit machen konnte; welches ihn übrigens nicht verhinderte, einer vermuthlich mit dem Baumeister getroffenen Abrede zufolge, diese anpreisende Anzeige ins Publikum ausgehen zu lassen.

Lobrede auf die Fliege *)

Die Fliege ist keiner von den kleinsten Vögeln, wenn man sie mit den Mücken, Schnaken und andern noch kleinern Insecten vergleicht: denn sie übertrifft sie gerade um so viel an Größe als sie selbst

*) Dieser kleine Scherz ist nicht ohne Urbanität und Grazie, wiewohl man gestehen muß, daß Lucian, mit etwas mehr Methode und Kunst, was ungleich artigeres und witzigeres daraus hätte machen können. Was es jetzt ist, scheint mir wahrscheinlich zu machen, daß es eine von den kleinen Reden aus dem Stegreife sey, wovon die Griechen zu Lucians Zeiten so große Liebhaber waren, und in welchen zu excelliren die berühmtesten Sophisten damals mit einander in die Wette eiferten. Wenn sie für eine Rede aus dem Stegreife zugefeilt scheinen sollte, so bewiese dieß nichts weiter, als daß er sie, beym Aufschreiben, etwas mehr ins Feine gearbeitet habe. Uebrigens scheint ihm alles was man damals von der Naturgeschichte der Fliege wußte, d. i. alles was mit unbewaffneten Augen von ihrer Bildung, und mit einiger Aufmerksamkeit von ihrem Instincte wissen konnte, ziemlich bekannt gewesen zu seyn; und da es ohne Mikroscope und den unermüdeten Fleiß der Leuenhöck, Reaumur,

hinter der Biene zurückbleibt. Wiewohl sie sich nicht, wie andere Vögel, rühmen kann am ganzen Leibe befiedert zu seyn und Schwungfedern in den Flügeln zu haben: so ist sie dafür, gleich den Heuschrecken, Grillen und Bienen, zum fliegen mit einer Art von Membranen begabt, die an Feinheit und Weichheit andere Flügel so weit übertreffen als die Indianischen Musseline unsre Griechischen Zeuge; und wer sie genau betrachtet, wenn sie, um sich in die Luft zu erheben, ihre Flügel gegen die Sonne entfaltet, wird gestehen müssen, daß der Schweif des Pfaues nicht von schönern Farben schimmert.

Wenn sie fliegt, so rudert sie nicht in Einem weg mit den Flügeln, wie die Fledermaus, noch hüpft sie dazu, wie die Heuschrecke, noch kommt sie mit dem Pfeilartigen Gezische der Wespe daher geschossen: sondern sie gaukelt mit der leichtesten Gewandtheit und Behendigkeit allenthalben in der Luft umher. Auch ist an ihr zu rühmen, daß sie nicht

> Rößler, u. a. die beynahe ihr ganzes Leben auf Beobachtung der Insecte verwandt haben, nicht möglich war, mehr davon zu wissen, so versteht sich von selbst, daß weder die Mängel seiner Beschreibung, noch die Irrthümer, die ehmals allgemein für Wahrheit galten, (z. B. die Meynung, daß die Fliegen eben sowohl aus der Fäulniß eines thierischen Körpers als aus Zeugung entstünden) auf seine Rechnung kommen. Auch ist in diesem ganzen Aufsatze die Rede bloß von der gemeinen Hausfliege, bey den Griechen Myia genannt, ein Nahme woraus unser altdeutsches Wort Mücke oder Muck entstanden zu seyn scheint, womit in Oberdeutschland die Fliegen noch jetzt im gemeinen Leben benannt werden.

stillschweigend fliegt, sondern singend; nicht mit dem unangenehmen Gedröne der Schnacken, nicht mit dem dumpfen Gesumse der Bienen oder mit dem furchtbarn und drohenden der Wespen, sondern mit einem anmuthigen Geflüster, daß sich zu jenem verhält wie das sanfte Getön der Flöten zum Lerm der Trompeten und Zinken. Ihre übrige Bildung betreffend, so ist ihr Kopf nicht an den Rumpf angewachsen wie bey der Heuschrecke, sondern hängt durch einen sehr dünnen Canal mit ihm zusammen; die Augen stehen weit hervor und sind hornartig; aus der breiten und dichten Brust erwachsen die Füße, die nicht so kurz, und viel gelenksamer als der Wespen ihre sind. Der Hinterleib ist, gleich einem Panzer, mit breiten Ringen und Schuppen versehen. Zu ihrer Vertheidigung ist sie nicht am Ende des Unterleibes mit einem Stachel bewaffnet, wie die Bienen und Wespen, sondern mit einem Rüssel, dessen sie sich, gleich dem Elephanten, sowohl zur Wehre, als um ihr Nahrung und alles was sie will zu erfassen, bedient, indem aus seiner Spitze, wie aus einer Scheide, eine Art von Zahn hervorgeht, womit sie sticht und Blut saugt. Sie trinkt zwar auch Milch, aber Blut ist ihr angenehmer, auch ist die Beschwerde, die ihr Stich verursacht, sehr unbedeutend.

Sie hat zwar sechs Füße, geht aber nur auf vieren, und gebraucht die beyden vordern als Hände: und man sieht sie öfters auf den Hinterfüßen stehend, etwas zu essen in den Händen halten, gerade wie wir Menschen es zu machen pflegen.

Sie wird nicht gleich als Fliege gebohren, sondern ist zuerst ein Wurm, der aus menschlichen oder andern Thierischen in Verwesung gehenden Körpern entsteht. Dieser Wurm bekommt nach und nach zuerst Füße, dann Flügel, und in diesem Stande eines fliegenden Insects zeugt er wieder andere Würmer, die sich in Fliegen verwandeln*).

Da die Fliege eine Haus- und Tischgenossin des Menschen ist, so nährt sie sich auch, wie er, von allem Eßbaren, das Oehl ausgenommen, welches ein tödtliches Gift für sie ist. Je kürzer der kleine Zeitraum ist, worein die Natur ihr Leben eingeschlossen hat, desto größer ist ihre Freude am Tageslichte. Von ihr kann man eigentlich sagen, daß sie ihres Daseyns bloß im Lichte froh wird; denn sobald die Nacht eingebrochen ist, begiebt sie sich zur Ruhe, fliegt nicht mehr, singt nicht mehr, sondern zieht sich zusammen und rührt sich nicht.

Was ihren Verstand betrifft, so behaupte ich, daß sie dessen nicht wenig in der Vorsichtigkeit beweise, womit sie ihrem Feinde und Nachsteller, der Spinne, zu entgehen sucht. Denn sie merkt sehr gut daß er ihr aufpaßt, und weicht, sobald sie ihn gewahr wird, mitten im Fluge aus, um sich nicht in seinem Jagdnetze zu fangen, und in die Scheeren eines so gefährlichen Ungeheuers zu gerathen.

Von ihrer Tapferkeit und Stärke sage ich nichts; davon wollen wir den erhabensten und beredtesten

---

*) Die weibliche Fliege legt, wie beynahe alle andere Insecten, ihre Eyer an solche Orte, wo der durch die Wärme ausgebrütete Wurm die ihm angemessene Nahrung finden wird. Der Wurm wird, ehe er zur Fliege werden kann, erst eine Puppe oder Nymphe.

aller Dichter sprechen laſſen! Wenn Homer eine seiner trefflichſten Helden loben will, ſo vergleicht er ſeinen Muth nicht mit dem Muth eines Löwen oder Pardels oder wilden Schweins, ſondern mit der Dreiſtigkeit und unabtreiblichen Beharrlichkeit einer Fliege. Das Wort, das er von ihr gebraucht, bezeichnet nicht die affectirte Dreiſtigkeit eines Poltrons *), ſondern die Verwegenheit eines beherzten Menſchen. Wie oft man ſie auch wegſcheucht, ſagt er, ſie läßt doch nicht ab, ſondern beißt immer wieder an. Ueberhaupt gilt die Fliege ſoviel bey ihm, daß er ihrer nicht nur einmal gedenkt, ſondern öfters zu ihr zurückkommt, und ſie als eine beſondere Zierde ſeiner Geſänge zu betrachten ſcheint. Jetzt läßt er ſie zu ganzen Schwärmen um die Milchgefäße herum fliegen **); ein andermal, wenn er uns Minerven zeigt, wie ſie einen tödtlichen Pfeil von Menelaus abwendet, und die Göttin mit einer Mutter vergleicht, die ihr ſchlummerndes Kind auf ihrem Schooße wiegt ***), beehrt er auch die Fliege mit einer Stelle in dieſem ſchönen Gleichniſſe †).

*) Nicht θρασος, ſondern θαρσος. Ilias XVII, 570. f.
**) Jl. II. 470. 71. und XVI. 641. f.
***) Jl. IV. 130. 31.
†) In der That erſcheint die Fliege, wiewohl ſie nur da iſt um verſcheucht zu werden, in dieſem Gleichniſſe, mit vieler Ehre. Homer konnte ſchwerlich ein erhabenes Bild von der Leichtigkeit, womit die Göttin das tödtliche Geſchoß vom Menelaus abwendet, finden, als eine Mutter, die eine Fliege von dem ſchlummernden Kinde auf ihrem Schooß mit der Hand wegſcheucht.

Auch sucht er an einem andern Orte eines der edelsten Wörter und der schönsten Beywörter aus, um auf eine ehrenvolle Art von den Fliegen zu sprechen *).

Die Fliege ist so stark, daß sie mit ihrem Stich nicht nur die Haut eines Menschen, sondern eines Ochsen oder Pferdes durchboren kann; ja sie ist im Stande sogar einen Elephanten zu beunruhigen, wenn sie sich zwischen seinen Runzeln hineinschleicht, und ihm mit ihrem Rüssel eine Wunde beybringt, die nach dem Verhältniß ihrer Kleinheit zu seiner ungeheuern Größe freylich nicht viel zu bedeuten haben kann.

In ihren Liebeshändeln und Vermählungen genießen sie einer großen Freyheit; und ausser dem daß ihre hochzeitlichen Vergnügungen länger dauern als bey andern Vögeln haben sie sogar das besondere Vorrecht sich in der Luft begatten zu können, und selbst durch den Flug nicht in diesem angenehmen Geschäffte unterbrochen zu werden **).

Wenn einer Fliege der Kopf abgerissen wird, ist sie an allen übrigen Theilen noch lange voller Leben. Aber das aller ausserordentlichste in ihrer Natur ist dieß, was ich sogleich sagen will, und das einzige, was Plato in seinem Dialog von der

*) In dem Verse:

'Ηυτε μυιαων αδιναων εθνεα πολλα

Wie die vielfachen Geschlechter der zahllos schwärmenden Fliegen.

**) Der Lobneder hätte uns noch viel sonderbarere Dinge über diesen Punkt entdecken können, wenn es zu seiner Zeit schon Vergrößerungsgläser und Reaumürs gegeben hätte.

Unsterblichkeit der Seele übersehen zu haben scheint. Wenn nehmlich eine todte Fliege mit Asche bedeckt wird, steht sie wieder auf, ist wie neugebohren, und fängt wieder von vorn zu leben an; zum klaren Beweise, daß auch die Fliege eine unsterbliche Seele hat, da sie in ihren verlassenen Körper wiederkehrt, ihn für den ihrigen erkennt und erweckt, kurz, die Fliege wieder davon fliegen macht, und also das Mährchen von jenem Hermotimus von Klazomenä beglaubigt, von welchem erzählt wird, seine Seele habe ihn öfters verlassen, und nachdem sie eine Zeitlang für sich allein in der Welt herumgewandert, sey sie wieder in ihren Leib zurückgekommen, und so sey Hermotimus mehrmahls für todt gehalten worden, und immer wieder auferstanden *).

*) Man hat, ohne die Beyspiele, welche Plinius (L. VII. c. 52.) anführt, ihrer nicht wenige von Personen, die für todt gehalten worden und wieder auflebten, aus der ganz simpeln Ursache, weil sie (wie die unter der Asche wieder auferstehenden Fliegen) nicht wirklich gestorben waren. Dieß war nun auch der Fall bey diesem Hermotimus. Es war eine besondere Gabe, die er hatte, seinen Körper verlassen und wieder in denselben zurückkehren zu können; und zum Beweise, daß seine Seele, während ihr Körper für todt dalag, wirklich ausser dem Leibe gewesen, wußte er nicht nur von den entlegensten Orten, und dem, was er dort gesehen und gehört hatte, sehr genaue und mit der Wahrheit übereinstimmende Berichte zu erstatten, sondern sagte auch allerley zukünftige Dinge, z. B. Erdbeben und andere solche Unglücksfälle vorher, welche richtig eintrafen;

In ewiger Muße und gänzlicher Unabhängig=
keit nährt sich die Fliege von fremdem Fleiße, und
findet überall eine besetzte Tafel. Für sie werden
die Ziegen gemolken, und die Biene arbeitet nicht
weniger für die Fliege als für den Menschen. Für
sie bereiten die Köche die niedlichsten Leckerbissen
zu; sie bittet sich sogar bey den Königen zu Gaste,
credenzt alle ihre Speisen, und läßt, auf der Ta=
fel hin und her spazierend, nicht eine einzige Schüs=
sel unbeschnuppert.

Sie baut sich kein eigentliches Nest, und hat
keinen festen Wohnsitz, sondern schweift, nach Scy=

und dieß trieb er so lange, bis seine getreue
Gemahlin sich verleiten ließ, seinen Körper,
während einer solchen Seelenwanderung, sei=
nen Feinden auszuliefern; die ihn dann sogleich
verbrannten, und der armen Seele dadurch
das Wiederkommen auf immer verwehrten. Der
gelehrte Bischof Huet erklärt diese schöne Ge=
schichte (seiner sonstigen Neigung zum Zwei=
feln ungeachtet) geradezu für ein Altweiber=
mährchen: und das konnte er zu Avranches,
und im Schooße der Christenheit überall, mit
vieler Sicherheit thun: aber wenn er ehmals
zu Klazomenä, einer sehr ansehnlichen Stadt
in Jonien, aus diesem Tone von der Sache
gesprochen hätte, möchte es ihm übel bekom=
men seyn. Denn zu Klazomenä war dieser
Hermotimus ein Halbgott, der seinen eigenen
Tempel hatte, und mit dem sich also nicht
scherzen ließ. Welches ich jedoch nicht deswe=
gen gesagt haben will, als ob ich nicht über
die Wahrheit dieser Geschichte mit Sr. Bi=
schöflichen Gnaden völlig einverstanden wäre.
S. dessen Demonstr. Evangelic. Propos. IX. n. 8.
p. n. 639.

thischer Weise, hin und her, und wo sie von der Nacht überfallen wird, da findet sie auch eine Lagerstelle. Denn im Dunkeln, wie ich schon gesagt habe, thut sie nichts; auch treibt sie nichts, das im Verborgnen gethan werden müßte, und glaubt nichts zu thun, dessen sie sich, wenn sie es bey hellem Tage thut, zu schämen hätte *).

Die Fabel sagt, es sey einmal ein Mädchen, Nahmens Myja, gewesen, ein wunderschönes, allerliebstes Mädchen, voller Lebhaftigkeit und angenehmem Muthwillen, und eine mächtige Liebhaberin vom Singen. Diese Myja, heißt es, war eine Nebenbuhlerin der Selene, denn sie waren beyde in den schönen Endymion verliebt; und weil sie ihn mit ihren kleinen Neckereyen und mit ihrem ewigen Singen und Schwärmen immer aus seinem Schlafe weckte, wurde er zuletzt ungehalten auf sie, und die Göttin, die es nicht weniger war, verwandelte sie in dieses nehmliche Thierchen, das noch jetzt ihren Namen trägt; und dieß ist die Ursache, sagt das Mährchen, warum die Fliege niemand ruhig schlafen läßt, sonderlich Kinder und junge Leute, weil ihr der schöne Schläfer Endymion noch immer im Köpfchen steckt. Auch sind ihre Bisse und ihre Neigung, an den Menschen zu saugen, nichts weniger als Zeichen von bösem Wil-

*) Das hieß für Lucians Griechische Leser: sie ist eine ächte Anhängerin der Cynischen Philosophie, deren großer Grundsatz war, alles, was ein ehrlicher Mann im Verborgenen oder Dunkeln thun darf, darf er auch bey hellem Tage auf öffentlichem Markte thun.

len, sondern im Gegentheil Beweise ihrer Liebe
und Anmuthung zu den Menschen; sie sucht, wenigstens soviel sie kann, von ihnen zu genießen,
und von der Blume der Schönheit, so zu sagen,
abzuweiden.

Auch lebte vor alten Zeiten eine Dichterin
dieses Nahmens, die ihrer Schönheit und ihres
Talentes wegen in großem Rufe stand; ingleichen
eine berühmte Hetäre zu Athen, von welcher der
komische Dichter sagt:

Die Myja hat ihn bis ins Herz gestochen.
Die komische Muse hat also ihrer Eleganz nichts
zu vergeben geglaubt, indem sie eine Fliege auf
die Scene brachte, und Aeltern haben kein Bedenken getragen, ihren Töchtern diesen Nahmen zu
geben. Ja die Tragödie selbst erwähnt der Fliege
in sehr ehrenvollen Ausdrücken, wie z. B. in folgender Stelle:

O Schande! eine Fliege fällt mit tapferm
Muth
die stärksten Männer an, nach ihrem Blute
dürstend;
und Männer, ganz mit Stahl bedeckt, entsetzen sich
vor einer Lanze! — *)

Wieviel könnte ich noch von der Pythagorischen
Myja **) sagen, wenn ihre Geschichte nicht ohne-
hin schon jedermann bekannt wäre?

*) Der Tragödiendichter, dem diese Verse ange-
hören, ist unbekannt.
**) Sie war eine Tochter des Pythagoras und
der Theano, und soll mit dem seiner Stärke

Es giebt auch eine Art von Fliegen, die sich von den gewöhnlichen durch ihre Größe, durch ihr sehr lautes und unangenehmes Brummen, und durch die Schnelligkeit ihres Fluges unterscheiden. Sie leben auch weit länger als die andern, und dauern den ganzen Winter ohne Nahrung aus, indem sie in einer Art von starrer Betäubung an den Decken der Zimmer kleben. An diesen ist besonders dieß wunderbar *), daß sie gleich dem Sohne der Venus und des Merkurs, dem schönen Hermaphrodit, Mann und Weib zugleich sind, und sowohl die Vorzüge als das Geschäfte beyder Geschlechter beym Begatten in sich vereinigen.

Ich hätte noch vieles über einen so reichen Gegenstand zu sagen; aber es ist Zeit aufzuhören, damit ich nicht, wie das Sprüchwort sagt, aus einer Fliege einen Elephanten zu machen scheine.

wegen berühmten Milon von Krotona vermählt gewesen seyn. Man schreibt ihr einen Brief an eine ihrer Freundinnen über die Eigenschaften einer guten Amme, zu, der sich in J. C. Wolfs Fragm. Mulier. Graec. befindet, und in der That einer Tochter des Pythagoras würdig ist.

*) Nur schade, daß es nicht wahr ist.

Ende des vierten Theiles.

Inhalt
des vierten Theiles.

Seite.

Toxaris, oder die Freunde = = = 1
Wie man die Geschichte schreiben müsse = 73
Der Wahren Geschichte
    erstes Buch = = = = = 142
    zweytes Buch = = = = = 181
Lucius, oder der magische Esel = = = 225
    Ueber den wahren Verfasser des Lucius 290
Der Scythe, oder Anacharsis und Toxaris = 299
Anacharsis, oder über die gymnastischen Ue= 316
    bungen = = = = = = 316
Von der Tanzkunst = = = = = 365
Hippias, oder das Bad = = = = 438
Lobrede auf die Fliege = = = = 452

Wien,
gedruckt bey B. Ph. Bauer.

www.ingramcontent.com/pod-product-compliance
Lightning Source LLC
Chambersburg PA
CBHW031954300426
44117CB00008B/751